AS METAMORFOSES DO ESTADO
RUMO À MEGA-CONFEDERAÇÃO EUROPEIA?

ANTÓNIO PEDRO RIBEIRO DOS SANTOS

Doutor em Ciência Política
Professor Agregado do Instituto Superior de Ciências Sociais e Políticas
da Universidade Técnica de Lisboa

AS METAMORFOSES DO ESTADO
RUMO À MEGA-CONFEDERAÇÃO EUROPEIA?

ALMEDINA
1955-2005

AS METAMORFOSES DO ESTADO
RUMO À MEGA-CONFEDERAÇÃO EUROPEIA?

AUTOR
ANTÓNIO PEDRO RIBEIRO DOS SANTOS

EDITOR
EDIÇÕES ALMEDINA, SA
Rua da Estrela, n.º 6
3000-161 Coimbra
Tel.: 239 851 904
Fax: 239 851 901
www.almedina.net
editora@almedina.net

EXECUÇÃO GRÁFICA
G.C. – GRÁFICA DE COIMBRA, LDA.
Palheira – Assafarge
3001-453 Coimbra
producao@graficadecoimbra.pt

Julho, 2005

DEPÓSITO LEGAL
227381/05

Ao Prof. Adriano Moreira

O politólogo português por excelência.

Não sei se se achará repreensível, por afectado, este luxo histórico que vai espalhado por um grande número de capítulos: mas, como é possível escrever razoavelmente em política, sem ir constantemente apoiado sobre o esteio da história? A história, dizia Cícero, é a luz da verdade e a mestra de bem viver.

José da Gama e Castro (1795-1873)

PREFÁCIO

Desde a década de sessenta do século passado, com expressão na obra histórica escrita de João Ameal, professor do ISCSP, e em vários outros trabalhos de perspectivas transversais, que neste Instituto da Universidade Técnica de Lisboa se discutem os problemas do Estado e da sua relação com a Europa em formação, nesse tempo seguindo em articulada cooperação o Colégio da Europa.

A questão da organização do poder político europeu, quando o ponto de vista era globalizante da relação com o que a percepção colonial dominante considerava *o resto do mundo*, ou o tema da garantia da paz interna quando a realidade conflituosa europeia subia aos picos do desastre das guerras mundiais, tornaram-se desafios agudos depois de 1945, tendo sempre o Estado como ponto de partida e inquietação da prospectiva insegura sobre a evolução. Ribeiro dos Santos, que retomou o fio desse ensino curricular em situação institucional difícil, partiu de longe mas sempre fixado na Europa, e ficou no apelo de Winston Churchill feito no histórico discurso de 19 de Setembro de 1946, pelo que o livro acaba onde tudo recomeça. Apelo que, nesta entrada do Terceiro Milénio, se defronta com a insegurança dos povos europeus sobre o futuro mal anunciado pela projectada Constituição da Europa, aparecendo o livro no ambiente de incerteza da relação dos povos com o Estado, incerteza expressa pelo *não* da França em Maio de 2005.

A manipulação semântica tem uma larga presença na definição das políticas, e o processo europeu, também no tema da Constituição, não está isento dessa contingência. O texto em discussão teve origem num grupo de trabalho, sem qualquer legitimidade política, mas que adoptou a designação de *Convenção*, palavra que tem uma ressonância secular de grande anúncio fundador, desde Filadélfia e da Revolução Francesa. No próprio texto da proposta final dos trabalhos, a que presidiu Giscard d'Estaing, já vem expresso o agradecimento dos povos europeus pelo facto de a *Con-*

venção os ter dotado desta Constituição, uma maneira clara de o voto final legitimar, no plano formal mais elevado, todos os procedimentos anteriores. A mensagem com significado é a de que se procura traçar o caminho da formação de um Estado, embora seja problemático antecipar a forma que finalmente poderá emergir do processo, em que a participação dos eleitorados e dos Parlamentos nacionais tem sido historicamente escassa.

A marcha para os grandes espaços, para as interdependências, para os modelos supranacionais, é a marca da época, e as perdas de poder efectivo atingem todos os Estados, em medida certamente desigual, mas as transferências de competências soberanas para modelos de soberanias cooperativas, participadas, ou até hierarquizadas, é de regra inevitável sem modelo final padronizado. O texto é extremamente complexo, mas essa não é uma característica que não se encontre nas Constituições nacionais. É sempre exigível que pelo menos as traves mestras sejam divulgadas em termos inteligíveis, porque o processo lida com valores fundamentais dos povos, e não é pelo método da surpresa dos efeitos que os eleitorados devem vir a ser consciencializados. Daqui resulta a dificuldade manifesta de formular perguntas de significado acessível à generalidade dos eleitores dos quais se pretende a concordância, por isso é pouco compreensível que as campanhas eleitorais recentes não tenham dispensado atenção razoável aos temas europeus. E todavia não existe outro desafio de igual importância e exigência, nem antes foi historicamente tão evidente a urgência de concretizar os projectos de unidade europeia que enriquecem a secular estirpe dos "projectistas da paz".

Parece evidente a necessidade de pedir, para formar juízos mais apoiados em informações seguras, que, a propósito da forma, se divulguem de maneira acessível as componentes do actual conceito estratégico apoiado pelos orientadores do projecto. Foi o que fizeram os fundadores, que tinham conceito diferente, e também o que animou a intervenção do Inspirador Jean Monnet, o qual proclamou claramente o projecto de impedir que rivalidades internas europeias provocassem de novo desastres semelhantes aos das duas guerras mundiais, com destaque para a França e para a Alemanha, hoje dinamizadoras das inquietantes duas velocidades. Em primeiro lugar, deveriam tornar inteligível aos povos o critério do alargamento e os seus limites, um tema de que a lembrada Convenção francesa se ocupou, preocupada com a governabilidade do seu território então em processo de acrescentamento. Depois, a questão da identidade europeia, que os países fundadores entenderam como uma concepção do mundo e de vida partilhada, e apoiada numa teoria de pensadores experimentados e sobreviventes à calamidade da guerra que tinham vivido possuídos pela responsabilidade perante as gerações futuras. A proposta oferecida, que não deixa conhecer alguma meditação fundamentadora, aparece proponente de um *patriotismo constitucional*, de nova invenção, capaz de ser ao mesmo tempo integrador e criador de uma sociedade civil de confiança, sem preocupação com as identidades nacionais que estiveram no centro das preocupações dos fundadores, identidades que são demonstradamente os modelos mais experimentados de condução das minorias, cada vez mais numerosas, para a integração e para a eventual assimilação.

Quando a *Declaração de Lisboa* enuncia o objectivo de transformar a economia europeia na mais competitiva do mundo, e a *Declaração de Bolonha* enuncia o objectivo de criar um espaço europeu da ciência, é de uma perspectiva de poder unitário que também se define a economia americana como o alvo a ultrapassar, com o inevitável passivo das periferias a repudiar. Todos os povos europeus necessitam de ser elucidados sobre o programa estratégico a que pretende responder o texto, sendo evidente que o entendimento deste texto é difícil e forçosamente limitado, e que o conhecimento do programa estratégico é nebuloso.

Quando se doutrina que a rejeição do texto é uma catástrofe, é indispensável esclarecer qual é a estratégia do poder que fica posta em causa, porque a Europa, não obstante a falta de discurso sobre os limites do espaço humano a gerir, não está em catástrofe institucional. Não parece responsável, em vista da importância e complexidade da diversidade, valores, e interesses da Europa, esperar um voto esclarecido e de adesão sobre um texto difícil e um plano estratégico mal participado.

ADRIANO MOREIRA

ÁTRIO

O nascimento do actual Estado-Nação, última metamorfose do Leviathan, foi uma consequência natural da ascensão sócio-económica da burguesia, cuja necessidade de se libertar da ordem feudal em que se encontrava integrada, a impele à associação nas cidades (burgos), centros da sua actividade artesanal e mercantil, para a obtenção de certas liberdades de natureza económica e administrativa.

As cidades medievais, onde se concentra uma nova riqueza em moeda, matérias-primas e produtos acabados, que ultrapassa em valor a riqueza imobiliária da nobreza, isolam-se do mundo rural por fossos, muralhas e portões, diferenciando-se do campo no relacionamento pessoal, nos tipos de administração, de educação, de produção e troca, situação que forja uma nova mentalidade, onde está naturalmente presente o desejo de intervenção política.

Os monarcas aceitam este movimento de emancipação das cidades, que oscila entre a pressão, o pagamento de elevadas quantias às autoridades senhoriais e a acção armada, para arrancar *cartas de franquia* aos senhores feudais, uma vez que esta situação vai enfraquecendo a ordem senhorial, propiciando a formação dos Estados modernos, centralizados.

A aliança entre a realeza e a burguesia, aumenta na razão directa do florescimento da economia artesana, pré-capitalista, começando a verificar-se uma partilha do poder político-económico nos governos municipais das províncias setentrionais dos Países Baixos entre os representantes do "stathouder" e os órgãos colegiais burgueses que ali se foram instituindo na alvorada do século XVII: "Los príncipes de Orange rara vez pretendieron imponerse a la plutocracia holandesa y nunca fueron capaces de hacerlo".[1]

---

1 Kossmann, E. H., (1970, p. 365) apud Wallerstein, Immanuel, *El Moderno Sistema Mundial II, El mercantilismo y la consolidación de la economía-mundo europea, 1600-1750*, Madrid, Siglo Veintiuno, Ed., 1984, p. 87.

Após o curto período de hegemonia dos Países Baixos, ou melhor, da Holanda, destaca-se, na transição do feudalismo para o capitalismo, a Inglaterra, na qual se desencadeia a revolução de 1640, onde se consuma a queda da nobreza fundiária e a consequente vitória da burguesia industrial e mercantil, liderada por Cromwell, que se assume como a estrutura social preferencial, representativa do povo inglês.

O regime ditatorial de Cromwell não favoreceu a colaboração política representativa da burguesia que o apoiara, mas o desenvolvimento económico britânico que a sua política nacionalista promoveu, fortaleceu essa estrutura social, que, após a morte do "Lord Protector da Inglaterra", terminou por conseguir adoptar, através de uma concertação pós-revolucionária ("The Glorious Revolution" – 1688), uma monarquia liberal, limitada por um diploma constitucional.

Esse diploma, o "Bill of Rights" (Declaração de Direitos) de 1689, que representa a autoridade do Parlamento que vai ganhando o poder de iniciativa legislativa, deixando para o rei o mero poder de sancionar ou de promulgar a lei, institui o Estado-Nação que se afirma na Revolução Americana de 1776 e que se difunde na Europa após a Revolução Francesa de 1789.

O Estado afirma-se assim como uma instituição política legitimada pela Nação, detentora da soberania que é recusada aos monarcas, os quais, desde a remota Antiguidade Oriental procuraram justificá-la, identificando-a com a expressão da vontade dos deuses, que presidem aos destinos dos mortais.

A legitimidade democrática substitui-se à teocrática, e as fidelidades dinásticas que aglutinavam os súbditos em torno de um projecto comum, são substituídas pela lealdade do cidadão à Nação, identificada com o local do nascimento, a Pátria, onde a etnia, a língua, a cultura e a história comuns, com os seus mitos, as suas tradições e os seus símbolos, inspiradores de hinos e de estandartes, constituem o cimento que agrega o bloco humano que habita o território nacional, que o cidadão tem o dever de defender até à última gota de sangue: *"Dulce et decorum est pro patria mori"*.

O Estado-Nação, afirma nas suas Constituições Políticas, que "A soberania reside em a Nação", sendo esta portanto o fundamento da sua legitimidade, mas passados mais de trezentos anos sobre a sua criação, esta construção teórica, envelhecida, obriga a novas reflexões conceituais.

No plano político, verifica-se na Europa, que muitos Estados-Nações estão actualmente integrados numa organização supranacional, a União Europeia, que lhes retira parcelas de soberania, antes expressão afirmada das suas vontades nacionais. Paralelamente a esta situação que transforma o Estado Nacional em Estado Regional, o velho Estado-Nação vê-se também confrontado com acções de poderosas Organizações Não-Governamentais (ONG's), que, embora benéficas, não deixam de ser instituições que alteram os anteriores conceitos de soberania nacional.

No plano social, a mobilidade das pessoas, impulsionada pela procura de melhores condições materiais de vida, tem introduzido nos Estados-Nações agrupamentos étnicos, culturais e religiosos que ali se fixam, por vezes em períodos longos, em que se sucedem gerações, sem que todavia esses grupos minoritários manifestem qualquer intenção de se integrarem na população nacional.

A pluralidade étnica, cultural e religiosa que se verifica actualmente nos Estados-Nações obrigou mesmo a uma alteração do conceito de Nação, que, em finais do século XVIII havia constituído o fundamento da legitimidade democrática do Estado. A pretendida coincidência entre Nação e Estado, que, no período compreendido entre o termo das guerras napoleónicas e o início do primeiro grande conflito mundial (1815-1914) deu origem na Europa ao chamado Movimento das Nacionalidades, perdeu hoje, praticamente todo o seu sentido[2].

O Estado-Nação tenta persistentemente manter os seus hinos e bandeiras nacionais, os seus trajes históricos e danças folclóricas, em cerimónias internacionais, de que são exemplo os Jogos Olímpicos, mas a actual sociedade transnacional europeia impulsiona uma nova metamorfose do Leviathan, ou seja, a criação de uma Mega-confederação, aglutinadora de numerosos e descaracterizados Estados-Naçãos.

Esta situação, em processo de constitucionalização, que segue o exemplo dos Estados Unidos americanos e que inspirará provavelmente soluções semelhantes noutros continentes, pela sua actualidade, despertou o nosso interesse em reapreciar as Teorias do Estado, que constituiram a base dos estudos jurídicos e politológicos de muitas gerações, há mais de um século.

António Pedro Ribeiro dos Santos

---

2 Ao princípio das nacionalidades foi dada por Bluntschli uma fórmula clássica: "Cada nação tem a vocação e o direito de constituir um Estado. Assim como a humanidade está dividida numa pluralidade de nações, assim deve o mundo ser repartido por igual número de Estados. Cada nação é um Estado. Cada Estado um ser nacional." (Cfr. Zippelius, Reinhold, *Teoria Geral do Estado*, Lisboa, Fundação Calouste Gulbenkian, 2.ª Ed., 1984, p. 51).

I O PRIMADO DA SOCIEDADE

1.1 **As sociedades sem Estado**

As sociedades primitivas são agrupamentos humanos ligados entre si por laços familiares ou de solidariedade, sem que da sua vida em comum resulte a formação de um Estado. Esta realidade é descrita pelos navegadores peninsulares que, no século XVI, encontraram diversas tribos de ameríndios, "sem fé, sem lei e sem rei", cujas decisões acerca dos seus problemas administrativos, judiciários e militares, eram resolvidos pela comunidade, ou, em caso de guerra, por um chefe temporariamente designado apenas para esse fim.

A não existência de um governante, detentor do poder de legislar e de julgar e punir os desobedientes às leis, ou seja de um chefe de Estado, independentemente do regime sócio-económico existente, caracteriza, segundo Pierre Clastres, as chamadas sociedades primitivas[3].

No século XIX, o marxismo avançou com o conceito sócio-económico de "comunismo primitivo", significando o primeiro sistema económico da humanidade, no qual se verificava o direito colectivo de cada tribo aos recursos básicos, em relações igualitárias onde estavam ausentes direitos hereditários ou de domínio autoritário.

Este conceito encontrou um pretenso suporte teórico nos trabalhos de campo junto dos índios iroqueses, realizado por Lewis Henry Morgan, inspirando ainda o livro de Friedrich Engels, *A origem da família, da propriedade privada e do Estado*, tendo em atenção as numerosas notas de

---

[3] Cfr. Clastres, Pierre, *A Sociedade contra o Estado*, Porto, Afrontamento, 1979, pp. 198/199.

Marx sobre a obra publicada por aquele antropólogo em 1877, denominada *A Sociedade Primitiva*[4].

As sociedades primitivas, sem Estado, apresentam todavia diferenças quanto à existência e exercício do seu poder, que pode estar disseminado por todo o grupo, tender a concentra-se em sub-grupos de prestígio, como as famílias e os conselhos de anciãos, ou ainda, como já referimos, a individualizar-se, ocasionalmente, num chefe militar.

Estas diferenças, evidenciadas pela investigação antropológica contemporânea, permitem-nos distinguir as sociedades primitivas, sem Estado[5], das que apresentam uma maior heterogeneidade quanto aos estratos que as formam, diferenciados pelas funções que exercem, e que os colocam em diferentes posições numa hierarquia social.

Nestas últimas, embora diferentes entre si, verifica-se e existência de elementos ou organizações sociais que prefiguram as instituições estaduais, o que as caracteriza como "sociedades com instituições que se aproximam do Estado"[6].

Como exemplos destas sociedades podemos referir:

– A dos índios *Crow*, com uma organização social mais complexa do que a dos esquimós, dos bosquímanos e dos pigmeus, vivendo no século XIX, em aldeias nas planícies do Oeste da América do Norte. Os *Crow*

---

4 A investigação antropológica contemporânea afasta-se todavia da generalização marxista, quer pela polémica existente quanto ao modo de produção do comunismo primitivo (Seddon, D., Org., *Relations of Production: Marxist Approaches to Economic Anthropology*, London, Frank Cass, 1978), quer pela dificuldades em distinguir povos com as características do comunismo primitivo e povos em processo de transição para uma sociedade de classes (Hindless, Barry & Hirst, Paul Q., *Modos de produção pré-capitalistas*, Rio de Janeiro, Zahar Ed., 1976). Na época da expansão da Europa, os Astecas do México apresentavam uma sociedade altamente estratificada e existiam também sociedades em que as mulheres estavam subordinadas aos homens (Leacock, E. B., *Myths of Male Dominance*, New York, Monthly Review Press, 1982). (Cfr. Bottomore, Tom, Editor, *Dicionário do Pensamento Marxista*, Rio de Janeiro, Jorge Zahar Ed., s/d., p. 74)

5 Lawrence Krader apresenta como exemplo de *"Sociedades simples sem Estado"* possuidoras, não obstante de alguma forma de *"Governo simples em bandos"* com capacidade para resolver internamente os seus problemas sociais, os esquimós, os bosquímanos e os pigmeus. (Cfr. *A Formação do Estado*, Rio de Janeiro, Zahar Ed., 1970, pp. 19 e 54/56)

6 Cfr Krader, Lawrence, *Idem*, p. 19. Jorge Miranda, embora distinga os tipos de sociedade referidos, engloba-os nas sociedades historicamente antecedentes da formação do Estado, ou sejam, as "Sociedades políticas pré-estaduais". (Cfr. *Manual de Direito Constitucional, Preliminares, O Estado e os sistemas constitucionais*, Coimbra Ed., 5.ª Ed., 1996, Tomo I, pp. 45/47)

possuíam uma organização policial ocasional que punia as infracções cometidas na caçada aos búfalos, actividade que lhes fornecia uma parte importante da sua subsistência, que configurava uma instituição estadual.

– A dos *Kpelle*, fazendeiros da Libéria, vivendo em aldeias autónomas, que constituía contudo uma monarquia, centro de um poder equivocamente coercitivo, que exigia a lealdade dos seus membros.

– A dos *Shilluk*, criadores de gado, habitando o vale do Nilo, na parte superior do Sudão, que praticavam um culto a um rei divino, que reinava mas não governava, através de um ritual simbólico que significava a unidade do povo em torno do monarca. Os súbditos eram assim forçados a obedecer às regras sociais estabelecidas[7-8].

1.2 **O conflito e a densidade demográfica na origem do Poder**

O conhecimento histórico que temos das sociedades primitivas tem como fontes os relatos dos exploradores, missionários, mercadores e outros viajantes que, no século XVI contactaram com os índios americanos. Esses povos, considerados pelos europeus como *selvagens*, por se encontrarem num "estado de natureza", apresentavam uma característica comum a todos os outros, no mesmo estádio de desenvolvimento, encon-

---

7 Cfr. Krader, Lawrence, *Idem*, pp. 19/20.

8 Para uma melhor compreensão do contributo metodológico da Antropologia Política acerca do tema focado, "As sociedades sem Estado", vide o livro de Jorge Balandier, *Antropologia Política*, no qual o autor considera que a interpretação dicotómica quanto à existência ou à não existência do Estado primitivo "(...) é agora contestada. De facto, é possível construir uma série de tipos que vão dos sistemas de governo mínimo até aos sistemas de Estado nitidamente constituído; progredindo de um tipo para os outros, o poder político diferencia-se mais, organiza-se de maneira mais complexa e centraliza-se. A simples oposição entre as *sociedades segmentárias* (ditas 'sem Estado') e as *sociedades estatais centralizadas* parece tanto mais contestável quanto o africanista A. Southall demonstrou a necessidade de introduzir, pelo menos, uma terceira categoria: a dos *Estados segmentários*." Jorge Balandier afirma ainda que, "Nas sociedades segmentárias, só os guardiões do saber respeitante ao passado são geralmente detentores de poder. Nas sociedades estatais, a consciência histórica parece mais viva e mais extensa. De resto, é no seio destas últimas que se apreende, com nitidez, a utilização da história ideológica com fins de estratégia política; (...) Portanto, graças ao mecanismo de uma necessidade que se tornou manifesta é que a teoria dinâmica das sociedades, a antropologia e a sociologia políticas e a história foram levadas a coligar os seus esforços." (Cfr. Ob. Cit., Lisboa, Ed. Presença, 1980, maxime, pp. 15/32)

trados em diversos pontos do globo – o seu carácter essencialmente belicoso: "as sociedades primitivas são sociedades violentas, o seu *ser social* é um *ser-para-a-guerra*"[9].

A representação teórica do ser social imaginado pelo pensamento humanista clássico de raízes gregas, caia assim por terra, dada a quase unanimidade das descrições dos europeus que se ocuparam em evidenciar a violência nos povos *selvagens*: "sejam eles americanos (do Alasca à Terra do Fogo) ou africanos, siberianos das estepes ou melanésios das ilhas, nómadas dos desertos australianos ou agricultores sedentários das florestas da Nova-Guiné, os povos primitivos são sempre apresentados como apaixonadamente dados à guerra;"[10]

Os rituais de iniciação de um grande número de sociedades primitivas, têm como função essencial obrigar os iniciados a conhecer o seu próprio corpo, através de um sofrimento atroz. O corpo marcado pela tortura, suportada pelos jovens, em silêncio, com estoicismo, impede o esquecimento da sua condição de partes integrantes de um todo, a sociedade tribal, ciosa da sua unidade e da indiferenciação dos seus membros. A lei fundamental da tribo fica assim impressa no corpo dos iniciados, a lei que diz a cada um: "*tu não vales menos do que qualquer outro, não vales mais do que qualquer outro*. (...) As sociedades arcaicas, sociedades de marca, são sociedades sem Estado, *sociedades contra o Estado*. A marca sobre o corpo, igual sobre todos os corpos, enuncia: *tu não terás o desejo do poder, tu não terás o desejo da submissão*"[11].

As sociedades primitivas não possuem portanto uma hierarquia, uma relação entre senhores e súbditos, ou seja, um Estado que obrigue estes últimos a trabalhar, após estarem satisfeitas as necessidades fundamentais da sua sobrevivência: "A divisão maior da sociedade, aquela que funda todas as outras, incluindo sem dúvida a divisão do trabalho, é a nova disposição vertical entre a base e o cume, é o grande corte político entre detentores da força, quer ela seja guerreira ou religiosa, e sujeitos a essa força. A relação política de poder precede e funda a relação económica de exploração. Antes de ser económica, a alienação é política, o poder está antes do trabalho, o económico é uma derivação do político, a emergência do Estado determina o aparecimento das classes"[12].

---

9 Clastres, Pierre, et alii, *Guerra, Religião, Poder*, Lisboa, Ed. 70, 1980, p. 13.
10 Clastres, Pierre, et alii, *Guerra*,..., Ob. Cit., p. 12.
11 Cfr. Clastres, Pierre, *A Sociedade contra o Estado*, Ob. Cit., pp. 173/182.
12 Clastres, Pierre, *A Sociedade*..., Ob. Cit., p. 192.

Há contudo nas sociedades primitivas, uma chefia, baseada apenas no prestígio, sem autoridade, com o encargo de solucionar conflitos entre indivíduos, famílias, linhagens, armada apenas com a sua eloquência e a sua capacidade de persuasão. O chefe está ao serviço da sociedade que controla a sua actividade, impedindo que esta se transforme em autoridade pessoal desligada dos interesses comuns.

Esta situação altera-se todavia em tempo de guerra, quando a tribo se vê obrigada a conferir ao chefe guerreiro alguma autoridade para a preparação e para a condução das operações militares, baseada na sua competência técnica. O conflito, fonte de autoridade temporária, constitui uma abertura à sua manutenção, pelo prestígio alcançado no combate, mas a tribo em breve esquece as glórias passadas, devolvendo o chefe à sua anterior condição.

A manutenção da guerra constitui portanto para um chefe guerreiro a forma de prolongar a sua autoridade, que prefigura um poder político, mas a recusa da tribo em manter uma situação de conflito para a satisfação de um interesse individual, pode determinar o abandono do guerreiro, condenado assim à sua destruição pelos adversários: "A tribo manifesta entre outras (e pela violência se necessário for) a sua vontade de preservar esta ordem social primitiva, interditando a emergência de um poder político individual, central e separado"[13].

A sociedade primitiva é porém abalada pelo crescimento demográfico, fonte de conflitos, que inviabiliza a manutenção das suas regras de convivência e vai conferindo aos seus chefes uma maior autoridade: "Com base na expansão demográfica e na concentração da população, destaca-se – facto igualmente pouco habitual na América dos Selvagens, senão na dos Impérios – a evidente tendência das chefias para adquirirem um poder desconhecido nos outros lugares"[14].

1.3 A "Revolução Neolítica" e a instituição do poder político

O conhecimento que temos dos primitivos agrupamentos sociais com vista a visualizar a génese do Estado, baseia-se sobretudo em fontes escritas, embora a Arqueologia, através das suas escavações, tenha encontrado

[13] Clastres, Pierre, *A Sociedade...*, Ob. Cit., p. 205.
[14] Clastres, Pierre, *A Sociedade...*, Ob. Cit., p. 207.

muitos artefactos, sobretudo tumulares, cuja interpretação tem contribuído significativamente para uma melhor compreensão da organização política de várias sociedades.

A concentração demográfica e a fixação das populações aos territórios, inicia-se na área geográfica da "Revolução Neolítica", caracterizada fundamentalmente pela descoberta da agricultura e pela domesticação e criação de animais, que promove a surgimento de uma economia de produção.

Nessa área, em forma de meia-lua, habitualmente designada "Crescente Fértil", que abrange as faixas de terreno aluvial ao longo do rio Nilo, o Mediterrâneo Oriental, onde corre o rio Jordão e os vales dos rios Tigre e Eufrates, desenvolveu-se cerca de 6.000 a.C., uma actividade agrícola e pastoril que tornou necessária a intervenção de autoridades administrativas.

Nos vales do Nilo, rio que pelas suas cheias, regulares e fertilizantes, mais facilitou o desenvolvimento desta actividade, verifica-se a instituição de *nomarcas*, governadores de província, com autoridade para a regulamentar, julgar e punir os infractores às normas estabelecidas e ainda para organizar forças armadas, defensoras das zonas habitadas e cultivadas, onde se concentrava a produção agrícola, cobiçada por animais daninhos e pelos povos nómadas.

Verifica-se depois a união dos *nomos* (nomarquias) em duas confederações, uma abrangendo o Norte e a região do Médio Egipto e outra o Sul, que se transformam em reinos, os quais terminam por se fundir numa só monarquia, mais forte política e militarmente, cerca de 3.000 a.C.: «Mais la base même des confédérations initiales est le nome qui est avant tout une réunion de territoires agricoles autour d'une petite métropole».[15]

O processo de sedentarização resultante da revolução neolítica vai-se expandindo inicialmente pelas zonas mais férteis e depois em locais mais difíceis de arrotear: "A revolução neolítica deixou toda a área – do Nilo e Mediterrâneo oriental, atravessando a Síria e o Iraque, até o planalto iraniano e o vale do Indo, mais além – povoada de comunidades neolíticas. (...) As populações são essencialmente sedentárias. Os locais preferidos continuam ocupados de forma permanente até as épocas históricas."[16]

---

[15] Vercouter, Jean, *L'Égipte Ancienne*, Paris, Presses Universitaires de France, 1968, p. 44.

[16] Cfr. Gordon Childe, V., *A Evolução Cultural do Homem*, Rio de Janeiro, Zahar Ed., 5.º Ed., 1981, p. 112.

A escassez de locais adequados à agricultura gera a sua disputa, fixando-se neles as populações melhor organizadas militar e politicamente, o que vai permitindo o seu crescimento demográfico: "A exploração lucrativa desses oásis naturais era uma tarefa particularmente laboriosa, demandando o esforço colectivo de grande número de trabalhadores."[17]

O conflito generaliza-se no período neolítico, sendo assinalado pelo armamento, "sob a forma de machados de guerra, de pedra, e de punhais de silex", que passam a ser os artigos mais abundantes no recheio funerário e ainda pelos vestígios de uma guerra permanente na disputa dos terrenos de mais fácil arroteamento: "Nas camadas sucessivas dos *tells* das povoações dos Balcãs, Grécia, Anatólia, Síria e Irão vemos transformações radiciais de cultura. Tais transformações abruptas interpretam-se como sinais de substituição de uma sociedade por outra com diferentes tradições sociais – por outras palavras, indicam a conquista, a expulsão ou a escravização de um povo por outro. Tais mudanças de populações efectuadas pela guerra são uma característica recorrente da vida bárbara, tal como a descrevem os etnógrafos na América do Norte, na África e no Pacífico."[18]

A descoberta da fundição do cobre, cerca de 3.500 anos a.C., a que se seguem a descoberta da roda e da utilização da força muscular de animais em arados e carros, concentra as populações em cidades que se vão dedicar ao comércio externo por via terrestre e também marítima, utilizando velas nas embarcações.

Esta transformação da vida quotidiana numa vasta área que se compreende entre o mar Egeu e o rio Indo, a Ocidente e a Oriente, e a linha de montanhas dos Balcans, Cáucaso, Elburs e Hindokuche, a Norte, e o Trópico do Câncer, a Sul, propicia uma previsível estratificação social, acentuada pelo resultado das guerras, que reduzia os vencidos a uma situação servil ou os obrigava a pagar pesados tributos em géneros aos vencedores, que se assumem como uma "aristocracia".

As guerras têm assim repercussões políticas e sociais: "Foram as batalhas, acima de tudo, que manifestaram a superioridade do cobre ou bronze tenaz e duradouro sobre o sílex e a pedra quebráveis. Por outro lado, a guerra cria oportunidades excepcionais aos indivíduos eminentes, para revelarem coragem e capacidade de chefia, e, deste modo, conquista-

---

[17] Gordon Childe, V., *Idem*, Ibidem.

[18] Gordon Childe, V.,*O Homem faz-se a si próprio (O progresso da humanidade desde as suas origens até ao fim do Império Romano)*, Lisboa, Ed. Cosmos, 1947, p. 141.

rem prestígio e autoridade. Prestou assim a sua contribuição para a ascensão de chefes investidos com poder temporal efectivo, e, em última instância, de monarcas.

Finalmente, a guerra contribuiu para uma grande descoberta: a de que os homens, como os animais, podem ser domesticados. Em vez de se matar um inimigo vencido, pode-se escravizá-lo; em resgate da sua vida, será obrigado a trabalhar."[19]

O desconhecimento das causas dos fenómenos naturais, como as chuvas, as tempestades de granizo, as secas, os tremores de terra, os tufões, entre outros, que desde os mais remotos tempos pré-históricos foram "explicados" por feiticeiros que afirmavam poder interferir por meio de ritos, sacrifícios e orações, na sua produção ou suspensão, constitui um factor de maior dependência da produção agrícola na sociedade pós-neolítica.

O feiticeiro ou sacerdote dos deuses das religiões agrárias assume uma dignidade social que só encontra paralelo na chefia militar, com a qual procura ombrear ou mesmo suplantar: "A conquista não era o único caminho para o trono: o êxito económico e acima de tudo o prestígio mágico-religioso podiam conduzir a essa glória. É provável que o feiticeiro fosse o primeiro profissional independente, o primeiro membro da sociedade a ter direito a partilhar do excedente da angariação colectiva de subsistências, sem para ela contribuir com a sua actividade física."[20]

Nas áreas que oferecem melhores condições para o desenvolvimento das comunidades eneolíticas, como as margens do rio Nilo, as planícies aluviais entre o Tigre e Aufrates e as que rodeiam o Indo e os seus afluentes, no Sind e no Penjab, a superabundante produção de mantimentos permitiu o desenvolvimento do povoamento urbano.

A abundância de alimentos contrasta porém, em diversos pontos dessas áreas com a pobreza de matérias-primas fundamentais à vida urbana, como madeiras, grês, minérios, pedras, pelo que os comerciantes, os trabalhadores de transportes, os artífices e os soldados, constituíam um corpo profissional desligado da produção alimentar. Esta nova economia criou sistemas convencionais de escrita e de notação numérica, de pesos, de medidas e de marcação do tempo, necessários ao seu funcionamento.

A dificuldade de aprendizagem das escritas hieroglífica e cuneiforme, confinou-as a classes especiais de escribas, privilegiadas, depen-

---

[19] Gordon Childe, V., *O Homem faz-se a si próprio...*, Ob. Cit., pp. 179/180.

[20] Gordon Childe, V., *O Homem faz-se a si próprio...*, Ob. Cit., p. 181.

dentes directamente dos detentores do poder político, que aproveitam também a escrita para difundir os seus comandos, através de normas sacralizadas que fortalecem a sua autoridade.

1.4 A agregação dos primitivos agrupamentos sociais

Nas sociedades da idade do bronze que sucede ao curto período eneolítico, a estratificação social resultante da diversidade de tarefas a desempenhar e da diferença de estatutos sociais em cuja base se encontram os escravos, propicia um acentuado desenvolvimento económico. A melhoria da utensilhagem, bem como a das condições de vida em geral, permitem um florescimento demográfico: "O armamento também, donde a multiplicação das actividades guerreiras e das necessidades de defesa, que contribuem para tornar mais necessário o déspota encarregado de assegurar não apenas a produção, mas a segurança e a promoção das comunidades."[21]

A armamento e demais objectos de metal, têm uma utilização muito restringida, quer pela sua escassez e consequente carestia, quer pela sua monopolização por parte dos governantes, que apenas equipavam com utensílios de metal os seus servidores directos, as suas forças armadas, a nobreza terratenente e o clero. Deste modo, a posse de objectos de metal reforça o poder dos príncipes e grandes dignatários, que exercem um poder despótico sobre as massas de camponeses que continuam a trabalhar com utensílios líticos: "Finalmente, ex-votos e outras oferendas acumulam-se nos santuários e este reforço da religião e dos seus servidores não deixa de ter grandes consequências, porquanto são eles que asseguram a solidez ideológica da estrutura. (...) Três criações primordiais merecem ser imediatamente assinaladas:

1. O calendário permite um domínio preciso sobre o tempo, isto é, em primeiro lugar sobre o ciclo dos astros, das cheias, da vegetação que marca a vida do trabalhador da terra e fixa o ordenamento das celebrações festivas em honra dos deuses. (...)

2. A escrita, que aparece sem dúvida um pouco mais cedo na região da Suméria que no Egipto, é, morfologicamente falando, muito diferente nestas duas zonas. (...) estas escritas revelam-se como um notável meio,

---

[21] Lévêque, Pierre, *As Primeiras Civilizações, Os Impérios do Bronze*, Lisboa, Ed. 70, 1990, Vol. I, pp. 32/33.

por um lado, para administrar, isto é, para dominar abstractamente as realidades complexas do concreto, para estabelecer cálculos, recenseamentos, inventários; por outro lado, para conservar a memória de grandes feitos dos reinos e, portanto, para contribuir para o prestígio dos soberanos e para a formação de uma consciência nacional unitária, forte e segura do próprio passado. (...)

3. Por fim, os grandes sistemas teológicos – (...) – apresentam tantas analogias quer no Egipto quer no duplo vale que devemos concebê-los como uma sistematização de crenças anteriores que respondem, pelo menos desde o Neolítico, às interrogações dos homens sobre a origem do mundo, dos elementos, dos deuses, dos homens e das invenções materiais ou culturais. São autênticas "sumas", no sentido medieval do termo, que estabilizam a ideologia, desenvolvem o espírito de análise e de síntese, habituam a conceber o mundo como fundado em contradições que os próprios poderes sobrenaturais nem sempre conseguem resolver, mas também consolidam as certezas e reforçam o poder hegemónico dos clérigos e dos déspotas."[22]

A conflitualidade existente entre os impérios do bronze, provocou, ao longo do segundo milénio a.C., a necessidade de recrutamento de soldados mercenários, oriundos de populações nómadas circunvizinhas, para a recomposição dos seus efectivos dizimados nas batalhas travadas.

Esse procedimento deu origem à divulgação das técnicas de guerra e dos processos de manufactura dos armamentos, onde se incluiu o segredo de trabalhar o ferro, descoberto presumivelmente no século XIII a.C. no reino de Mitani (Arménia) e divulgado um século depois, o que foi fatal para as civilizações do bronze: "Assim, a Idade do Bronze no Próximo Oriente acabou, por volta de 1.200 a.C., (...) Não só num estado, mas numa extensa zona do mundo civilizado, a própria história parece ter-se interrompido; as fontes escritas desapareceram, os documentos arqueológicos são pobres e difíceis de datar."[23]

A Idade do Ferro, após cerca de dois séculos de paralisação do crescimento da vasta área da civilização do bronze, promove a ampliação contínua da área das sociedades de economia urbana conhecedoras da escrita, durante cinco séculos: "(...) desde as costas atlânticas de Espanha aos Jaxartes (a Leste do Mar Cáspio), na Ásia Central, e aos Ganges, na Índia,

[22] Lévêque, Pierre, *Idem*, pp. 33/34.

[23] Gordon Childe, V., *O Homem faz-se a si próprio...*, Ob. Cit., p, 327.

desde o sul da Arábia às costas norte do Mar Mediterrâneo e do Mar Negro."[24]

Ao longo deste período é fundada a cidade de Roma, cuja história da sua primitiva organização, baseada em fontes escritas, nos permite tecer algumas considerações acerca da agregação dos seus primitivos agrupamentos sociais.

A estrutura da família, na Antiguidade Clássica, forma a base e o modelo da estrutura do Estado primitivo, estando as funções do chefe da família na origem das funções político-administrativas da chefia desse Estado.

O primitivo agrupamento familiar romano, a família gentilícia, "gens" ou clã, tal como a "gènus" grega, era constituído pelos descendentes de um antepassado comum mitificado, chefiados por um dos seus descendentes masculinos (geralmente o mais velho) cujo poder vitalício exercido sobre os demais membros da família, incluídas as mulheres nela integrada por motivo de um casamento "cum manu" e os adoptados, se legitimava no dogmatismo de uma religião agrária familiar[25].

O Lar, símbolo de uma vida sedentária, era o altar que a família gentilícia fixava na propriedade rural que pretendia perpetuar, transmitindo-a indivisa por primogenitura varonil. A autoridade do chefe de família é sacralizada pelo culto dos antepassados, ou sejam, os chefes que o antecederam considerados deuses ocultos, os Penates, culto interdito aos intrusos à família patriarcal ou "gens", que sacralizava também o recinto do culto, ou seja, extensivamente, a propriedade privada.

A autoridade do chefe de família advém-lhe portanto da sua titularidade de chefe religioso, de único intérprete e único pontífice da sua religião, situação que o coloca como juiz e senhor de todos os componentes do agrupamento familiar, o qual constitui assim um corpo economicamente auto-suficiente e coeso, quer quanto á sua disciplina interna, quer quanto à organização da sua defesa.

Verifica-se assim que a família gentilícia, cumpria as finalidades próprias de um Estado, quer no âmbito da segurança, quer na satisfação regular das necessidades de bem estar económico do agrupamento social que a compunha. Aliás, o historiador Pietro Bonfante, ao referir-se à família patriarcal romana afirma: "(...) tanto esta estrutura como a sua função

---

24 Gordon Childe, V., *O Homem faz-se a si próprio...*, Ob. Cit., p. 329.

25 O casamento podia também ser celebrado "sine manu", não ficando assim a mulher "loco filiæ" na família do marido.

revelam ter ela nascido para fins de ordem social e de defesa, isto é, constitui um organismo essencialmente político."[26]

O crescimento demográfico das "gentes", bem como a necessidade de se agruparem para fins de defesa, provocou associações sucessivas de comunidades, a "cúria", a "tribo e a "civitas" ou "polis", onde, embora se mantivesse a estrutura basilar da "gens", esta vai cedendo pouco a pouco as suas funções políticas a favor do agrupamento superior que as absorve, restando apenas como agrupamento familiar.

O desenvolvimento da sociedade romana pela aglutinação sucessiva de células menores, origina também a criação de divindades superiores às primitivas divindades familiares até se chegar ao "penates publici", deus cuja providência se alarga a toda a cidade, o que nos permite constatar a continuidade das funções políticas que iam sendo assumidas pelo curião, pelo chefe da tribo e finalmente pelo rei, chefes que tinham por função presidir aos sacrifícios.

Como funções delegadas do poder da cidade, encontram-se já na cúria funções judiciais: "A tribo, como a fratria (ou cúria) tinha assembleias e promulgava decretos, a que todos os seus membros deviam submeter-se. Tinha tribunal e direito de jurisdição sobre os seus membros."[27]

A formação da cidade não dissolveu, de imediato, as organizações sócio-políticas nela integradas, surgindo portanto como que uma confederação que respeita a independência religiosa e civil das tribos, das cúrias e das famílias. A própria defesa da cidade tem uma organização militar estabelecida de acordo com essa realidade "de tal modo, (...) que o guerreiro tenha por vizinho, no combate, aquele que, em tempo de paz, faz a libação e o sacrifício no mesmo altar".[28]

A "civitas" ou "polis" tem como instituições políticas um *rei*, que possui um poder que comporta indiferenciadamente funções político-religiosas, judiciais e militares, um *senado*, conselho aristocrático de anciãos e *comícios* de cúrias, assembleias populares[29], possivelmente com alguns poderes legislativos.

---

[26] *Instituzioni di Dirito Romano*, Roma, 1896, p. 109.

[27] Cfr. Coulanges, Fustel de, *A Cidade Antiga, Estudo sobre o culto, o direito e instituições da Grécia e de Roma*, Lisboa, Livraria Clássica Ed., 8.ª Ed., 1953, Vol. I, pp. 176/177.

[28] Dionísio de Halicarnasso, II, 23, apud Coulanges, Fustel de, *Idem*, Vol. I, p. 188.

[29] O "populus romanus" não era contudo uma massa indiscriminada de indivíduos. Era uma entidade abstracta, cultural, que representava os interesses colectivos dos cidadãos com plenitude de direitos, e que constituía o suporte da autoridade do rei.

O facto de o cargo de rei ser vitalício mas não hereditário conferia ao senado, órgão colegial consultivo do monarca, a importante atribuição de escolher entre os seus membros um "interrex" que assumia durante cinco dias a autoridade real quando morria o rei, e a de propor um novo cidadão aos comícios curiais para assumir o cargo supremo. Estes votavam colectivamente, por cúrias, a eleição do novo "rex", decisão que tinha ainda de ser aprovada e ratificada pelo senado – a "auctoritas patrum".

É contudo provável que as atribuições do rei tenham sofrido uma importante transformação no sentido de lhe imprimir um cariz despótico e militar, após a conquista de Roma pelos etruscos, povo conhecedor da metalurgia do ferro, que se estabelece na Itália a partir do século VII a.C., "uma vez que, por um lado, o rei entre os latinos e sabinos exerce uma soberania bastante moderada, e por outro, não convém esquecer que a união das aldeias ('vicus' e 'pagus'), o agrupamento das 'gentes' é a base da cidade na qual o magistrado supremo seria apenas um 'primus inter pares'. (...) Como sinais exteriores do seu poder ('insignia'), o rei veste de púrpura, leva um calçado especial vermelho ('mulleus'), um ceptro com uma cabeça de águia, coroa, transita pela cidade num coche, ocupa, ao administrar a justiça ou ao presidir a cerimónias, um trono, e precedem-no doze lictores, portadores de 'fasces', feixes de varas com um machado no centro, que simbolizam o seu supremo poder punitivo."[30]

---

[30] Cfr. Arias Ramos, José, *Compendio de Derecho Publico Romano e Historia de las Fuentes, como introduccion a un curso de instituciones*, Valladolid, 7.ª Ed., 1964, pp. 7/8.

II ESTADO E SOCIEDADE

2.1 **As concepções teocráticas de legitimidade dos governantes**

Conforme verificámos, a formação do Poder resultou da necessidade de organização de defesa das sociedades contra os seus inimigos externos e da indispensabilidade de dirimir conflitos internos. Estes, são gerados mormente pela escassez de recursos materiais em agrupamentos humanos, que, pela sua densidade demográfica, não os podem resolver colectivamente.

O Poder, institucionalizado, procura também manter uma continuidade para além da vida dos seus detentores, que afirmam possuir uma "natureza" diferente da dos outros mortais, apoiando-se em feiticeiros, que confirmam essa qualidade sagrada, transmissível hereditariamente. É com este objectivo que se têm construído importantes monumentos funerários, como dólmens ou antas, pirâmides, mausoléus, etc., que dão origem a um denominado culto dos mortos, que é, afinal um culto do Poder ou da *Imagem do Poder*.

Na Antiguidade, era frequente a atribuição pelos sacerdotes de uma natureza divina aos governantes. Os faraós do Egipto, os monarcas gregos a partir do Século III a.C. e mesmo os imperadores romanos afirmaram ter uma natureza divina. Em algumas monarquias teocráticas criou-se ainda o costume de enterrar juntamente com o "sagrado" defundo, as suas armas, alimentos e riquezas para usar na outra "vida", e ainda familiares, servidores e animais domésticos, cruelmente imolados para manter este culto do Poder[31]. Na Mesopotâmia, o chefe militar-sacerdote, afirmava ser o

---

[31] Cfr. Lévêque, Pierre, *As Primeiras Civilizações...*, Ob. Cit., Vol. I, p. 26 e Flenley, R e Weech, W. N., *Historia del Mundo, El desarrollo de la civilización occidental*, Barcelona, Iberia – Joaquín Gil Ed., 1945, Tomo I, pp. 15/16.

representante do deus local, e Maomé considerava-se o enviado ou o profeta de Alá[32].

Nos nossos dias ainda se considerou o Mikado, imperador do Japão, um descendente de deuses, "filho do Sol", e a ideia de preservar do esquecimento os mais insignes chefes de Estado está patente no seu embalsamamento, prática ainda não abandonada, mesmo no ateísmo soviético, que embalsamou Lénine e o depôs num mausoléu, construído na Praça Vermelha.

O cristianismo também formulou, em abstracto, uma doutrina teocrática da legitimidade do Poder dos governantes, uma vez que considera ter sido o Poder instituído por Deus, como se pode inferir da leitura das palavras de S. Paulo: "(...) não há Potestade que não *venha* de Deus: (...) Pelo que aquele que se opõe à Potestade, resiste à ordenação de Deus:" (Epístola aos Romanos, XIII, 1. e 2.)[33]

A desobediência ao Poder pode ser entendida como uma desobediência à ordem estabelecida por Deus, que escolheu os governantes para conduzirem a sociedade em Seu lugar, como "vigários de Deus" ou agraciados por Deus, "Dei Gratia", fórmula usada nos nossos dias pelo generalíssimo Francisco Franco, "Caudillo de España por la Gracia de Dios".

O Poder é assim considerado um "carisma", um dom divino que só é concedido por Deus a algumas pessoas, capazes de realizarem feitos extraordinários, de que é exemplo a concessão feita ao imperador romano Constantino, informado por Jesus Cristo, numa visão luminosa, de que iria vencer os seus inimigos, através das palavras: *"In hoc signo vinces"*. Acreditou-se também, em França e na Inglaterra, que a condição de "vigários de Deus" na terra, segundo esta doutrina de *direito divino sobrenatural*, permitia aos seus monarcas fazer variados milagres, o que lhes conferia a natureza de "reis taumaturgos".

Além desta legitimidade carismática, defendeu-se também uma doutrina de *direito divino providencial*, mais corrente no pensamento político católico que afirma a intervenção excepcional de Deus nos acontecimentos humanos, de forma directa, alterando assim, através do *milagre*, as leis divinas da Natureza.

---

[32] Os chefes guerreiros vikings eram enterrados nos seus barcos mais ricamente ornamentados e os chefes tártaros com os seus cavalos, adornados com arreios artísticos, de cabedais com embutidos em ouro.

[33] Cfr. Caetano, Marcello, *Manual de Ciência Política e Direito Constitucional*, Lisboa, Coimbra Ed., 6.ª Ed., Tomo I, Reimpressão de 1972, pp. 254/256.

A Ordem providencial regula toda a vida social, tal como estabelece as leis naturais dos fenómenos físicos e da vida biológica, com uma lógica profunda, à qual obedece também a selecção dos governantes. Qualquer que seja a sua instituição, pela sucessão em dinastias hereditárias, por intermédio de sistemas electivos, pela participação em órgãos colegiais, os governantes movem-se na liberdade relativa que lhes confere a Providência Divina, a qual lhes atribui o Poder para o exercerem em benefício da colectividade.

S. Agostinho, reflectindo acerca da omnipotência de Deus "o autor e regulador de tudo", afirma que "seria impossível que tivesse deixado de fora as leis da Providência os reinos da terra e os seus governos" (*De Civitate Dei*, V, 11) defendendo assim esta doutrina de *direito divino providencial*, na "*civitas terrena*", onde o Estado se torna necessário para regular a vida dos homens, na paz e na justiça, para a realização do seu destino eterno, na "*civitas dei*": "*ut quietam et tranquillam vitam agamus cum omni pietate et caritate*" (*Idem*, XIX, 26, ss.)

A *Civitas Dei* (413-426), escrita por S. Agostinho no período de degradação do Império Romano, como uma apologia do cristianismo que contém uma crítica àqueles "que vivem segundo a carne e unicamente para a satisfação dos seus apetites de concupiscência e de domínio" (*Idem*, XIV, 28), não fecha portanto a porta à reflexão acerca da *paz* e da *justiça*, valores fundamentais a prosseguir pelo poder político.

O célebre Padre da Igreja, abria assim uma prolongada polémica acerca da legitimidade teocrática dos governantes, uma vez que as suas concepções teóricas não se ajustavam à história dos grandes impérios, ou seja, à realidade empírica: "Nenhum obedecia à exigência suprema da justiça, que consiste em dar a cada um o que lhe pertence, visto nenhum reconhecer o único e verdadeiro Deus do Cristianismo. Donde o seu *pessimismo* político, embora só referido esse pessimismo ao Estado empírico da realidade concreta e histórica. (...) Numa palavra: mantendo sempre, platónica e dualisticamente, a distinção entre a ideia e a realidade empírica, AGOSTINHO propunha-se transformar o Estado (que em si mesmo, apesar de conforme com a natureza humana, não é nem mau nem bom) numa comunidade de paz e de justiça entre os homens e, como tal, num *regnum misericordiae*, pela sua total conversão ao Cristianismo e subordinação à Igreja."[34]

---

34 Cfr. Cabral de Moncada, *Filosofia do Direito e do Estado*, Coimbra, Arménio Amado Ed., 2.ª Ed., 1955, Vol. I, pp. 58/61.

2.2 As concepções democráticas de legitimidade dos governantes

Para além de um afirmado patrocínio de forças sobrenaturais ao Poder dos governantes, que o legitima, estes nunca descuraram a organização de uma base social de apoio constituída pelos seus familiares, sacerdotes, chefes militares e funcionários superiores da organização administrativa do Estado.

Esta "aristocracia" predominantemente constituída por pessoas da mesma etnia do governante, detém diversos direitos e privilégios, que podem assumir características administrativas ou políticas, pelo exercício de magistraturas ou pela participação em órgãos colegiais com competências consultivas ou mesmo deliberativas.

A sociedade assim organizada, que exclui estrangeiros, classes inferiores (habitualmente colectividades vencidas) e escravos, proibidos também de professar a religião do Estado, assume as características de um "corpo cívico" que legitima materialmente, ou juridicamente, os governantes.

Esta organização social, semelhante em muitas civilizações da Antiguidade, é alterada em Atenas, no séc. VI a.C., por ocasião da disputa do Poder entre dois chefes de clã, por iniciativa de Clístenes, que decide introduzir elementos do povo na sua heteria (partido aristocrático) para fortalecer a sua base social de apoio.

Afastado o seu rival, Clístenes reorganizou o "corpo cívico" ateniense, aumentando o número de tribos e dividindo-as em circunscrições administrativas, os *demos*, por sua vez divididas em trinta *trítias*, sendo dez compostas de cidadãos de Atenas e das suas planícies próximas, dez, de cidadãos da costa e dez, de habitantes das montanhas: "A criação do *demo* tinha por objectivo principal integrar na cidade novos cidadãos introduzidos por Clístenes no corpo cívico, já que para o futuro um ateniense seria designado não mais pelo nome do seu pai, mas pelo *demo* em que vivia."[35]

Esta reforma, realizada com a intenção de criar uma base social de apoio ao Poder que integrasse elementos das classes desfavorecidas (metecos e mesmo escravos), vibrando consequentemente um golpe na "gènus",

[35] Mossé, Claude, *As Instituições Gregas*, Lisboa, Ed. 70, 1985, p. 24; vide tb. Kitto, H. D. F., *Os Gregos*, Coimbra, Arménio Amado Ed., 1960, pp. 171/172.

instituição familiar patriarcal baseada nos laços de sangue, tem sido considerada pelos historiadores como a génese da legitimidade democrática dos governantes: "Não há verdadeiramente motivo para pôr em dúvida a afirmação de Aristóteles de que Clístenes teria dado o direito de cidade a estrangeiros e escravos domiciliados na Ática. Com efeito era (...) um meio de criar uma clientela política, ao reforçar o *demos* urbano. Ao mesmo tempo era a afirmação do princípio novo de que a posse da terra deixava de ser a condição da cidadania."[36]

Na civilização romana, algo de semelhante se verifica, uma vez que o principal órgão colegial monárquico, o Senado, formado inicialmente pelos "patres gentis", ou seja, pelos chefes das famílias patriarcais que se aglutinaram para formar a cidade-Estado, se apresenta posteriormente, na República, implantada em 510 a.C., como um conselho de nobres anciãos representativo do "populus romanus" organizado em comícios.

Estes, divididos em "curiais", que agrupavam as "gentes", em "centuriais", onde se integravam patrícios, clientes e plebeus, e "tribuais" ou "tribuários", que resultaram de uma organização por tribos territoriais, desempenham funções fundamentais ao funcionamento da República. Nos comícios eram eleitos os magistrados ("magistratus populi romani"), em cuja cúpula se encontravam os "cônsules", que desempenhavam na República todas as funções antes atribuídas aos reis, salvo as religiosas; o Senado, mesmo após a instituição do Império, mantém a sua proeminência na estrutura constitucional romana, agindo na política interna e externa do Estado, em nome do "populus romanus", através da significativa fórmula presente na numária da época – S.P.Q.R. ("senatus populusque romanus")[37].

O fundamento da legitimidade do Poder residir inicialmente no "populus", que, durante o Império, o delega totalmente nos governantes, é ainda visível numa frase de Ulpiano inserta no Corpus Juris Civilis: "Quod principi placuit, legis habet vigorem: utpote cum lege regia, quæ de imperio eius lata est, populus ei et in eum omne suum imperium et potestatem conferat." (O que agrada ao príncipe tem vigor de lei, uma vez que mediante a lei régia, que é estabelecida acerca do seu "imperium", o povo conferiu a ele e nele todo o seu "imperium" e poder) (Digesto, Liv. I, Tít. IV, 1)[38].

---

[36] Mossé, Claude, *Idem*, pp. 24/25.

[37] Cfr. Arias Ramos, José, *Compendio de Derecho Publico e Historia de las Fuentes*, maxime, Ob. Cit., pp. 53 e ss.

[38] Vide tb. nas Institutas, Liv. I, II, 6, um texto semelhante.

As invasões dos povos germânicos, que depõem o poder imperial romano no Ocidente da Europa, em 476, evidenciam a sua concepção de poder político, baseado na força militar, chefiada pelos guerreiros mais aptos, elevados pelo povo à dignidade de monarcas, que, todavia, não ultrapassam, no seio na nobreza, a situação de um "primus inter pares".

O pensamento político medieval alicerçado, quer nas tradições germânicas, quer no prestígio da ordem jurídica romana, sustentava que o fundamento da legitimidade do poder dos governantes residia num tácito contrato de submissão ("pactum subjectionis"), pelo qual os governados instituíam voluntariamente o poder dos monarcas. O consentimento popular expresso ou tácito, foi-se tornando necessário para legitimar o poder dos governantes, nomeadamente nos períodos de crise dinástica, por incapacidade do monarca ou vacatura por morte sem herdeiro directo, etc.

Não é todavia pacífica, entre os pensadores medievais, esta possibilidade de retorno ao povo do poder político, uma vez que aquele não o exerce, antes o aliena, a favor dos governantes. A alienação definitiva do Poder, ficando o *princeps major populo*, permitiria a instituição de monarquias absolutas, concepção contestada pelos adeptos da doutrina do poder popular inalienável, ou seja, da concepção democrática de legitimidade dos governantes, que situava portanto o povo acima do príncipe – *populus major principe*.

A concepção verdadeiramente democrática de legitimidade dos governantes, surge na obra de Marsílio de Pádua, *Defensor Pacis*, de 1324, onde a vontade individual é considerada a base de toda a vida social e histórica: "esta e o Estado são mero produto dos interesses individuais, combinados dentro do conceito do *bonum commune*."[39]

O único legislador legítimo é o povo, considerado por Marsílio, como o "corpo total dos cidadãos" ou apenas como uma "parte prevalecente" (*pars valentior*) que se exprime numa assembleia geral laica, uma vez que a pretensão do papado assumir a função legislativa, não passa, em sua opinião, de uma tentativa de usurpação.

O Estado, fica assim limitado a dirimir os conflitos entre os cidadãos e o domínio da lei, tornada coercitiva, restringido aos actos jurídicos, o que garante portanto a liberdade de consciência [40].

---

[39] Cfr. Cabral de Moncada, *Filosofia do Direito e do Estado*, Ob. Cit., Vol. I, pp. 90/92.

[40] Cfr. Abbagnano, Nicola, *História da Filosofia*, Lisboa, Ed. Presença, Vol. IV, 1970, pp. 163/165.

2.2.1 *As concepções democráticas através da História*

A legitimidade dos governantes, ideia sempre recusada pelas sociedades primitivas, como referimos, pretende todavia afirmar-se, ao longo da História, baseada em diferentes teorizações, cujo denominador comum, afastada por alguns pensadores a concepção teocrática, é o apelo ao povo.

As concepções democráticas de legitimidade, não têm contudo uma divulgação que ponha em causa o poder político dos monarcas, cuja coroação, realizada em faustosas catedrais pelos mais altos dignatários do clero, os coloca numa posição de supremacia incontestada, mau grado as teorizações democráticas existentes, desconhecidas do povo iletrado.

Esta situação, apoiada pela força militar, conhece todavia um abalo provocado pela Reforma, movimento aproveitado por príncipes e monarcas nas suas disputas políticas, que se baseiam em teorizações de poder popular para justificar a desobediência ao poder real apoiado pela Igreja católica.

Alguns teorizadores deste período, maioritariamente huguenotes, são considerados monarcómacos (inimigos dos reis), embora as suas teorias sejam também aproveitadas ocasionalmente por católicos[41].

Por ocasião da revolução inglesa de 1640, que representa a ascensão da burguesia, em luta contra os grandes fundiários, surge o pensamento político de Thomas Hobbes (1588-1649) que se notabiliza sobretudo com o seu livro, *Leviathan sive de materia forma et potestate civitatis ecclesiasticæ et civilis – O Leviathan, ou a matéria, a forma e o poder de um Estado eclesiástico e civil*, publicado em 1651.

O Estado é comparado por Hobbes ao "Leviathan", monstro bíblico de grande força, que tudo domina, fundado todavia pelos homens, seres dotados do mais feroz e insociável egoísmo, que se vêm obrigados a estabelecer um contrato social para poderem sobreviver. A sua concepção

---

[41] São então publicadas a *Franco-Galia* (1572) da autoria de Hotman; a *Vindiciae contra tyrannos* (1579) sob o pseudónimo de Junius Brutus; *De justa Henrici III adbicatione* (1588) de Boucher; *De jure regni apud Scotos* (1577) de Jorge Buchanan ou Bucanano; *De rege et regis institutione* (1598-1599) do jesuíta Mariana cuja obra, defendendo o tiranicídio, prejudicou a Companhia de Jesus; *De Legibus* (1612) e *Defensio Fidei* (1613) de Francisco Suarez, que considera ser a origem do Poder a sociedade organizada, num *corpus mysticum*, mas que o aliena definitivamente nos monarcas; *Justa aclamação do Sereníssimo Rei de Portugal D. João IV* (1644) de Francisco Velasco de Gouveia, que considera o poder popular inalienável. (Cfr. Caetano Marcello, *Manual de Ciência Política...*, Ob. Cit., Tomo I, pp. 261/263)

matemática do conhecimento e a sua concepção mecânica da natureza, casualista e determinista, leva-o a visionar os seres humanos como átomos da matéria social, cujo tendencial impulso para se destruírem – "homo homini lupus" – e para se guerrearem – "bellum omnium contra omnes" – os obriga, a delegarem os seus poderes, existentes no estado de natureza ("natura inter se æquales") a um homem ou a uma assembleia.

O contributo de Hobbes quanto às concepções democráticas de legitimidade, parece pois ser nulo, uma vez que a transferência do Poder do povo para o Estado é definitiva, tornando-o absoluto e totalitário ("non est potestas super terram quæ comparetur ei"), mas todavia a sua mensagem abre o caminho para a autonomização e laicização do direito e do Estado, fundado originariamente no poder do povo.

A teoria de Hobbes recusa portanto o direito de resistência do povo aos governantes injustos, cujo castigo ficaria apenas nas mãos de Deus, mas não esquece as substituições do Poder por via revolucionária: "Quando a revolução triunfa, é porque o soberano fracassou na sua missão e não pode cumprir o compromisso do contrato social; então, desaparecem as faculdades legítimas do soberano. (...) Hobbes desaprova o excessivo intervencionismo governamental; o soberano tem a obrigação e o direito de fazer leis em detalhe, mas depois deve permitir tudo o que não se oponha à paz social."[42].

A ideia de um inicial *estado de natureza* em que os homens estariam apenas sujeitos a uma lei natural formulada pela razão, uma vez que não acredita na existência de "ideias-inatas", é novamente afirmada por John Locke (1632-1704) que concebe tal como Hobbes, a realização de um pacto, acordo ou contrato social para aumentar a segurança da colectividade e para punir, através de um juiz imparcial aqueles que perturbassem a sua normal actividade.

Locke afasta-se todavia de Hobbes quanto à transferência do Poder para os governantes, uma vez que considera que os homens possuem certos direitos inalienáveis, como a vida, a propriedade privada, a resistência à opressão, a liberdade de consciência e de religião, sendo portanto o Estado um instrumento para a realização desses interesses, aos quais o ser humano não pode renunciar, por ser uma criatura de Deus.

O indivíduo, como ponto de partida e como momento final, teleológico, da vida pública, é concebido por Locke com um sentido profunda-

---

42 Gettell, Raymond G., *História das Ideias Políticas*, Lisboa, Ed. Inquérito, 1936, pp. 254/255.

mente ético, que ultrapassa a mera explicação mecânico-naturalista de Hobbes e se situa num naturalismo cristão: "Locke, devido ao seu sincero Cristianismo calvinista, acreditava ainda na existência de uma lei natural e divina transcendente, servindo de limite, não só à vontade do indivíduo no 'estado de natureza', como à vontade das maiorias no estado social e político. (...) A maioria não é para ele uma divindade, nem a sua voz uma *vox Dei*; é um critério prático, mais aceitável, de governar, ditando a lei; isto é, o melhor que se pode arranjar: uma conveniência. (...) Nunca Locke identificou a vontade das maiorias nem com a vontade do povo nem com a vontade de Deus; nunca fez dela uma norma, nem uma realidade metafísica."[43]

A divulgação da ideia da realização de um contrato social entre os homens, que se encontrariam num *estado de natureza*, vivendo em plena liberdade e felicidade, ficou a dever-se ao filósofo Jean Jacques Rousseau (1712-1778), que extrai da sua teorização o princípio da *soberania popular*.

O *estado de natureza* é para Rousseau gerador de uma individualidade dotada de uma bondade natural, concretamente racional, que o convívio social, necessário para que o homem pudesse vencer os obstáculos que impediam que conservasse esse estado original, tenderia todavia a depravar.

O acordo estabelecido para a formação da sociedade política, que defendesse a força e a liberdade de cada um seria o *contrato social*, onde cada associado alienaria os seus direitos em prol da comunidade. Rousseau encontra nessa alienação, porque total e igual para todos, uma forma de assegurar a liberdade dos associados num *corpo político*, *república* ou *Estado*, onde todos são *cidadãos* participantes na autoridade suprema e *súbditos*, porque estão sujeitos às leis da sociedade política.

As leis dessa sociedade são resultantes da expressão de uma *vontade geral*, que é obtida mediante a contagem dos votos dos membros da colectividade, bastando para a sua produção, a *vontade da maioria*: "Portanto, para que o pacto social não seja um formulário vão, contém tacitamente este compromisso, que por si só pode dar força aos outros: que quem quer que se recuse obedecer à vontade geral a isso será coagido por todo o corpo: o que significa apenas que será forçado a ser livre, (...)". (*O Contrato Social*, Livr. I, Cap. VII)

[43] Cabral de Moncada, *Filosofia do Direito e do Estado*, Ob. Cit., Vol. I, pp. 219/220.

A legitimidade democrática, nesta perspectiva, parte do princípio que as minorias nunca têm razão, a qual se exprime miticamente na vontade das maiorias, a que todos são forçados a obedecer, sem poderem constituir uma oposição: "ROUSSEAU abriu o caminho à formula da *democracia anti-liberal* ou *totalitária*."[44]

A soberania, em sua opinião, é o exercício da vontade geral, sendo aquela necessariamente inalienável e insusceptível de representação, devendo ter-se em atenção que, "Os deputados do povo não são, portanto, nem podem ser, seus representantes, são apenas seus comissários; não podem tirar quaisquer conclusões definitivas. Qualquer lei que o povo, em pessoa, não tenha ratificado, é nula; não é lei." (*O Contrato Social*, Livr. III, Cap. XV)

A teorização de Rousseau tem por base portanto o conceito de *vontade geral*, que o filósofo genebrino não torna todavia muito claro ao longo dos seus trabalhos: "De facto, ROUSSEAU ora parece entender por ele (conceito de 'vontade geral') uma simples abstracção ou um 'artifício'; ora uma realidade psicológica empírica (*la volonté de tous*); ora um conceito ético (*conformer sa volonté à sa raison*); ora uma comunidade de interesses, ora finalmente uma realidade metafísica."[45]

Esta dificuldade persiste, mas em termos de legitimidade dos governantes, podemos afirmar que Rousseau superou de certo modo o antagonismo epistemológico existente entre as legitimidades teocrática e democrática, que se verificou ao longo da História. Ao divinizar a vontade geral expressa pelo povo, o filósofo conferiu-lhe um sentido metafísico que ultrapassa a racionalidade individual e colectiva, uma vez que a obrigatoriedade do cumprimento das suas determinações não é susceptível de discussão, nem no plano ético, nem no político.

A "*vox populi, vox Dei*" de Rousseau, apresenta-se como a fórmula de uma legitimidade *demo-teocrática*, perdoem-me o neologismo, fonte de numerosas interpretações e críticas, mas com um incontestável êxito na prática política contemporânea: "ROUSSEAU, por outras palavras, tornou imanente no povo e na sua 'vontade geral' a ideia de direito; ao mesmo tempo que, despindo-os de qualquer limitação objectiva transcendente, terminou por os divinizar em si mesmos. Mais do que isso: acabando por identificar a lei e o direito com a 'vontade geral', traduzida esta, por último, pela vontade da maioria, o que ele fez foi dar-nos um conceito

[44] Caetano, Marcello, *Manual de Ciência Política...*, Ob. Cit., Tomo I, p. 267.
[45] Cabral de Moncada, *Filosofia do Direito e do Estado*, Ob. Cit., Vol. I, p. 239.

puramente formal de direito, sem qualquer critério de conteúdo. Direito e lei passam a ser só aquilo que essa vontade quer e *só porque o quer*. Assim se criou o mito da santidade da 'vontade das maiorias', (...)"[46]

2.3 Os tipos de Estado ao longo da História

Referimos já os diversos factores da formação do poder político, o qual, cimentando as diversas forças individuais e sociais dispersas, as organiza politicamente, criando o Estado.

Embora não haja uma concordância entre os diversos autores, quanto a uma caracterização do Estado através da História, já que a prioridade da formação do Poder, a guerra, a religião, ou as necessidades económicas, os divide, os factos históricos superam os argumentos nas análises politológicas, permitindo renovadas interpretações.

Assim, a visão marxista da sociedade e do Estado, onde as formações intelectuais são o mero reflexo da luta pela sobrevivência, na qual os homens trabalhando, dominam a natureza pela técnica, ou seja pela "praxis", conduz a uma tipificação histórica de Estado paralela ao desenvolvimento das forças produtivas: "A ciência marxista do político operou a distinção entre certos 'tipos' de Estado – despótico, esclavagista, feudal, capitalista – correspondentes a outros tantos modos de produção determinados."[47]

A factualidade histórica e a ciência antropológica evidenciam, como vimos, o reducionismo desta análise, que não abrange todos aspectos da formação e consequentemente da evolução do Estado, pelo que, baseados nesses estudos, vamos apresentar um modelo básico de exposição, mais abrangente.

2.3.1 *O Estado Oriental*

As entidades políticas da chamada Antiguidade Oriental, que se estruturam em agrupamentos humanos cada vez mais vastos, em fases sucessivas, pela acção militar, emergem nos primórdios da Idade do Bronze, adquirindo formas de poder político imperial, despóticas.

---

[46] Cabral de Moncada, *Filosofia do Direito e do Estado*, Ob. Cit., Vol. I, p. 241.

[47] Poulantzas, Nicos, *Poder Político e Classes Sociais*, Porto, Portucalense Ed., 1971, I Vol., p. 156.

A diversidade de situações impede-nos generalizar a organização destes Impérios, que têm contudo de comum o apoio da tecnologia metalúrgica na produção do armamento para a guerra, que se desencadeia com frequência, quer no Egipto faraónico, quer na Mesopotâmia: "Seja como for, implanta-se entre as cidades (da Suméria) a guerra endémica, (...) A questão de uma anfictionia que terá reunido estas cidades à volta de Nippur – morada de deus Enlil, chefe do panteão sumério – é obscura aos olhos dos especialistas. Quer ela tenha existido quer não, o certo é que a região da Suméria é a sede de tensões constantes entre as cidades-estados, cujas relações se fundam em relações de força: a violência é, de resto, muito antiga na Mesopotâmia, dado que as escavações da aldeia de Arpatchiya (época de El Obeid) mostram já traços não equívocos de destruições e pilhagens."[48]

A preocupação da expansão territorial, o empalamento, o esfolamento ou as mutilações dos guerreiros vencidos, a escravização das crianças e mulheres, ou a sujeição dos sobreviventes a pesadas tributações, acompanhada da destruição de templos e demais manifestações religiosas e culturais, constituem características comuns dos Impérios do Bronze que se manifestam até ao seu declínio e extinção, no advento da Idade do Ferro, cerca de 1.200 a.C.: "Não só num estado, mas numa extensa zona do mundo civilizado, a própria história parece ter-se interrompido; as fontes escritas desapareceram, os documentos arqueológicos são pobres e difíceis de datar. Os bárbaros vindos do Norte varreram a civilização micénica da Grécia. O Império Hitita soçobra. A Dinastia Kassita extingue-se na Babilónia, para onde se infiltram os bárbaros Arameus e Caldeus; durante algum tempo a Babilónia esteve sujeita ao senhorio assírio. Os faraós Merneptah e Ramsés expulsaram os invasores do Nilo. Mas depressa os mercenários líbios e núbios tomaram posse do próprio trono do faraó até que os Assírios anexaram também o Egipto ao seu Império Militar."[49]

Internamente, o monarca exerce uma autoridade despótica "legitimada" pelo seu relacionamento com os deuses, ou por encarnar as próprias divindades criadas pelos feiticeiros como forças de fecundidade, de fertilidade, que "explicam" a ordem universal: "O rei é o órgão de ligação do sobrenatural com o natural e o sistema só pode manter-se porque nada é

[48] Lévêque, Pierre, *As Primeiras Civilizações...*, Ob. Cit., Vol. I, pp. 21/25.

[49] Gordon Childe, V., *O Homem faz-se a si próprio...*, Ob. Cit., p. 327.

concebido como natural: ele próprio sobrenaturalizado (como se vê no Egipto nas gigantescas criações das pirâmides ou dos túmulos do vale dos reis, onde continua a sua vida na eternidade), o déspota sobrenaturaliza o labor dos trabalhadores dando-lhes a sua eficácia."[50]

Em consequência desta caracterização do poder político, os súbditos não possuem garantias individuais face ao monarca, que dispõe do produto do trabalho das comunidades rurais através de uma pretensa relação de troca, uma vez que dispõe de poderes sobrenaturais que utiliza em benefício da sociedade: " 'Aquilo que consideramos como uma antecipação autoritária feita pelo rei sobre o trabalho das comunidades rurais é apresentado como uma repartição e uma troca feitas por parceiros iguais e solidários: tal é de facto a realidade que se exprime através dos termos *dasmos* (grego), *bazis* (persa antigo) e *ziti sarri* (arcádico), assim como no termo *bliaga* (sânscrito)' (P. Briant, *Rois, tributs et paysans*, Paris, 1982). Daí se segue que toda a desobediência à ordem do rei é, de facto, um pôr em causa da ordem do mundo, todo o crime de lesa-magestade um crime de lesa-divindade."[51]

2.3.2 *O Estado Grego*

A existência de numerosas e diversificadas Cidades-Estado na área cultural da Antiguidade Grega não permite a realização de uma síntese das suas características, pelo que tomaremos como base da nossa análise a cidade de Atenas, nos séculos V e VI a.C., à qual, aliás, já nos referimos.

O Estado é concebido, no mundo grego, como uma comunidade de cidadãos dotados da plenitude de direitos cívicos e políticos (concedidos apenas, na sua totalidade, aos vencedores das guerras de ocupação do território).

Daqui resulta um enfraquecimento na monarquia absoluta e hereditária inicial, em benefício da aristocracia que institucionaliza órgãos individuais e colegiais político-administrativos (arcontes, areópago, tiranos, ecclesia, heliastas, bulé, estrategos) unidos todavia pela religião da Cidade-Estado: "A procedência religiosa do direito antigo explica-nos ainda um dos principais caracteres desse direito. A religião era puramente

[50] Lévêque, Pierre, *As Primeiras Civilizações...*, Ob. Cit., Vol. I, p. 26.
[51] Lévêque, Pierre, *As Primeiras Civilizações...*, Ob. Cit., Vol. I, p. 27.

civil, isto é, especial a cada cidade; da religião só podia pois derivar direito igualmente *civil*. (...) Não bastava habitar a urbe, para se ser submetido às suas leis e pelas mesmas protegido; cumpria ser seu cidadão. A lei não existia para o escravo, como também não protegia o estrangeiro. (...) O direito não nascera da noção de justiça, mas brotara da ideia de religião, e não se o concebia fora desse âmbito. (...) O direito não era mais do que um dos aspectos da religião. Onde não havia religião comum, não existia portanto lei comum."[52]

As Cidades-Estado gregas não apresentam uma organização militar voltada para a expansão territorial, mas antes para a defesa do seu território, unindo-se apenas por ocasião das guerras que ameaçavam a sua integridade.

Esta característica autárquica ou cantonal das Cidades-Estado gregas não significa contudo que a formação dos seus cidadãos (*paideia*) tivesse uma preponderância civil. O Estado perfeito, segundo Platão, seria um modelador de *almas*, tomando como ponto de partida um critério social de justiça: "Para ele, a justiça dentro do Estado assenta no princípio em virtude do qual cada membro do organismo social deve cumprir, com a maior perfeição possível, a sua função própria. Tanto os 'guardiões' como os 'governantes' e os 'industriais' têm a sua missão estritamente delimitada, e se cada um destes três grupos se esforçar por fazer da melhor maneira possível o que lhe compete, o Estado resultante da cooperação destes elementos será o melhor Estado concebível: os 'governantes' devem ser sábios, os guerreiros valentes."[53]

Os "governantes", serão filósofos, quando unirem a experiência às suas aptidões políticas, não se deixando arrastar pela tentação de dominar as massas, excitando os seus ódios, adulando-as, e satisfazendo os seus interesses variáveis: "Deste modo, os caprichos da massa tornam-se a pauta suprema da conduta política e o espírito desta adaptação vai-se pouco a pouco infiltrando em todas as manifestações da vida. Este sistema de adaptação exclui a possibilidade duma autêntica educação do Homem, orientada de acordo com a pauta dos valores imutáveis."[54]

O pensamento político deve ser pautado portanto pelos valores superiores que animam a alma humana, sendo a justiça compreendida como

---

[52] Coulanges, Fustel de, *A Cidade Antiga...*, Ob. Cit., Vol. I, pp. 294/295.

[53] Jaeger, Werner, *Paideia, a formação do homem grego*, Lisboa, Ed. Aster, s/d., p. 756.

[54] Jaeger, Werner, *Paideia...*, Ob. Cit., p. 788.

uma adequação do comportamento individual aos interesses sociais: A justiça tem de ser inerente à alma, uma espécie de saúde espiritual do Homem, cuja essência se não pode pôr em dúvida, pois de outro modo seria apenas o reflexo das variáveis influências exteriores do poder e dos partidos, como o é a lei escrita do Estado. (...) É a alma do Homem o protótipo do Estado platónico."[55]

As liberdades individuais face aos interesses da cidade são condenados por Platão, que considera que "a emancipação do indivíduo prejudica tanto o Homem, como o sistema da coacção e da disciplina exagerada que oprime o indivíduo. (...) o individualismo torna-se uma nova forma patológica da personalidade."

Os jovens que se afastam da educação dos seus ancestrais, cheios de apetites insatisfeitos, "Enviam para o exílio o respeito (*aidos*), ao qual chamam tolice, e procedem à troca de nome de todos os conceitos de valor. À prudência chamam agora falta de virilidade, à moderação e à ordem, mesquinhez inculta; e desterram dali todas as virtudes. Sob roupagens sedutoras entronizam entre gritos de louvor tudo quanto é contrário ao que elas representam e chamam à anarquia liberdade, à delapidação dos bens do Estado magnanimidade, e à desvergonha valentia."[56]

Platão, não esquece a educação, (*paideia*) dos "guardiões" da cidade, rigorosamente seleccionados pelas suas aptidões físicas e morais, com o objectivo de ser obtido o maior êxito na sua formação, desde a tenra infância. O filósofo avança com a ideia de formar também as mulheres para a guerra, já que a sua menor robustez, não impede, sendo bem treinadas, a participação na defesa da cidade, que duplicaria assim as suas forças militares.

A profissão militar, exercida com bravura, é altamente honrosa, dando lugar a felicitações, distinções e privilégios: "Nos sacrifícios e nas festas dedicam-se ao herói hinos e recompensas deste tipo: lugares de honra e bebidas e comidas de honra. Os que tombam na gloriosa batalha são incluídos na genealogia de oiro, isto é, são elevados a heróis e é-lhes dada como túmulo uma gruta de que o povo se deve aproximar com religiosa

---

55 Jaeger, Werner, *Paideia...*, Ob. Cit., p. 711; vide tb. Platão, *A República*, Lisboa, Fundação Calouste Gulbenkian, 3.° Ed., 1980, p. 72 (368 e), onde num diálogo entre Adimanto e Sócrates, este último se refere à justiça nos termos seguintes: "Diremos que a justiça é de um só indivíduo ou que é também de toda a cidade? – Também é – replicou. – Logo, a cidade é maior do que o indivíduo? – É maior."

56 Jaeger, Werner, *Paideia...*, Ob. Cit., pp. 888 e 890/891.

veneração. Mas também os que sobrevivem e morrem de velhos, após uma vida carregada de méritos, recebem por sua morte as mesmas honras."[57]

O Estado Grego, mau grado o esplendor da sua cultura, vive em continuado estado de guerra, quer com as Cidades-Estado com que rivaliza, quer com os seus inimigos externos: "Desde o início do século V até 338 a.C., Atenas esteve em guerra durante mais de cento e vinte anos, num total de cento e sessenta e quatro, ou seja, em média, mais de dois anos em cada três e nunca conheceu um período de paz que durasse dez anos. (...) Os gregos consagraram à destruição mútua boa parte das forças de cujo livre emprego se haviam assenhoreado. Pagaram, assim, o preço de uma independência sem a qual não podiam realizar as suas potencialidades."[58]

2.3.3 *O Estado Romano*

O Estado romano apresenta uma estrutura político-administrativa que altera as suas características, à medida em que, ao longo da sua História, se modifica a sua tessitura social e que o "populus romanus" se assenhoreia dos territórios vizinhos formando uma monarquia territorial, ("basileia") e posteriormente de territórios afastados, criando um império, tendo como ponto de partida a Cidade-Estado "polis", Roma.

O "populus romanos" resulta de um sinoecismo, imposto pelos povos conhecedores de evoluídas técnicas metalúrgicas do ferro, os etruscos, que aglutina ao seu povo, os latinos e os sabinos, constituindo uma comunidade de cidadãos dotada da plenitude de direitos cívicos e políticos.

Estes direitos fundamentais são:

"ius honorum" (direito de ser designado para o exercício de cargos públicos e funções religiosas) pertencendo sempre, apenas a "cives optimo iure".

"ius sufragii" (direito de participar, votando, nas assembleias romanas).

"ius connubii" (direito de celebrar casamento legítimo).

"ius commercii" (direito de celebrar actos jurídicos de natureza patrimonial).

"legis actio" (direito de acesso aos tribunais para composição dos litígios).

---

[57] Cfr. Jaeger, Werner, *Paideia...*, Ob. Cit., pp. 714, 762 e 776/777.

[58] Aymard, André e Auboyer, Jeannine, *O Oriente e a Grécia Antiga*, in Crouzet, Maurice (Dir.), *História Geral das Civilizações*, São Paulo, Difusão Europeia do Livro, 4.ª Ed., 1971, Tomo I, 2.° Vol., p. 97.

O poder político era exercido inicialmente por uma monarquia vitalícia etrusca, mas a estrutura político-administrativa, composta de magistrados, de um Senado (conselho de nobres anciãos) e de comícios, unidos pela religião da "polis", conferia-lhe uma legitimidade democrática que fragilizava o poder do rei, que termina por ser substituído, em 509 a.C., por dois cônsules, eleitos por um ano.

Instituída assim a república, a sede do Poder da "polis" romana desloca-se para o Senado, que mantém uma supremacia face aos magistrados e aos comícios, anteriormente à sua expansão territorial.

O poder republicano, exercido portanto por fundiários sem interesse pelo desenvolvimento do comércio e da indústria, actividade a cargo dos plebeus, que haviam sido protegidos pelos reis etruscos com a concessão do "ius commercii", origina graves tensões sociais em Roma. Os plebeus, através da ameaça de secessão, conseguem porém instituir magistrados próprios, os *tribuni plebis*, com o direito de reunir e de tomar decisões vinculativas para o seu agrupamento social – *plebiscita.*

Esta dinâmica de aproximação social, iniciada no século V a.C. e justificada pela expansão romana que necessita da força militar e económica dos plebeus, é confirmada juridicamente pela república através da "Lex Hortensia de plebiscitis", de 287 a.C., que confere poder vinculativo, para todo o povo romano, às decisões das assembleias da plebe, sem a intervenção do Senado. Aliás o próprio Senado abre-se aos plebeus ricos, deixando portanto de ser um reduto exclusivo do poder do patriciado.

A expansão de Roma, que atinge dimensões de império mundial, transfere as tensões havidas entre patrícios e plebeus, para a aristocracia (*nobrezas gentilícia e senatorial*) e uma nova classe de cidadãos enriquecidos pelo comércio, qualificados pelas suas posses na participação militar, na cavalaria, os (*equites*).

Estes últimos, sendo detentores de um importante poder económico, adquirem influência política e pretendem mesmo intervir na condução dos negócios públicos, vindo a infiltrar-se na aristocracia como *homines novi*. As suas pretensões são favorecidas pela incapacidade da organização sócio-política republicana, que, sendo estabelecida para o governo de uma Cidade-Estado se tornar incapaz de solucionar os problemas da expansão e de manter a coesão de um império mundial.

As transformações sociais, a ruína dos pequenos proprietários pela concorrência dos grandes latifúndios cultivados por legiões de escravos, as revoltas dos povos dominados e de escravos não integrados nos antigos núcleos agrários patriarcais, vão fortalecendo o poder dos militares que impõem o poder de Roma nas províncias distantes da metrópole.

O Estado romano transforma-se também, caminhando para o poder pessoal, iniciado pela ditadura sem limite de tempo do general Sila (Lucius Cornelius Sylla) que se fez nomear pelo Senado "dictator legibus scribundis et reipublicæ constituendæ", em 82 a.C.

A disputa do Poder trava-se entre generais,[59] terminando Octávio (Caio Júlio César Octaviano) por ser elevado pelo Senado à categoria de "augustus", após ter derrotado os triúnviros seus rivais. Surge assim o império, com Octávio que passa a ser designado "Imperator Cæsar Augustus", em 27 a.C., título a que vão sendo acrescentados outros, como o de "princeps (omnium et universorum)", que significava, "o primeiro dos cidadãos"[60].

O poder político adquire assim uma unidade, que se desdobra todavia no *imperium*, o qual representa a faculdade se subjugar, na *potestas*, que consiste na capacidade de organizar e modelar a sociedade e a *magestas*, que significa a grandiosidade do Poder[61].

A concessão da cidadania romana caminha também, paralelamente, à evolução do Estado romano no sentido imperial, sendo essas atribuições de cidadania, normalmente atenuada, ("ius commercii" ou o "ius connubii") feitas individualmente, a troco de pagamentos aos magistrados romanos.

A romanização colectiva também se verificou, para apaziguar os povos revoltados na Itália. Na "guerra social" travada no século I a.C., Roma ofereceu a cidadania plena aos italianos fieis ou aos que depusessem as armas, através da "Lex Iulia de civitate sociis danda", de 90 a.C.; no ano imediato, através da "Lex Plautia Papiria de civitate sociis danda", a concessão foi alargada a todos os italianos que a desejassem.

---

59 O título de "Imperator" era atribuído pelas tropas a um general vencedor.

60 A partir da subida de Diocleciano ao Poder, em 284 d.C., o Império torna-se absoluto e aos imperadores vão sendo atribuídos títulos como, "dominus", "sacratissimus dominus" e mesmo "dominus et deus", uma vez que passam a considerar-se divindades. Os cidadãos romanos, constituindo outrora, a base de legitimidade do Poder passam a ser designados, "servi" e "subjecti". A casa, as vestes, as leis e demais actos do imperador são considerados "sacer", "divinus", "sacratissimus", sendo "sacrilegus" quem se lhe oponha ou o ofenda, bem como aos seus representantes legais. O imperador não se encontra subordinado às leis do Estado, ("legibus obnoxius"), mas antes desligado delas ("legibus solutus").

61 Cfr. Miranda, Jorge, *Manual de Direito Constitucional,...*, Ob. Cit., Tomo I, maxime pp. 56/57.

Estas decisões do poder político romano continuaram a verificar-se , culminando na decisão do imperador Antonino Caracala de conceder a cidadania à maioria dos habitantes livres do Império, através da "constitutio antoniniana" de 212 d.C.

O Império Romano distingue a área do direito do Estado o *direito público*, da do direito que interessa apenas aos cidadãos, o *direito privado*, e ainda o direito a atribuir aos estrangeiros, porque é comum a todos os povos, regulando as relações jurídicas em que estes intervêm, o *ius gentium*[62]. O *ius civile*, destinado apenas aos cidadãos da "civitas" romana, distingue-se assim do *ius gentium*, conjunto de normas comuns a todas as ordens jurídicas que os romanos conheciam: *ius gentium est, quo gentes humanæ utuntur*. (Ulpiano in Digesto, I, 1, 1, 4)

O Estado romano concebe também, apoiado no cristianismo, que tolera a partir de 313 (Edicto de Milão), e que aceita como religião oficial em 380 (Constituição "Cunctos populos"), um Império que integre todos os elementos do povo que assimilem a cultura romana. Esta situação geradora de algum cesaropapismo, como se pode inferir da máxima de Constantino – *quod ego volo, id pro canone...habeatur.* – permitiu todavia a construção da Igreja Católica, com uma estrutura administrativa paralela à do Estado romano, que resistiu à sua destruição pelos invasores germânicos.

2.3.4 *A Organização Política Medieval*

A partir de finais do século IV, o território do Império Romano do Ocidente passa a ser invadido por povos que viviam em regime de seminomadismo a Norte do seu "limes", evidenciando a fraqueza do exército romano, incapaz de os deter, e obrigando o poder político a celebrar com eles tratados de aliança e mesmo a ceder-lhes espaços para se fixarem, sem conseguir evitar correrias, saques e devastações.

Deposto o jovem imperador romano Rómulo Augústulo em 476, por Odoacro, chefe dos hérulos, verifica-se o desmoronar da organização político-administrativa do Império, em cuja cúpula se situava o imperador.

---

62 Embora a distinção entre direitos público e privado, tenha originado bastante polémica teórica e tenha sofrido uma evolução ao longo da História, é interessante referir a visão do jurisconsulto Ulpiano, que viveu nos séculos II e III da era de Cristo: *publicum ius est quod ad statum rei romanæ spectat; privatum quod ad singulorum utilitatem pertinet.* (Digesto, I, 1,1,2)

Odoacro, que se instalou em Ravena, enviou para Constantinopla as insígnias imperiais, considerando-se dependente do imperador do Oriente, mas tal acto não evitou a profunda alteração política, que se verificou no território conquistado, que tomamos como exemplo da organização política medieval europeia.

O chefes militares germânicos, instauram inicialmente nesse território alguns *reinos romanos germanizados* que beneficiam da organização administrativa da Igreja Católica, que não destroem. Esses chefes tentam também fazer funcionar, em seu proveito, a administração local romana, colocando no governo das províncias, duques, condes e prefeitos, e conservando a organização fiscal e o sistema monetário romanos.

Esta tentativa não é porém coroada de êxito, uma vez que os monarcas germânicos não possuem capacidade militar para impor a sua autoridade aos exactores provinciais, e a própria moeda, com a sua validade garantida pelo poder imperial, desaparecido, vai perdendo o seu valor. Estes monarcas, colocados perante situações que não podem controlar, vêm-se obrigados a conceder privilégios de imunidade às terras senhoriais, desistindo de intervir com os seus agentes nesses domínios.

O Estado Medieval, apresenta-se assim como uma confederação de senhores, onde o monarca é apenas um "primus inter pares", perdendo o *imperium* e exercendo apenas um *dominium* sobre os seus vassalos, baseado em relações pessoais de fidelidade que resultam da concessão da propriedade da terra.

A soberania, ou melhor, a suserania e a propriedade fundiária ficam assim indissoluvelmente ligadas, permitindo aos seus detentores o exercício local da autoridade administrativa, militar, judicial e fiscal, situação que conduz à auto-suficiência dos grandes domínios agrários (feudos), com artífices neles integrados, onde se verifica o *auto-consumo* e a consequente raridade das *trocas mercantis* e da *moeda.*

O poder político é concebido como uma coisa, é "reificado", tal como a terra, sendo concedido pelos reis aos senhores, que o incorporam no seu património, o exercem sobre os habitantes do seu senhorio e o transmitem hereditariamente. Do mesmo modo, esta identificação entre *autoridade* e *propriedade* conduz a uma concepção patrimonial da soberania do rei, que lhe permitia transmitir o reino em testamento e dividi-lo pelos seus filhos.

Da relação pessoal "senhor – vassalo" resulta uma atenuação do relacionamento entre o monarca, representativo do Estado, e os seus "súbditos" vinculados directamente aos seus "senhores": "Para o rei, apenas teria ficado um poder directo sobre os senhores, também ele repousando em vínculos pessoais de vassalagem; em contrapartida, todas as relações políticas entre o rei e os povos habitando os territórios do reino estariam curto-circuitadas pela interposição dos senhores (excepto, claro está, nas terras sujeitas ao senhorio directo do rei)"[63].

As normas jurídicas medievais surgem assim "privatizadas", dirigidas particularmente a pessoas e a casos concretos, como disposições solenes acerca de privilégios, regalias, ou imunidades institucionais a municípios, confrarias, corporações de mestres e discípulos (*universitas magistrorum et scholarium*), etc.

A organização administrativa da Igreja Católica, que persiste no território partilhado pelos chefes militares bárbaros, influencia a sua divisão administrativa, coincidindo por vezes as dioceses ou bispados com as novas circunscrições territoriais governadas por esses chefes germânicos. Essa situação propicia a participação dos bispos na administração local, que, pela ausência de um poder estadual forte e organizado, se assume praticamente como o único domínio sobre as populações, que se exprime através de uma teia de relações pessoais de fidelidade.

A Igreja atenuou assim a rudeza dos costumes dos bárbaros, convertendo-os ao cristianismo, convencendo-os a aceitar os preceitos da religião católica e algumas normas jurídicas romanas, sem todavia conseguir extinguir as suas práticas ancestrais e superstições: «C'est bien d'une fusion qu'il s'agit. (...) Rome est vraiment devenue capitale religieuse: de tout l'éclat de sa tradition, de toute la supériorité de sa force urbaine et de ses ressources intellectuelles, elle domine l'Occident barbarisé.»[64]

A conversão de alguns monarcas germânicos ao catolicismo, para além de estabelecer a legitimidade teocrática afirmada pela doutrina da Igreja, como referimos, (*"Non est enim potestas nisi a Deo"*) que limita a adequação do exercício do Poder ao "bem comum", acentua a intervenção dos bispos na acção governativa dos chefes bárbaros.

Assim, nos Concílios episcopais convocados pelos monarcas bárbaros convertidos ao catolicismo, que se consideram protectores da Igreja,

---

[63] Cfr. Hespanha, António Manuel, *História das Instituições, Épocas medieval e moderna*, Coimbra, Livr. Almedina, 1982, pp. 108/109.

[64] Elisseeff, Vadime; Naudou, Jean; Wiet, Gaston e Wolff, Philippe, *Histoire du Developpement Culturel et Scientifique de l'Humanité, Les Grandes Civilisations du Moyen Age*, Paris, Robert Laffont, Vol. III, 1969, pp. 83/84.

os bispos, para além de intervirem em assuntos religiosos referentes à fé, à disciplina e aos costumes, são também chamados a pronunciar-se sobre negócios laicos, impondo a tolerância e a caridade cristãs.

Esses monarcas, pedem ainda, por vezes aos Concílios para reforçarem com a sua autoridade e prestígio as leis régias anteriormente promulgadas, que se confundem assim com as decisões conciliares, os cânones.

No vasto território do extinto Império Romano do Ocidente, com uma população muito maior do que a dos invasores germânicos, a manutenção do seu domínio, obriga-os a compreender a cultura e a aceitar a religião dos vencidos, pela incapacidade de sustar as revoltas contra o exercício do seu Poder: "O índice mais revelador dos limites da penetração bárbara nesta fase reside no facto de a fronteira linguística entre o mundo latino e o mundo teutónico nunca se ter alterado: nenhuma região do Ocidente romano foi germanizada, quanto à fala, por qualquer destes conquistadores iniciais".[65]

No reinado de Justiniano I, imperador do Oriente, a partir de 533, verifica-se a primeira tentativa de restauração do Império Romano do Ocidente, com as suas campanhas a África, ao sul da Espanha e a parte da Itália, onde constituiu o Exarcado de Ravena, que se manteve até meados do século VIII. A mesma intenção de reconstituição do *imperium* está patente na acção militar de Carlos Magno apoiado em 800 pelo Papa Leão III, e na de Otão, duque da Saxónia, que em 962 se fez coroar imperador pelo Papa João XII, formando um grande Estado mais tarde conhecido por Sacro Império Romano-Germânico.

O Poder do imperador, *dominus mundi*, defensor e delegado do Papa, *in temporalibus*, como herdeiro do Império Romano, sobre os reis dos Estados europeus, *reguli provinciarum*, é então teorizado pelos legistas italianos, mas contestado por esses monarcas. Nalguns reinos da Europa, os monarcas pretendem também possuir a *plenitudo potestatis*, tal como o imperador, afirmando que no seu reino são igualmente imperadores – *rex in regno suo est imperator* – situação que torna um tanto difícil a caracterização de um Estado feudal[66].

Preferimos, por este motivo, indicar as características mais marcantes da organização política medieval, uma vez que as diferenças encontra-

---

65 Anderson, Perry, *Passagens da Antiguidade ao Feudalismo*, Porto, Afrontamento, 1980, p. 131.

66 Cfr. Gomes da Silva, Nuno J. Espinosa, *História do Direito Português, Fontes de Direito*, Lisboa, Fundação Calouste Gulbenkian, 1985, maxime, pp. 129/134.

das no espaço onde se organizou a *Respublica Christiana* e onde se pretendeu restaurar o *imperium*, são de algum modo significativas.

Pensamos todavia que a unidade da Europa Ocidental, pelo esforço da Igreja Católica, só foi conseguida no plano religioso e cultural, e que as diferenças de exercício do poder político nos Estados erigidos nesse território, são mais aparentes do que reais, uma vez que os "Impérios" da *Respublica Christiana* apenas projectaram uma imagem de um poder imperial que não conseguiu porém dissolver os particularismos senhoriais.

2.3.4.1 *O Estado Estamental*

O renascimento do comércio promovido pelo desenvolvimento da actividade artesanal, realizada fora das unidades de produção agrárias senhoriais, provocou a partir do século XI a reanimação das cidades, que haviam perdido o seu papel de centro político e económico após a queda do Império Romano do Ocidente.

As cidades da Idade Média (burgos), embora não tenham uma origem comum, já que umas são erigidas de novo, outras ressurgem de urbes romanas antes existentes, e algumas apenas se desenvolvem e enriquecem, têm contudo um objectivo comum de integração num movimento que pretende o progresso económico e social dos seus habitantes (burgueses), repudiando consequentemente a ordem feudal estabelecida para a vida rural.

A associação inicial dos artesãos, por profissões em confrarias ("fraternitates", "caritates"), tomando como modelo as corporações mercantis e as associações religiosas, complementadas mais tarde com a instituição de *guildas* de ofícios[67], apoiadas pelas próprias autoridades comunais, vai gerar uma nova sociedade, corporativa, que altera e desestabiliza a organização tripartida medieval (*oradores*, *defensores*, *mantenedores*).

A actividade artesana nas cidades medievais, dotada de regulamentação própria, que resulta da obtenção de *cartas de franquia*, arrancadas aos senhores feudais pela pressão, pelo pagamento de elevadas quantias e mesmo pela acção armada, constitui uma nova produção, não deteriorável

---

[67] Surgem designações muito diversas para estas instituições: *guildas*, no Norte da Europa; *jurandes* e *maîtrises* em França; *artes*, na Itália (*consorterie*, em Veneza; *fraglie*, em Pádua; *compagnie*, em Bolonha; *maestranze*, na Sicília); *corporações, bandeiras* e *grémios*, em Portugal. (Cfr. Soares Martínez, Pedro, *Manual de Direito Corporativo*, Lisboa, Manuais da Faculdade de Direito, 2.ª Ed., 1967, p. 23)

facilmente como a agrária, e portanto mais comerciável, que gera uma riqueza burguesa, desligada do poder senhorial.

Os monarcas aproveitam a emancipação das cidades nas terras senhoriais, já que esta situação enfraquece as forças feudais, e equipara por vezes os burgueses aos nobres, na concessão de privilégios fiscais e no julgamento das suas querelas pelo tribunal régio: "No início do processo de desenvolvimento dos direitos de liberdade, o modelo era o seguinte: o rei tem certos direitos de supremacia, os estamentos têm certos direitos de liberdade, parte dos quais consagrados nas Cartas de franquia. Aquela concepção do poder dissolvia a supremacia real num feixe de direitos isolados, em contraposição aos quais havia direitos de liberdade também isolados."[68]

O movimento de emancipação municipal expande-se no território europeu do antigo Império Romano do Ocidente nos séculos XI e XII e adquire maior intensidade, como movimento comunal, na França, Alemanha, Flandres e Itália, permitindo à burguesia o exercício livre das suas actividades e proporcionando-lhe uma ascensão social pautada pela sua crescente importância económica.

O Estado Estamental, apresenta-se assim com uma estrutura político--administrativa de transição para o Estado Moderno, uma vez que o agrupamento humano mais dinâmico saído do terceiro estado (os *mantenedores*), ou seja, a burguesia, se alia aos monarcas para abater o poder dos senhores feudais.

A cidade medieval, para além de constituir um centro de produção artesanal e de distribuição mercantil, que supera o anterior sistema produtivo agrário, altera também o tecido social medievo, não só pela sua organização independente, mas também por constituir um polo de atracção dos camponeses, em busca de uma vida melhor, ou repelidos pelas unidades de produção agrárias, inadequadas ao crescimento demográfico: "A maior parte dos servos não viam meio de escapar à servidão e a pequena nobreza poucas saídas via para quebrar a dominação da ordem estabelecida. (...) Com o nascer da cidade medieval e o emergir da burguesia urbana, nascia uma Europa nova. Todo o sector da vida económica e social foi transformado. Escalas de valores, condições e relações pessoais, tipos de administração, educação, produção e troca, tudo sofreu uma transformação drástica."[69]

---

68 Zippelius, Reinhold, *Teoria Geral do Estado*, Lisboa, Fundação Calouste Gulbenkian, 2.ª Ed., 1984, p. 161.

69 Cipolla, Carlo M., *História Económica da Europa Pré-Industrial*, Lisboa, Ed. 70, 1988, pp. 166 e 169.

A diversidade das formas municipais, à qual corresponde uma maior ou menor amplitude de liberdades e de benefícios fiscais, podem ser divididas em três tipos: *cidades francas, comunais e consulares.*

As *cidades francas* ou franqueadas, embora tivessem conquistado alguns direitos, como a fixação dos impostos a pagar, e o privilégio de participação dos seus notáveis na administração da justiça, suportavam a autoridade de um preboste, que actuava em nome do senhor feudal.

As *cidades comunais* ou comunas, eram autónomas quanto à sua administração municipal, à sua justiça, à sua legislação, ao seu erário e às suas forças armadas. Estas cidades eram consideradas pessoas morais integradas no sistema feudal, prestando homenagem ao rei e figurando nos seus Estados Gerais, tal como os senhores, para dar auxílio e conselho aos monarcas.

As *cidades consulares*, originárias do Norte de Itália, com irradiação para o Sul e Centro da França, apresentam muitas semelhanças com as comunas, quanto à sua autonomia municipal e demais prerrogativas funcionais, mormente judiciais.

Muitas cidades medievais, configuravam pequenas repúblicas, protegidas por muralhas e fossos, com uma alta torre sineira construída no palácio comunal, que simbolizava a independência do burgo. As grandes construções, como palácios comunais, casas das corporações de ofícios, catedrais, exprimiam o "patriotismo" de cada comuna que rivalizava com as demais na exibição da riqueza dos seus naturais e no amor à sua cidade.

A cidade medieval significa também para os trabalhadores rurais, um local de fuga às servidões rurais, uma vez que "o ar da cidade liberta" (*Stadtluft machts frei*), como se dizia nas cidades alemãs, mas os ideais de igualdade comunal em breve foram ultrapassados pelo domínio político-administrativo dos ricos mercadores que se constituiu num "patriciado" separado dos pequenos artífices, aldeãos, feirantes e mendigos.

A miséria e a exploração do trabalho do *popolo minuto*, em permanente crescimento demográfico, pelo *popolo grasso*, promoveu ao longo do século XIV agitações e revoltas de proletários, que chegaram a deter temporariamente o instável poder das cidades independentes [70].

[70] Cfr. Ribeiro dos Santos, António Pedro, *Movimentos Laborais e Constituição Económica*, Lisboa, Instituto Superior de Ciências Sociais e Políticas, 2000, pp. 131/133.

2.3.5 *O Estado Moderno*

O Estado Estamental, ou a Monarquia limitada pelas ordens, uma vez que o poder temporal dos monarcas é partilhado com os grandes senhores feudais, leigos e eclesiásticos, estes últimos dispondo também de um poder espiritual patrocinado pelo Papado, e que a burguesia, emergente do terceiro estado, domina a actividade artesana e mercantil nas cidades independentes, vai todavia superar as suas limitações ao longo do século XV.

A actividade da burguesia mercantil, que havia subvertido o sistema artesano de produção, criado exclusivamente para a satisfação, com elevada qualidade, das necessidades locais, e o transformara num sistema produtivo sem limitações quantitativas nem preocupações qualitativas, voltado essencialmente para a obtenção de lucros em mercados distantes, ou seja, no sistema capitalista, necessitava de privilégios e protecções dos monarcas[71].

Também estes, ao pretenderem desenvolver o poder real e centralizar a administração pública, combatendo a nobreza senhorial, precisavam de muito dinheiro que só os burgueses enriquecidos lhes podiam proporcionar, situação da qual resultou uma natural aliança entre a realeza e a burguesia.

A nobreza, em crise face ao crescimento económico da burguesia, já não podia cumprir cabalmente a sua função militar de defesa, uma vez que a partir da Guerra dos Cem Anos, a utilização da artilharia, demasiado dispendiosa para as suas posses, era financiada pelos ricos burgueses que apoiavam os reis. Aliás a nobreza reagia ao desenvolvimento das novas tácticas, engenhos e canhões, pois sentia que isso significava a secundarização da cavalaria à qual atribuía um valor tradicional e mítico, menosprezando a importância social dos engenheiros e artilheiros, de origem plebeia.

Sem capacidade económica para manterem um exército próprio, muitos senhores feudais decidem passar a cumprir as suas obrigações de vassalos, integrando-se nos quadros do exército do rei, a troco de compensações pecuniárias.

O apoio burguês aos monarcas centralizadores verifica-se também no preenchimento de lugares nos conselhos régios, mesas de desembargo, tri-

---

[71] Cfr. Ribeiro dos Santos, António Pedro, *História Económica e Social, A Era Pré-Industrial*, Lisboa, Instituto Superior de Ciências Sociais e Políticas, 2.ª Ed., 1997, pp. 97/101.

bunais, bem como na rede da administração local, por legistas saídos quase sempre de famílias de abastados mercadores. O seu conhecimento do direito romano justinianeu, permitia-lhes argumentar a favor do desenvolvimento do poder real e da centralização administrativa, constituindo-se num agrupamento profissional destacado da burguesia, a "nobreza de toga", uma vez que para além das benesses recebidas era nobilitado pelo monarca.

Esta conjuntura favorável à formação de Estados unificados em torno de uma personalidade poderosa, vai permitir a supressão dos "pequenos tiranos" feudais pela mão do "príncipe" que molda o Estado "como obra de arte", de arte política, apoiado por inovadores da teoria do Poder: "(...) de todos estes arquitectos políticos, Maquiavel é sem contestação o maior. Considera as forças existentes sempre como forças vivas, activas, calcula as perspectivas de sucesso com o poder e a autoridade do génio e não tenta enganar-se a si próprio, nem enganar os outros. (...) Indubitavelmente, a sua objectividade política é às vezes assustadora na sua sinceridade, mas nasceu numa dessas épocas de perigosas crises em que os homens já quase não acreditam no direito e já não pensam na justiça."[72]

Nicolau Maquiavel (Niccolò Machiavelli) (1469-1527) avança com a própria palavra *Estado* com um sentido laico, de autonomia política, que o desliga do direito natural, uma vez que os valores eternos e imutáveis são substituídos pela "razão de Estado", que justifica os meios usados pelos príncipes para atingirem os seus objectivos: "Todos os Estados, todos os Domínios que tiveram e têm império sobre os humanos, foram e são ou repúblicas ou principados." O autor afirma que os domínios "são ganhos ou com as armas de outrem ou com as próprias, ou por fortuna ou por *virtú*". (*O Príncipe*, Cap. I)

A *virtú*, palavra de difícil tradução, significa para Maquiavel, a capacidade de actuação cívica ou política, com momentos éticos, ou de "vontade de Poder", que Friedrich Nietzsche (1844-1900) viria a considerar ser ínsita à natureza humana. Essa capacidade de entrega à coisa pública, ou de liderança, apresenta também semelhanças com a nobreza e a *arete* do homem grego[73], manifestando-se de forma mais elevada nas áreas política e militar, aliás complementares, através de líderes que prosseguem objec-

[72] Cfr. Burckhardt, Jacob, *A Civilização da Renascença Italiana*, Lisboa, Ed. Presença, s/d., pp. 20 e 75/76.

[73] Cfr. Jaeger, Werner, *Paideia...*, Ob. Cit., pp. 21/33.

tivos de obtenção do Bem-Comum e de manutenção do prestígio e da independência do Estado[74].

O surgimento do Estado Moderno, coincidente com o início da Idade Moderna, evidencia portanto uma ruptura com as anteriores organizações políticas, uma vez que a legitimidade do Poder não é baseada na vontade de seres sobrenaturais, ou na decisão da divina providência, verificando-se uma secularização ou laicidade que constitui a génese da separação da Igreja, do Estado, proclamada mais tarde nas revoluções liberais[75].

O Estado Moderno recusa qualquer subordinação quer no plano espiritual, ao Papado, quer no plano temporal, ao Império Romano-Germânico, afirmando-se portanto *independente* na ordem internacional, e *soberano* na ordem interna, uma vez que não reconhece dentro do seu território, com fronteiras claramente definidas, qualquer poder senhorial, eclesiástico ou laico.

Esta ideia de Estado ou República é compreendida e teorizada por Jean Bodin (1529 ou 1530-1596), um dos fundadores, juntamente com Maquiavel, da Ciência Política, que considera ser a comunidade política, ou a coisa pública, «un droit gouvernement de plusieurs mesnages et de ce qui leur est commun, avec puissance souveraine.»

O "poder soberano" é para Bodin indissociável da ideia de Estado, afirmando que aquele é a coluna dorsal deste, e que uma República sem soberania «qui unist tous les membres et parties d'icelle et tous les mesnages et collèges en un corps» deixa de o ser".[76]

Bodin, recorrendo ao conceito de *majestas* e de *potestas* do direito romano, e afirmando que «La souveraineté est la puissance absolue et perpétuelle d'une République»[77], ou seja, que a soberania não aceita um poder superior na ordem interna nem externa, retoma o discurso dos monarcas medievais, a que já aludimos – *"princeps in regno suo est imperatur"* e *"princeps superiorem non recognoscens"* –, que foram largamente conhecidos e aplicados em Portugal e Espanha. Bodin deu apenas formu-

---

74 Cfr. Cabral de Moncada, *Filosofia do Direito e do Estado*, Ob. Cit., Vol. I, p. 99.

75 Cfr. Miranda, Jorge, *Manual de Direito Constitucional,...*, Ob. Cit., Tomo I, p. 63 e Tomo IV, pp. 354/348.

76 Cfr. Chevallier, Jean-Jacques, *Les Grandes Œuvres Politiques, De Machiavel a nos jours*, Paris, Libr. Armand Colin, 1949, pp. 42/43.

77 Vide a versão latina: "majestas est summa in cives ac subditos legibusque soluta potestas" in Albuquerque, Martim de, *Jean Bodin na Península Ibérica, Ensaio de História das Ideias Políticas e de Direito Público*, Paris, Fundação Calouste Gulbenkian, 1978, Apêndice II (Reprodução Anastática do L. 1, C. 8 dos *De Republica Libri Sex*, p. 123).

lação positiva à ideia negativa contida naqueles aforismos. Neste sentido, foi ele, realmente, mais que um precursor, a primeira meta de largo processo evolutivo."[78]

O seu conceito de *soberania* integra as características do *poder absoluto* com uma unidade que se sobrepõe à complexa rede de suseranias e de homenagens, de laços hierárquicos pessoais, ao parcelamento da autoridade, à confusão entre poderes públicos e privados existentes no feudalismo.

O poder soberano, constitui, segundo Bodin, a força de união e de coesão da comunidade política que cristaliza as indesejáveis mudanças de comando e de obediência, perigosas para a sobrevivência de qualquer agrupamento social. Esse poder deve pois ser também *perpétuo*, para estar constantemente presente no espírito dos componentes do Estado, onde se incluem os órgãos individuais e colegiais eleitos por tempo determinado; os detentores do poder soberano, devem suceder-se nos tronos, hereditariamente, sem interrupção.

A preferência de Bodin pela monarquia absoluta, construída segundo o modelo da família patriarcal, não significava todavia que o poder absoluto fosse arbitrário, uma vez que o Estado devia ser ordenado segundo as leis da natureza, fundadas em princípios imutáveis de justiça, manifestações da vontade de Deus: «Mais quant aux loix divines & naturelles, tous les Princes de la terre y sont subjetcs, & n'est pas en leur puissance d'y contrevenir, s'ils ne veulent estre coulpables de leze maiesté divine (...). Et par aiusi la puissance absoluë des Princes & seigneuries souvenaires, ne s'estend aucunement aux lois de Dieu & de nature: (...).»[79]

A esta limitação do poder absoluto pelo direito natural, Bodin acrescenta a impossibilidade dos príncipes revogarem as leis fundamentais, constitucionais, ou *leges imperii*, que dizem respeito ao estabelecimento e à estrutura do Estado, como a lei sálica de sucessão ao trono e a lei de inalienabilidade do domínio patrimonial do reino: «Quant aux loix qui concernêt l'estat du Royaume, & l'establissement d'iceluy, d'autant qu'elles sont annexees & unies avec la couronne, le Prince n'y peut deroger, (...).»[80]

---

[78] Cfr. Albuquerque, Martim de, *Jean Bodin na Península Ibérica,...*, Ob. Cit., p. 155.

[79] In Albuquerque, Martim de, *Jean Bodin na Península Ibérica,...*, Ob. Cit., Apêndice I (Reprodução Anastática do L. 1, C. 8 de *Les Six Livres de la République*, p. 133).

[80] In Albuquerque, Martim de, *Idem*, Ibidem, p. 137.

O Estado Moderno, oscilando entre a manutenção de outros limites ao exercício do poder soberano herdados do Estado Estamental, como a admissão de conselhos permanentes, denominados Senados ou Parlamentos, e a reunião de Estados Gerais e Provinciais, órgãos de conselho periódico, necessários ao levantamento de novos impostos, e a afirmação maquiavélica dos poderes estaduais discricionários, que desmembram o tecido social, caminha para esta última solução.

As instituições intermediárias entre o Estado e a nação vão perdendo a sua capacidade de intervenção política e administrativa, ficando desprestigiadas, uma vez que aquele pretende intervir, sem entraves, em todas as áreas de actividade da nação, aos níveis central e local.

O cimento de agregação social, torna-se difícil de definir no Estado Moderno, uma vez que a Respublica Christiana havia perdido a sua unidade espiritual pela cisão do Papado em 1378, gerando o chamado Grande Cisma do Ocidente que abalou profundamente o prestígio da Igreja. Esta situação agravada com os desejos de reforma litúrgica e racional da sua mensagem e actuação, apoiada em textos bíblicos, que conduziram à Reforma, e com o êxito económico do judaismo, não permitiu aos príncipes a manutenção da religião católica como elemento unificador das populações.

As perseguições e convulsões motivadas pela Reforma, atenuadas pela Paz de Augsburgo, em 1555, que adoptara a solução de que os habitantes de cada Estado do Império deviam seguir a religião do seu príncipe – "cuius regio eius religio" – não satisfez as populações, divididas nos seus credos.

O poder militar dos Estados, desejosos de expansão, os casamentos reais de conveniência política, e ainda a ameaça de invasão turca vinda do Oriente, promovendo o estabelecimento de fronteiras sem qualquer coincidência com as particularidades étnicas, linguísticas, religiosas, históricas ou culturais do tecido social que englobam, impede que essas realidades constituam a base da sua organização política.

O primado do político é pois a característica fundamental do Estado Moderno, que colhe de Maquiavel as lições fundamentais para a construção do Estado Absoluto.

2.3.5.1 *O Estado Absoluto*

O Estado Absoluto resulta do desenvolvimento das forças e teorias que construíram o Estado Moderno, particularmente a partir do século XVII, quando a burguesia enriquecida pelo tráfico ultramarino, que promoveu, apoia mais decididamente os seus monarcas. Estes, aliados aos burgueses, desenvolvem políticas mercantilistas e expansionistas de âmbito mundial, para engrandecimento económico e financeiro dos seus Estados, cônscios do seu incontestado poder político, centralizado e absoluto.

O contacto dos navegadores cristãos com povos em diversos estádios de desenvolvimento tecnológico e seguidores de diferentes credos religiosos, provocou um natural desejo de difusão do cristianismo, considerado revelador da única verdade metafísica, uma vez que a Igreja católica se considera internacional e ecuménica.

A cristianização dos povos encontrados pelas expedições navais cristãs passa assim a ser um objectivo da Igreja apoiado pelos monarcas, que vêm na religião a forma mais eficaz de promover o relacionamento pacífico mundial, quer no âmbito económico, quer nos âmbitos cultural e político.

A laicidade do Estado Moderno avançada por Maquiavel, cede assim perante a natural aliança dos monarcas com a Igreja, capaz de legitimar o seu poder absoluto e de promover a extensão desse poder aos diversos povos cristianizados da ecúmena.

No plano teórico, surge porém a mensagem de Thomas Hobbes, que já referimos, na esteira de Maquiavel, defendendo também a laicização do Estado e do Poder.

O Estado Absoluto, nascido de um contrato, é concebido por Hobbes como uma instituição soberana, preferentemente uma monarquia, dotada de poderes ilimitados e absolutos, que se devem estender a todas as áreas da vida dos cidadãos, sem excepção, uma vez que o povo, através do contrato social, alienou o seu poder soberano e não pode nem deve voltar a recuperá-lo.

A sociabilidade humana, o "appetitus societas" que Aristóteles, os escolásticos e os humanistas consideravam emergir de um instinto vital, de um impulso social, natural, que os conduzia à organização do Estado, é para Hobbes apenas o produto de uma racionalização das necessidades humanas. O direito natural, é portanto, nesta perspectiva, um ditame da razão ("dicamen rectæ rationis"), uma "lei natural", apenas por fazer parte da natureza humana: "HOBBES, por isso, abstraindo de toda a metafísica ou ideia religiosa, não hesita em o definir justamente como *um ditame da recta razão acerca daquelas coisas que o homem deve praticar, para a conservação mais duradoira possível da sua vida e dos seus membros*".[81]

[81] Cfr. Cabral de Moncada, *Filosofia do Direito e do Estado*, Ob. Cit., Vol. I., p. 175.

O direito torna-se assim indistinto do Estado, concebido por Hobbes, uma vez que não há qualquer normatividade além da que é produzida pelo "Leviathan", dotado de um poder que não admite poderes paralelos, como o da Igreja, que lhe deve ficar subordinada, uma vez que não é admissível que os súbditos sirvam dois senhores[82].

Para defender a sua teoria de soberania ilimitada e absoluta, dotada de poderes temporais e espirituais, Hobbes opôs-se aos ditames da Igreja católica que defendiam a liberdade de consciência, e às concepções de católicos e puritanos contrárias ao poder discricionário do Estado: "Devido a esta situação foi atacado, duramente, pelo clero e acusado de ateu. Durante certo tempo foi usado o estigma de *hobbistas* contra as correntes livre-pensadoras".[83]

Os monarcas absolutos, embora defendam a supremacia da laica "razão de Estado", ou seja, o direito a fazer tudo para garantir a paz – "ius in omnia" – tendem todavia a recorrer à Igreja para conseguir a força necessária para exercerem, sem entraves temporais ou espirituais, o seu poder soberano.

As Igrejas nacionais apoiam mais ou menos abertamente o poder absoluto dos monarcas, que, todavia, entram por vezes em conflito com o clero pela sua obediência total ao Papa, pelo seu ultramontanismo, que não só inclui a área espiritual mas também a temporal[84].

---

[82] Segundo Nicola Abbagnano, Hobbes, "Em 1640 fazia circular entre os amigos *Os elementos de legislação natural e política* (*Elements of law, natural and politic*, publicados apenas em 1650) nos quais sustentava a teoria da indivisibilidade do poder soberano sem direito divino. (Cfr. *História da Filosofia*, Lisboa, Ed. Presença, 4.ª Ed., Vol. VI, p. 72)

[83] Cfr. Gettell, Raymond G., *História das Ideias Políticas*, Ob. Cit., p. 255.

[84] Em Inglaterra, a recusa da concessão do divórcio a Henrique VIII pelo Papa Clemente VII, deu origem à votação pelo Parlamento inglês do *Acto de Supremacia*, em 1534, que conferiu ao rei a chefia da Igreja inglesa. Esta situação, após diversos conflitos internos quanto à doutrina e liturgia a adoptar, deu origem ao *anglicanismo*, religião oficial e predominante em Inglaterra, desligada do Papado.

Em França verificaram-se desde o século XIII, várias reacções da sociedade civil, apoiadas pelos monarcas, que pretendiam a deminuição da autoridade do Papa, movimento a que se deu o nome de *galicanismo real* ou *parlamentar*. No século XVII, no tempo de Luís XIV, com o apoio da Igreja francesa foram estabelecidas substanciais limitações à autoridade temporal e espiritual do Papa, ficando o monarca praticamente independente das decisões da Santa Sé, situação definida pela *Declaração de 1682*. Este *galicalismo episcopal*, sofreu diversas vissicitudes, colidindo frontalmente com o ultramontanismo da Restauração novecentista, que converteu este cisma em heresia.

Uma possível interpretação da Bíblia favorece também o poder absoluto dos reis, havendo versículos, como os já referidos da "Epístola de S. Paulo aos Romanos" (Cap. XIII, 1. e 2.) que afirmam que, além de não haver Poder que não venha de Deus, "os que lhe resistem, a si mesmos trarão a condenação" e a "Primeira Epístola de S. Pedro Apóstolo", que aconselha: "Sujeitai-vos a toda a ordenação humana por amor do Senhor: seja ao Rei, como a soberano; seja aos Governadores, como enviados por ele (...) Honrai a todos: amai a fraternidade: temei a Deus: honrai ao Rei." (Cap. II, 13., 14. e 17.)

Em França, onde alguns livros de Hobbes estavam traduzidos, surge a obra do prelado Jacques Benigne Bossuet (1627-1704), na qual se destaca o *Discours sur l'Histoire Universelle*, livro onde pretende demonstrar pela história a verdade da religião, e a *Politique Tirée des Propres Paroles de l'Éscriture Sainte*, obra que compreende dez livros, seis dos quais dedicados à educação do delfim, de que foi preceptor de 1670 a 1679. A *Politique*, na qual se ocupou durante vinte e seis anos, até à morte, e que foi publicada completa, em 1709, pelo seu sobrinho, o abade Bossuet, tem por objectivo fundamental a glorificação da monarquia absoluta, onde os soberanos, dotados de um poder ilimitado só respondem pelos seus actos perante Deus.

Jacques Bossuet organiza a sua obra prima como um manual de ensino, contendo todos os temas clássicos da literatura política, onde os princípios, as provas e os exemplos são tirados dos textos sagrados. As suas fontes não se limitam todavia a esses textos, uma vez que a influência de Aristóteles e mesmo de Hobbes é visível no seu discurso, que distorce os argumentos laicos deste último, adequando-os ao pensamento judeo-cristão[85].

A monarquia hereditária é considerada por Bossuet a forma de governo mais antiga e mais natural, porque é fundada na família patriarcal onde a autoridade do pai se transmite apenas ao filho varão mais velho: «'Point de brigues, point de cabales dans un État pour se faire un roi, la nature en a fait un: (...) Le prince, qui travaille pour son État, travaille pour ses enfants; et l'amour qu'il a pour sa famille, lui devient naturel.'»[86]

Os monarcas, sendo lugar-tenentes de Deus na terra, são sagrados e ungidos pelo clero, uma vez que o seu poder lhes é outorgado pela divina

---

[85] Cfr. Chevallier, Jean-Jacques, *Les Grandes Œuvres Politiques...*, Ob. Cit., pp. 72/73.

[86] Bossuet, Jacques, *Politique...*, apud Chevallier, Jean-Jacques, *Idem*, pp. 76/77.

providência: «'Le titre de christ est donné aux rois et on les voit appelés les christs ou le oints du Seigneur'.»

Bossuet, tal como Hobbes, considera que a monarquia tem de ser absoluta e independente de qualquer outra, uma vez que, «'Sans cette autorité absolue, il ne peut ni faire le bien ni réprimer le mal; il faut que sa puissance soit telle que personne ne puisse espérer de lui échapper.'»[87] Assim, não pode haver qualquer força coercitiva contra o príncipe, e qualquer atentado contra ele constitui um sacrilégio.

A limitação ao poder real, segundo Bossuet, reside apenas no seu racional paternalismo, uma vez que os príncipes vêem os problemas «de plus loin et de plus haut» e deve acreditar-se que pretendem sempre o melhor para o Estado, que encarnam[88].

O exercício do poder real deve ser consentâneo com a vontade de Deus, não podendo portanto os monarcas emitir comandos contra essa vontade, os quais os cristãos não devem cumprir, uma vez que a obediência a Deus está acima da obediência aos homens. Bossuet contradiz-se todavia quanto a esta excepção, noutro passo do seu discurso, quando afirma que nenhum pretexto pode servir para alterar a obediência devida aos príncipes, que só têm que prestar contas a Deus[89].

O Estado Absoluto erigido na conjuntura sócio-económica do século XVII e apoiado teoricamente por Hobbes e Bossuet, denominado também Estado de Polícia, apresenta uma administração estadual, que não está submetida ao direito, público ou privado, podendo portanto os delegados dos monarcas exercitá-la discricionariamente, mormente quanto às expropriações e exacções fiscais. Para atenuar esta situação, admite-se então que o Estado, como pessoa colectiva, possa entrar em relação jurídica de direito privado, o único existente, com os particulares queixosos de acções ilícitas dos funcionários régios contra as suas pessoas.

O Estado surge assim como uma entidade com duas faces, uma vez que paralelamente ao Estado Absoluto ou Estado-Poder, que exerce poderes discricionários sobre os cidadãos, coexiste o Estado Proprietário ou Estado-Fisco, nascido de uma ficção que o coloca como um proprietário particular frente aos cidadãos proprietários, submetido igualmente às nor-

---

[87] Bossuet, Jacques, *Politique...*, apud Chevalier, Jean-Jacques, *idem*, pp. 78/79.

[88] É atribuída a Luís XIV a frase – *L'État c'est moi* – significativa da concentração dos poderes do Estado, institucionalizados na pessoa do rei.

[89] Cfr. Chevallier, Jean-Jacques, *Les Grandes Œuvres Politiques*, pp. 80/82 e Gettell, Raymond G., *História das Ideias Políticas*, Ob. Cit., pp. 273/274.

mas do direito privado: "Essa dupla personalidade jurídica do Estado que, enquanto Estado-Poder, expropria e, enquanto Estado-Fisco, atribui uma indemnização civil, por perdas e danos".[90]

O Estado Absoluto tende todavia a aumentar os seus poderes, tornando-se despótico, uma vez que os seus monarcas, exaltados por artistas, poetas, literatos e apoiados pelo saber dos cientistas, se consideram esclarecidos pelas luzes da ciência.

A filosofia iluminista apoia esta concepção de Estado, iniciada em França por Luís XIV, o "Rei-Sol" (1643-1715), a qual predomina na Europa ao longo do século XVIII, sendo seguida, entre outros, por Frederico II da Prússia (1740-1786) e por D. José de Portugal (1750-1777)[91].

2.3.6 *O Estado Liberal*

O Despotismo Esclarecido, que caracteriza a fase final do Estado Absoluto, cuja base social de apoio é constituída pela alta burguesia industrial e mercantil, em detrimento da nobreza fundiária, hereditária, do clero ultramontano, particularmente das ordens religiosas mais críticas quanto ao poder discricionário dos monarcas, e ainda das corporações profissionais, em declínio, contém no seu tecido social, forças da média e pequena burguesia, que, com a colaboração popular, terminam por o derrubar[92].

---

[90] Cfr. Maltez, José Adelino, *Ensaio sobre o Problema do Estado, A procura da República Maior*, Lisboa, Academia Internacional da Cultura Portuguesa, 1991, Tomo I, p. 59.

[91] Frederico II, escreveu entre outras obras, o *Antimachiavel*, publicado em 1740, livro onde condena os crimes políticos baseados na "razão de Estado", considerando que o soberano hereditário, o primeiro servidor do povo, deve promover a justiça, baseada na moral, e deve preferir à ambição e à glória "tudo o que pode tender à felicidade do género humano"; (*O Anti-Maquiavel* foi publicado juntamente com *O Príncipe* de Maquiavel, num só livro, pelos Editores Guimarães, em 1967).

[92] A delimitação cronológica entre o Estado Absoluto e o Estado Despótico, Esclarecido ou Iluminado, é difícil de estabelecer, uma vez que o surgimento deste último varia de país para país. Associado ao Iluminismo, o Estado Despótico representa a continuidade do Estado Absoluto, que evolui nesse sentido, no século XVIII, pela acção do poder político apoiado pelas forças sociais que o erigiram. Esta nossa opinião é semelhante e concordante com a de Fritz Hartung, que fez a análise crítica do *Despotismo Esclarecido*, no Congresso Internacional de Ciências Históricas, em 1955, na cidade de Roma. (Vide *Despotismo Esclarecido*, em Portugal, artigo da autoria de Jorge Borges de Macedo, in Joel Serrão Dir., *Dicionário de História de Portugal*, Lisboa, Iniciativas Editoriais, Vol. I, 1971, pp. 804/806)

Na verdade, essas forças sociais, constituídas pelos elementos mais dinâmicos nas áreas jurídica e militar, que se distinguiram profissionalmente a ponto de serem nobilitados pelos monarcas – as "nobrezas de toga" e de "espada" –, não possuem, como a alta burguesia, a capacidade económica de adaptação ao sistema político vigente, e sentem-se injustamente afastados da área do Poder, onde se encontra colocada tradicionalmente a nobreza de sangue, embora dominada pelo monarca absoluto[93].

Embora não seja possível identificar quanto aos seus motivos, as Revoluções americana (1776) e francesa (1789), uma vez que a primeira é desencadeada por forças de uma burguesia colonial que pretende a independência da colónia inglesa da América do Norte, e a segunda pretende derrubar o absolutismo, ambas podem considerar-se *liberais* ou *burguesas*, uma vez que pretendem erigir o Estado Gendarme, Estado "polícia-sinaleiro", não intervencionista nas áreas económica e social, que nelas apenas interfere para evitar e dirimir as colisões de direitos e interesses entre os cidadãos.

O Estado Liberal, essencialmente individualista, afirma a sua soberania com base na vontade da Nação – *soberania nacional* – expressa maioritariamente em resultados eleitorais, de acordo com a teorização do filósofo Jean-Jacques Rousseau, extraída principalmente da sua obra *Du Contrat Social, ou Principes de Droit Politique*, publicado em 1762, a que já aludimos.

A *vontade geral*, que resulta da vontade da maioria é assim considerada, nas revoluções liberais, a base da legitimidade democrática de um poder político que deve ser exercido pelos representantes da Nação, escolhidos por um eleitorado recenseado pelas suas posses, expressas através da tributação fiscal, o censo, ou seja através de um sufrágio censitário[94].

Da ideia de que a "soberania reside em a Nação" resulta uma *laicização* do Estado Liberal, uma vez que a legitimidade teocrática do Rei, soberano patrimonial por vontade da Divina Providência deixa de ser refe-

---

[93] Acerca das forças sociais que desencadearam a Revolução Francesa, exemplo de revolução liberal, vide p. ex. Cobban, Alfred, *A Interpretação Social da Revolução Francesa*, Lisboa, Gradiva, 1988 e Solé, Jacques, *A Revolução Francesa em Questão, Novas Perspectivas*, Mem Martins, Pub. Europa-América, 1989.

[94] Os revolucionários liberais afastam-se da teorização de Rousseau quanto ao exercício do poder político, já que o filósofo francês considerava a soberania, ou seja, o exercício da *vontade geral*, insusceptível de representação, advogando portanto a democracia directa.

rida nos diplomas constitucionais pós-revolucionários, de que é exemplo a Constituição francesa de 1791, que no seu Proémio afirma: "A lei não reconhecerá mais, nem votos religiosos, nem qualquer outro compromisso que seja contrário aos direitos naturais ou à Constituição."

A tolerância de credos religiosos, proclamada pelo Estado Liberal, não afastando a participação prioritária da Igreja católica na vida nacional, conduziu todavia a um *anticlericalismo* estadual, que se acentua em França através da chamada «Loi de séparation des Églises et de l'Etat», de 9 de Dezembro de 1905, que não reconhece, não paga vencimentos nem subvenciona qualquer credo, suprimindo também os estabelecimentos públicos de culto[95].

A subordinação do Estado ao Direito e à legalidade, constitui também uma característica do liberalismo francês, que aceita todavia existirem "direitos naturais, inalienáveis e sagrados do Homem", e extingue consequentemente "as instituições que ofendiam a liberdade e a igualdade dos direitos"[96].

Da declaração dos direitos e garantias individuais resulta a abolição de penas infamantes, transmissíveis hereditariamente, e da utilização da tortura para obter confissões de delitos, por vezes de inocentes, perseguidos pelo poder dos déspotas[97].

O exercício do poder político passa portanto a ser regulado por diplomas constitucionais, que estabelecem a sua divisão e limites, como forma de obviar o retorno ao absolutismo, sistema que se pretende eliminar completamente, uma vez que não respeita os direitos do homem e do cidadão, considerados anteriores e superiores ao próprio Estado.

---

[95] Vide o diploma cit., in Duguit, Léon et Monnier, Henry, *Les Constitutions et les Principales Lois Politiques de la France depuis 1789*, Paris, Libr. Générale de Droit et Jurisprudence, 1908, pp. 352/353. Em Portugal, logo após a implantação da República, foram tomadas diversas providências legislativas anticlericais, sendo publicada pelo Governo Provisório, o decreto com força de Lei, de 20 de Abril de 1911, que consignou a *Separação do Estado das Igrejas*. (Cfr. Ferreira, David, *"Separação do Estado das Igrejas"*, in *Dicionário de História de Portugal*, Ob. Cit., Vol. III, pp. 834/838 e Marnoco e Souza, *Constituição Politica da Republica Portuguêsa, Commentario*, Coimbra, F. França Amado, Ed., 1913, maxime, pp. 65/68)

[96] Vide a *Déclaration des droits de l'homme et du Citoyen du 26 août 1789* e o Proémio da *Constitution du 3 septembre 1791*, in Godechot, Jacques, *Les Constitutions de la France depuis 1789*, Paris, Garnier-Flammarion, 1970, pp. 33/35.

[97] Cfr. Beccaria, Cesare, *Traité des Délits et des Peines*, Nouvelle Edition, Neuchatel, 1797, maxime, pp. 118/119.

A ideia de separação dos poderes do Estado, havia sido apresentada pelo filósofo inglês John Locke, na sua obra intitulada *Two treatises of (civil) government*, publicada em 1690, na sequência da revolução inglesa de 1688 (*The Glorious Revolution*), que pretendeu erigir um sistema político onde os direitos individuais fossem mantidos (*Bill of Rights* de 1689) e onde o absolutismo real, bem como a ditadura, como a de Cromwell, fossem postergados[98].

A divulgação da doutrina da separação dos poderes do Estado ficou a dever-se porém à célebre obra intitulada *De l'esprit des lois*, de Charles-Louis de Secondat, barão de la Brède e de Montesquieu (1689-1755), publicada em 1748, que refere existirem três espécies de poderes: o *poder legislativo*, o *poder executivo* do Estado, no plano internacional, e o poder executivo das coisas que dependem do "direito civil", (*lato sensu*, englobando o direito penal), ou seja um *poder judicial* electivo.

Para que os detentores do Poder não possam abusar dele, afirma Montesquieu, é necessário que, por disposição constitucional, «le pouvoir arrête le pouvoir», e para que haja liberdade política, exige-se que os poderes legislativo e executivo não estejam reunidos na mesma pessoa ou órgão colegial, e que o poder de julgar esteja separado dos outros dois poderes: «Tout serait perdu, si le même homme, ou le même corps de principaux, ou de nobles, ou du peuple, exerçaient ces trois pouvoirs: (...).»[99]

A estrutura judicial e administrativa do Estado Absoluto, servida por órgãos e funcionários do poder central, criada para fazer chegar a acção do monarca a todos os pontos do território nacional e para se sobrepor à estrutura judicial local, senhorial, praticamente independente durante o feudalismo, é aproveitada pelo Estado Liberal para separar as funções administrativas, dependentes do poder executivo, das funções judiciais.

Logo após a Revolução Francesa, a Lei de Organização Judiciária de 1790 estabelece que, «Les juges ne pourront, à peine de forfaiture (responsabilidade criminal), troubler de quelque manière que ce soit les opérations des corps administratifs, ni citer devant eux des administrateurs pour raison de leurs fonctions.»[100]

---

[98] Acerca da teoria da separação dos poderes do Estado apresentada por John Locke, vide *Two treatises of civil government*, Cap. XII, *"The legislative, executive, and federative power of the commonwealth"*, London, J. M. Dent & Sons, 1955, pp. 190/192.

[99] *De l'esprit des lois*, Livr. XI, Cap. VI, *"De la Constitution d'Angleterre"*. Vide tb. o Cap. IV do mesmo Livro.

[100] Vide a Lei cit., apud Freitas do Amaral, Diogo, *Curso de Direito Administrativo*, Coimbra, Livr. Almedina, Vol. I, 1989, p. 89.

A separação constitucional de poderes, impedindo o poder executivo de intervir na acção dos tribunais, obriga este a proibir também o poder judicial, nas mãos da nobreza conservadora, resistente às mudanças necessárias à implantação efectiva do novo regime, de interferir na acção administrativa: "A necessidade de dar solução ao contencioso da administração conduz assim à criação de tribunais administrativos (em França, em 1799), que não são tribunais especiais do poder judicial, mas sim órgãos da própria administração."[101]

A Administração Pública do Estado Liberal na Europa Ocidental, apresenta ainda poderes discricionários face aos cidadãos, uma vez que beneficia do "privilégio da execução prévia" (*privilège du préalable* e *privilège de l'exécution d'office*), que lhe possibilita a execução das suas decisões, com recurso às autoridades, sem ter de recorrer ao poder judicial as para legitimar.

Embora a Administração Pública, porque prossegue o interesse público satisfazendo as necessidades colectivas em detrimento dos interesses particulares, possua poderes especiais de autoridade, o Estado Liberal, submete-a a deveres e restrições próprias, contidas num ramo de direito público – o Direito Administrativo[102].

A subordinação de todas as actividades do Estado ao Direito, desde as normas constitucionais até às decisões da Administração, passando pela garantia dos direitos fundamentais dos cidadãos, com o objectivo de os libertar do arbítrio do despotismo, deu origem a que se viesse a denominar também o Estado Liberal de *Estado de Direito* ou *Estado Constitucional.*

A sua indiferença quanto aos problemas económicos e sociais, geradores da "Questão Social", onde não intervém como entidade planificadora e reguladora, deu também lugar à denominação depreciativa de *Estado Burguês* ou *Estado Burguês de Direito*, preocupado exclusivamente com a organização do poder político e com as garantias meramente

---

[101] Ribeiro dos Santos, António Pedro, *"A Administração Autárquica no Constitucionalismo Português"*, in *Estudos em Homenagem a Joaquim M. Da Silva Cunha*, Porto, Universidade Portucalense Infante D. Henrique, 1999, p. 203.

[102] A Inglaterra não aderiu todavia a este sistema de administração executiva, mantendo a Administração subordinada ao direito comum, ou seja, o sistema de administração judiciária, que abrange o poder central e as *local authorities*, podendo apenas ser-lhe concedidos, excepcionalmente poderes de decisão unilateral, considerados como excepções ao princípio geral da *rule of law*. (Cfr. Freitas do Amaral, Diogo, *Curso de Direito Administrativo*, Ob. Cit., pp. 96/101)

formais dos cidadãos, "iguais perante a lei", sem atender às suas desigualdades de facto e aos seus direitos sociais.

Para além do processo revolucionário interno, nos países que erigiram o Estado Liberal, a sua proclamada legitimidade, "residindo em a Nação", deu origem a um movimento de exaltação desta nova entidade aglutinadora dos cidadãos de cada país, promotora de um sentimento comum de pertença a uma comunidade que se pretende fazer coincidir com a sociedade politicamente organizada, uma vez que a legitima.

Gera-se assim o Movimento das Nacionalidades, que tem início na Revolução Francesa, quando em 1792, a Assembleia Nacional proclamando a "Pátria em Perigo" desperta uma nova mentalidade que promove a substituição da lealdade dos cidadãos à Monarquia pela sua lealdade à Nação, movimento que se propaga por toda a Europa, que convulsiona e transforma, contribuindo para a eclosão da Primeira Guerra Mundial

O Movimento das Nacionalidades apresenta porém grandes dificuldades de definição de um conceito de Nação, variável consoante as conveniências de cada Estado: "Se há quem faça depender o conceito de nação de factores objectivos, como a língua, a raça, ou a geografia, outros consideram que a nação é, sobretudo, uma criação espiritual historicamente condimentada, constituindo uma simples unidade criada pela vontade de levar a cabo uma obra comum."[103]

Estas dificuldades insanáveis, que irão abalar, nos seus alicerces o Estado Liberal, são caricaturadas pelo marxista althusseriano Robert Fossaert, ao afirmar: "'somos todos franceses desde sempre. A não ser os de Nice e os de Sabóia que o são desde 1860. A não ser os da Córsega que se tornaram mesmo a tempo de permitir a Napoleone Buonaparte mudar o seu patronímico em troca de um Império. A não ser os Flamengos, os Artoisianos, os Lorenos, os Comtoisanos a quem esta qualidade chegou no século XVII. A não ser os alsacianos que a adquiriram no mesmo século, mas a perderam de 1871 a 1918, e de 1940 a 1945. A não os Picardos e Borgonheses (...) mas perigoso seria ir além do século XVI, porque a França eterna se torna rapidamente num Principado de contornos incertos e de futuro duvidoso'".[104]

---

103 Maltez, José Adelino, *Ensaio sobre o Problema do Estado*, Ob. Cit., Tomo I, p. 284.

104 Apud Maltez, José Adelino, *Ensaio sobre o Problema do Estado*, Ob. Cit., Tomo II, p. 15.

2.3.6.1 *A Crise do Estado Liberal*

O Estado Liberal, essencialmente individualista, extinguindo as corporações medievais dos mesteres, consideradas promotoras do atraso das indústrias e proibindo a constituição de associações operárias, provocou o isolamento dos trabalhadores, desprotegidos face ao poder económico dos empresários capitalistas, que os exploravam duramente através de contratos individuais de trabalho[105].

Esta situação, cujas origens remontam à Revolução Industrial inglesa, que gerou um proletariado desenraizado dos campos, submetido às mais desumanas condições de trabalho e de remuneração, provocou o Movimento Operário novecentista, que foi abalando os alicerces do Estado Liberal[106].

Este, dominado pela burguesia que interferia de facto, como classe política, através da legislação individualista, na "Questão Social", não intervinha aparentemente, de direito, nas relações entre o capital e o trabalho, mas sufocava as reivindicações laborais dos trabalhadores, com cargas das forças militares de segurança nas manifestações operárias de rua, e com a prisão e condenação de grevistas e manifestantes.

O Estado Liberal, é assim, fundamentalmente, um Estado Burguês, já que, "A classificação dos Estados, por tipos, devia ser feita segundo as classes neles dominantes. Em confronto com aquela classificação, a organização formal do poder político ocuparia um lugar secundário. (...) A democracia burguesa é, ela também uma forma de Estado capitalista; é igualmente um Estado de exploradores, porquanto, ainda que ela prometa e garanta uma igualdade de todos perante a lei, tal igualdade sempre será, no fim de contas, uma igualdade formal e não material, desprovida de qualquer significado e conteúdo económicos."[107]

O catolicismo social não é também indiferente à situação de miséria e exploração dos trabalhadores pelo Estado Burguês, formando um movimento de tendências diversas, que culmina na intervenção do Papa Leão

---

[105] Cfr. Soares Martínez, Pedro, *Manual de Direito Corporativo*, Ob. Cit. pp. 48/53, onde o autor refere a extinção em Portugal das instituições corporativas profissionais através do decreto ditatorial de 7 de Maio de 1834 e o desenvolvimento desta disposição pelo Código Penal de 1852 que proibiu todas as associações de mais de vinte pessoas, a qual foi confirmada pelo Código Penal de 1884 que vigorou até 1982.

[106] Acerca do Movimento Operário, vide Ribeiro dos Santos, António Pedro, *Movimentos Laborais e Constituição Económica*, Ob. Cit., maxime, pp. 141/155.

[107] Zippelius, Reinhold, *Teoria Geral do Estado*, Ob. Cit., pp. 105/106.

XIII que define a doutrina social da Igreja, em 1891, através da Encíclica *Rerum Novarum.*

Leão XIII condena a destruição pelo Estado Liberal das "corporações antigas", "sem as substituir por coisa alguma", refutando também o "erro fundamental da solução socialista" uma vez que "o capital e o trabalho têm interesses harmónicos e não antagónicos", apelando "À fraternidade cristã, laço de união dos ricos e dos pobres" e afirmando que "O Estado não só pode mas deve intervir em favor do interesse comum"[108].

No plano filosófico, a concepção atomística de sociedade civil, presente no Estado Liberal, onde a "vontade geral" que o legitima, é um mero somatório de vontades individuais unidas por interesses egoístas, não explica, segundo Hegel, a verdadeira essência do Estado, que é transpessoal, "realidade em acto da Ideia moral objectiva, o espírito como vontade substancial revelada, clara para si mesma, que se conhece e se pensa, e realiza o que sabe e porque sabe."[109]

A concepção atomística de sociedade é pois recusada por Hegel que destaca a família, que se determina "pela sensibilidade de que é una, pelo amor," e os corpos profissionais, como a classe agrícola, com o seu universal concreto, "na substancialidade da vida familiar e natural", a classe industrial, "essencialmente orientada para o particular e é por isso que a corporação lhe é própria" e a classe universal, que se ocupa "dos interesses gerais, da vida social": "Ao lado da família, a corporação constitui a segunda raiz moral do Estado, que está implantada na sociedade civil. (...) A santidade do casamento e a honra profissional são os dois eixos em que roda a matéria inorgânica da sociedade civil."[110]

A sociedade civil, onde se estabelecem laços particulares de dependência recíproca, com vista à satisfação das necessidades comuns de subsistência e bem-estar, mas onde predominam os fins egoístas, sem atingir a universalidade, configura um sistema que pode chamar-se, "o Estado extrínseco, o Estado da carência e do intelecto": "Em suas oposições e complicações oferece a sociedade civil o espectáculo da devassidão bem como o da corrupção e miséria."[111]

---

[108] Acerca da evolução do Catolicismo Social, vide Ribeiro dos Santos, António Pedro, *Movimentos Laborais...*, Ob. Cit., pp. 181/192.

[109] Hegel, *Princípios da Filosofia do Direito*, Lisboa, Guimarães Ed., 1990, (1.ª Ed. 1821), (§ 257), p. 224.

[110] Cfr. Hegel, *Princípios...*, Ob. Cit., (§§ 158, 203, 204, 250 e 255), pp. 160, 190/191 e 220/221.

[111] Hegel, *Princípios...*, Ob. Cit., (§§ 183 e 185), pp. 178/179.

Hegel condena a concepção contratualista de Estado avançada por Rousseau, baseada apenas em vontades individuais, arbitrárias, bem como a vontade geral, como somatório dessas vontades individuais, e não como "o racional em si e para si da vontade". Ao chegarem ao poder, as abstracções de Rousseau, produziram um espectáculo "jamais visto" na história da humanidade, uma vez que pretendeu "apresentar como fundamento um sistema racional imaginado: por outro lado, como tais abstracções são desprovidas de Ideia, a tentativa de as impor promoveu os mais horríveis e cruéis acontecimentos."[112]

Indiferente a todas as críticas e dominando pela força as reivindicações laborais internas, o Estado Liberal alcançou na área da Cultura Ocidental grande riqueza e desenvolvimento industrial, que lhe foram propiciados pela miséria operária e pelo progresso das tecnologias industriais, que o tornaram extraordinariamente poderoso.

A ideia de Estado-Nação advogada pelo Movimento das Nacionalidades adquire a sua plenitude com o crescimento económico dos Estados industrializados, em meados do século XIX, os quais recrutam exércitos e reorganizam armadas, dotados de armamentos progressivamente mais mortíferos e fortificam as suas áreas fronteiriças com estruturas de betão e aço que substituem as velhas fortalezas de alvenaria.

O nacionalismo e a industrialização, o primeiro, como ideia-força criadora de aspirações hegemónicas, e a segunda, pressionando necessidades de aquisição de matérias-primas, existentes em África e na Ásia, bem como conquistas de novos mercados para o escoamento de uma produção em crescimento constante, impelem os Estados-Nações rivais ao conflito armado.

A Grande Guerra de 1914-18 precipitou a crise do Estado Liberal, erigido com base na "soberania nacional", uma vez que os seus representantes, reunidos em assembleias legislativas, não puderam acompanhar a actuação dos órgãos executivos, que assumem a responsabilidade da condução política do Estado, alterando assim o relacionamento constitucional entre os órgãos de soberania.

Os Parlamentos, pelo grande número de deputados e pela morosidade das discussões, não actuam com a *celeridade* necessária em tempo de guerra; a sua actuação pública, não se coaduna com o *secretismo*, indispensável ao êxito das decisões tomadas, que a espionagem inimiga pretende obviamente conhecer; os seus parlamentares, na sua maioria juristas

---

[112] Hegel, *Princípios...*, Ob. Cit., (§ 258), pp. 226/227.

e economistas, têm dificuldade em apreciar e discutir assuntos de tecnologia militar, da área da físico-química, pelo que revelam pouca *competência* para tomar decisões.

Os Chefes de Estado e os seus Governos ultrapassam as habituais limitações dos poderes públicos, defendidas pelo liberalismo, para corresponder às necessidades da guerra, mobilizando os cidadãos, requisitando meios materiais e intervindo abertamente nas áreas económica e social, não só para dirigir a produção bélica mas também para promover a justiça social, indispensável à coesão nacional.

O Estado, através dos seus órgãos executivos, passa a superintender a economia de guerra, regulamentando as suas actividades, tornando-se produtor, sócio, empresário e comprador: «Il (l'État) étend son intervention aux relations entre les groupes sociaux: en accord avec les syndicats, l'État réglemente le niveau des salaires, la durée du travail. Il bloque des loyers et intervient dans les relations entre propriétaires et locataires.»[113]

A economia liberal, concebida para uma situação de paz, é profundamente abalada pela guerra, que provoca uma crise de confiança nas operações de crédito, fazendo baixar o valor das acções e obrigações a ponto de obrigar ao encerramento das Bolsas; os transportes internos ficam desorganizados pela prioridade de deslocações de tropas e de material de guerra; as trocas internacionais diminuem substancialmente, nomeadamente, de matérias-primas necessárias aos beligerantes; os sectores agrícola e industrial, pela falta de mão de obra e pelo desinteresse dos compradores em produtos supérfluos, ficam desorganizados[114].

No final do conflito, o desejo de construção de uma paz duradoura é a aspiração principal das populações, quer dos Estados vencedores, quer dos vencidos, que confiam a uma entidade supra-nacional, a Sociedade das Nações, esse desiderato.

O tecido social alterado pela guerra, que propiciou às mulheres o acesso a várias profissões, torna-se mais reivindicativo, pretendendo intervir democraticamente na regulamentação do trabalho, exigindo protecção social aos "antigos combatentes", às vítimas da guerra e da inflação que lançou aqueles que viviam de rendas na miséria, aos desalojados, aos proletários explorados. O exemplo da revolução russa incentiva a luta operá-

---

[113] Cfr. Rémond, René, *Introduction à l'histoire de notre temps, 3. Le XXe siècle, de 1914 à nos jours,* Éd. du Seuil, 1974, pp. 47/49.

[114] Cfr. Guillaume, P. et Delfaud, P., *Nouvelle Histoire Économique, Le XXe Siècle*, Paris, Armand Colin, 1987, maxime, pp. 11/13.

ria, que, para além de provocar vagas de greves, desencadeia também acções revolucionárias em vários pontos da Europa, que pretendem instituir governos proletários.

A intervenção do poder político, nas áreas económica e social torna-se uma aspiração geral da maioria das populações, divididas todavia quanto ao modelo de Estado a adoptar: «Sur le plan politique, la guerre a modifié le rôle de l'État: si 1918, c'est la victoire de la démocratie politique, c'est aussi la fin du liberalisme.»[115]

2.3.7 *As Ditaduras Socialistas*

Antes do termo da Grande Guerra, os acontecimentos revolucionários na **Rússia**, conducentes ao triunfo da vitória da facção radical do Partido Social-Democrata dos Trabalhadores Russos (Bolcheviques), liderada por V. I. Lénine, em 25 de Outubro (7 de Novembro) de 1917, bem como as suas consequências constitucionais, contribuíram decisivamente para a transformação do Estado Liberal, em crise.

Em Janeiro de 1918 uma divergência de opinião entre a Assembleia Constituinte que havia sido eleita, e o Congresso Pan-Russo dos Sovietes de Deputados Operários, Soldados e Camponeses, ou seja, entre a legalidade democrática e o poder da revolução proletária, impeliu Lénine, que liderava o Comité Executivo deste órgão, a dissolver *manu militari*, aquela Assembleia, instituindo assim uma Ditadura Socialista.

O Congresso Pan-Russo, erigido em órgão colegial supremo e constituinte do Estado, elaborou então a *Constituição da República Socialista Federativa Soviética da Rússia*, de 10 de Julho de 1918, que integrou uma *Declaração de Direitos do Povo Trabalhador e Explorado*.

A Ditadura Socialista russa, a "ditadura do proletariado", que, com o pretexto de suprimir a exploração do homem pelo homem, decide abolir a propriedade privada e nacionalizar a banca, os transportes, bem como todos os meios de produção, planeando e dirigindo toda a actividade económica, passa a ser um modelo de Estado almejado pelos comunistas de todos os países do mundo.

---

[115] Rémond, René, *Introduction à l'histoire de notre temps 3.*, Ob. Cit., p. 47. Segundo este autor, (*Idem*, Ibidem) os quatro anos da Grande Guerra, transformaram mais as relações entre o poder político e os cidadãos, e as relações dos poderes públicos entre si, do que o século que decorreu depois da queda de Napoleão.

O exemplo da Revolução Russa agita, na **Alemanha**, país derrotado na Grande Guerra, a ala esquerda do Partido Social-Democrata, que desde 1916 se havia constituído em Liga Espartaquista (*Spartakusbund*), advogando a ditadura do proletariado. A derrota de Alemanha, que a obrigou a assinar um armistício com os Aliados em 1918, precipitou a "Revolução de Novembro" desse ano, a qual, após conseguida a abdicação do imperador, proclama uma República, que evolui, através de acções de rua organizadas pela Liga Espartaquista, para a instauração de uma Ditadura Socialista. A repressão deste movimento revolucionário, entregue às forças armadas, abateu-se então sobre os insurrectos, que foram na sua maioria executados, o mesmo acontecendo aos seus líderes, Karl Liebknecht e Rosa Luxemburgo, mortos em 15 Janeiro de 1919.

Na **Baviera**, a 7 de Novembro de 1918, um movimento de operários e soldados, de tendência social-democrata derruba a monarquia, proclamando uma República Livre governada por um socialista utópico, Kurt Eisner, contestado todavia pelos partidos de centro e de direita. O assassinato de Eisner por um jovem contra-revolucionário, provoca a evolução do movimento revolucionário no sentido socialista, activada por elementos radicais, entusiasmados com o deflagrar de uma revolução soviética em Budapeste. Em 7 de Abril de 1919, o ministro da Defesa bávaro decide instaurar em Munique uma República dos Conselhos, ou "Soviética", o que desencadeia uma luta pelo Poder, entre o sector moderado do Governo, apoiado pelo exército, e os radicais liderados pelo comunista russo Eugene Laviné. O exército combatendo milhares de operários, repõe a legalidade republicana, que retalia os adeptos da Ditadura Socialista que são condenados, com duras penas e fuzilamentos em tribunais militares. Eugene Laviné, condenado à morte, é executado[116].

Na **Hungria**, país derrotado na Grande Guerra e ameaçado pelos Aliados de uma substancial redução do seu território, o regresso de numerosos prisioneiros de guerra vindos da Rússia onde haviam contactado com a propaganda comunista, provoca uma agitação social liderada por Bela Kun, jornalista social-democrata, que, sob a influência de Lénine, havia aderido ao comunismo. Proclamada a República, em 16 de Novembro de 1918, a intenção do seu Governo de realizar uma política moderada é confrontada com a pressão de uma esquerda radical agrupada no "círculo Szabo" convergente com um Partido Comunista organizado por Bela Kun,

---

[116] Cfr. Ribeiro dos Santos, António Pedro, *Movimentos Laborais...*, Ob. Cit., pp. 160/164.

que pretende estabelecer um “ditadura do proletariado”, em aliança com a Rússia soviética.

A tensão entre a facção da ala direita do Partido Social-Democrata e os adeptos do Partido Comunista agrava-se com o conhecimento das exigências territoriais dos Aliados, num período de crise económica, provocando a queda do Governo, em 20 de Março de 1919, e a passagem do Poder para a esquerda social-democrata que se alia ao Partido Comunista para granjear o apoio militar da Rússia.

O novo Governo logo inflecte para a esquerda formando uma “República dos Conselhos” ou soviética, onde Bela Kun desempenha um papel fundamental: “Na realidade, o novo governo era dirigido por ele, sem que nenhuma decisão oficial fosse tomada sem o seu conhecimento.”[117]

A República Soviética da Hungria, onde se debatiam linhas ideológicas diferentes, como a anarquista, proveniente do sindicalismo, a populista ou luxemburguista, confiante na espontaneidade das massas, a leninista, defensora do vanguardismo partidário, as sociais-democratas de esquerda e de direita, entre outras, permitiu apenas um compromisso entre os dois maiores agrupamentos partidários, ao qual foi dado o nome de “Partido Socialista-Comunista dos Trabalhadores Húngaros”. A sua política de nacionalizações industriais e bancárias, e de realização de uma tímida reforma agrária com a organização de algumas cooperativas, sem atingir os proprietários rurais, provocou a revolta do campesinato contra o regime.

A ausência de auxílio militar da Rússia soviética à Hungria, cercada de Estados inimigos, a inoportunidade, após a vitória dos Aliados, do estabelecimento de uma república comunista no centro da Europa, o seu anticlericalismo virulento, o predomínio dos comissários do povo de extrema-esquerda sobre o Governo e a incapacidade de Bela Kun organizar um partido hierarquizado e disciplinado como o de Lénine, permitiram a vitória da contra-revolução, após cento e trinta e três dias de vigência do bolchevismo húngaro[118].

O regime ditatorial socialista ficaria assim confinado à U.R.S.S. na década de 1920, mas o domínio militar soviético na Mongólia Exterior disputado à China, permitiu-lhe instituir, dois anos depois, o comunismo nessa região.

---

117 Droz, Jacques (Dir.), *História Geral do Socialismo, O socialismo europeu de 1918 a 1945*, Lisboa, Livr. Horizonte, 1983, Vol. VIII, p. 293.

118 Cfr. Droz, Jacques (Dir.), *História Geral do Socialismo,...*, Ob. Cit., Vol. VIII, pp. 290/297.

A participação vitoriosa da U.R.S.S. na Segunda Guerra Mundial, propiciou a expansão do imperialismo comunista a numerosos países da Europa: Estónia, Letónia, Lituânia, Polónia, Checoslováquia, Hungria, Roménia, Bulgária, Jugoslávia, Albânia e Alemanha Oriental.

Para além desse preço que os Aliados tiveram de pagar pelo valioso contributo das tropas russas nessa guerra, nomeadamente no esmagamento da Alemanha nazi, o comunismo expandiu-se ainda pela Coreia do Norte, que se separou da Corei do Sul, em 1948 e pela China, após a sua revolução, no ano seguinte. A luta do Vietname do Norte, país colonizado, travada contra a França, de 1946 a 1954, permitiu ao dirigente comunista Ho-Chi-Minh alcançar a independência daquele território, bem como a do Laos e Camboja. O Vietname do Sul, em convulsões internas desde 1955, e suportando uma guerra civil apoiada pelos E.U.A, de 1964 a 1968, terminou também por instaurar um regime comunista, após a derrota das forças norte-americanas nas principais cidades dos planaltos meridionais, perto de Saigão, em 1975.

A revolução social em Cuba, iniciada em 1953 com um movimento de guerrilha liderado por Fidel Castro, implanta também naquele país, em 1959, um regime comunista que os E.U.A. não conseguiram derrubar com uma acção militar anti-castrista desencadeada em 1961, dado o apoio da U.R.S.S. que instala mísseis naquela ilha, pondo em perigo a segurança mundial.

O comunismo alastra ainda por todo o mundo, havendo outros países a experimentar regimes semelhantes, "por certos períodos e com maior ou menor aproximação ao modelo soviético, o Camboja, a Etiópia, o Iémen do Sul, Angola e Moçambique."[119]

As ditaduras socialistas têm de comum a sua implantação por meio da força armada, na esteira do pensamento de Lénine que afirma que "'Toda a revolução só vale alguma coisa quando sabe defender-se' (...) Em conformidade com as suas indicações foram-se criando órgãos de defesa da revolução: primeiro, organizaram-se por toda a parte destacamentos de operários armados e mais tarde, constituíram-se as unidades da Guarda Vermelha. Por isso fracassaram todas as tentativas do imperialismo mundial e da contra-revolução interna de liquidar pela força a República dos Sovietes."[120]

---

[119] Miranda, Jorge, *Manual de Direito Constitucional*, Ob. Cit., Tomo I, p. 182.

[120] Korabliov, Iúri, *Lénine, criador das Forças Armadas da U.R.S.S.*, Moscovo, Ed. Progresso, 1976, p. 4.

Para além das Forças Armadas e de Segurança organizadas pelas ditaduras socialistas, o seu poder político reside num partido único, considerado como o destacamento de vanguarda da classe operária, indispensável à sua condução. já que "o proletariado não necessita do Partido apenas para conquistar a ditadura; é-lhe ainda mais necessário para a manter, consolidá-la e ampliá-la, no interesse do triunfo completo do socialismo. (...) 'A ditadura do proletariado – diz Lénine – é uma luta tenaz, cruel e suave, violenta e pacífica, militar e económica, pedagógica e administrativa contra as forças e as tradições da velha sociedade.'"[121]

As grandes decisões do poder político são sempre tomadas pelo partido, que o exerce em nome do proletariado, uma vez que "A ditadura do proletariado não pode ser uma democracia 'completa', uma democracia para *todos*, pobres e ricos. (...) a teoria da democracia 'pura' é a teoria da aristocracia operária, domesticada e fomentada pelos saqueadores imperialistas. (...) Sob a ditadura do proletariado, a democracia é uma democracia proletária, uma democracia da maioria explorada, baseada na restrição dos direitos da minoria exploradora e dirigida contra esta minoria."[122]

Nesta perspectiva, os direitos da pessoa humana são restringidos ou suprimidos, o que impede a criatividade individual e social que divirja do monolitismo ideológico e político destes regimes.

As ditaduras socialistas, ao abolirem a propriedade privada dos meios de produção, procuram substitui-la por uma programação constante das necessidades e escolhas das actividades produtivas, entregue aos quadros do partido, o que provoca a lentidão e a falta de estímulo dos operadores económicos, sujeitos a uma apertada disciplina social e à coacção. A centralização de uma programação global antecipada constitui uma pretensão destes regimes totalitários, a qual entrava, pelos motivos antes referidos, o desencadear das diversas fases do ciclo produtivo e a ausência da inovação técnica e estética dos produtos acabados.

As ditaduras socialistas recusam a separação dos poderes do Estado, concentrando-os formalmente em diversos conselhos populares, (sovietes), estrutura vertical que culmina num soviete supremo. A justiça é tendencialmente popular, a cargo de jurados, o que reduz a intervenção dos juizes nos julgamentos.

Os direitos fundamentais são atribuídos aos cidadãos, como participantes por direito e por dever na vida política, económica, social e cultu-

---

[121] Estáline, *Fundamentos do Leninismo*, Ed. Estampa, 1975, pp. 126/127.

[122] Estáline, *Fundamentos...*, Ob. Cit., pp. 58/59.

ral da sociedade socialista, uma vez que, segundo Marx, a emancipação política do liberalismo reduziu o homem, "por um lado a membro da sociedade civil, indivíduo *independente e egoísta* e, por outro, a *cidadão*, a pessoa moral".

A emancipação humana só será plena, afirma Marx, "quando o homem real e individual tiver absorvido em si o cidadão abstracto; quando como homem individual, na vida de cada dia, no trabalho e nas suas relações, se tiver tornado um ser genérico (social); e quando tiver reconhecido e organizado os seus próprios poderes (*forces propres*) como poderes *sociais*, de maneira a nunca mais separar de si este poder social como poder político."[123]

Esta concepção marxista de "emancipação humana", não aceita portanto as liberdades individuais de consciência religiosa, de criatividade cultural, de opinião filosófica. O Estado difunde as opiniões oficiais do partido comunista acerca do materialismo dialéctico, que nega a existência de Deus e procura conduzir a produção literária de forma a defender os interesses do proletariado.

Na Rússia soviética, "Em 1922, foi estabelecida a censura oficial, com a explicação de que as belas-artes 'são uma forma elegante de implantar veneno na alma ainda ingénua e escura da grande massa do povo'"[124]

A ditadura do proletariado, ou antes, do partido, considerada uma fase transitória do processo conducente à sociedade sem classes, onde o Estado de tornaria desnecessário, foi-se eternizando e fortalecendo, desmentindo as previsões de Engels: "O proletariado apodera-se do poder do Estado e transforma, lentamente, os meios de produção em propriedade do Estado. Desta forma se destrói a si próprio como proletariado, suprime todas as diferenças e antagonismos de classe e também o Estado como Estado. (...) A intervenção do Estado nos assuntos sociais torna-se progressivamente supérflua e acaba por extinguir-se. A administração das coisas e a direcção dos processos de produção substitui o governo das pessoas. O Estado não é 'abolido'; morre."[125]

---

123 Marx, Karl, *"A Questão Judaica"*, in *Escritos de Juventude*, Lisboa, Ed. 70, 1975, p. 51.

124 Cfr. Freitas do Amaral, Diogo, *"Socialismo"*, in *Polis, Enciclopédia da Sociedade e do Estado*, Lisboa/São Paulo, 1987, Vol. 5, maxime, pp. 892/898.

125 Engels, Frederico, *Anti-Düring*, Ed. Afrodite, 4.ª Ed., 1974, p. 344. O mesmo autor, noutro passo da sua obra, afirma: "Com o desaparecimento das classes, desaparecerá inevitavelmente o Estado. A sociedade, reorganizando de uma forma nova a produção, na

Lénine acautela todavia os proletários contra o perigo de interpretarem a "extinção" do Estado a partir do Estado Burguês, sem se passar pelo Estado Proletário, ditatorial: "Sem revolução violenta, é impossível substituir o Estado burguês pelo Estado proletário, quer dizer a supressão de qualquer Estado, só é possível por via de 'extinção'. (...) A ideia de Marx é que a classe operária deve *quebrar, demolir* a 'máquina de Estado tal como existe', e não limitar-se a apoderar-se dela."[126]

2.3.7.1 *As Ditaduras Fascista e Nacional-Socialista*

No final da Grande Guerra, o Estado Liberal, em crise, dificilmente vai contendo em diversos países, o crescimento dos Partidos Comunistas e as suas tentativas de se apoderarem do Poder.

Na **Itália**, país que combatera os "Impérios Centrais" junto dos Aliados, as decisões do Tratado de Versailles, gorando as suas expectativas territoriais na Dalmácia, incentivaram o nacionalismo italiano que havia impulsionado a sua unificação a partir de meados do século XIX.

A crise económica e social provocada pelo pós-guerra, impele o movimento sindical, na linha traçada por Sorel, a lutar por uma melhoria das condições laborais, através de greves, ocupações de fábricas, manifestações e tumultos, a que o patronato riposta com a maior violência. A agitação social, que o regime parlamentar, com governos fracos e desprestigiados, não consegue acalmar, é aproveitada pela extrema-esquerda socialista que adere em 1919 à III Internacional, ocupando também fábricas e organizando conselhos operários (sovietes), para instaurar uma ditadura do proletariado.

Perante a ameaça de uma guerra civil, o agrupamento político criado desde o início da Grande Guerra por Benito Mussolini, militante socialista, que desde 1915 organizara os "Fasci d'Azione Rivoluzionaria", inicia uma intervenção política, sem uma ideologia bem definida, pretendendo subtrair as massas à fascinação dos "mitos bolchevistas".

O movimento fascista, organizado militarmente, essencialmente nacionalista, combate os agrupamentos comunistas e preconiza o interven-

---

base de uma associação livre de produtores iguais, mandará toda a máquina do Estado para o lugar que lhe há-de corresponder: o museu das antiguidades, ao lado da roca de fiar e do machado de bronze." (*A Origem da Família, da Propriedade e do Estado*, Lisboa, Ed. Presença, 1976, p. 230)

[126] Lénine, V. I., *O Estado e a Revolução*, Ed. Estampa, 2.ª Ed., 1978, pp. 35 e 55.

cionismo do Estado na vida económica e social, através de organizações sindicais mistas, compostas de patrões e empregados, denominadas "corporações", controladas pelo poder político, com vista à obtenção de acordos entre o capital e o trabalho, que obviassem a luta de classes.

Conseguindo adesões no meio operário e aglutinando milhares de trabalhadores nas zonas rurais em "corporações", o movimento fascista, começa a usar uma camisa negra, em 1921, (que simbolizava o luto que reinava na Itália) e enfrenta, em conflitos armados, os comunistas em diversas cidades, criando um ambiente de guerra civil no norte do país e ameaçando Roma de um envolvimento com forças concentradas a sul, em Nápoles.

Em 28 de Outubro de 1922, os fascistas tomam a cidade de Perúgia, a norte da capital, onde concentram a maior parte dos seus efectivos e reúnem também em Nápoles uma parcela considerável das suas forças, marchando seguidamente para Roma, onde o rei Vítor Manuel III, para travar a luta fratricida, entrega o Poder a Mussolini.

O novo regime, apoiado pela força militar fascista, em breve degenera em ditadura político-económica, que mantém uma imagem de legalidade constitucional pela manutenção da Carta Constitucional vigente, que não impede o estabelecimento de uma estrutura constitucional paralela. O Estado fascista intervém decididamente na área económica e social, mormente na organização laboral, através da *corporação*, tutelada pelo Poder, concebida como a base da organização unitária das forças de produção.

A ditadura fascista, nacionalista, tal como a socialista, adopta o regime de partido único, disciplinado e hierarquizado, substitui a Câmara de Deputados por uma Câmara dos Fasces e das Corporações, estabelece um regime militar e policial que suprime as divergências individuais em nome da necessária supremacia do Estado, de inspiração hegeliana, planeia e dirige a actividade económica nacional e promove a integração sindical na administração pública.

Mussolini, tornado condutor ("duce") da Itália, afirma: "O nosso Estado não é um Estado absoluto e ainda menos absolutista, (...) O nosso Estado é um Estado organico, humano que deseja aderir á realidade da vida.(...) A Camara presupõe um mundo que já demolimos; presupõe a pluralidade dos partidos e muitas vezes o ataque propositado à operosidade. Desde o dia em que anulamos esta pluralidade, a Camara dos Deputados perdeu o motivo principal da sua existencia. (...) O corporativismo é a economia disciplinada e portanto fiscalisada porque não se póde pensar numa disciplina que não tenha uma fiscalisação. O corporativismo supera o socialismo e supera o liberalismo: cria uma nova sintese. (...) Não ha duvida que dada a crise geral do capitalismo, as soluções corporativas impor-se-ão em toda a parte; (...)."[127]

Os acontecimentos vividos na Itália, seguidos por todo o mundo desde a ascensão de Mussolini ao Poder, dão origem a uma conferência proferida pelo economista britânico John Maynard Keynes, em 1924, na Universidade de Oxford, com o título *The end of laissez-faire*, onde afirma que "We do not dance even yet a new tune. But a change is in the air", não preconizando todavia o "fim" do liberalismo, como o título sugere, mas antes a sua modificação[128].

Na **Alemanha**, após a derrota do espartaquismo, a vitória do Partido Social-Democrata nas eleições de 19 de Janeiro de 1919 para a Assembleia Constituinte, permitiu a elaboração do primeiro texto constitucional europeu, a Constituição de Weimar, que inclui um programa de natureza social e económica, a cargo do Estado, numa democracia pluralista[129].

A República de Weimar, que está na origem do Estado Social de Direito, teve porém de enfrentar os efeitos extremamente gravosos do Tratado de Versailles, dos quais, o pagamento de uma pesada indemnização de guerra e a proibição do fabrico de material de guerra, provocando uma inflação galopante e avolumando o desemprego, tornaram o operariado alemão receptivo à prédica do Partido Comunista Alemão (K.P.D.).

O separatismo, odiado pelos nacionalistas alemães, revela-se também durante esta crise económica e social, que a direita liberal, apoiada pela alta burguesia industrial e por instituições financeiras estrangeiras, procura debelar. A extrema direita bávara, adoptando o separatismo, reactiva porém o nacionalismo alemão, ferido pela derrota militar na Grande Guerra, provocando adesões ao pequeno Partido Nacional-Socialista Alemão dos Trabalhadores (N.S.D.A.P.), liderado por Adolf Hitler e secundado pela força militar (Reichswehr), que defende teses anti-parlamentares e anti-semitas.

---

[127] Mussolini, Benito, *Quatro Discursos sobre o Estado Corporativo*, Roma, "Laboremus", 1935, pp. 21/23.

[128] Cfr. Avelãs Nunes, A. J., *Os Sistemas Económicos*, Coimbra, 1978, p. 181, e Roll, Eric, *História das Doutrinas Econômicas*, São Paulo, Companhia Ed. Nacional, 2.ª Ed., 1962, pp. 480/481.

[129] Cfr. Ribeiro dos Santos, António Pedro, *Movimentos Laborais...*, Ob. Cit., pp. 162 e 263/267.

Em 8 de Novembro de 1923, Hitler, à frente de um agrupamento armado tenta uma "Marcha sobre Berlim", que é destroçada pelo Governo em exercício, e o coloca na prisão durante cinco anos, durante os quais escreve o livro intitulado *Mein Kampf* (A Minha Luta), obra onde expõe a génese e os objectivos do nacional-socialismo.

Entretanto a economia alemã vai recuperando as suas forças e estabilizando a sua moeda, situação que resulta do crescimento e da concentração da indústria, enriquecida à custa da "racionalização" do esforço operário, obtida através da ampliação dos horários de trabalho, o que provoca também um desmedido aumento do desemprego. (de 1925 a 1926, o número de desempregados passa de 200.000 a 2 milhões)

A proletarização dos artesãos e dos pequenos comerciantes empobrecidos provoca o esvaziamento da classe média e o consequente aumento do proletariado entregue à ganância da grande burguesia, situação que se agrava subitamente com as repercussões do "crash" na bolsa de Nova Iorque, em 1929, que desencadeia a "Grande Depressão" económica que atinge todo o mundo capitalista.

A retracção súbita dos investimentos e as tentativas de recuperação dos empréstimos, feitas pelos credores, aumentam substancialmente o desemprego, que atinge 6 milhões de trabalhadores, prejudicando as suas famílias e gerando um ambiente de completo descrédito do regime democrático.

O partido liderado por Adolf Hitler aproveita então essa conjuntura para difundir os seus projectos de salvação nacional, através da libertação do país do jugo das potências vencedoras da guerra conducente à recuperação económica e social do país, a realizar pelos trabalhadores alemães unidos pela sua identidade racial, ariana, e apoiados pela Reichswehr.

Nas eleições presidenciais de 1932, Hitler concorre com o marechal von Hindenburg, que saí vencedor, mas obtém 36,68% dos votos, patenteando assim a sua força perante as urnas. A sua aproximação ao Poder, que alcança em 30 de Janeiro de 1933, como chanceler, nomeado pelo Presidente da República, é um misto de sucessos eleitorais, de pressões exercidas pelo N.S.D.A.P., com as suas milícias armadas, as S.A. "secções de assalto" e pela S.S. (*Schutz-Staffel*) "secção de protecção", constituída em 1925 como guarda pessoal de Hitler, sobre o Poder constituído, e de apoios da grande indústria alemã, que temia a eclosão de uma revolução socialista[130].

---

[130] Cfr. Michel, Henri, *Les Fascismes*, Presses Universitaires de France, 1977, pp. 45 e 52.

Alcandorado no Poder, Hitler instaura rapidamente uma ditadura nacionalista, antiparlamentar, de partido único, que perseguiu impiedosamente todos os seus inimigos políticos e as comunidades de raças que considerava inferiores à ariana.

A ditadura nacional-socialista alemã não elabora todavia uma nova Constituição, mantendo, de direito, a de Weimar, mas instituindo, de facto, um Estado de condução pessoal (*Führerstaat*) com base no princípio anti-jurídico, uma vez que a administração e as forças de segurança não estão subordinadas ao direito, e anti-parlamentar de supremacia do chefe – o (*Führerprinzip*).

O indivíduo, neste regime, é considerado pertença do Estado, entidade suprema, na visão hegeliana, que realiza a Ideia no seu percurso histórico, dialéctico, não podendo realizar as suas potencialidades fora dos desígnios traçados pelo seu condutor (*führer*), alienando-se, degradando-se, se o tentar fazer. A propaganda nazi gera uma angústia colectiva, um "terror do espírito", uma aflição e um medo que despojam os indivíduos das suas opiniões pessoais: (...) «(...) des pressions sont exercées sur les familles; la torture, l'exécution, ou la mort lente dans les camps de concentration, sont le lot des opposants.»[131]

O *Führerprinzip* estende-se também à área laboral, manietando os trabalhadores, impedindo a sua associação sindical livre, e reagrupando-os, em 2 de Maio de 1933, numa "Frente do trabalho" (*Deutsche Arbeitsfront – D.A.F.)*, que cria a segurança social, as cooperativas e os bancos de crédito operário: «Le *Führerprinzip*, s'il renforçait le pouvoir du patron sur la main-d'œuvre, le mettait également sous surveillance, et seule une adhésion totale aux objectifs du nazisme lui permettait de se mantenir.»[132]

A economia é planificada, devendo os empresários submeter-se ao dirigismo estadual, o que reduz a sua liberdade de acção, nomeadamente no açambarcamento da produção ou na exploração da mão-de-obra. A banca, a indústria pesada, a indústria química, entre outras, mantém-se todavia nas mãos dos seus proprietários, havendo uma maior intervenção do Estado no sector empresarial ligado à produção de material de guerra.

A intervenção do Estado nazi estende-se também à agricultura, tendo como objectivo assegurar a revitalização do país, estancando o êxodo rural, controlando e estimulando a produção agrícola através da exaltação

---

[131] Cfr. Michel, Henri, *Les Fascismes,...*, ob. Cit., p. 56.

[132] Guillaume, P. et Delfaud, P., *Nouvelle Histoire Économique, Le XXe Siécle*, Paris, Armand Colin, 1987, Tomo II, p. 141.

dos grandes proprietários, a "nova nobreza de sangue e da terra", e do apoio aos pequenos proprietários, cujas propriedades, inferiores a 125 hectares, foram declaradas indivisíveis, passando portanto a um regime semelhante ao do morgadio, onde a transmissão cabe apenas a um só filho designado pelo pai.

A ditadura nacional-socialista procura controlar também as actividades culturais, recusando a "arte pela arte" e cultivando a instrumentalização das massas, satisfazendo os seus "instintos primitivos" através de uma propaganda orientada por um ministério próprio, com especialização na imprensa, no cinema, na rádio, na música e na literatura, etc. A censura prévia e a eliminação dos meios de comunicação social hostis ao regime, permitiram-lhe difundir uma cultura unicamente orientada para a exaltação dos valores defendidos pelo Estado.

Esses valores são transmitidos à juventude, considerada uma entidade com características, direitos e aspirações próprias, capaz de perpetuar o regime nazi unido em torno de um chefe carismático.

A juventude que Hitler pretendia que fosse "brutal, voluntariosa, impávida e cruel", integrada na Juventude Hitleriana (*Hitler-Jugend*), devia ser educada por forma a enfrentar as realidades da vida como, "a luta imposta pelas necessidades da natureza", libertando os seus instintos em cerimónias em volta do fogo, em exercícios nocturnos, em escaladas de montanhas, em cânticos nacionalistas.

A exaltação dos heróis da História da Alemanha, desde as suas origens germânicas, como forma de provocar e acirrar o ódio contra os inimigos do Estado alemão, como os judeus, os comunistas, os exploradores estrangeiros, eram os métodos usados pelo Poder para preparar a juventude, generosa e devotada à pátria, para a eventualidade da guerra, que garantisse a perenidade do Reich[133].

2.3.8 *A expansão do Fascismo*

A qualificação dos regimes dos países influenciados pelas ditaduras nacionalistas da Itália e da Alemanha, que alguns autores denominam indistintamente, fascistas, não é fácil, sendo necessário distinguir o corporativismo de livre associação, defendido pela doutrina social da Igreja e o

[133] Cfr. Michel, Henri, *Les Fascismes*,..., pp. 59/67.

corporativismo de Estado, característico desses regimes: «Nous avons dit que le corporatisme ne se confond pas avec le fascisme. Pourtant la forme la plus connue du corporatisme est la forme fasciste.»[134]

Entre os regimes ditatoriais nacionalistas, distinguem-se também, no plano político, aqueles que consideram o Estado como entidade suprema e os que colocam os interesses nacionais acima dos interesses partidários e individuais, mas cujo Estado, reconhece formalmente como limites, a moral cristã e o direito, "lato sensu", ou seja, o direito positivo, nacional e internacional, bem como o direito natural.

Em 1932, instaurou-se na **Áustria** um regime anti-parlamentar, corporativo, inspirado na doutrina social da Igreja e apoiado por cristãos-sociais, conhecido por "austrofascismo" pelo estabelecimento da censura prévia e pela repressão policial, liderado por Engelberr Dollfuss, que combateu a social-democracia e o nacional-socialismo: "O termo 'austrofascismo' não foi criado apenas pelos adversários do regime: esteve em uso na literatura política desse período e foi retomado pela historiografia (...) para designar a decidida inclusão da experiência austríaca na fenomenologia do fascismo. (...) De resto, foi na Áustria que teve origem, ainda antes do primeiro conflito mundial, o primeiro partido nacional-socialista de que há memória (Whiteside). O filofascismo e o filonazismo não estariam destinados a confluir, a não ser no seu comum objectivo de destruir a democracia, o parlamentarismo e a social-democracia; (...) A partir de 1927, uma vez falhada a tentativa de provocar uma decisiva deslocação do equilíbrio no parlamento por meio de um grande bloco burguês, o partido social-cristão optou pela destruição gradual, mas segura, do sistema democrático-parlamentar activando ou tolerando a mobilização da força de choque das *heimwehren*".[135]

Em **Portugal**, o Estado erigido por Oliveira Salazar pretende ser um "Estado Corporativo", que, através do Acto Colonial de 1930, se apresenta como um Estado pluri-continental: «Mais Salazar récuse le totalitarisme, 'qui subordonnerait tout à la nation et à la race'; les Portugais se métissent facilement; il rêve d'un Portugal tourné vers le passé, figé, agricole, peu

---

[134] Manoïlesco, Mihaïl, *Le Siècle du Corporatisme*, Paris, Libr. Félix Alcan, 1938, p. 13.

[135] Cfr. Colloti, Enzo, *Fascismo, Fascismos*, Lisboa, Ed. Caminho, 1992, pp. 129/ /132. Esta interpretação não é todavia pacífica. O quadriénio político do Poder na Áustria, de 1934-1938, à luz da sua Constituição de 1934, pode integrar-se na experiência do "Estado Corporativo" (*Ständestaat*) e não do fascismo. (Cfr. Colloti, *Idem*, Ibidem)

instruit, dirigé par les notables, conduit par les prêtres dans la voie des valeurs familiales et morales chrétiennes.»[136]

A longa ditadura militar instaurada em 1926, que propicia a criação do "Estado Corporativo" ou "Estado Novo", sofre todavia uma evolução que culmina numa repressão militar e policial face à candidatura oposicionista do general Humberto Delgado à Presidência da República, em 1958, e à sua previsível vitória eleitoral. Os excessos cometidos pelas forças armadas e de segurança durante a campanha para as eleições presidenciais, condenados até por destacadas figuras do regime e por uma importante facção da Igreja católica, deram todavia lugar a uma aproximação do salazarismo ao fascismo, afirmada e evidenciada pelos opositores ao regime, mormente após a sua queda[137].

Em **Espanha**, foi fundado em 1933 um movimento nacional denominado Falange Española, por José Antonio Primo de Rivera, admirador de Mussolini, que apoiou a fundação de um semanário, *El Fascio*, onde lançou as primeiras directrizes duma intervenção do Estado na vida económica e social. O movimento falangista oscila entre a adopção do corporativismo fascista ou a de um nacional-sindicalismo de conciliação de classes. José António, "Pertencia à geração que na Alemanha se inspirara em Spengler e na Áustria em Spann para o seu ódio ao pluralismo político e social. Para ele, o maior mal eram os partidos políticos, a que chamava instrumentos de decomposição da nação; e concebeu a *Falange* como movimento e não como partido a fim de lançá-la na luta violenta, sem meios-termos, contra os partidos republicanos e marxistas. (...) Por trás da nobre retórica da sua linguagem estava uma intolerância política de fundo, a intransigência de morte para com os adversários; o seu integrismo foi, mais que um integrismo católico, o integrismo da religião da pátria, o sonho da restauração da condição imperial da Espanha – essa *voluntad de Imperio* que, por um lado, não podia deixar de exaltar a função militar e, por outro, não podia ocultar a negação das autonomias."[138]

Sendo preso e condenado à morte pelo Governo da República, socialista, em Novembro de 1936, Primo de Rivera, foi considerado um mártir nacional, pelo "Alzamiento Nacional" liderado pelo generalíssimo Franco,

---

136 Michel, Henri, *Les Fascismes,...*, Ob. Cit., p. 92.

137 Sobre este ponto, vide Ribeiro dos Santos, António Pedro, *A Imagem do Poder no Constitucionalismo Português*, Lisboa, Instituto de Relações Internacionais, 1990, pp. 316/345.

138 Colloti, Enzo, *Fascismo, Fascismos*, Ob. Cit., pp. 147/148.

que, após a sua vitória na Guerra Civil de 1936-1939, aproveitou a mística do falangismo para se instalar no Poder, como salvador da Pátria, condutor ou *caudillo*, apoiado por um partido único composto de terratenentes, militares de carreira, empresários e monárquicos, aceite pela Igreja católica[139].

Algumas ditaduras militares nacionalistas, erigidas na conjuntura do pós-guerra de 1914-18, apresentam características semelhantes às do fascismo italiano, podendo ser consideradas fascizantes, como a que foi instaurada em 1923 na **Turquia** por Mustafá Kemal (Ataturk), após uma longa luta pelo Poder, com o objectivo de modernizar o seu país. Mustafá Kemal, seguindo inicialmente a linha política do partido "Jovem Turquia" que pretendia introduzir no país as instituições políticas e parlamentares dos países ocidentais, após ter alcançado o Poder instituiu uma ditadura apoiada por um partido único, laicizou o Estado, censurou a imprensa, dissolveu a câmara legislativa e passou a planear globalmente a vida económica e social do país.

Considerado o *Ghazi* (conquistador, condutor), Mustafá Kemal realizou uma reforma agrária de feição socialista, mantendo parcialmente privado o sector industrial, embora controlado pelo Estado sob a ameaça de nacionalização, e reformou os costumes sociais, abolindo o *fez* e libertando as mulheres da obrigação de andarem com o rosto tapado[140].

Na **Polónia**, país que ao longo da primeira Grande Guerra se libertou da ocupação da Rússia czarista, o general nacionalista José Pilsudski, considerado herói nacional pela sua acção militar contra a Rússia soviética e pela sua liderança política, para reforçar o seu poder, realizou em 12 de Maio de 1926 uma marcha sobre Varsóvia, marcada por combates sangrentos. O governo a que presidiu, manteve um aparente pluripartidarismo, mas fortaleceu o poder executivo e a acção da polícia, conseguindo combater a inflação e equilibrar o orçamento do Estado. As fraudes eleitorais e o aprisionamento dos seus opositores, caracterizam este regime, que tolera os jornais de oposição e não intervém totalmente na vida económica, como fascizante.

No período de agitação social que precede a Segunda Guerra Mundial, o Poder foi assumido na **Grécia**, pelo general Metaxas, que, em

[139] Cfr. Loi Puddu, Giuseppe, *España, Desarrollo Historico-Politico-Constitucional*, Milano, Giuffrè Ed., 1967, pp. 47/49.

[140] Vide a bibliografia sobre este tema in *Grande Enciclopédia Portuguesa e Brasileira*, Vol. 33, p. 264.

Agosto de 1936, com o assentimento do rei Jorge, proclama a lei marcial, suspende as liberdades individuais, dissolve a Câmara legislativa e estabelece a censura à Imprensa, instituindo um regime fascizante, de "severidade inteiramente impiedosa" segundo as palavras do próprio ditador. A sua acção política caracterizou-se pelo controlo social a cargo de um "Comité de Salvação Pública" com tentáculos regionais compostos de magistrados e polícias, cujas decisões, tomadas sem testemunhas nem advogados, não tinham apelo. A juventude foi agrupada e formada com vista à manutenção do regime, que, todavia, apenas tomou algumas medidas de providência social, sem ter conseguido organizar a economia nacional até à intervenção armada dos italianos no país, em Outubro de 1940, repelida por Metaxas, a que se seguiu a ocupação alemã no ano seguinte[141].

Na Europa ocidental, sob a influência do nazismo, foi fundado em 1933 na **Noruega**, por Vidkun Quisling, antigo ministro da Guerra, um partido nacionalista ("Nasjonal Samling" = União Nacional), que alia ao racismo ariano algum romantismo social bucólico, orientado por um ("Forer" = Führer). Elevado ao Poder pelos alemães, em Fevereiro de 1942, Quisling, inimigo dos judeus que considera responsáveis pela difusão do comunismo, constitui uma guarda pessoal semelhante à S.S., controla a adesão política dos funcionários públicos, abrangendo as áreas cultural e desportiva, e cria um "Tribunal do Povo" que julga em última instância os crimes políticos. O partido nacionalista, o único autorizado, ocupa-se também da organização sindical, através de uma Federação do Trabalho, muito contestada pelos trabalhadores, motivo pelo qual não consegue erigir uma completa organização laboral corporativa. "Durante a ocupação alemã, Quisling não renunciou à busca de espaço para uma posição definida da Noruega na Nova Ordem Europeia: desenterrou as tradições marítimas dos *Vikings* não tanto para prefigurar alguma espécie de imperialismo norueguês quanto para tentar galvanizar o orgulho nacional e fazê-lo participar na cruzada nazi contra o blochevismo; foi sensível ao ruralismo da alma nacional e quis privilegiar o campo em relação à urbanização – coisa que, além do mais, representava uma das maneiras de procurar a chamada 'terceira via', a via corporativa, entre o capitalismo e o bolchevismo."[142]

---

141 Cfr. Michel, Henri, *Les Fascismes...*, Ob. Cit., pp. 95/96.

142 Colloti, Enzo, *Fascismo, Fascismos*, Ob. Cit., p. 197.

Na **Holanda**, a grande depressão económica e uma crise parlamentar provocada pelo multipartidarismo, deram ensejo, em 1931, à criação de um movimento nacional-socialista ("Nationaal Socialistiche Bewegung") pelo engenheiro Anton Adrian Mussert, que atingiu cerca de 50.000 aderentes. O "movimento" declara-se anti-parlamentar e condena o enfraquecimento do sentimento nacional, enveredando também pelo anti-semitismo: "É verdade que o advento do nazismo provocou na Holanda reacções contraditórias: o país acolheu muitos fugitivos, quer imigrados políticos quer vítimas de medidas antijudaicas, e a imigração cultural integrou-se intimamente na vida cultural holandesa."

Por ocasião da ocupação alemã, em 1940, Hitler, considerando que a base social do "movimento" era muito pequena, não ultrapassando os 100.000 membros, apenas mantém o colaboracionista Mussert na sua chefia, com o título de "guia" ("Leider"), aceitando a colaboração policial e militar, a título individual, de alguns desses aderentes: "A nomeação de Mussert, em fins de 1942, no 11.° aniversário do NSB, para *Führer* do povo holandês, e não já apenas *Leider* do movimento, não teve nenhum significado institucional: foi apenas uma manobra de propaganda no momento em que o Terceiro Reich tentava galvanizar e recrutar o máximo de forças para a cruzada antibolchevista."[143] O sonho de Mussert, de integração da Holanda, da Bélgica e de parte da Flandres, na Alemanha, formando um "Grande Reich" desfaz-se em 1944, com o início da derrocada militar do nazismo.

Na **Bélgica**, país que integra três comunidades culturais, a francesa ou valona, a neerlandesa ou flamenga e a alemã, o nacionalismo flamengo, amante do seu folclore e do seu idioma, associado à sua independência cultural, prejudicada pela proeminência da cultura francesa, torna-se germanófilo. Em 1933, o "Vlaams National Verbond" liderado por Staf de Clerq, segue a política nazi de organização económica, recruta uma milícia pessoal e organiza a juventude em moldes hitlerianos.

Na comunidade dos valões, em meados da década de 1930, o católico integralista e maurrasiano Léon Degrelle, preconiza uma "revolução das almas" para combater o comunismo sem o recurso à violência, que conduza à união de todos os belgas. Em 1936, Degrelle lidera o "rexismo", movimento fascista que integra a juventude católica belga e consegue uma significativa representação parlamentar, pretendendo a instauração de um

[143] Colloti, Enzo, *Idem*, pp. 191 e 193.

Estado autoritário, capaz de avançar com uma organização corporativa. No ano seguinte, Degrelle tenta alcançar o Poder, numa eleição parcial contra o primeiro ministro Van Zeeland, mas sofre uma esmagadora derrota, que não extingue todavia, o rexismo belga.

Após ter estado em França, durante a ocupação alemã, no seu regresso, Degrelle evolui no sentido da exaltação do "germanismo" da Bélgica ocupada, colaborando com a Wehrmacht, não só no seu país, mas também na organização de duas legiões belgas para apoiar Hitler no ataque à U.R.S.S.[144].

Em **França**, a existência de movimentos que defendem o autoritarismo do Estado são anteriores ao fascismo italiano, embora a sua integração no ideário fascista que se expandiu pelo mundo após a ascensão de Mussolini ao Poder, seja muito controversa.

As origens do fascismo francês, para alguns autores, remontariam ao bonapartismo, dado o culto de um homem providencial defensor de um nacionalismo exacerbado, ou, numa perspectiva monárquica, ao movimento da *Action Française* do início do século XX, defensor da autoridade, da hierarquia e da disciplina e hostil ao individualismo, à democracia e à república parlamentar: «Pour l'AF, comme on l'appelait, la Patrie, incarnée dans l'Etat, était le principe suprême, au nom du 'nationalisme intégral'; l'AF exalte la violence, la subversion; elle a ses équipes de choc – les 'camelots du roi' – qui châtient les mal pensants, et qui sont nombreux parmi les étudients; elle insulte et salit ses adversaires, de façon ordurière; elle était responsable de l'assassinat de Jaurès. (...) Cependant, l'Action française, si elle admirait Mussolini, ne l'imitait pas. La dictature, pour elle, devait être toute provisoire, pour permettre le rétablissement de la monarchie héréditaire; (...) Pour elle, l'Etat ne devait pas être centralisateur, mais régionaliste; il devait s'appuyer sur les élites traditionnelles: l'Eglise, l'armée, l'ancienne aristocratie, les propriétaires fonciers, les notables en somme. Léon Daudet rejetait d'ailleurs toute analogie avec le fascism italien.» [145]

Esta polémica, que envolve numerosos autores, afasta-se do objecto do nosso estudo que se debruça sobre a evolução do Estado, pelo que não referiremos os diversos movimentos e agrupamentos partidários que tentaram, sem sucesso, implantar o fascismo antes da instauração do Governo

144 Cfr. Michel, Henri, *Idem*, pp. 97/101.

145 Cfr. Michel, Henri, *Idem*, pp. 74/75.

de Vichy na metade meridional da França não ocupada pelos nazis, em 16 de Junho de 1940[146].

O Governo de Vichy, formado após a derrota militar da França, chefiado pelo marechal Henri Pétain, não se limitou a governar o país, pretendendo também a sua regeneração através de uma "Revolução Nacional".

Pétain, dotado de poderes constituintes e afirmando seguir a tradição nacional, inspirou-se na doutrina social da Igreja, no socialismo de Proudhon e também na *Action française* para realizar essa "revolução", que pretendia o retorno a uma economia rural e artesana, restaurando os quadros tradicionais da sociedade (a família, a profissão, a região), adoptando a divisa: "Travail, Famille, Patrie"[147]. O seu Governo, adverso em princípio ao capitalismo e sobretudo ao comunismo, pretendeu descentralizar a administração e conciliar os trabalhadores com os empresários através de uma "Charte du Travail" contendo uma organização corporativa.

Para concretizar os seus objectivos, o Governo de Vichy governou em ditadura, suprimindo os partidos políticos, limitando as liberdades individuais, prendendo oposicionistas e perseguindo comunistas, judeus e franco-maçons, «employant une police politique parallèle (Groups d'autodéfense, Service d'ordre de la Légion, milice), instaurant une censure rigoureuse et une pratique de délation.»[148]

Em Novembro de 1942, as forças alemãs ocupam a zona sul da França onde prevalecia o governo de Vichy, teoricamente vigente em todo o país, mas limitado de facto nas suas prerrogativas, na área setentrional, antes ocupada pelos invasores.

A França conhece então uma actuação violenta no sentido da unificação do regime, operada pela milícia responsável pela manutenção da ordem, que prende, tortura e fuzila os resistentes ao nazismo. A ditadura fascista manifesta-se todavia antes de 1942: «(...) interdiction de la Franc-maçonerie (13 août 1940), statut des Juifs, mettant ceux-ci hors de la loi (octobre 1940), suppression des centrales syndicales (9 novembre 1940),

---

[146] Sobre este ponto vide, Michel, Henri, *Idem*, pp. 73/86 e Colloti, Enzo, *Idem*, pp. 172/181.

[147] Através da Lei de 10 de Julho de 1940, foi estabelecido que, "A Assembleia Nacional dá todos os poderes ao governo da República, sob a autoridade e com a assinatura do marechal Pétain, para o efeito de promulgar, em um ou vários actos, uma nova Constituição do Estado Francês. Esta Constituição deverá garantir os direitos do trabalho, da família e da pátria. Será ratificada pela Nação e aplicada pelas assembleias que criar."

[148] Cfr. Michel, Henri, *Idem*, pp. 86/88.

internements administratifs et poursuites contre les hommes politiques de la troisième République (1941-1942), (...).»[149]

Esta situação permite integrar o governo de Vichy nos regimes ditatoriais influenciados pelo fascismo italiano e pelo nazismo alemão, mau grado as diferenças que se possam encontrar entre estes regimes: "São exactamente as diferenças que se tende a estabelecer em relação ao fascismo italiano ou ao nazismo alemão, e por outro as analogias com um ou outro, que conduzem o discurso para as 'vias nacionais': nenhum fascismo nacional é inteiramente igual a outro; a multiplicidade dos fascismos não exclui a presença de um mínimo de valores reconhecíveis em todos (...)"[150]

Aliás, o "Projecto de Constituição do marechal Pétain" reafirma também a ordem corporativa resultante de uma concepção organicista de sociedade, presente na "Carta do Trabalho" ao estabelecer que, "O Estado reconhece os direitos das comunidades espirituais, familiares, profissionais e territoriais no seio das quais, o homem adquire o sentido da sua responsabilidade social e encontra apoio para a defesa das suas liberdades. (Art.° 5.)" e ainda que "A organização das profissões, sob o controlo do Estado, árbitro e garante do interesse geral tem como objectivo tornar empregadores e assalariados solidários à sua empresa, pôr fim ao antagonismo das classes e suprimir a condição proletária. Para uma representação assegurada a todos os escalões do trabalho, as profissões organizadas participam na acção económica e social do Estado (Art.° 8.)"[151].

Na **Inglaterra**, país de consolidada tradição parlamentar, o fascismo, não obstante, também se manifestou através da acção do deputado Sir Oswald Ernald Mosley, que, com o afirmado objectivo de solucionar a questão do desemprego, fundou em 1932 a "British Union of Fascists", agrupamento partidário que o candidatou por Stoke.

Tendo sofrido uma pesada derrota eleitoral, Mosley tentou em 1937, a mobilização das massas através de uma acidentada marcha de inspiração fascista, de Milbach para Bermindsly, durante a qual foi protegido da fúria popular por cordões de polícia, seguida de um comício em Southward

[149] Godechot, Jacques, *Les Constitutions de la France depuis 1789*, Paris, Garnier-Flammarion, 1970, p. 340.

[150] Colloti, Enzo, *Idem*, p. 183.

[151] Vide o Projecto de Constituição cit., in Godechot, Jacques, *Idem*, pp. 343/355, o qual este autor duvida que tenha sido promulgado. Todavia Enzo Colloti avança com a data de 30 de Janeiro de 1944 para a Constituição de Pétain. (Cfr. a Ob. Cit., p. 185.)

Park, onde a insurdecedora gritaria e as continuadas vaias e assobios não permitiram ao orador fazer-se ouvir. Persistente no seu intento, Mosley repetiu uma semana depois o comício fascista, em Liverpool, onde foi atingido na cabeça por um tijolo arremessado por um exaltado espectador, que o feriu gravemente.

Durante a guerra, Mosley foi preso, não só pela adesão ao "duce" italiano, mas também para ser protegido das constantes ameaças do operariado contra a sua integridade física. Sendo libertado em 1943, o grande admirador de Mussolini, fundou ainda o jornal *Action*, que não obteve naturalmente qualquer sucesso na divulgação do fascismo na Inglaterra.

Na Europa central, a sedução do nazismo também se faz sentir em alguns países, como na **Hungria**, país que procura o apoio da Alemanha para pressionar a revisão do Tratado de Trianon de 1920, que reduziu substancialmente o seu território. Em 1935, Ferenc Szalassi, organiza o movimento nacionalista das Cruzes Sagitadas ("Croix fléchées"), que se declara anti-capitalista, anti-semita e anti-marxista, mas que não consegue inicialmente obter grande número de aderentes, uma vez que a aristocracia e a classe política húngaras, melindradas, conseguem afastar a direita conservadora dessa solução.

Em 1938, a legislação anti-semita húngara, inspirada nas Leis de Nuremberga, foi todavia das mais rigorosas quanto à expulsão dos judeus da vida social. No ano seguinte, o Partido da Vontade Nacional, que tinha por símbolo as "Cruzes Sagitadas" tornou-se a segunda força política húngara que ameaçava ultrapassar o bloco partidário governativo: "O Partido da Vontade Nacional surgira (...) como reunião de uma pluralidade de grupos filofascistas e filonazis recrutados, essencialmente, nos estratos médios de empregados, funcionários, militares, na pequena nobreza e nas camadas intelectuais. Passados poucos anos, era já um partido de massas: (...) O regime húngaro não era fascista num sentido estritamente formal, mas a Hungria teve um partido fascista autóctone como partido de massas e, como consequência da expansão da Alemanha nazi, foi por fim submetida a um processo de nazificação cuja expressão – não só externa – mais evidente foi a destruição física da componente judaica da população."[152]

Na **Checoslováquia**, país constituído após a Grande Guerra, mas com o seu território reduzido após a Conferência de Munique de 1938, a qual deu azo ao seu desmembramento bem como à ocupação nazi no ano

[152] Cfr. Colloti, Enzo, *Idem*, pp. 211/212.

seguinte, surgiu um projecto de Constituição que considerava o Estado eslovaco como uma "comunidade cristã e social", presidida por um padre, Monsenhor Tiso. O regime suprimiu os partidos políticos existentes, exceptuado o "Partido do Povo", a imprensa foi monopolizada, os opositores aprisionados sem julgamento e as empresas de judeus entregues a gestores arianos. A Eslováquia, convertida em satélite da Alemanha nazi, sofre também o controlo paralelo da polícia, dirigida por alemães, que organizam como reserva, um pequeno partido nacional-socialista.: "A 18 de Abril de 1939 tinha já entrado em vigor uma legislação anti-semita fortemente decalcada da nazi. De resto, em Setembro de 1940 foi instalado em Bratislava, como consultor para assuntos judaicos, Dieter Wisliceny, braço direito de Eichmann: (...) Em nome da cruzada contra o bolchevismo, abençoada pelo clero, a Eslováquia participou desde o início na agressão à União Soviética."[153]

Na **Roménia**, a atracção pela ditadura nacionalista manifesta-se na criação da "Guarda de Ferro" pelo capitão Corneliu Zelia Codreanu, que foi dirigida depois da sua morte por Horia Sima, jovem universitário, que defendia ideais espartanos em defesa da Pátria: "Em associação com o dirigente nacionalista e anti-semita Cuza, Codreanu fundou em 1923, como primeira formação política, a Liga de Defesa Nacional Cristã, que nas eleições de 1926 obteve 6 lugares no parlamento. Em 1927, sob sugestão de uma visão do arcanjo Miguel – figura-chave da tradição ortodoxa – Codreanu fundou a Confraria da Cruz, núcleo de um partido e, ao mesmo tempo, seita religiosa de carácter conspirativo que foi já muito bem definida como 'corpo místico da Guarda de Ferro ao qual só podiam chegar uns poucos eleitos' (Barbu)."[154]

Ao participar no Poder, a "Guarda" actua como polícia de informações, procedendo também ao arresto de bens e à execução de adversários políticos, especialmente de judeus. A actuação de Horia Sima é todavia travada pelo general Antonesco, apoiado por Hitler e pela cúpula do exército romeno, que, como "conducator" mantém todavia a perseguição aos judeus, tolerando apenas um partido de etnia germânica, que controla a imprensa, a exploração do petróleo e o comércio externo. O colaboracionismo romeno manifesta-se ainda no envio de um corpo de exército à Alemanha nazi, em 1941, para combater a U.R.S.S.[155].

---

153 Cfr. Colloti, Enzo, *Idem*, pp. 200/201.

154 Cfr. Colloti, Enzo, *Idem*, pp. 213/216.

155 Cfr. Michel, Henri, *Idem*, pp. 101/103.

Durante a Segunda Guerra Mundial, a adesão em 1941 da **Jugoslávia** ao Pacto Tripartido, antes firmado pela Alemanha, a Itália e o Japão, decisão recusada pelo seu povo e por parte do exército, em 27 de Março, deu origem ao ataque alemão àquele país, que, derrotado, foi desmembrado e repartido pelo agressor, pela Itália e pela Hungria: "(...) à Croácia, (...) a Alemanha concedeu, a título gracioso, uma independência que, aliás, nunca foi mais do que formal. (...) O Quisling croata, o ustáchi Ante Pavelitch, assassino do rei Alexandre, organizou um regime fascista, terrorista".[156]

A Ustácha, partido nacionalista croata criado em 1929, vivera até à intervenção nazi na Jugoslávia numa situação de indecisão entre a manutenção de um nacionalismo xenófobo e a aceitação do apoio das potências fascistas: "De facto, depois da subida ao Poder do nacional-socialismo na Alemanha, Pavelic e os *ustasi* estiveram constantemente em equilíbrio instável entre uma atitude filo-alemã e uma atitude filo-italiana".[157]

Instalada pelos alemães no Poder, sem oposição autorizada, a ustácha colectiviza teoricamente a economia nacional, uma vez que considera que "os bens materiais e espirituais são propriedade do povo". Uma proclamada superioridade da raça croata desencadeia uma cruel perseguição aos sérvios, que resistem à "conversão" forçada ao catolicismo. Milhares de sérvios e de judeus, que se recusam a sair do país, são mortos perante a indiferença do clero croata. O afastamento da burguesia ao regime vigente, pelos seus excessos, não retira todavia a Hitler a confiança no "Poglavnik", (em croata = chefe), que cria no país um clima de terror[158].

Perante a passividade de parte da Igreja Católica, o governo croata adoptou uma organização corporativa semelhante à do fascismo italiano: " – o que é o mesmo que dizer que Palevic tentou fundir os métodos da demagogia racial do nazismo com os métodos da demagogia social do fascismo italiano. (...) O regime croata foi um regime de carnificinas: onde não chegava a cobertura formal da condenação à morte chegavam as devastações e as acções de extermínio das brigadas da *Ustasa* e do exército croata."[159]

---

[156] Fejtö, François, *As Democracias Populares, 1. A Era de Estaline,* Pub. Europa--América, 1975, p. 50.

[157] Cfr. Colloti, Enzo, *Idem*, p. 205.

[158] Cfr. Michel, Henri, *Idem*, p. 104.

[159] Cfr. Colloti, Enzo, *Idem*, pp. 206/207.

O desmembramento do antigo Estado dificultou a organização de uma resistência ao regime fascista croata: "Mas foram justamente estas dificuldades que ofereceram a Tito uma *chance* inesperada. De facto, por poucos que fossem, em 1941, os elementos comunistas, eles constituíam agora a *única* organização política com ligações em *todas* as partes do território desmembrado. Da antiga Jugoslávia, da sua administração centralizada, do seu exército, das suas instituições políticas comuns, nada mais restava do que o Partido Comunista."[160]

As ditaduras nacionalistas europeias, de inspiração fascista, influenciaram também alguns regimes políticos noutros continentes, como o do **Japão**, país que pela exiguidade do seu território e pelo seu desenvolvimento industrial, manifestou desde finais do século XIX intentos imperialistas.

O imobilismo social japonês, mantido pelo tradicional sentido da hierarquia e da disciplina sociais, acompanhado de uma forte contenção militar, geraram todavia na oficialidade saída do povo e da pequena nobreza "samurai", uma aversão à classe capitalista mais reaccionária. As forças armadas são assim receptivas a soluções anti-parlamentares sob a égide do imperador (mikado), com o apoio da organização social existente, tendo como objectivo a expansão territorial do país. O direito à expansão é defendido pelo fundador do fascismo japonês, Kita Ikki, que comunga com os seus homólogos italiano e alemão na teoria nazi do "espaço vital".

O imperador "divino" e as forças armadas são as duas forças de transformação do regime, a que aspiram os fascistas japoneses, tendo a segunda desempenhado uma acção política após o começo da guerra contra a China, em 1931, através do assassinato de políticos inconvenientes por jovens oficiais e por "antigos combatentes" organizados em associações, que pretendem eliminar os partidos políticos, a influência dos intelectuais "corrompidos" pelo Ocidente e os "venenos" do liberalismo e do marxismo.

A ditadura nacionalista japonesa, liderada por uma elite militar, implanta-se progressivamente, a partir da assinatura do Pacto Tripartido de 1940, com a instituição de um sindicato e de um partido únicos, com a direcção económica estadual para o esforço de guerra e com a mobilização que suprime as liberdades individuais: «Le fascisme japonais a ainsi composé avec les forces sociales existantes, et il a réussi à les soumetre – jusqu'au sursaut du mikado em août 1945.»[161]

---

160 Cfr. Fejtö, François, *Idem*, Ibidem.

161 Cfr. Michel, Henri, *Idem*, pp. 103/108.

Na América Central e do Sul, os pronunciamentos de agrupamentos militares são frequentes, gerando ditaduras efémeras, de cariz fascista, que se sucedem através de golpes de Estado. O poder económico de diversos países é detido por uma minoria possidente, enriquecida pela exportação de matérias-primas e produtos acabados, sujeitos às variações de preços no mercado mundial, situação que se altera a partir do início da Segunda Guerra Mundial. A perda dos mercados europeus, gera uma industrialização dependente de capitais norte-americanos, situação que provoca revoltas militares de oficiais subalternos contra a exploração dos trabalhadores pelas oligarquias e contra a presença dominante dos estrangeiros.

No **Brasil**, a procura de soluções para a crise económica nacional, origina um movimento revolucionário que coloca no Poder em 1930, como ditador, Getúlio Vargas.

A força militar do movimento, comandada por tenentes, e liderada teoricamente por Plínio Salgado, inspirado no fascismo italiano, combate o comunismo, o capitalismo yankee, o liberalismo e os judeus, afirmando-se católico e defensor dos direitos da pessoa humana. O "tenentismo" brasileiro advoga a chefia política única, a organização administrativa hierarquizada, a intervenção do Estado na vida económica e social e fortalece a autoridade da polícia, sendo contrário à existência de partidos políticos. A sua base social de apoio é constituída por funcionários médios, proletários e habitantes pobres dos arredores das cidades, inscritos numa segurança social nascente. No plano ideológico, o "tenentismo", após Salgado ter avançado em 1932, com uma "acção integralista brasileira" na esteira do fascismo italiano, concretiza os seus princípios fundamentais, antes um tanto indefinidos, pretendendo a industrialização do Brasil, a realizar com capitais nacionais[162].

No final da Segunda Guerra Mundial, surge na **Argentina** um movimento político a que foi dado o nome de "justicialismo" , que pretende alcançar a "justiça social", através da defesa da "soberania económica" do país, necessária à sua "independência política". O "justicialismo" é liderado pelo general Juan Domingo Péron, oficial conhecedor do fascismo, por se ter incorporado no exército italiano durante a guerra, o qual avança com um projecto de sociedade que recusa o capitalismo *yankee* e o comu-

162 Cfr. Trindade, Hélgio, *Integralismo (O Fascismo Brasileiro na Década de 30)*, São Paulo – Rio de Janeiro, DIFEL, Difusão Editorial, 2.ª Ed., 1979, pp. 78/79 e Fausto, Boris, *História Geral da Civilização Brasileira, O Brasil Republicano, 3. Sociedade e Política (1930-1964)*, São Paulo, DIFEL, Difusão Editorial, , 3.ª Ed., Tomo III, pp. 14/20.

nismo soviético. Em 1946 Péron consegue, pela via eleitoral, ascender à Presidência da República, realizando então uma política de nacionalizações de alguns sectores industriais e de organização do trabalho operário, apoiada por uma multidão de "descamisados", ou sejam os *lumpen* proletários urbanos e os camponeses pobres, que integra numa poderosa Confederação Geral do Trabalho. O regime de Péron, secundado por sua mulher Eva Péron ("Evita"), pelo seu "nacionalismo populista", ou "fascismo de esquerda", (que para alguns autores não passa de uma imagem do Poder) tem dado origem a interpretações politológicas contraditórias, dificultando a sua classificação[163].

Em África também se encontram regimes políticos inspirados no fascismo, como o do **Egipto**, instituído após o rompimento com a Inglaterra, no qual o coronel Gamal Abd El Nasser desempenhou um papel importante. Nasser organizou o Partido dos Oficiais Livres, que preparou o golpe de Estado que derrubou o rei Faruk, em 1952, passando a exercer uma grande influência na vida política egípcia através de um Conselho da Revolução, composto de oficiais nacionalistas. Em 1956, Nasser ascende à Chefia do Estado pela via eleitoral, passando a concentrar nas suas mãos todos os poderes. Os partidos políticos são ilegalizados, as assembleias legislativas são suprimidas, a imprensa é nacionalizada e controlada e as personalidades que apoiam o regime são integradas numa "União Nacional", partido único.

O regime de Nasser intervém decididamente na vida económica e social, planificando a economia, parcelando os latifúndios e realizando grandes obras públicas, como a barragem do Nilo. O anti-sionismo e uma mística religiosa islâmica de "amor aos fortes e de desprezo pelos fracos" inspira este regime, que desemboca num pan-arabismo multinacional.

Na **África do Sul**, verificaram-se também laivos do fascismo racista nas populações de imigrantes holandeses protestantes ("boers"), influenciados pelos huguenotes franceses, que se consideraram predestinados a dominar as "raças inferiores" africanas, denominando-se "afrikanders" e criando uma língua "nacional", o "afrikaneer", ou "africanse". Os boers, importunados pela expansão do colonialismo inglês em meados do século XIX, afastaram-se para Norte, fundando os Estados de Orange, do Natal e do Transvaal, repúblicas que não escaparam porém à ocupação militar britânica, provocada pela "febre do ouro", no início do século XX. O sistema

---

[163] Cfr. Michel, Henri, *Idem*, p. 110 e Rogeiro, Nuno, *"Peronismo"* in *Polis, Enciclopédia da Sociedade e do Estado*, Ob. Cit., Vol. 4, maxime, pp. 1146/1148.

social adoptado, o "apartheid", condenou os negros ao desempenho de tarefas servis, à sua interdição ao direito de propriedade e à residência forçada em locais afastados dos bairros habitados por brancos. As tensões sócio-políticas existentes, não resultaram porém da crise económica da década de 1930, que, não atingindo a África do Sul, evitaram as consequentes reivindicações socialistas, mas antes das questões raciais que terminaram por derrubar este regime político, inimigo dos nacionalismos negros.

Para além dos numerosos regimes ditatoriais nacionalistas, fascistas e racistas, que apresentámos como representativos da expansão do fascismo, verificaram-se e verificam-se ainda por todo o mundo manifestação de apreço por esses regimes, através de movimentos sociais, que, tolerados ou vivendo à margem da lei, afirmam ou actuam de acordo com os seus princípios.

Nos **Estados Unidos da América**, vários movimentos têm apresentado características fascistas, como o dos "camisas negras" que desfilaram em 1923 em Nova Iorque; em 1933 foi fundada a associação "Amigos da nova Alemanha"; na década de 1970 existia ainda o pequeno "Partido nazi americano" de G. L. Rockwell, contrário à presença de judeus e de comunistas e em 1923 o agrupamento racista anti-negros Ku-Klux-Klan contava ainda milhões de membros. O anti-comunismo primário do maccartysmo agrupa também milhões de aderentes, bem como a xenofobia, no "meltpot" americano, que se manifesta contra eslavos, latinos, mexicanos, judeus e porto-riquenhos, que inviabilizam o "sonho" de uma América ideal anglo-saxónica, expresso durante a Segunda Guerra Mundial no movimento "America First".

A derrota do fascismo, no plano político, não tem evitado todavia o surgimento de alguns movimentos que pretendem o seu reaparecimento, os quais são motivados pelos excessos de liberdade nos regimes democráticos e pela perda dos valores morais tradicionais: a ordem, o patriotismo, a disciplina, a solidariedade grupal, a autoridade: «M. Bardèche évalue à une cinquantaine les groupements fascistes en Allemanhe, à une vingtaine les italiens et les français; mais il en signale aussi en Suède, Belgique, Suisse, Hollande, Brésil, Irlande, Etats-Unis, Grande-Bretagne, etc.» (*Qu'est-ce que le Fascisme*, Les Sept Couleurs, 1970, p. 103)[164]

---

[164] Cfr. Michel, Henri, *Idem*, pp. 111/114 e 124/125.

2.3.9 *O Estado Social de Direito*

As ditaduras de tipo socialista, fascista e nacional-socialista, que se organizaram após a Primeira Guerra Mundial, evidenciaram, mau grado a forma política utilizada, a necessidade de intervenção do Estado nas áreas económica e social, antes entregues, na sua quase totalidade, à sociedade civil. O fracasso dos regimes totalitários instaurados entre os dois grandes conflitos mundiais, não resultou portanto do alargamento das funções do Estado, mas antes da forma (colectivização, coacção das empresas) como essa intervenção foi efectuada, do seu monolitismo sócio-cultural, bem como da sua agressividade bélica, imperialista.

Esse objectivo, que representa uma nova visão da estrutura constitucional de um país, uma vez que ultrapassa a sua organização meramente política para abranger toda a comunidade sócio-económica, ou seja, a sua comunidade nacional, havia sido já satisfeito, no plano formal, pelas Constituições Económicas, mexicana e alemã (de Weimar), respectivamente de 1917 e 1919[165].

A conjuntura de convulsão política em que surgiu a primeira, não permitiu que o texto constitucional mexicano passasse de letra morta, e a segunda, elaborada no dramático período vivido na Alemanha, derrotada na Grande Guerra e altamente lesada pelo Tratado de Varsailles, não passou de um objectivo incompreendido e combatido por diversas forças políticas e económicas, que propiciaram a ascensão do nazismo[166].

Paralelamente à ascensão e queda das ditaduras fascista e nacional-socialista, o Estado Liberal, em crise, vai-se adaptando à nova conjuntura mundial, intervindo mais abertamente na vida económica e social, actividade não só necessária para a condução da economia de guerra, mas também para o controlo do seu sistema económico, que evoluíra de um capitalismo de concorrência (pequena empresa) para um capitalismo concentrado (grande empresa), de cariz monopolista.

Mesmo nos Estados Unidos da América, baluarte do liberalismo, a "Grande Depressão de 1929", impele o seu Presidente, Franklin Delano Roosevelt, rodeado de economistas contrários à concepções clássicas do capitalismo (o chamado "brain trust") a iniciar uma política intervencio-

---

[165] Cfr. Moreira, Vital, *Economia e Constituição*, Coimbra Ed., 1979, maxime pp. 22/32 e 78.

[166] Sobre este assunto vide as nossas sínteses, in *Movimentos Laborais...*, Ob. Cit., maxime, pp. 255/258 e 263/271.

nista na área económica e social, estabelecendo com o povo, um novo acordo ou pacto social, o "New Deal". As diversas medidas económicas e financeiras tomadas pela administração Roosevelt, das quais a mais polémica foi a intervenção na área industrial através do N.I.R.A. ("National Industrial Recovery Act"), reprovada pelo Supremo Tribunal dos Estados Unidos, conseguiram, não obstante, modificar o Estado Liberal, inoperante perante as dificuldades crescentes dum país em crise.

Em Junho de 1935, apoiado pelo senador Robert Wagner, Roosevelt consegue salvar a política social do "New Deal" através do "Social Security Act", que transforma a assistência social, antes apoiada apenas por organizações de caridade, em segurança social, medida que, segundo alguns autores, marca a entrada dos E.U.A. na idade do "Welfare State"[167]. A Segunda Guerra Mundial, mormente no aceso período de competição tecnológica entre as indústrias bélicas da Alemanha e dos E.U.A., dirigidas pelos seus Governos, vai evidenciar a inevitável transformação do Estado Liberal em Estado Social.

O Estado Liberal, agora designado Estado Social, renasce assim das cinzas da gigantesca "fogueira" que foi a Segunda Guerra Mundial, que o "queimou", sem o consumir.

O alargamento das suas funções tem como objectivo fundamental a ampliação de um dos seus fins, o *bem-estar*, que engloba a justiça social e não apenas a *justiça* judicial e confere à *segurança*, igualmente, um novo significado, mais abrangente, contendo uma tónica igualmente social, nos planos interno e internacional.

A justiça social implica naturalmente a ultrapassagem da visão liberal, individualista, e meramente formal dos chamados *Direitos do Homem e do Cidadão*, que em nada alterou as desigualdades de facto existentes nas sociedades, pela concessão de *direitos sociais* que permita a integração no todo social, dos cidadãos economicamente mais desfavorecidos[168].

Os *direitos individuais* conducentes apenas a uma igualdade jurídica, são agora considerados insuficientes para o estabelecimento da democra-

---

[167] Sobre este ponto, vide Ribeiro dos Santos, António Pedro, *Movimentos Laborais...*, Ob. Cit., pp. 281/288.

[168] A integração de *direitos sociais* no constitucionalismo liberal, remonta formalmente à Constituição Francesa de 1793, que todavia não chegou a vigorar, sendo o longo caminho percorrido até à sua afirmação, (Constituições Mexicana, Russa e Alemã, respectivamente de 1917, 1918 e 1919), combatida pela burguesia, altamente significativo da sua importância político-económica. (Cfr. o nosso livro *Movimentos Laborais...*, Ob. Cit., pp. 239/246)

cia representativa, e não apenas do governo representativo, que por sua vez constitui a expressão da soberania nacional, baseada no sufrágio universal, que legitima a vigência dos regimes políticos.

O Estado Social afirma ser também um Estado de Direito, por se considerar subordinado a um complexo de valores supra-positivos, onde a influência da Doutrina Social da Igreja se faz sentir, no combate ao liberalismo e ao comunismo, confirmando os direitos naturais do ser humano, irrecusáveis, que contrariam o positivismo jurídico, normativista, kelsiano.

O Estado Social de Direito terá todavia evoluído no sentido da sua conversão num "Estado social de legalidade, atendendo às vicissitudes experimentadas pelas concepções neojusnaturalistas e em geral a um esbatimento progressivo da relevância de todas as valorações meta-positivas do conteúdo da actuação do poder político do Estado."[169]

A garantia do pluralismo político-ideológico que remonta à teoria da "vontade geral" de Rousseau e que se exprime através da adesão dos cidadãos a diversos partidos políticos, constitui uma característica do Estado Social de Direito. As alternâncias de acções governativas, fruto dos sucessivos resultados eleitorais que atribuem vitórias e derrotas a partidos políticos com projectos de sociedade diferentes, conduz todavia a dificuldades de cumprimento das normas constitucionais, ou mesmo a um desrespeito pelas Constituições.

As Constituições Económicas, introduzindo no seu texto pormenorizadas regras de procedimento nas áreas económica e social, como salvaguarda do seu cumprimento, não conseguem por vezes, mais do que consagrar formalmente liberdades, direitos e garantias dos cidadãos, que o Poder esquece ou que interpreta segundo as conveniências de cada situação política erigida: "(...) los detentores del poder, sin respeto a las disposiciones constitucionales, descuidan frecuentemente los deberes que les ha impuesto la constitución.

Esta situación de falta de observancia de la constitución no debe ser confundida con otro fenómeno común: en la constante competición que existe entre los detentadores del poder en el proceso político, cada uno intentará buscar en las normas constitucionales que tiene que aplicar la interpretación más cómoda para sus tareas específicas."[170]

[169] Rebelo de Sousa, Marcelo, *"Estado Social"*, in *Polis, Enciclopédia...*, Ob. Cit., Vol. 2, pp. 1189/1190.

[170] Loewenstein, Karl, *Teoría de la Constitución*, Barcelona, Ariel, 1986, p. 223.

Por outro lado, a grande massa populacional desconhece ou conhece mal, por dificuldade de interpretação, as normas constitucionais, pelo que hoje, "manipulada por los políticos profesionales, la constitución ha cesado de ser una realidad viva para la masa de los destinatarios del poder. (...) La constitución no puede salvar el abismo entre pobreza y riqueza; no puede traer ni comida, ni casa, ni ropa, ni educación, ni descanso, es decir, las necesidades esenciales de la vida."

O desprestígio actual do constitucionalismo, reflecte a crise do Estado Social de Direito, ou Estado-Providência, que muito prometeu aos cidadãos, mas que, pela imprevisível dinâmica da vida económica e social, (migrações maciças, longevidade da terceira idade, redução dos nascimentos, etc.) tem agora dificuldade de proporcionar o *Bem-estar* proposto: "No deja de tener una cierta ironía el hecho de que hoy, cuando la constitución escrita habiendo conquistado la casi totalidad del mundo y alcanzado cuantitativamente su punto más alto, se encuentra, cualitativamente, en el punto más bajo de su prestigio."[171]

2.4 A evolução dos Sistemas Eleitorais

A eleição, escolha ou selecção de pessoas, por meio de votos ou sufrágios, para ocuparem cargos com funções de autoridade, comando, direcção (políticas, militares, religiosas ou administrativas) é uma prática usada quase instintivamente nos agrupamentos humanos ligados entre si por laços de solidariedade, desde os tempos mais recuados, que se perdem na noite da História.

O conhecimento histórico que temos dos antigos sistemas eleitorais, para além de relatos acerca de povos observados pelos historiadores da Antiguidade Clássica, são os praticados na Grécia e Roma, desde as suas origens, como o de Atenas, considerada a Cidade-Estado, berço da democracia.

Em Atenas, mesmo após a reforma social de Clístenes, que integrou alguns metecos e escravos no corpo cívico para ampliar a sua base social de apoio, o sufrágio mantém-se todavia *restrito*, sendo concedido exclusivamente aos cidadãos: "(...) o direito de cidadania parece ter sido concedido apenas a um pequeno número de metecos (pouco mais de uma cen-

---

171 Loewenstein, Karl, *Idem*, pp. 227 e 229.

tena?), e com alguma demora, em 401-400. O grupo de cidadãos permanecia, pois, tão exclusivo como antes."[172]

Aliás, todos os actos políticos na Grécia Antiga, eram envoltos num minucioso cerimonial religioso que conferia às decisões emanadas da assembleia do povo, a sacralidade de verdadeiras normas jurídico-religiosas: "Quando toda a gente estava sentada, um sacerdote erguia a voz: 'Guardai silêncio, dizia, silêncio religioso, rogai aos deuses e à deusas (e aqui nomeava as principais divindades do país) afim de que tudo se passe o melhor possível nesta assembleia, por maior honra de Atenas e felicidade dos seus cidadãos'".[173] A eleição dos magistrados, era também controlada após o escrutínio, como medida de precaução "contra os caprichos do sufrágio universal: cada novo eleito era examinado, quer perante o senado, quer perante os magistrados que saíam do cargo, ou ainda perante o areópago: não se lhe pediam provas de capacidade ou de talento, mas procedia-se a inquéritos sobre a probidade do homem e acerca da sua família, assim como também se exigia que todo o magistrado tivesse seu património em bens de raiz."[174]

Na Roma Antiga, em finais do século VII a.C., a capacidade eleitoral activa, "ius suffragii", era concedida apenas à nobreza de cavaleiros patrícios que gozavam de cidadania plena ("civitas optimo iure"). Após a ameaça de secessão dos plebeus, prejudicados no seus interesses por esta situação, a organização social romana a partir de finais do século V a.C., tende a tornar-se plutocrática, integrando os plebeus e clientes ricos no corpo cívico, situação que tem expressão legal na chamada "reforma serviana" (impropriamente atribuída ao rei Sérvio Túlio)[175].

Esta reforma criava a *classe* e a *centúria*, com objectivos militares, colocando os mais ricos patrícios e plebeus, os cavaleiros, "equites", numa "supra classem", dividida em 18 centúrias. Havia depois, da 1.ª à 5.ª "classis", uma divisão de proprietários, "adsidui", consoante a sua fortuna e armamento, que compreendiam 80, 20, 20, 20 e 30 centúrias, respectiva-

---

[172] Austin, Michel e Vidal-Naquet, Pierre, *Economia e Sociedade na Grécia Antiga*, Lisboa, Ed. 70, 1986, p. 98.

[173] Coulanges, Fustel de, *A Cidade Antiga...*, Ob. Cit., Vol. II, p. 158.

[174] Coulanges, Fustel de, *Idem*, Vol. II, p. 156.

[175] Não é possível que esta reforma se tenha realizado numa data tão recuada. Esta organização deve ter sido operada na República, após a criação do cargo de censor (cerca de 435 a.C.), representando possivelmente a sua denominação, a chamada *concepção heróica da História*, que atribui a um acto pessoal, o que foi certamente o resultado de uma longa evolução sócio-económica.

mente. Na base desta organização encontravam-se os "proletarii" integrados numa "infra classem", divididos em 5 centúrias. Cada centúria tinha direito a um voto nos comícios, "comitia centuriata", independentemente do número dos seus membros.

Este sufrágio, nitidamente *censitário*, permitia portanto às duas principais classes, certamente as menos numerosas, a obtenção de 98 votos contra 95 de todas as outras juntas[176].

No Estado Estamental, ou Monarquia limitada pelas ordens, as regras para a convocação das Cortes divergiam em cada Reino, tornando-se difícil generalizar os procedimentos régios necessários à eleição e designação dos procuradores que nelas deviam tomar assento. A título de exemplo, vamos indicar sumariamente esses procedimentos no Reino de Portugal.

O chamamento dos três estados do Reino era habitualmente feito através da expedição de Cartas Régias convocatórias: às Câmaras das cidades e vilas que tinham voto e assento em Cortes, dirigidas aos provedores daquelas. Essas Cartas continham os motivos da reunião das Cortes, o local e o dia da Sessão Real da sua abertura, e a ordem para a eleição e designação dos poderes dos Procuradores, podendo ainda conterem poderes para a sua redução, e subestabelecimento para a eleição de definidores (deputados dos procuradores); aos Arcebispos e Bispos com diocese, aos Priores Mores das principais ordens religiosas, e aos Abades e Priores dos mais destacados estabelecimentos eclesiásticos; aos Grandes e aos Títulos, Senhores de Terras com jurisdição, Alcaides Mores, e pessoas que tenham Título do Conselho e a outros nobres com assento e voto nessas assembleias.

Após a recepção das Cartas convocatórias das Câmaras, estas reuniam por ordem do Juiz para a sua leitura, e mandavam lançar pregão para os cidadãos virem votar em dois Procuradores.

Tinham voto nestas eleições, os que costumavam desempenhar cargos municipais, como os Vereadores e Almotacés, e ainda os Procuradores do Conselho e seus filhos. Nas cidades onde havia Casa dos Vinte e Quatro, tinham também voto os membros dessa corporação. Não eram elegíveis os Julgadores, excepto os Juizes de Fora se obtivessem o consentimento do Rei, nem os que não tivessem bens de raiz, morigeração e bom procedimento. Os Procuradores elegíveis eram deste modo, os principais

---

176 Vide entre outros, Alföldy, Géza, *A História Social de Roma*, Lisboa, Ed. Presença, 1989, pp. 28/35.

das Terras, quer em qualidade quer em riqueza, o que dava origem a que saíssem eleitos, membros da principal nobreza e do clero, que tinham assento nos Braços das suas ordens. A sua eleição pelos povos preferia porém aos seus direitos de privilegiados, indo os Procuradores eleitos tomar assento no Braço do terceiro estado[177].

Este sistema eleitoral, essencialmente *restrito*, com limitações censitárias e capacitárias, quer quanto à capacidade eleitoral activa, quer quanto à passiva, constitui o modelo sobre o qual, a pós o termo do absolutismo, a burguesia irá erigir o seu sistema eleitoral.

Teoricamente, a soberania deixa porém de ser uma prerrogativa dos monarcas, para passar a residir na Nação, pelo que o sufrágio *universal*, embora sem o voto das mulheres, logo se torna um objectivo da esquerda liberal revolucionária, que considera ser necessária a participação de todos os cidadãos no sufrágio para poder afirmar a legitimidade da democracia representativa.

2.4.1 *A questão do sufrágio universal no Estado Liberal*

O sufrágio no Estado Liberal, tem uma justificação que faz apelo ao direito natural, ao considerar a organização política como um produto da vontade dos indivíduos. A soberania do Estado seria assim um somatório dos poderes individuais, tendo todos os cidadãos, naturalmente, o direito de intervenção pelo voto ou pela participação nos assuntos públicos. O direito eleitoral seria inerente ao ser humano, tal como o direito de propriedade, o de a transmitir, o de suceder, o de trabalhar, o de se associar, o de comprar e vender, o de contrair matrimónio, o de procriar, etc.

A diversidade das ordens jurídicas em cada país e mesmo a sua transformação ao longo da História, invalida porém esta justificação baseada em princípios aparentemente imutáveis, que o tempo se encarrega de alterar.

Outra visão do problema do sufrágio, de natureza política, pretendeu a sua justificação como uma compensação pelas múltiplas obrigações que o cidadão deve ao Estado, como as contribuições pecuniárias e o serviço militar, entre outras. O sufrágio, nesta perspectiva, surgiria não como um

---

[177] Cfr. 2.º Visconde de Santarem, *Memorias para a Historia, e Theoria das Cortes Gerais que em Portugal se celebrárão pelo Tres Estados do Reino, ordenadas, e compostas neste anno de 1824*, Lisboa, Impressão Regia, 1827, Parte 1.ª, pp. 5/11.

direito, mas como uma concessão das elites, constituídas em classe política, às massas de cidadãos.

O direito eleitoral é porém, para os historiadores um produto da História, como aliás todas as instituições políticas e direitos delas emergentes. O ser humano, ao longo do processo histórico, vai passando por estádios de desenvolvimento que atingem a forma de sociedade política, onde se institui o direito de sufrágio dos cidadãos[178].

Um outro problema reside na natureza jurídica do direito de sufrágio, uma vez que os eleitores ao exercerem esse direito produzem resultados que atingem toda a sociedade política e não apenas o seu interesse subjectivo, individual. Assim a capacidade eleitoral activa pode integrar-se teoricamente nas funções públicas do Estado, embora desempenhada momentaneamente por particulares. O sufrágio apresenta-se, nesta perspectiva, mais como um *dever*, do que como um direito individual dos cidadãos.

O direito de sufrágio no Estado Liberal, resulta todavia de uma luta dos cidadãos contra o poder despótico dos monarcas, pelo que a sua capacidade eleitoral resulta do seu interesse individual em participar nos negócios públicos através do voto, cujo primeiro passo é o direito a ser recenseado como eleitor. O interesse subjectivo dos cidadãos em serem recenseados, esbarra porém com numerosos obstáculos inilidíveis que lhe são colocadas pelo Estado: o sexo feminino, a incapacidade dos filhos famílias, a exiguidade do censo, a falta de instrução, a servidão doméstica, a mendicidade, a falência, a insolvência, a condenação por delito, a exclusão do gozo de direitos políticos, o exercício de funções religiosas regulares, militares, etc., pelo este sufrágio surge também, como um *direito* individual.

Teoricamente, a capacidade eleitoral activa, devia ser atribuída a todos os cidadãos do Estado Liberal, ou seja, à Nação, na qual reside a legitimidade do poder político, expressão da "vontade geral", como já referimos. Esta teoria, conducente ao sufrágio universal, contraria porém os interesses da burguesia revolucionária que erigiu o Estado Liberal e que pretende obviamente substituir o poder da nobreza, baseado na detenção

[178] Entre nós, António Cândido afirmou que, "O direito de suffragio é uma instituição pratica, um facto, um phenomeno irrecusavel que se manifesta nas sociedades modernas sob variadas formas e com differente extensão, é um produto da historia, desegual nos differentes povos, que ella impulsiona e educa." (*Princípios e questões de filosofia política, I Condições científicas do sufrágio*, Coimbra, 1878, p, 81, apud Marnoco e Souza, *Direito Político, Poderes do Estado, sua organização segundo a sciencia e o Direito Constitucional Português*, Coimbra, França Amado Ed., 1910, p. 457)

e exploração agrícola da propriedade fundiária, pelo seu poder económico resultante da riqueza em bens mobiliários, obtidos nas actividades industrial e mercantil.

Desta situação resulta que, mesmo muitos dos defensores do sufrágio que consideram universal, avançando argumentos que recusam a discriminação censitária e capacitária pela afirmação de que o direito de sufrágio é um direito natural, inerente a todos os cidadãos com capacidade jurídica geral, iguais em direitos, esquecem intencionalmente as mulheres, subjugadas à moral burguesa de supremacia masculina[179].

O conflito de interesses existente entre as diversas classes sociais é evidenciado pelos autores preocupados com a promoção da justiça social, que defendem o sufrágio universal para evitar que as classes privadas do direito de votar sejam mais exploradas pelas classes que o exercem. Argumentam também que o Poder só favorece os cidadãos eleitores, de quem dependem, e que todos se devem interessar pela vida pública, sendo o sufrágio um estímulo à educação política das massas.

O problema da incapacidade legal e social das mulheres na Inglaterra vitoriana é criticado por John Stuart Mill (1806-1873) que defende a igualdade dos sexos perante a lei, para promover o enriquecimento da sociedade através do trabalho com a cooperação feminina. Stuart Mill defendia assim o sufrágio universal embora receasse o excessivo predomínio do poder legislativo, baseado no individualismo[180]: "Stuart Mill inquietou-se, de modo especial, com o perigo que representa para o regime democrático a tirania das maiorias sobre as minorias. (...) Por êste motivo defendia o sistema de representação proporcional, que Tomaz Hare, pela primeira vez, propoz na Inglaterra (no seu trabalho *On the Election of Representatives*, 1859), com o fim de que a distribuïção dos lugares, no parlamento, correspondesse, o mais fielmente possível, à emissão dos

[179] "Uma questão que a este respeito (incapacidades eleitorais) tem levantado mais discussão, é a do suffragio das mulheres. Esta questão foi apresentada é assemblêa francêsa de 1789 por Condorcet, sendo resolvida negativamente por entre gargalhadas de desprezo. Os tempos mudaram, e não só dous eminentes publicistas, como Stuart Mill e Laboulaye (Edouard René de, *L'État et ses Limites*, 1863), defenderam enthusiasticamente o suffragio das mulheres, mas os parlamentos, principalmente da Inglaterra e America, têem-se manifestado (1910) cada vez mais favoraveis a esta innovação." (Marnoco e Souza, *Direito Politico,...*, Ob. Cit., p. 477)

[180] Cfr. Stuart Mill, *O Governo Representativo*, Lisboa, Arcádia, (1.ª Ed., 1861), s/d., pp. 223/228, onde o autor afirma, "Dê-se o voto à mulher e ela ficará sob a influência do ponto de honra político."

votos dos partidos. Stuart Mill também acentua a importância dos chefes, inteligentes e adestrados, na direcção da política, embora receie que o alargamento dos direitos políticos conduza a uma deminuïção de méritos e capacidades dos que ocupam os cargos públicos. Eis porque, embora defenda a concessão do sufrágio universal a todos os contribuintes, sustenta, ao mesmo tempo, a pluralidade de votos para aqueles cidadãos que se tenham distinguido, pela inteligência ou pela conduta, na comunidade social."[181]

A Constituição francesa de 1793, de inspiração jacobina, pretendendo concretizar a república democrática sonhada por Rousseau, procurou garantir a soberania popular, através da eleição de um Corpo Legislativo, eleito por sufrágio universal masculino, de cidadãos maiores de vinte e um anos, residentes em França, sem exclusão dos estrangeiros ali residentes há um ano, estando todos domiciliados há seis meses em cada cantão, onde votavam em assembleias primárias[182]. Esta Constituição que avançou também, pela primeira vez, com o estabelecimento de direitos sociais, não chegou porém a vigorar[183].

O sufrágio restrito, censitário, estabelecido pela Constituição francesa de 1791, que divide os cidadãos em "activos" e "passivos", mantém-se até à Segunda República, proclamada em 1848[184].

A Constituição dos Estados Unidos da América, entrada em vigor em 1787, é pouco esclarecedora quanto aos critérios seguidos, após a sua revolução liberal, quanto à eleição dos representantes do povo soberano para o seu Congresso legislativo e quanto à eleição do Presidente da República, chefe do poder executivo: "É sabido (para não citar senão dous ou tres casos) que ella (a Constituição federal) deixa á legislação dos Estados o cuidado de decidir por quem serão escolhidos os eleitores presidenciaes;

---

[181] Cfr. Gettell, Raymond G., *História das Ideias Políticas*, Ob. Cit., pp. 404/406.

[182] Vide o Decreto de 11 de Agosto de 1972, que aboliu a distinção entre "cidadãos activos e passivos", para se proceder à eleição da *Convenção*, (in Duguit, Léon et Monnier, Henry, *Les Constitutions et les Principales Lois Politiques...*, Ob. Cit., p. XXVI) e os Art.^{os} 4. e 11. da Constituição francesa de 1793.

[183] Sobre este ponto, vide Ribeiro dos Santos, António Pedro, *Movimentos Laborais...*, Ob. Cit., maxime pp. 244/245.

[184] Para se ser "cidadão activo" era necessário ser cidadão francês com vinte e cinco anos de idade, pagar uma contribuição directa no mínimo igual a três dias de trabalho, não ser criado de servir e estar inscrito na municipalidade do seu domicílio na lista dos guardas nacionais. (Vide a Constituição francesa de 1971, Título III, Cap. I, II Secção – Assembleias Primárias. Nomeação dos eleitores, Art.º 2.)

se o serão pelos legisladores ou pelo povo; se o collegio desses eleitores presidenciaes será nomeado englobadamente por cada Estado, ou individualmente por circumscripção; se os representantes de cada Estado no Congresso serão eleitos por suffragio universal ou restricto, se por suffragio directo ou indirecto; se só os cidadãos americanos serão admittidos a votar, ou se os immigrantes não naturalizados gozarão do mesmo direito, etc."[185]

Na verdade, embora concordemos com o autor desta citação, que afirma poder dizer-se, "não que as constituições dos Estados são o complemento da constituição federal, mas que esta é o complemento daquellas", podemos afirmar, mesmo sem um estudo pormenorizado do sistema eleitoral norte-americano, nos seus primórdios, que a exclusão das mulheres e dos escravos negros, dos seus sufrágios, não os permite obviamente denominar, universais[186].

Para além destas limitações à capacidade eleitoral da população dos Estados Unidos da América, que são habituais no século XIX, o sufrágio capacitário e censitário foram também praticados nos seus estados, durante quase dois séculos: "Mas uma lei de 1970, o Federal Voting Rights Act, decisões como a de Oregon *vs.* Mitchell e os aditamentos à referida lei, feitos em 1975, vieram proibir efectivamente o sufrágio restrito capacitário, precondicionado por requisitos de escolaridade, estabelecendo-se a imperatividade de ajuda eleitoral aos iliterados e o recurso a eleições bilingues onde houver mais de 5 % de eleitores que não falem inglês como primeira língua. Por outro lado, o 24.° aditamento (1964) veio proibir o sufrágio restrito censitário e as *poll taxes.* (...) O 26.° aditamento constitucional, de 1971, estabelecendo o limite mínimo de idade votante (18 anos), reforçou essas proibições."[187]

---

185 Boutmy, E., *Estudos de Direito Constitucional*, Rio de Janeiro – São Paulo – Bello Horizonte – Paris – Lisboa, Francisco Alves & C.ª e Aillaud, Alves & C.ª, 2.ª Ed. Brazileira, 1885, pp. 63/64.

186 A abolição da escravatura norte-americana data de 1 de Janeiro de 1863.

187 Rogeiro, Nuno, *Constituição dos EUA, Anotada e seguida de Estudo sobre o sistema constitucional dos Estados Unidos*, Lisboa, Gradiva, 1993, p. 169. O 24.º Aditamento, "proibe a cobrança de um *imposto eleitoral (Poll tax)* aos votantes para que possam participar em qualquer eleição nacional. Um imposto eleitoral, também designado por *imposto por cabeça (Head tax)* é o que se fixa em certo montante igual para todas as pessoas. Em tempos, alguns estados impuseram este tipo de imposto para evitar que os pobres e os Negros votassem. O termo *poll tax* não significa literalmente um imposto de voto. Vem da antiga palavra inglesa *poll*, que significava 'cabeça'. O Supremo Tribunal interpretou que as cláusulas de igual protecção do 14.º aditamento proibiam a imposição de um imposto eleitoral em eleições estaduais." (Rogeiro, Nuno, *Idem*, p. 81)

O receio do sufrágio universal no Estado Liberal é visível, quer através da legislação eleitoral de vários países, quer pelas teorizações dos diversos publicistas liberais: "Consagrou-o a Allemanha para a eleição dos membros do Reichstag, a Suissa para as eleições federaes e cantonaes, as republicas americanas, a Grecia, a Servia e a Dinamarca. Mas o suffragio nunca foi verdadeiramente universal; começa logo por se negar o direito de voto ás mulheres, isto é, a mais de metade da populção; depois excluem-se geralmente do suffragio os menores, os estrangeiros, os condemnados, os mendigos, os militares, etc.

Relativamente aos escriptores, a impossibilidade de coordenar a realização pratica do systema com as suas exigencias teoricas levou-os a temperar o suffragio universal por meio de varios expedientes que não offendessem a estructura doutrinaria da escola. Os principaes expedientes são dois: a *eleição indirecta* e o *voto plural*."[188]

O *sufrágio indirecto* consiste na eleição de um corpo de eleitores secundários, pelo universo eleitoral, ou seja, pelos eleitores primários. Os eleitores secundários, num segundo grau de eleições, é que elegem os representantes da Nação ou o Presidente da República, podendo todavia haver mais de dois graus no sufrágio indirecto: "Este systema tem em seu favor auctoridades como Lamartine, Taine e Courcelle-Seneuil, e encontra-se adoptado, como se sabe, nos Estados Unidos, para a eleição do presidente, e nos Estados germanicos combinado com a votação por classes."[189]

Os eleitores secundários podem também ser chamados a formar um colégio eleitoral por exercerem funções políticas ou administrativas, para as quais foram eleitos: "Como o eleitor secundario não tem de cumprir funcções especiaes para que se requerem aptidões especiaes, mas tem unicamente de votar, o unico criterio que guiará os eleitores primarios será a escolha da mão mais fiel que escreva o voto que elles têem na mente. Deste modo, a multiplicidade dos gráos da eleição só serve para viciar a simplicidade e a sinceridade das eleições."[190]

O *sufrágio não igualitário* tem lugar quando, numa mesma eleição, a lei permite que alguns eleitores disponham de mais de um voto, juntamente com outros que só possam emitir um voto.

---

[188] Reis, José Alberto dos, *Direito Constitucional*, Coimbra, Imprensa da Universidade, 1909, pp. 186/187.

[189] Marnoco e Souza, *Direito Político,...*, Ob. Cit., pp. 471/472.

[190] Marnoco e Souza, *Idem*, Ibidem.

Este tipo de sufrágio pode consistir na atribuição a certos eleitores do direito de votarem uma só vez, com mais de um voto, o *voto plural*, que pode apresentar a forma de *voto familiar*: "Este systema foi vigorosamente defendido por muitos escriptores, entre os quais sobresahe Stuart Mill, e tem sido adoptado por muitas legislações, entre as quaes se salienta a belga. Mas qual ha de ser o critério da pluralidade do voto? Têem sido propostos três criterios da pluralidade do voto: a propriedade, a instrucção e a posição social."[191]

Uma outra modalidade de sufrágio, em que é atribuído mais de um voto por eleitor, o *voto cumulativo*, integra-se também na questão da pretendida legitimidade democrática dos representantes da Nação. Cada eleitor dispõe de tantos votos quantos os deputados a eleger em cada círculo eleitoral, podendo dá-los a um só candidato, a alguns, ou distribuí-los por todos. O objectivo deste sufrágio, parece ser o de garantir a eleição de alguns deputados das minorias, mas presta-se a acordos eleitorais prévios, de difícil execução. Assim, tanto as maiorias podem desdobrar os votos nos seus deputados e evitar a eleição dos candidatos das minorias, como estas, bem disciplinadas, podem conseguir eleger todos os seus deputados, ficando em maioria, face à eleição dos deputados das maiorias: "Alem d'isso reconhece-se-lhe o inconveniente de um nome prestigioso e popular accumular uma grande maioria de votos dos seus partidarios com prejuizo manifesto dos companheiros da mesma lista que se veem assim sacrificados. Para vencer este obice appareceu uma modificação que consiste em dividir o paiz em pequenos circulos, determinando-se uma quantidade minima de votos para que o candidato possa ser eleito. Porem nada remediava este remendo.

Este systema foi apresentado e defendido em 1853 na Inglaterra por James Garth Marshall, proposto á camara dos communs por Lowe em 1867, e no mesmo anno á camara alta por lord Grey. Regeitado, foi applicado em 1870 á eleição dos conselhos geraes de Londres e outras cidades da Gram Bretanha. Tem feito porem largo caminho na America onde conta partidarios acerrimos, sendo adoptado até em alguns dos estados da Confederação norte-americana para a eleição dos seus parlamentos privativos, e para a administração de sociedades por acções Ainda hoje (1909) o Chili o adopta para a eleição do seu parlamento."[192]

---

[191] Marnoco e Souza, *Idem*, Ibidem.

[192] Cfr. Baptista, Henrique, *Eleições e Parlamentos na Europa*, Porto, Livr. Portuense de Lopes & C.ª – Sucessor, 1909, pp. 66/68 e Assis Brasil, J.-F., *Democracia Representativa*, Lisboa/Paris, Guillard, Aillaud, 3.ª Ed., 1893, pp. 188/192.

2.4.2 *As técnicas eleitorais*

A aplicação da teoria da legitimidade democrática dos governantes, para além do problema da selecção dos eleitores e do número de votos que lhes devem ser atribuídos, que abordámos anteriormente, envolve numerosas técnicas que têm sido experimentadas a partir da criação do Estado Liberal.

O agrupamento dos eleitores para o exercício do direito de sufrágio tem dado lugar a diferentes soluções, que são influenciadas pela extensão do território, divisão administrativa ou distribuição da densidade populacional de cada Estado e ainda por diversos interesses políticos. Têm sido estabelecidos, desde um só *círculo* ou *colégio eleitoral* para todo o território nacional, até numerosos círculos de pequena dimensão, com o objectivo de neles ser eleito um único representante da Nação – *sufrágio uninominal*, por oposição ao *sufrágio plurinominal* ou de *lista* nos círculos de maior dimensão ou num só, onde são eleitos vários candidatos a deputado.

Estas diferentes soluções têm provocado acesas discussões, argumentando os adeptos do sufrágio uninominal, que este se adequa melhor à teoria da representatividade nacional, uma vez que as populações podem assim votar em individualidades que conhecem e que estão mais desligadas das forças partidárias, com os seus directórios instalados nas capitais dos Estados: "Na Hespanha, na Belgica, na Suissa e na Grecia que adoptaram o escrutinio de lista, não faltam correntes contrarias, fundando-se até associações e circulos politicos para o combater vigorosamente, em nome da sinceridade do voto e da disciplina dos partidos. Deve observar-se que hoje (1910) nos Estados livres prevalece o suffragio uninominal, o que é tanto mais notavel, quanto é certo que estes Estados chegaram a este resultado, depois de ter experimentado o escrutinio de lista. É uninominal, entre outros paises, o suffragio na Hungria, na Hollanda, na Prussia, no Imperio Germanico, e especialmente nos Estados Unidos da America."[193]

Os adeptos do sufrágio de lista, argumentam que o regresso de alguns países, como a França, a Itália e a Espanha e outros, ao sufrágio uninominal, depois de experimentarem outros sistemas, partiu da iniciativa dos governos parlamentares, que, "vendo o terreno fugir-lhes debaixo dos pés, procuram lisongear as massas populares, e nenhum systema se presta tanto

[193] Cfr. Marnoco e Souza, *Direito Político,...*, Ob. Cit., pp. 528/529.

a este engodo como este. Estas não veem ideas, veem homens que lhes livram os filhos do serviço militar, que os empregam, que lhes arranjam estradas e subsidios (...) É incontestável que o escrutinio uninominal teve a sua epoca. Grandes melhoramentos materiaes foram devidos á sua preponderancia e grandes homens se elevaram pela sua influencia, Mas todos os desperdicios, grandes erros economicos e administrativos, e até certo ponto a baixeza da politica actual (1909) são obra sua."[194]

O sufrágio plurinominal de lista completa,[195] foi defendido por alguns autores, como, entre nós, Oliveira Martins, que o considerou ideal para formar "grupos mais ou menos homogeneos de homens que têm de ser mais ou menos illustres, dando assim uma unidade expressiva aos partidos no parlamento, unidade que elles não pódem ter quando compostos por deputados congregados adventiciamente" o que portanto, evitaria "os meios torpes sobre que hoje (1885) assenta quasi exclusivamente o processo eleitoral" e elevaria o nível intelectual da representação[196]. Outros autores condenaram-na porém por obrigar ao estabelecimento de grandes círculos, ou de um só, o que propiciava, a pressão dos governantes ou de fortes organizações partidárias no acto eleitoral, o voto às cegas do eleitor, e ainda, a possibilidade da colocação no Poder de uma representação, sem oposição, eleita por escassa maioria.

Neste debate, ressalta a aceitação ou não da intervenção dos partidos políticos nos actos eleitorais, a qual, sendo todavia considerada indispensável por muitos autores, é ainda criticada por aqueles que prevêm que, na lista dos candidatos feita pelos partidos, "um nome prestigioso póde levar ao triumpho uma lista de nulidades (...)"[197].

As listas de candidatos para os sufrágio plurinominais são elaboradas pelos partidos políticos, o que realiza como que um primeiro grau de um sufrágio indirecto, de um modo inverso, deixando aos eleitores apenas a possibilidade de votarem nas personalidades secretamente escolhidas. Os dirigentes dos partidos políticos, por vezes denominados ironicamente os seus "marechais", fazem essas escolhas através de um processo que escapa ao conhecimento dos eleitores comuns, distribuindo as personali-

---

194 Cfr. Baptista, Henrique, *Eleições e Parlamentos na Europa*, Ob. Cit., pp. 54/55.

195 O sufrágio plurinominal de lista completa, onde o eleitor vota numa lista composta de tantos candidatos quantos os que estão atribuídos a cada círculo eleitoral, é também denominado de *lista múltipla*.

196 In Baptista, Henrique, *Eleições...*, Ob. Cit., p. 58.

197 Cfr. Baptista, Henrique, *Eleições...*, Ob. Cit., p. 60

dades partidárias mais destacadas, ou mesmo independentes, pelos círculos eleitorais, nem sempre concordantes com as suas áreas de residência.

Os adeptos do sufrágio plurinominal consideram, "que elle é o unico meio de dar ao suffragio uma significação politica, desprendendo-o de circulos pouco extensos e dos interesses mesquinhos de campanario, e dando ao eleitor a liberdade de votar sem ser obrigado a acceitar o candidato local, sob pena do seu voto ficar sem effeito; que sendo o eleitor chamado a eleger todos os deputados dum collegio extenso, fica assegurado o triumpho do talento que não póde encontrar e agrupar eleitores num collegio restricto, (...)"[198]

O sufrágio plurinominal pode ainda ser, de *lista incompleta*, votando os eleitores em listas de candidatos com um número inferior aos que são atribuídos a cada círculo eleitoral. A diferença entre o número dos candidatos expressos nas listas e os candidatos nelas omitidos, com vista a permitir a representatividade das minorias, é arbitrária, pelo que esta técnica eleitoral, muito utilizada, teve também os seus críticos e detractores.

No escrutínio, apura-se a lista mais votada que elege os candidatos expressos, da maioria do círculo eleitoral. Para completar a eleição dos deputados atribuídos ao círculo, procuram-se na lista igual ou imediatamente votada, os nomes dos candidatos que obtiveram mais votos, e com eles se completa o número dos candidatos, que representam a sua minoria: "O unico inconveniente que lhe reconhecemos é prestar-se aos desdobramentos, fazendo desaparecer a representação das minorias, quando as maiorias são sufficientemente grandes e disciplinadas. (...) O inverso tambem póde dar-se: isto é uma minoria bem disciplinada contra uma maioria descuidada póde ganhar à maioria."[199]

O sufrágio liberal oitocentista foi predominantemente *secreto*, com o objectivo de preservar os eleitores de previsíveis retaliações dos seus adversários políticos. As listas não podiam ser elaboradas em papeis de cor ou transparentes, nem ter qualquer marca, sinal ou numeração externa que as identificasse.

Em Portugal, considera-se que "o facto de se haverem riscado nas listas alguns nomes e substituido por outros não póde ser considerado como signal externo que vicie e revele o voto do eleitor"[200]. A preocupação com

---

[198] Cfr. Reis, José Alberto dos, *Direito Constitucional*, Ob. Cit., p. 233.

[199] Cfr. Baptista, Henrique, *Eleições...*, Ob. Cit., pp. 63/64.

[200] Vide o Decreto sobre consulta do Conselho de Estado de 20 de Setembro de 1852.

o secretismo da eleição impele ainda o legislador a estabelecer que, "serão admissiveis as listas lytographadas, mas não as impressas, por conterem signal ou marca externa sensivel á vista e ao tacto, e revelarem por isso o segredo do escrutínio."[201].

2.4.3 *Os círculos eleitorais*

Para além da determinação das condições para a atribuição da capacidade eleitoral activa dos cidadãos e da escolha das técnicas a utilizar para a realização dos actos eleitorais, conducentes à escolha dos governantes, o agrupamento geográfico dos eleitores, aproveitando por vezes a divisão administrativa dos países, constituíu sempre um ponto altamente polémico do direito eleitoral.

O legislador pode respeitar os aglomerados humanos residentes em regiões naturais ou centros urbanos, onde se verificam regionalismos e bairrismos, e onde as personalidades mais insígnes são conhecidas e estimadas pelo seu eleitorado, ou, pelo contrário, dividir habilmente esses agrupamentos para obter resultados políticos mais favoráveis aos seus inconfessados interesses partidários: "Se, (...) esta distribuição não fôr feita em harmonia com as condições dos grupos sociaes, a representação será sempre uma falsa representação, sem ligação organica com a vida real da sociedade."[202]

Na Inglaterra, onde se verificou a génese de um parlamentarismo formado pelos representantes não só dos condados mas também dos burgos, a eleição desses procuradores fazia-se naturalmente nas suas circunscrições territoriais, que viriam a constituir, no liberalismo, a base da divisão do país em círculos eleitorais.

A divisão administrativa de raízes históricas em breve deixou porém de satisfazer objectivos políticos, pelo que os critérios de delimitação dos círculos eleitorais passaram a ter como base uma divisão equitativa do ter-

---

201 Vide a Resolução da Câmara dos Deputados de 20 de Janeiro de 1865. Esta determinação foi todavia revogada por um acórdão do Tribunal Especial de Verificação de Poderes, de 12 de Maio de 1890 que decidiu que, "para serem consideradas nullas as listas impressas, é preciso mostrar que da impressão resultou marca, signal, ou numeração externa. Se se não provar esta condição, são válidas as listas." (Vide Luciano de Castro, José, *Legislação Eleitoral Annotada*, Lisboa, Livr. Ferin, 2.ª Ed., 1892, p. 42)

202 Reis, José Alberto dos, *Direito Constitucional*, Ob. Cit., p. 229.

ritório, uma divisão que se fundamente na densidade da população ou ainda na colecta dos impostos: "O critério do território só serve para favorecer as regiões desertas relativamente ás populosas, e as aldeias relativamente ás cidades. (...) O critério da população faz com que cidades populosas possam ter representação como inteiras provincias, e deixa sem representação os grupos organicos da sociedade. O critério dos impostos leva-nos ao critério da população, (...)."[203]

A desigualdade das dimensões e das populações dos círculos eleitorais provocam uma intencional desigualdade na capacidade dos eleitores, podendo o voto dos que estão inscritos num círculo eleitoral menos denso populacionalmente, valer por dois ou mais do que o dos eleitores de um outro círculo mais denso: «Supposons que deux circonscriptions élisant chacune un député soient peuplées, la première de 50.000 électeurs, la seconde de 100.000. Officiellement, chaque électeur n'a qu'une voix. Mais, en fait, tout se passe comme si les électeurs de la première cisconscription avaient deux voix chacun, et les électeurs de la seconde une seule: pour le choix des députées, chacun des premiers 'pèse' deux fois moins que chacun des seconds.»[204]

Mau grado todos os critérios possíveis para a delimitação dos círculos eleitorais, a divisão administrativa dos Estados, no Antigo Regime, influenciava já a organização das eleições para os Estados Gerais (Cortes), sendo a comuna (município) a base dessa delimitação[205]. No sufrágio liberal, a importância do terceiro estado aumenta, uma vez que este é o mais numeroso, exprimindo praticamente a vontade da Nação, fundamento da legitimidade democrática, segundo Rousseau.

---

[203] Cfr. Reis, José Alberto dos, *Idem*, pp. 229/230.

[204] Duverger, Maurice, *Droit Constitutionnel et Institutions Politiques*, Paris, P.U.F., 1955, pp. 91/92.

[205] Em França, para a eleição dos Estados Gerais, em 1789, o bailiado ou a senescália formaram a circunscrição eleitoral das ordens privilegiadas. Para as eleições do terceiro estado, as paróquias e as comunas constituem os círculos rurais: "Nas cidades, os eleitores reunem-se inicialmente por corporações ou, no caso de não pertencerem a nemhuma, por bairros, e nomeiam um ou dois delegados por cada cem votantes; esses delegados constituem a assembleia eleitoral do terceiro estado da cidade, encarregados de escolher os eleitores da assembleia do terceiro estado do bailiado que, por sua vez, elege os deputados aos Estados Gerais. Nos meios rurais, os habitantes reunem-se em assembleias de paróquia, a fim de nomear, à razão de dois por cada duzentos fogos, os delegados à assembleia do terceiro estado do bailiado. Todas estas assembleias redigem cadernos de queixas (agravos)". (Cfr. Soboul, Albert, *1789, Ano Um da Liberdade*, Lisboa, Ed. Delfos, s/d, pp. 30/31)

O filósofo genebrino tem também, certamente, uma visão campesina, romântica, do acto eleitoral a realizar nas paróquias (freguesias) para o *sufrágio uninominal*, uma vez que as cidades, que virão a constituir os centros de círculos eleitorais mais amplos, para o *sufrágio plurinominal*, constituem, em sua opinião, uma desgraça para a humanidade: «Les hommes ne sont point faits pour être entassés en fourmilières, mais épars sur la terre qu'ils doivent cultiver. Plus ils se rassemblent, plus ils se corrompent. Les infirmités du corps, ainsi que les vices de l'âme, sont l'infaillible effet de ce concours trop nombreux. (...) Les villes sont le gouffre de l'espèce humaine. Au bout de quelques générations les races périssent ou dégénèrent; il faut les renouveler, et c'est toujours la campagne qui fournit à ce renouvellement.»[206]

Rousseau apresenta também, em abono da sua tese, que em Roma, a base da nossa civilização, o gosto pela vida campestre dos primeiros romanos afastou os mais ilustres patrícios da cidade, para onde ficaram relegadas, por assim dizer, «les arts, les métiers, l'intrigue, la fortune et l'esclavage. Ainsi, tout ce que Rome avait d'illustre vivant aux champs et cultivant la terre, on s'accoutuma à ne chercher que là les soutiens de la république.»[207]

A cidade constituiu porém para a Europa medieval um mundo novo, pleno de oportunidades de promoção económica e social para os camponeses, através do exercício de actividades artesanais e mercantis que as unidades de produção agrária senhoriais não valorizavam: "No interior da cidade, atribuía-se ao trabalho uma dignidade intrínseca, sendo dado valor a todas as vocações honestas. O que não quer, contudo, dizer que a democracia comunal fosse igualitária e total. (...) As cidades enchiam-se de pessoas que haviam deixado sem pena o mundo rural e feudal a troco de um mundo novo e diferente. A sociedade urbana cresceu e desenvolveu-se em agudo contraste com o campo vizinho. Os muros da cidade tinham um fim prático mas também um significado simbólico, significavam a fronteira entre duas culturas em conflito. (...) Os habitantes da cidade vieram a gozar dum estatuto único e pessoal. Eram os 'burgueses'. (...) Nas cidades, emergiu uma ordem horizontal, caracterizada pela cooperação entre os iguais. A *corporação*; a *confraria*; a *universidade*; e, acima de tudo, essa corporação das corporações, a união armada entre os

---

[206] Rousseau, Jean-Jacques, *Émile ou de l'Éducation*, Paris, Flammarion, 1981, p. 66.

[207] Rousseau, Jean-Jacques, *Du Contrat Social ou Principes du Droit Politique*, Livr. IV, Cap. IV.

burgueses, a *Comuna*, foram instituições criadas pelas novas perspectivas e que reflectiam os novos ideais. Assim, a cidade, quer desenvolvendo-se a partir de um *portus* adjacente a um castelo feudal quer ressurgindo dos alicerces de uma cidade romana, foi essencialmente um fenómeno novo: foi o núcleo de uma nova sociedade que implicava novas estruturas sociais, redescobriu o estado, desenvolveu uma nova cultura e uma nova economia".[208]

A redescoberta do Estado pelos burgueses teve portanto lugar nas cidades, centros da formação de uma economia burguesa, a economia capitalista, criadora de uma riqueza mobiliária que suplantava a riqueza fundiária senhorial, agrária, insusceptível de acumulação. Os burgueses pretendiam reorganizar a sociedade política, erigindo o Estado Liberal, Constitucional ou Burguês, e a sua dinâmica organizadora de base democrática, centrada nas cidades, não conseguirá evitar o "indesejado" recurso a partidos políticos: "A pureza do ideal originário de representação política pressupunha o respeito do *princípio da representação política global e do princípio do mandato não imperativo*, bem como do *princípio do primado parlamentar*. A esta posição doutrinária se daria a qualificação de '*doutrina da duplicidade*' na representação política. Também, em rigor, a mesma opção doutrinária deveria supor que a relação entre o eleitorado e os eleitos não fosse mediada por qualquer instituição ou organização política. Trata-se da fase do confronto conceptual entre o Estado e a necessidade de partidos políticos. Enquanto o Estado Constitucional nasce no fim do século XVIII, a realidade partidária surgiria, primeiro no plano factual, e só depois no plano legal, apenas em meados do séc. XIX."[209]

O domínio político e cultural da cidade sobre o campo, significa também a predomínio do progresso urbano, científico, tecnológico, económico e social, sobre o conservadorismo rural, havendo portanto interesse por parte da burguesia, no estabelecimento de grandes círculos eleitorais adequados ao sufrágio plurinominal, delimitados pelos partidos políticos, em detrimento dos pequenos círculos rurais, destinados ao sufrágio uninominal.

Os círculos eleitorais passam a constituir uma arma política, uma vez que os partidos que ascendem ao Poder, os recortam consoante os

---

[208] Cfr. Cipolla, Carlo M., *História Económica da Europa Pré-Industrial*, Ob. Cit., pp. 166/169.

[209] Rebelo de Sousa, Marcelo, *Os Partidos Políticos no Direito Constitucional Português*, Livr. Cruz, Braga, 1983, pp. 23/24.

seus interesses, combinando áreas urbanas com áreas rurais, através de leis que elaboram cuidadosamente e publicam antes dos actos eleitorais[210].

2.4.4 *A representação proporcional*

A legitimidade democrática burguesa baseada na vontade das maiorias, a chamada "vontade geral" concebida por Rousseau, em breve passou a constituir um problema, em virtude das muitas dificuldades que foram surgindo, na prática, para a obtenção de resultados eleitorais aceitáveis pelas minorias vencidas nos sufrágios. O próprio Rousseau, o "pai da democracia liberal" chegou a afirmar que, a tomar este termo no rigor da sua acepção, nunca existiu verdadeira democracia, e nunca existirá: «Il est contre l'ordre naturel que le grand nombre gouverne et que le petit soit gouverné. (...) S'il y avait un peuple de dieux, il se gouvernerait démocratiquement. Un gouvernement si parfait ne convient pas à des hommes.»[211]

As dificuldades na obtenção de resultados conducentes à formação da "vontade geral" resultam da dispersão dos votos dos eleitores pelos candi-

---

[210] Sabendo que o tecido social urbano é naturalmente progressista e que as comunidades rurais são habitualmente conservadoras, o "Partido Regenerador" português, para evitar a eleição de deputados republicanos, nas cidades onde o "Partido Republicano" tinha uma forte implantação, elaborou uma lei eleitoral que dividiu as cidades de Lisboa e Porto em dois círculos eleitorais, engobando cada um numerosos e distantes concelhos rurais. Com este expediente conseguiu assim que nenhum dos candidatos a deputados republicanos fosse eleito, quando, pela lei eleitoral anterior, a sua eleição estava garantida.

A cidade de Lisboa, para além dos seus 1.° e 2.° bairros, passou a englobar, Alenquer, Arruda dos Vinhos, Azambuja, Cadaval, Loures e Vila Franca de Xira no seu *Círculo Oriental*; no seu *Círculo Ocidental*, para além dos seus 3.° e 4.° bairros, passou a englobar, Cascais, Sintra, Lourinhã, Mafra, Oeiras, Sobral de Monte Agraço e Torres Vedras. (Vide o Decreto com força de Lei de 8 de Agosto de 1901, Mapa dos Círculos Eleitorais)

Este sistema de alteração das fronteiras dos círculos eleitorais para modificar os resultados do sufrágio, foi inventado nos Estados Unidos da América pelo governador de Massachusetts, Gerry, em 1812, passando a denominar-se "gerrymander". Em França, durante o Segundo Império, o "gerrymander system" foi utilizado várias vezes, o que deu origem a posteriores tentativas moralizadoras, não inteiramente conseguidas. (Cfr. Duverger, Maurice, *Droit Constitutionnel et Institutions Politiques*, Ob. Cit., p. 93)

[211] Rousseau, Jean Jacques, *Du Contrat Social...*, Ob. Cit., Livr. III, Cap. IV.

datos, a qual confere vitórias por escassas margens, situação que levanta o problema da representação necessária e justa das minorias: "Suponhamos que num circulo eleitoral ha 5:000 eleitores e 5 deputados a elegar; se 3:000 eleitores votarem a lista A e 2:000 a lista B, o mais elementar principio de justiça distributiva exige que tres dos eleitos representem o grupo A e dois o grupo B; attribuir todos os 5 deputados ao primeiro grupo e deixar sem representação os 2:000 eleitores do grupo B, é uma injustiça flagrante, que offende as mais rudimentares regras da proporção arithmetica. Se 3:000 votos valem 5, 2:000 não podem valer zero."[212]

A representatividade arbitrária das minorias no sistema da lista incompleta, que referimos, não resolve o problema da legitimidade democrática, uma vez que o número de deputados das minorias, fixado antes do acto eleitoral, só casulamente pode coincidir com os resultados eleitorais saídos do escrutínio. Uma outra solução avançada em algumas leis eleitorais foi a exigência de uma maioria absoluta para a eleição dos candidatos a governantes: "Por exemplo, se em certo caso o candidato A obteve 32%, B obteve 33% e C 35% dos votos, pode considerar-se C o eleito. Porém, não se pode afirmar só por isso, dada a pequena vantagem de C em votos, que ele seja a pessoa que goza da confiança da maioria. Poder-se-ia até pensar, pelo contrário, que 65% dos eleitores eram adversos à escolha de C. Justamente por isso, há muitos sistemas de eleição segundo o critério da maioria que exigem serem os candidatos dos diferentes círculos eleitos por maiorias absolutas."[213]

Esta solução, que obriga à repetição dos actos eleitorais, e que apura apenas os dois primeiros candidatos para o segundo acto eleitoral, excluíndo os restantes, que podem ter alcançado resultados aproximados aos dos dois mais votados, também não resolveu este problema que se arrastou paradoxalmente ao longo de cêrca de um século, abrindo-se então o debate da representação proporcional: «En Europe continentale, le débat sur la proportionnelle est ouvert depuis la fin du XIXe siècle. La R. P. a progressivement remplacé le scrutin majoritaire en trois vagues successives: entre 1900 et 1914 (Belgique, Suède); à la fin de la guerre de 1914--1918 (Pays-Bas, Norvège, Danemark, Suisse, Allemagne de Weimar, Italie pré-mussolinienne); après 1945 (France, Allemagne de Bonn, République italienne).»[214]

---

212 Reis, José Alberto dos, *Direito Constitucional*, Ob. Cit., pp. 240/241.

213 Zippelius, Reinhold, *Teoria Geral do Estado*, Ob. Cit., p. 242.

214 Duverger, Maurice, *Droit Constitutionnel*, Ob. Cit., p. 108.

Um dos sistemas pioneiros da representação proporcional foi concebido pelo duque de Richemond em 1780 e aperfeiçoado por Émile Girardin em 1850, sendo denominado da *Pluralidade simples ou acumulação*. Era estabelecida uma *unidade eleitoral*, (ex: 10.000) que resultava da divisão do universo eleitoral (ex: 2.000.000) pelo número de deputados a eleger, (ex: 200) num único círculo eleitoral. Os eleitores só podiam escrever um nome na sua lista eleitoral, sendo eleitos aqueles candidatos que atingissem o número de votos da *unidade eleitoral*, situação que dava origem a que alguns, muito notáveis, conseguiam duplicar ou triplicar o número de votos mínimo para serem eleitos.

Este sistema teve como variante, a concessão a cada deputado de um número de votos no Parlamento, proporcional ao número de votos obtidos no sufrágio, proposta por Boutmy, da qual poderia resultar um grupo parlamentar pequeno, de grandes vultos nacionais, com grande capacidade de intervenção política. Para obviar este inconveniente, Layre pretendeu modificar este sistema, regressando à divisão do país em círculos eleitorais, recaíndo porém, consequentemente, na nefasta influência dos caciques eleitorais[215].

A questão do sistema da representação proporcional das minorias deu lugar a novas propostas de aproximação da lei eleitoral a uma justa expressão democrática, tendo o dinamarquês Carl Andrae conseguido integrar o seu sistema de *quociente eleitoral* na Constituição de 1855 do seu país, para a eleição da *Landsthing* (Câmara Alta). Na mesma época, o advogado e publicista londrino Thomas Hare publicou um trabalho com um projecto idêntico, intitulado *The Machinery of Representation* sem ter todavia conseguido convencer o legislador a adoptar o seu sistema eleitoral[216].

Segundo este sistema, cada eleitor apresentava uma lista com diversos candidatos pela sua ordem de preferência, sendo cada um riscado logo após ter obtido o número de votos igual ao *quociente eleitoral* nacional estimado, ou seja, o que resultava da divisão do universo eleitoral pelo número total de deputados a eleger. Assim, nenhum candidato podia acumular votos, ficando numa posição de igualdade com os seus colegas, no Parlamento.

---

[215] Cfr. Baptista, Henrique, *Eleições...*, Ob. Cit., pp. 69/72, onde o autor refere também as fraudes eleitorais que se verificaram no constitucionalismo monárquico português durante a utilização parcial do referido sistema de acumulação de votos.

[216] Vide um trecho do livro de Thomas Hare, *A Treatise on the Election of Representatives, Parliamentary and Municipal*, Londres, 1859, in Braga da Cruz, Manuel, (Coord.), *Sistemas Eleitorais, o debate científico*, Lisboa, Imprensa do Instituto de Ciências Sociais, 1998, pp. 27/53.

As críticas a este sistema, pela dificuldade do escrutínio, a nível nacional, deram origem à proposta de Aubry Vitet, em 1870, da qual resultariam algumas leis eleitorais, de dividir o país em grandes círculos eleitorais, onde se faria o apuramento dos resultados.

A insatisfação dos liberais quanto ao modo de apuramento da "vontade geral" preconizada por Rousseau, conduz à elaboração de numerosos sistemas de representação proporcional, onde se destaca também o do *voto graduado*, defendido por Condorcet, entre outros.

Cada eleitor, segundo este sistema, escrevia no seu boletim de voto vários nomes, atribuindo-se ao primeiro, um voto, ao segundo, meio voto, e aos restantes, fracções sucessivamente menores, ou então, para se evitar e emprego de fracções, atribuía-se ao primeiro candidato inscrito, um número de votos igual ao dos representantes a eleger em cada círculo eleitoral, diminuindo-se uma unidade a cada candidato seguinte, até à atribuição ao último, de um único voto.

Este sistema, baseava-se na disciplina partidária, uma vez que cada partido indicava habitualmente aos militantes a ordem em que deviam ser inscritos os seus candidatos. Assim, havendo obediência, a eleição ficava condicionada às decisões das comissões eleitorais dos partidos, mas não havendo, os resultados seriam inexactos, não se verificando a proporcionalidade desejada.

Um outro sistema, denominado *dos acréscimos*, concebido por Sladkowsky, introduz na democracia representativa a variabilidade do número dos deputados a eleger, face aos resultados eleitorais, o que não se adequa às habituais determinações constitucionais.

A eleição, faz-se pelo sistema da lista completa, obtendo a maioria a totalidade dos lugares de deputado em cada círculo eleitoral. Seguidamente divide-se, em cada círculo, o número de votos obtidos pela maioria, pelo número de deputados àquele atribuídos, obtendo-se assim um *quociente*. Às minorias são então concedidos tantos *deputados suplementares* quantas vezes aquelas obtiveram o quociente eleitoral referido.

A título de exemplo, imaginemos que num círculo eleitoral com 8 deputados a eleger, votaram 44.000 eleitores, repartidos por quatro grupos: 24, 10, 6 e 4 mil. O quociente é pois de (24:8 = 3 mil), o que, além dos 8 lugares conferidos à maioria, atribui ainda 3, 2 e 1 deputados suplementares, respectivamente ao 2.°, 3.° e 4.° grupos[217].

[217] Cfr. Marnoco e Souza, *Direito Político,...*, Ob. Cit., pp. 539/541.

Contemporâneo dos sistemas de representação proporcional do século XIX, temos também o das *listas concorrentes*, concebido por Victor Considérant e divulgado pela Associação Reformista de Genebra. Antes dos actos eleitorais, as comissões executivas dos partidos políticos apresentam ao presidente da eleição as listas, que são numeradas, com os nomes dos seus candidatos, por ordem alfabética, em número igual ao dos deputados a eleger por grandes círculos eleitorais. Os eleitores votam com listas iguais, que logo são contadas, dividindo-se a sua totalidade pelo número dos deputados a eleger, para se obter um *quociente eleitoral.*

Separam-se depois as listas que têm o mesmo número, ou seja, que são do mesmo partido, para se apurarem os deputados a atribuir a cada um, proporcionalmente ao número de listas que obteve. Havendo fracções e não estando ainda eleito o número total de deputados do círculo, atribui-se à lista que obteve a maior fracção, o primeiro dos deputados que faltam e assim sucessivamente. Caso duas listas tenham fracções iguais, o deputado será eleito pela lista que tiver obtido maior número de votos.

Este sistema de representação proporcional, para além da polémica que provocou, na apreciação das fracções, que não atingem portanto o quociente eleitoral, foi também criticado por propiciar uma excessiva intervenção dos partidos políticos no acto eleitoral, que retirava aos eleitores a liberdade de escolher os candidatos: "A base fundamental do systema, que é o reconhecimento jurídico do partido, constitue uma arbitrariedade injustificavel em face dos principios scientificos."[218]

Com o intuíto de aperfeiçoar a proporcionalidade conseguida pelo sistema suíço, que referimos, surgiu na Bélgica, nos meios católicos, uma intenção reformadora veiculada pelo Ministro da Justiça, Van den Heuven, que solicitou a Victor d'Hondt, professor de direito civil da Universidade de Gand, entusiasta da matemática, a concretização dessa aspiração.

Hondt, reformulou o sistema de proporcionalidade suíço, inspirando um projecto de lei eleitoral que foi adoptado na Bélgica em 30 de Novembro de 1899, o qual, com algumas cambiantes, perdurou até aos nossos dias[219].

---

218 Reis, José Alberto dos, *Direito Constitucional*, Ob. Cit., p. 247.

219 Vide a evolução dos mecanismos de representação proporcional, nomeadamente o sistema do *número ímpar*, também designado *método de Sainte-Laguë*, utilizado na Escandinávia desde 1951, apud Jean-Marie Cotteret et Claude Emeri, *Les Systèmes Électoraux*, Paris, PUF, 7.ª Ed., 1999, pp. 54/63; vide tb. Farelo Lopes, Fernando e Freire, André, *Partidos Políticos e Sistemas Eleitorais, Uma Introdução*, Oeiras, Celta Ed., 2002, maxime pp. 105/133.

O sistema de Hondt, também denominado do *divisor comum* ou do *número repartidor* ou *divisor*, tem como objectivo encontrar esse repartidor, dividindo previamente os resultados obtidos por cada partido, sucessivamente por 1, 2, 3, 4, 5, etc., tantas vezes quantos forem os deputados a eleger por cada círculo eleitoral. Seguidamente, colocam-se os resultados obtidos, por ordem decrescente até ao do último deputado a eleger pelo círculo, resultado esse que será o *número repartidor*. Dividindo então o número dos votos obtidos por cada partido pelo *número repartidor*, obtém-se o número de deputados que serão atribuídos a cada partido[220].

Exemplifiquemos:

Suponhamos que num círculo eleitoral que elege 4 deputados, entraram nas urnas 100.000 votos válidos, distribuídos por 3 partidos, A, B, e C.

O partido A, obteve 49.000 votos, o B, 33.000, e o C, 18.000.

Número de votos obtidos, divididos por

Partidos	1	2	3	4
A	49.000	24.500	16.333	12.250
B	33.000	16.500	11.000	8.250
C	18.000	9.000	6.000	4.500

Resultados obtidos, colocados por ordem decrescente:

49.000; 33.000; 24.500; *18.000*, dos quais o último é o *número repartidor*.

Divisão do número dos votos obtido por cada partido pelo *número repartidor*:

A – 49.000: 18.000 = 2
B – 33.000: 18.000 = 1
C – 18.000: 18.000 = 1

Os partidos B e C embora tivessem obtido uma substancial diferença de votos, conseguiram ambos eleger um deputado.

---

220 Cfr. entre outros, Baptista, Henrique, *Eleições...*, Ob. Cit., pp. 86/88.

Este exemplo, evidencia casualmente o favorecimento do último partido, facto referido por alguns especialistas, que consideram também que, neste método, o primeiro partido tende também a ser favorecido em detrimento do segundo.

A dificuldade de obtenção da proporcionalidade da representação, sentida ao longo do processo eleitoral, deu origem, como referimos acima (Cit. 219), a várias tentativas de aperfeiçoamento dos mecanismos eleitorais, hoje muito facilitados pela utilização de meios informáticos de contagem de votos e tratamento dos resultados eleitorais.

2.4.5 *O sufrágio orgânico*

O sufrágio liberal, baseado na igualdade dos cidadãos perante a lei, que constitui um objectivo do sector mais dinâmico do terceiro estado, a burguesia, na sua luta contra a nobreza fundiária e contra o clero que a apoia, não aceita, em princípio, para a obtenção da "vontade geral", a opinião das estruturas sociais, como as famílias, as paróquias, os municípios, as empresas, os corpos profissionais, as universidades, as associações culturais, etc., para o apuramento dessa vontade.

As corporações medievais dos mesteres são extintas pelo liberalismo, isolando os trabalhadores, e o associativismo de qualquer natureza passa a ser proibido, em nome da liberdade, numa concepção individualista, atomística, de sociedade, que conduz naturalmente ao *sufrágio inorgânico*, de base territorial, que temos vindo a analisar.

Os diversos critérios e dificuldades existentes quanto à obtenção dos resultados eleitorais, bem como a dúvida na consequente legitimidade democrática dos governantes, conduziu à formulação de críticas a esse sufrágio, bem como a propostas de adopção de um sufrágio orgânico. Hippolyte Taine afirmava que, tal como na sociedade mundial, dividida em nacionais e não em homens, também em política, "conhecemos comerciantes, industriais, operários, militares, agricultores e artistas, mas não conhecemos homens."

Marnoco e Souza, desenvolve esta tema afirmando que, "O systema representativo deve, por isso, considerar o eleitor na sua qualidade de membro de uma determinada funcção social, e não, como acontece actualmente, como uma quantidade numerica, exposta a combinações artificiaes. Só então desappareceria no eleitor a insconsciencia absoluta que o torna instrumento cego, e algumas vezes perigoso, de ambições e interesses de outrem, ou cumplice da calamidade publica que se chama corrupção eleitoral, tão profundamente prejudicial á vida do governo representativo nos Estados modernos[221-222].

Como fundamento deste sufrágio representativo dos *interesses sociais* encontra-se portanto a visão organicista da sociedade, que não aceita o atomismo social que enforma as instituições jurídicas dos diversos países que aderem ao pensamento filosófico da Revolução Francesa, o qual toma como ponto de partida o homem individual, desligado das estruturas sociais onde nasce e se desenvolve, para formar a sociedade civil.

A condenação deste individualismo revolucionário pelo prestigiado filósofo Georg Hegel, a que seguiu a da Igreja Católica pela voz de Leão XIII, às quais já aludimos, bem como a luta do movimento operário oitocentista pelo direito ao associativismo laboral, gerou uma corrente neo-corporativa, inspirada no corporativismo medieval, que procurou afirmar-se no século passado, como um sistema económico, alternativo ao capitalismo e ao socialismo[223].

---

221 *Direito Politico,...*, Ob. Cit., p. 164. O autor indica, em seguida os países diversos da Europa onde "a representação dos interesses sociais" vem sendo defendida, afirmando que, "É á escola harmonico-organica que pertence na Allemanha a prioridade desta concepção política", há cerca de um século (portanto no início do século XIX). (Cfr. pp. 167/175)

222 O historiador Oliveira Martins, afirmou: "A eleição na sua brutalidade numérica é um processo errado. Se o resultado aritmético não está subordinado à sorte, está-o decerto o resultado moral. Fazer uma amálgama de elementos sociais indiferentes uns, antipáticos outros, é sujeitar a eleição à sorte." Criticando a concepção atomística de sociedade, o historiador considera que, "A sociedade é um organismo como qualquer outro; e as leis da vida orgânica não se infringem impunemente. (...) O individualismo destruiu o princípio religioso da Ordem antiga, mas para pôr em lugar dele como princípio a negação da Ordem." Oliveira Martins propõe então a adopção do sufrágio orgânico como forma de viabilizar a democracia: "Desde que a origem do Poder é imanente e social, o modo de tornar concreta ou positiva essa autoridade é constituí-la por meio da reunião de todos os órgãos da sociedade num corpo uno. (...) A reunião desses órgãos constitui a sociedade, e o Estado que a exprime sintèticamente, tem de formar-se por emanações ou delegações de cada um deles." (*"As Eleições"* (1878), in *Política e História*, (1868-1878), Lisboa, Guimarães Ed., Vol. I, 1957, pp. 281, 302 e 307)

223 É muito vasta a bibliografia acerca do corporativismo novecentista, pelo que recomendamos a síntese elaborada pelo Prof. Marcello Caetano, *O Sistema Corporativo*, Lisboa, 1938, que indica os principais contributos para o seu estudo. Cremos que a primeira tentativa de elaborar uma teoria geral do corporativismo está contida no livro do economista romeno Mihaïl Manoïlesco, intitulado *Le Siècle du Corporatisme, Doctrine du corporatisme intégral et pur*, Paris, que já referimos, onde cita o sociólogo austríaco Othmar

O *sufrágio orgânico*, de *base corporativa* considera que a capacidade eleitoral activa dos cidadãos só deve ser concedida àqueles que, de algum modo, contribuam para a organização e funcionamento do todo social, através da sua participação particular como chefes de família moradores num bairro ou freguesia, membros de um sindicato ou ordem profissional, associação industrial, comercial, cultural, etc. O eleitor, neste tipo de sufrágio, escolheria respectivamente os representantes da administração local, dos diversos interesses económicos e profissionais, das instituições culturais, etc. que teriam depois assento numa Assembleia Legislativa, composta de representantes desses organismos sociais. Os representantes da Nação seriam eleitos por sufrágio universal numa lista única para todo o país.

Este tipo de sufrágio deparou-se com grandes dificuldades de recenseamento, pela necessidade dos eleitores terem de comprovar a sua situação para serem inscritos nos diversos cadernos eleitorais, divididos pelos interesses a contemplar, situação que propiciava o absentismo. Muitos eleitores podiam também inscrever-se em diversos cadernos, por cumularem simultâneamente diversas situações, o que poderia conduzir ao *voto plural*, a que já aludimos. As dificuldades do recenseamento eram aumentadas pela necessidade de uma actualização constante dos cadernos eleitorais, dadas as alterações da situação social e profissional dos eleitores, ao longo da sua vida.

Distribuídos os eleitores pelos interesses sociais a contemplar, surgia uma dificuldade maior, que consistia no estabelecimento do número de representantes a eleger para cada um desses interesses (administrativos, económicos, laborais, culturais, etc.) representados nas Assembleias Legislativas, decidido arbitrariamente pelas leis eleitorais[224].

Pela sua complexidade e pela sua fragilidade teórica, o sufrágio orgânico não conseguiu satisfazer o sentido mítico da legitimidade dos governantes[225]. Acerca deste problema, afirmava Duguit: "(...) – os che-

---

Spann e o economista italiano Ugo Spirito, entre outros corporativistas. Este último autor pode ser lido numa tradução portuguesa intitulada *Princípios Fundamentais de Economia Corporativa*, Lisboa, Livr. Clássica Ed., 1934.

224 Acerca das dificuldades da formação da Câmara Corporativa portuguesa em 1934, vide Ribeiro dos Santos, António Pedro, *A Imagem do Poder no Constitucionalismo Português*, Ob. Cit., pp. 289/292.

225 O sufrágio orgânico preferido pelo Estado Corporativo, conotado com o fascismo e condenado por fazer prevalecer os interesses sectoriais sobre o interesse geral, foi recusado pelos países que adoptaram o modelo Ocidental de democracia pluralista.

fes que deliberam e ordenam, maioria de um parlamento ou de uma assembleia do povo, não são, diz-se, mais do que órgãos da vontade colectiva, que se impõem às vontades individuais, precisamente porque ela é a vontade colectiva. (...) a ideia democrática é tão vã como a ideia teocrática (...) Direito divino, vontade social, soberania nacional, tantas palavras sem valor, tantos sofismas com que os governantes têm procurado convencer os seus súbditos e se têm por vezes convencido a êles próprios."[226]

2.4.6 *O escrutínio*

O termo *escrutínio* designa actualmente a contagem de votos numa eleição, e simultâneamente, dados os meios informáticos utilizados, o *apuramento* dos mandatos ou cargos que cabem a cada partido em cada círculo eleitoral, nas eleições legislativas e nas autárquicas, bem como a *proclamação* dos nomes das personalidades que irão tomar posse dos mesmos, uma vez que estas estão ordenadas nas listas desses partidos.

Ao acto eleitoral, precedido de uma *campanha* dos partidos políticos que procura convencer o eleitorado a aceitar os seus programas e projectos, combatendo os adversários, e por conseguinte a votar nos seus candidatos, também se denomina "lato sensu", *escrutínio*[227].

Precedendo o acto eleitoral, o recenseamento dos eleitores tem sido elaborado por entidades nomeadas segundo critérios diferenciados, dos quais destacamos os dois principais: o da utilização da *estrutura administrativa local*, actualmente designada "poder local", e o da nomeação ou eleição de *comissões* especialmente formadas para esse fim[228].

---

226 Duguit, Léon, *Traité de Droit Constitutionnel*, 1911, apud Fezas Vital, *Direito Constitucional*, Lisboa, Fac. de Direito, 1936/37, p. 114.

227 É frequente a utilização do termo *escrutínio*, em obras antigas, significando, "latissimo sensu", o próprio sistema eleitoral adoptado para a atribuição dos mandatos aos deputados nas assembleias legislativas. Esta denominação, imprecisa, e caída em desuso, tem vindo a ser abandonada.

228 Marnoco e Souza considera que, "O modo mais racional e conforme ao espirito da representação, seria o de confiar tal funcção a pessoas eleitas pelo grupo eleitoral a que respeita o resenceamento, quer porque ninguem é mais interessado na regular formação do recenseamento, quer porque ninguem pode conhecer melhor as condições dos eleitores e dos elegíveis. A tendencia, porem, nas legislações é para confiar a formação do recenseamento ás auctoridades locaes." (*Direito Politico,...*, Ob. Cit., p. 513)

Qualquer destes critérios apresentou, ao longo da história eleitoral, antes da participação dos partidos políticos na organização dos cadernos de recenseamento eleitoral, graves inconvenientes, quer pela acção pouco escrupulosa das estruturas administrativas locais, quando dependentes do poder executivo, quer pelas exigências censitárias estabelecidas para os eleitores dos vogais das comissões, que ficavam assim dependentes dos caciques locais: "O recenseamento tem uma importancia capital no mecanismo eleitoral, porquanto as eleições podem ser profundamente viciadas na sinceridade e na verdade, desde o momento que tenham sido recenseados como eleitores e elegiveis individuos que não satisfaçam ás condições da lei."[229]

Ao longo das campanha eleitorais, as pressões, as intimidações, as ameaças, ou as promessas de empregos, de isenção do serviço militar a familiares, os subornos, fizeram das eleições liberais um palco de contendas grupais, onde o crime nem sempre esteve ausente.

Em vésperas de eleições, os *caceteiros* exerciam violências sobre as populações rurais das áreas que sopunham pretenderem votar contra os seus mandantes, ameaçando-as de represálias futuras e os *galopins* procuravam comprar o voto dos influentes, proprietários, industriais, entre outros, que, desinteressados da política, manifestavam preferência por candidatos adversos aos que os tinham contratado.

Designado o dia da eleição, são convocadas, uma semana antes, *assembleias primárias* através de editais afixados em lugares habituais e lidos pelos párocos durante a missa, indicando o número das assembleias, os lugares da reunião, o dia e a hora em que devem reunir e a ordem de chamada dos eleitores.

Cada assembleia, não excedia normalmente mil eleitores, sendo presidida por um cidadão escolhido segundo dois critérios principais: a eleição ou a nomeação de funcionários públicos: "As attribuições dos presidentes das assembleias primarias são muito importantes; é da sua attitude que depende em grande parte a regularidade e a sinceridade da eleição. É o presidente que propõe aos eleitores os escrutinadores, os secretários e respectivos supplentes (...); decide provisoriamente, com a mesa, todas as duvidas que se suscitarem ácerca das operações da assembleia, tendo nessa decisão voto de qualidade (...); mantém a liberdade dos eleitores, conserva a ordem, regula a policia da assembleia e providencia para que

---

[229] Reis, José Alberto dos, *Direito Constitucional*, Ob. Cit., p. 220.

esta seja livremente accessivel (...); póde mandar sair do local da assembleia todos ou alguns dos individuos presentes não recenseados (...); requisita a força armada (...); regula a ordem da chamada (...); lança as listas na urna (...); procede com a mesa á contagem das dscargas e dos votos (...); annulla as listas viciadas (...); redige e assigna a acta da eleição (...); etc."[230]

Na manhã do dia da eleição, reunidos os eleitores, procede-se à escolha dos vogais das mesas das assembleias eleitorais primárias, com o recurso a eleições para tal, caso sejam recusadas as propostas do seu presidente, assistindo habitualmente ao acto eleitoral, os párocos ou os regedores das freguesias para confirmarem a identidade dos votantes.

As eleições liberais estabeleceram, como referimos, o *voto secreto* para permitir às camadas mais desfavorecidas da população alguma liberdade e sinceridade na sua decisão: "Este preceito do sigillo do voto é commum ás legislações dos paises de regimen representativo. Apenas a Dinamarca e a Hungria conservavam em 1894, (...) a publicidade do voto, que teve defensores ardentes em Stuart Mill, Hare, Guizot, etc. Os argumentos adduzidos podem reduzir-se a dois. O voto, dizem elles, é a funcção publica mais eminente do cidadão e portanto deve exercer-se sob a sancção da sociedade, da opinião geral. A liberdade vive de publicidade e de responsabilidade; (...)".[231]

Um outro problema, resulta da decisão do Poder acerca do acto de votar como um *direito* ou como um *dever* dos cidadãos, ao qual já aludimos. O Poder prefere enfatizar a idea de que o voto é um *direito*, estabelecendo portanto o *voto facultativo*, tal como o recenseamento, embora os partidos políticos, por ocasião das campanhas eleitorais, incentivem os cidadãos a votar, apelem ao cumprimento do seu *dever* cívico de votar, condenando consequentemente a abstenção.

Nos primórdios do liberalismo, alguns regimes políticos, de que são exemplo muitos cantões da Suiça e vários Estados norte-americanos, receando um abstencionismo considerável ou mesmo generalizado, que pusesse em causa a sua legitimidade democrática, optaram, pelo *voto obrigatório*. A falta de espírito cívico, o desinteresse, a descrença na política ou nos políticos, o cansaço provocado pela frequente chamada dos eleitores às urnas, decidem muitos eleitores a praticarem a *abstenção*, pelo que

[230] Reis, José Alberto dos, *Idem*, p. 252.
[231] Reis, José Alberto dos, *Idem*, p. 256.

alguns países, como a Holanda, a Bélgica e a Itália, mantiveram longamente o voto obrigatório[232].

Nas antigas eleições liberais, os vogais das mesas das assembleias eleitorais iniciavam a votação, sendo feita seguidamente uma chamada dos eleitores, que se repetia algum tempo depois, até todos terem votado. Terminada a votação eram contadas as descagas nos cadernos eleitorais, sendo estes fechados e lacrados, e publicado em edital o somatório dessas descargas.

A contagem dos votos, ou seja, o escrutínio "stricto sensu", que poderá demorar alguns dias será então realizada pelos vogais das mesas até se conseguir o apuramento final da assembleia primária, que resulta do somatório dos apuramentos diários realizados, o qual será também publicado por edital.

A fase seguinte do escrutínio tem lugar em *assembleias de apuramento*, onde, são examinadas as actas recebidas das assembleias primárias e realizados os apuramentos, o primeiro parcial, das autarquias, e o segundo, o *apuramento final*, de todo o círculo eleitoral, que declara eleitos os cidadãos mais votados, em conformidade com a lei eleitoral[233].

Mau grado todas as medidas estabelecidas para a garantia da liberdade e da veracidade das eleições, os sistemas eleitorais liberais apresentaram frequentes e graves deficiências de funcionamento, mormente nos recenseamentos e nos próprios actos eleitorais onde as *chapeladas* se celebrizaram como forma mais habitual de falsear os resultados das eleições[234].

O poder do sufrágio passa a constituir um quarto poder que se acrescenta à classificação tripartida de Montesquieu, sendo identificado pelo publicista Maurice Hauriou como uma "operação de vontade que se chama consentimento, isto é, a operação que consiste em aceitar uma proposta feita ou uma decisão tomada por outro poder."[235] Na esteira desta visão do

---

232 Cfr. Reis, José Alberto dos, *Idem*, p. 257 e Caetano, Marcello, *Manual de Ciência Política...*, Ob. Cit. Tomo I, p. 241.

233 Para uma visão pormenorizada, vide Marnoco e Souza, *Direito Político,...*, Ob. Cit., pp. 546/554 e 559/566.

234 Entre nós, nas eleições legislativas de 1906, o candidato "republicano" Bernardino Machado foi eleito na assembleia eleitoral do Peral com uma monumental chapelada, ou seja, com o lançamento de votos para apuramento escondidos nos chapéus dos escrutinadores, que triplicou o número dos votantes inscritos no caderno de recenseamento eleitoral. (vide Ribeiro dos Santos, António Pedro, *A Imagem do Poder...*, Ob. Cit., p. 226)

235 Cfr. Moreira, Adriano, *Ciência Política*, Ob. Cit., p. 186.

sufrágio, como modo de dominação social, que culmina no escrutínio, após um complexo e variado processo eleitoral, que analisámos, alguns politólogos referem que, no plano político, "se han desarrollado los regímenes representativos pluralistas, donde la hegemonía social pasa por 'la organización del consentimiento', mientras que los mecanismos de reproducción del sistema permanecen ocultos."[236]

O sufrágio, insere-se assim, do ponto de vista politológico, nos instrumentos de luta pela manutenção do Poder: "Práticas nascidas no período áureo do constitucionalismo racional-normativo, como o caciquismo político, o voto de cabresto, a falsificação dos cadastros, o voto dos mortos, o compadrio, correspondem à realidade da luta travada. O *voto* é a expressão jurídica e formal do poder do sufrágio e satisfaz o normativismo inspirado no modelo contratual. Mas politicamente exprime a submissão ao poder que o captura e que não se embaraça excessivamente sobre os meios de o obter."[237]

A obtenção de resultados eleitorais é portanto necessária ao sancionamento da actividade política e à manutenção da imagem de legitimidade do Poder, que fundamenta a sua sobrevivência, uma vez que, "o *Poder não é uma coisa, é uma relação*, porque não há Poder senão na medida em que os outros são dominados ou influenciados."[238]

---

236 Hermet, Guy, Rouquie, Alain, Linz, J. J., *Para que sirven las elecciones?*, México, Fondo de Cultura Económica, 1982, p. 155.

237 Moreira, Adriano, *Ciência Política*, Ob. Cit., p. 187.

238 Moreira, Adriano, *Idem*, p. 110.

III SOCIEDADE E PODER

3.1 A luta pela conquista do Poder: elites e "grupos de *status*"

Na análise das "primeiras sociedades" realizada por Rousseau na sua obra *Du Contrat Social* (1762), a família é referida como "a mais antiga de todas as sociedades e a única natural" considerando-a também, "se o quisermos, o primeiro modelo das sociedades políticas: o chefe é a imagem do pai, o povo é a imagem dos filhos, e, porque todos nasceram iguais e livres, só alienam a sua liberdade para benefício próprio. Toda a diferença está em que, na família, o amor do pai pelos seus filhos, o recompensa pelos cuidados que lhes presta; e no Estado o prazer de mandar substitui esse amor que o chefe não tem pelo seu povo."[239]

Na sua utopia social, Rousseau condena a existência de instituições políticas, uma vez que recusa a representação e a alienação da soberania, considerando os deputados eleitos pelo voto individual, apenas como comissários do povo e não como seus representantes. Estes, "não podem tirar quaisquer conclusões definitivas. Qualquer lei que o povo, em pessoa, não tenha ratificado, é nula; não é lei."[240]

Num outro ponto das suas reflexões, o filósofo genebrino considera todavia praticamente impossível a concretização das suas aspirações democráticas, uma vez que para tal quantas "coisas difíceis de reunir" seriam necessárias!: "Em primeiro lugar, um Estado muito pequeno em que o povo seja fácil de reunir e em que cada cidadão possa facilmente conhecer todos os outros; em segundo lugar, uma grande simplicidade de costumes que previna a multiplicidade de assuntos e as discussões espinhosas; em

---

239 Vide Ob. Cit., Livr. I, Cap. II.

240 Idem, Livr. III, Cap. XV; vide tb. Livr. IV, Cap. II.

seguida, muita igualdade nas categorias e nas fortunas, sem o que a igualdade não poderia subsistir muito tempo nos direitos e autoridade; finalmente, pouco ou nenhum luxo, pois o luxo é o efeito das riquezas ou as torna necessárias; corrompe ao mesmo tempo o rico e o pobre, um pela posse, outro pela cobiça; vende a pátria à inércia, à vaidade; suprime todos os seus cidadãos do Estado para os sujeitar uns aos outros e todos à opinião."[241]

Rousseau possuía conhecimentos de História, a que recorria frequentemente nas suas obras para fundamentar as suas opiniões, não sendo portanto possível que desconhecesse que as "coisas difíceis de reunir" eram coisas impossíveis de reunir. No seu *Discours sur l'origine et les fondements de l'inégalité parmi les hommes*, datado de 1754, reporta-se à revolução neolítica afirmando que, "O primeiro (homem) que, tendo cercado um terreno, se lembrou de dizer: *Isto é meu*, e encontrou pessoas bastante simples que o acreditaram, foi o verdadeiro fundador da sociedade civil. Quantos crimes, quantas guerras, quantos assassínios, quantas misérias e horrores, não teria evitado ao género humano aquele que, arrancando as estacas ou entulhando o fosso, gritasse para os seus semelhantes: 'Tende cuidado, não escuteis esse impostor; estais perdidos se esqueceis que os frutos são de todos e a terra não é de ninguém.'"[242]

Na sua obra mestra, *Du Contrat Social*, Rousseau relata, na fundação de Roma, a divisão do exército em três tribos étnicas e a subdivisão destas em cúrias e decúrias, bem como a tensão conflitual existente entre elas; refere-se ao voto censitário, porque, "não se reconhecia ao populacho de que era composta (a última classe) a honra de servir a pátria com as armas; era preciso ter lares para ter o direito de os defender"; salienta as vantagens que possuíam os patrícios sobre os plebeus, "pela influência dos seus clientes na maioria dos sufrágios"; relata ainda uma insanável corrupção eleitoral: "Estabeleceram-se também novas formalidades para a recolha das tabuinhas (de voto), a contagem dos votos, a conferência dos números obtidos, etc., o que não impediu que a fidelidade dos funcionários encarregados destas funções (rogatores suffragiorum) fosse bastantes vezes posta em dúvida. Fizeram-se, enfim, para evitar as lutas e o comércio dos votos, éditos cuja multiplicidade demonstra a sua inutilidade."[243]

---

[241] Idem, Livr. III, Cap. IV.
[242] Vide Ob. Cit., Segunda Parte.
[243] Vide Ob. Cit., Livr. IV, Cap. IV.

Por último, Rousseau afirma que, "Em toda a parte em que o clero constitui um corpo, ele é senhor e legislador na sua parte. Há portanto dois poderes, dois soberanos, em Inglaterra e na Rússia, como noutros lugares"[244], situação que, juntamente com a formação de uma estratificação social em cuja base se encontra a escravatura, e com a existência de estruturas sociais com evidentes ambições políticas, inviabiliza a formação de uma "vontade geral", pela mera união e decisão da maioria dos "bons selvagens" que imaginou no *Contrato Social.*

O filósofo genebrino encontrava-se portanto dividido entre o *dever-ser* (sollen) da sua teoria da "vontade geral", resultante da maioria dos votos dos cidadãos, considerados como átomos do tecido social de uma Nação, e o *ser* real (sein) dessa sociedade, concebida como um complexo de estruturas sociais parciais que lutam pelo Poder, que exemplifica com o poder do clero, que "constitui um corpo", para além das demais estruturas sociais, que descortina.

A análise sociológica contemporânea vem evidenciando a existência de estruturas sociais, quer parciais quer globais, no macrocosmo social, a qual desvaloriza a visão da sociedade como um mero aglomerado de indivíduos descaracterizados, compreendidos como átomos da matéria social[245].

Essas estruturas sociais, das quais destacamos as sócio-políticas, recuam à noite da História, apresentando características que as tipificam, mas que têm contudo um denominador comum, *o incansável desejo de poder*, mencionado por Hobbes, a eterna luta amoral entre elites ávidas de poder, referida por Maquiavel, o fundador da Ciência Política: "Maquiavel entendia que a política não era um problema das massas, mas sim

---

244 Idem, Livr. IV, Cap. VIII.

245 Cfr. Gurvitch, Georges, *A Vocação Actual da Sociologia*, Lisboa, Cosmos, Vol. I, 1979, p. 496, onde o autor considera que os pontos salientes de uma estrutura social, quer parcial quer global, são: "*a)* Hierarquias múltiplas, quase sempre em tensão, se não mesmo em concorrência; *b)* O seu equilíbrio manifesto e ao mesmo tempo precário, o qual pede esforços e actos, sempre renovados; *c)* A nítida consciência destas hierarquias múltiplas e o seu equilíbrio precário; *d)* O travejamento que realiza esse equilíbrio a fim de combater a sua precaridade, por assim dizer constitutiva; *e)* O movimento de estruturação, desestruturação, reestruturação ou de explosão, que liga a estrutura com a 'sociedade em acto'".

Para uma melhor compreensão do conceito de "estrutura social", na visão do mesmo autor, vide *"As 'estruturas' em sociologia"*, in Bastide, Roger (coord.), *Usos e Sentidos do Têrmo "Estrutura"*, São Paulo, Ed., Herder, 1971, pp. 109/124.

de grupos dirigentes em conflito, e notava que o Direito não era o método que os resolvia, mas sim a força, como entre os animais. Por isso estabeleceu uma tipologia sumária de políticos, comparando-os a lobos e leões."[246]

Antecedendo os partidos liberais, que convencionaram utilizar apenas a luta ideológica para a aquisição, manutenção e exercício do poder político, a História apresenta-nos um incomensurável número estruturas sócio-políticas de contestação, de oposição ou de conflito à situação política vigente, com uma organização mais ou menos estável, que mobilizam as massas, como bases sociais de apoio às suas pretensões políticas. São as facções, os bandos sediciosos, as camarilhas, as sociedades secretas, os movimentos armados, as milícias, as guerrilhas, as conjuras, as ligas, os clubes, etc., que não recuam perante a luta armada e o assassinato político para a conquista do Poder: "O sangue e o Poder nunca se encontraram separados na história da humanidade."[247]

Poder-se-ia dizer, na esteira de Vilfredo Pareto (1848-1923) que afirmou que "a história é um cemitério de aristocracias", contrariando a teoria marxista de que "A história de qualquer sociedade até aos nossos dias não foi mais do que a história da luta de classes", que, *a história da humanidade não foi mais do que a luta entre as elites que instrumentalizaram as massas para a captura do Poder.*

A veracidade desta afirmação, que avançamos, resulta da "lição" da História acerca da utilização da força na conquista do Poder, em golpes de Estado, pronunciamentos e revoluções, após a formação dos partidos políticos contemporâneos, podendo destacar como exemplos, entre outras, a acção do partido bolchevique, a marcha do partido nacional fascista sobre Roma e a violência exercida pelo partido nacional-socialista alemão dos trabalhadores (N.S.D.A.P.) sobre as etnias não arianas, antes e depois da tomada do Poder.

Por outro lado, os partidos políticos, que alguns politólogos dividem em "partidos de quadros" e "partidos de massas"[248], apresentam, não obs-

---

[246] Moreira, Adriano, *Ciência Política*, Ob. Cit., p. 240.

[247] Moreira, Adriano, *Idem*, p. 75.

[248] Vide esta classificação in, Duverger, Maurice, *Os Partidos Políticos*, Rio de Janeiro, Zahar Ed., 2.ª Ed., 1980, pp. 99/107, onde o autor refere todavia que, "A distinção dos partidos de quadros e dos partidos de massas repousa numa infra-estrutura social e política. Desde logo tem coincidido, em seus grandes lineamentos, com a substituição do sufrágio universal pelo sufrágio restrito. (...) Por outro lado, o financiamento capitalista das

tante, nítidas semelhanças, quanto às suas estruturas dirigentes, a sua organização e o seu relacionamento com as bases sociais de apoio.

Na verdade, se os "partidos de quadros", após o advento do sufrágio universal, procuram aliciar e mobilizar as massas para a obtenção de resultados eleitorais que lhes permitam alcandorar-se no Poder, os "partidos de massas" são organizados habitualmente por quadros dissidentes das estruturas sócio-políticas preferenciais, ou por "indivíduos excepcionais que estão à frente das classes dominadas" não assimilados pelas classes dominantes, contando com um previsível apoio de grandes massas humanas desfavorecidas económica e socialmente[249].

A organização e actuação dos "partidos de massas" tem revelado que os seus dirigentes, eleitos pela sua competência técnica e qualidades de liderança, se perpetuam nos cargos, como se fossem escolhidos por Deus, tornando ilusória a condução democrática do processo político pelas massas. Os lideres partidários, qualquer que seja a sua origem, na estratificação social, terminam por se assemelhar, demarcando-se das massas, vivendo num círculo praticamente fechado, mantendo-se por tempo indeterminado no Poder, independentemente da ideologia do regime político erigido.

A essa situação de domínio das elites sobre as massas, denominou Robert Michels (1876-1936) "a lei de bronze da oligarquia"[250].

As elites, como observou Pareto, esgotam-se e entram em declínio, quer pela pressão das novas estruturas sociais ávidas de Poder, quer pela sua incapacidade lutarem para defenderem as suas posições, a que se habituaram, exercitando-as sem eficácia nem convicção: "Há vantagem em que as *élites* não sejam inteiramente fechadas e estejam prontas a absorver a renovação que sobe das camadas inferiores da sociedade, porque, se a circulação pacífica for impedida, a revolução violenta trará a destruição do exterior, assim como a decadência ameaçará o grupo do interior".[251]

---

eleições afigurava-se natural. Sobreviveu, aliás, ao sufrágio restrito. De fato, o advento do sufrágio universal não ocasionou de chofre o advento de verdadeiros partidos de massas. Os partidos de quadros simplesmente tentaram tornar flexível a sua estrutura, fingindo abrir-se às massas."

249 Cfr. Pareto, Vilfredo, *"As elites e o uso da fôrça na sociedade"*, in *Sociologia Política, Karl Marx, Max Weber, Gaetano Mosca, Vilfredo Pareto, Robert Michels*, Rio de Janeiro, Zahar Ed., 1966, pp. 70/88.

250 Cfr. Michels, Robert, *Les Partis Politiques, Essai sur les tendances oligarchiques des démocraties*, Paris, Flammarion, 1971, maxime, pp. 279 e ss.

251 Moreira, Adriano, *Ciência Política*, Ob. Cit., p. 242.

A *circulação das elites*, ou, das estruturas sociais preferenciais, identifica-se portanto com o processo histórico, conduzido sempre por um minoria organizada, que Gaetano Mosca (1858-1941) denominou "classe política dirigente", pelos estudos dos politólogos acerca da formação e organização da classe dirigente ou classe política: "Um dos primeiros resultados do nôvo método (de estudo) foi a noção do que, desde 1884, se chamava de *fórmula política.* Entende-se por isto o fato de que, em todos os países que atingiram um grau ainda que medíocre de cultura, a classe dirigente justifica seu poder fundamentando-o numa crença ou num sentimento que, nesta época e num povo determinado, são geralmente aceitos. Êstes sentimentos podem ser, segundo os casos, a vontade presumida de Deus, a consciência de formar uma nação distinta ou um povo eleito, a fidelidade tradicional a uma dinastia ou a confiança num indivíduo dotado, em aparência ou na realidade, de qualidade extraordinárias. (...) Desta forma, quando uma fórmula acha-se de qualquer maneira ultrapassada, quando a fé nos princípios sôbre os quais ela se apoia torna-se fraca, está aí o sinal que indica a iminência de sérias transformações na classe política dirigente."[252]

Mosca considera, que em civilizações muito avançadas, em que "o poder religioso seja separado do político, que a direcção econômica não seja inteiramente absorvida pelos chefes políticos do Estado, que as armas estejam exclusivamente nas mãos de uma parte da sociedade, separada e distinta das outras, e que a cultura e a preparação técnica sejam uma das vias que conduzam ao acesso da classe dirigente", a circulação das elites se poderá fazer pacificamente. Mesmo assim, Mosca afirma que, os "instintos violentos e maus (...) reaparecem freqüentemente durante as grandes crises políticas, quando um longo período de ordem e de paz podia fazer crer aos observadores superficiais que tais fôrças negativas haviam desaparecido."[253]

A investigação acerca dos detentores do Poder após a Segunda Guerra Mundial, que gerou dois tipos de sociedades industriais tecnicamente avançadas, a capitalista e a socialista, com claras semelhanças quanto à organização do sistema produtivo, promovida pelos imperativos do crescimento, da competição e do avanço tecnológico, debruçou--se mais sobre os factos para reapreciar as teorizações antes efectuadas.

---

[252] Mosca, G., *História das Doutrinas Políticas desde a Antiguidade*, completada por Gaston Bouthoul, *As Doutrinas Políticas desde 1914*, Rio de Janeiro, Zahar Ed., 2.ª Ed., 1962, p. 308.

[253] Mosca, G., *Idem*, p. 317.

Essa investigação ampliou o significado do conceito de elite, dada a sua selecção, segundo Karl Manheim, baseada na combinação de factores, como o "sangue", a "propriedade" e o "mérito", ou ainda, na capacidade necessária para a "gestão de empresas e do aparelho de Estado" por parte de indivíduos que não são proprietários dos meios de produção, na visão de James Burnham, presente na sua obra intitulada *The Managerial Revolution*[254].

A ascensão social dos gestores das grandes empresas industriais dos países ricos do hemisfério norte, com alguma capacidade de intervenção na área do Poder foi também assinalada por Raymond Aron, dada a interacção entre a economia e a política: "O dirigente dos meios de produção, o gerente de uma grande empresa industrial na URSS, nos Estados Unidos ou na França, tem um certo poder sobre aqueles que trabalham na empresa. Aquele que dirige uma empresa industrial, seja qual for o país, possui, também, meios de influenciar o Estado."[255]

Numa desassombrada análise acerca de *O Novo Estado Industrial*, com que intitulou o livro que o celebrizou, o economista John Kenneth Galbraith avança com o conceito de "tecnoestrutura", para denominar o grupo que compreende o gestor empresarial e o seu "staff" de técnicos especializados e funcionários, distinguindo-o dos empresários detentores dos meios de produção: "Êste (grupo), e não a administração, é a inteligência orientadora, o cérebro da empresa."[256] Galbraith refere então a influência política da tecnoestrutura com "acesso fácil aos veículos de comunicação – imprensa, televisão, rádio –" mas reconhece que para a acção política directa, "a tecnoestrutura é muito mais limitada que o empresário, uma vez que este pode "transferir tanto os fundos como os dividendos para a sua própria conta e gastá-los impunemente. Mas a tecnoestrutura não pode fazer isso, pois não recebe os dividendos."[257]

---

[254] Cfr. Moreira, Adriano, *Ciência Política*, Ob. Cit., p. 244.

[255] *Dezoito lições sobre a sociedade industrial*, Lisboa, Ed. Presença, (1.ª Ed. brasileira, 1981), p. 260.

[256] *O Nôvo Estado Industrial*, Rio de Janeiro, Ed. Civilização Brasileira, 1968, p. 81.

[257] Vide *Idem*, p. 329, onde Galbraith refere ainda que a tecnoestrutura "Também não possui o mesmo incentivo para assim agir. O subôrno de funcionários públicos, a compra do eleitorado ou o uso promíscuo do poder financeiro para influenciar as decisões públicas (a ameaça de despedir empregados ou fechar uma fábrica, por exemplo) não são actividades especialmente prestigiosas. Resultam, muitas vêzes, numa publicidade desagradável; em todo subôrno há o risco que a mão do praticante falhe e que seja pùblicamente levado ao pelourinho por aquêles que não receberam sua parte e pelos mais desembaraça-

Uma outra análise centrada na sociedade norte-americana, tendo como base o conceito weberiano de "grupo de *status*" chegou à conclusão de que a oligarquia do Poder é aquela que ocupa posições estratégicas na dinâmica social e não apenas a "classe" detentora dos meios de produção como afirmara Marx[258]. O sociólogo Charles Wright Mills verificou que naquela sociedade as instituições *política*, *económica* e *militar*, possuem uma posição axial que permitem às cúpulas das suas hierarquias ocupar posições de comando estratégico nessas estruturas sociais e consequentemente influenciar as decisões do Poder (*key decisions*).

No interior destas instituições que formam o "triângulo do poder" concentra-se o poder político que é partilhado por elas, numa atitude de solidariedade e de circulação, uma vez que os seus interesses são idênticos e complementares: "O cerne da elite do poder consiste, primeiro, dos que trocam entre si papéis de comando no alto da ordem institucional dominante com os que ocupam tais postos em outra ordem: o almirante que é também banqueiro e o advogado que chefia uma importante comissão federal; o executivo de empresa cuja companhia foi uma das duas ou três principais produtoras de material bélico é hoje Secretário da Defesa; o general da guerra que vestiu roupas civis para sentar-se no diretório político e tornar-se em seguida membro da junta de diretores de uma importante empresa."[259]

Mills considera também que os elementos que constituem a elite do Poder, "Podem também ser definidos em termos de critérios psicológicos e morais como certos tipos de indivíduos seleccionados. Assim definida, a elite, muito simplesmente, é constituída de pessoas de caráter e energia superiores. O humanista, por exemplo, pode conceber a 'elite' não como um nível ou categoria social, mas como um grupo disperso de pessoas que procuram tanscender-se, e portanto são mais nobres, mais eficientes, feitas de melhor estofo. Não importa que sejam ricas ou pobres, que tenham altas

---

dos daqueles que a receberam. Para o empresário, êsses riscos freqüentemente valem a pena; (...) Mas isso não é coisa que se faça por um salário."

[258] Para uma compreensão do "grupo de *status*" avançado por Max Weber, vide o seu artigo *"Classe, 'status', partido"*, in *Estrutura de Classes e Estratificação Social*, Rio de Janeiro, Zahar Ed., 8.ª Ed,. 1979, pp. 61/83, onde afirma que "Ao passo que o lugar genuíno das 'classes' é no interior da ordem econômica, o lugar de 'grupos de *status*' é na ordem social, isto é, dentro da esfera de distribuição de 'honra'. De dentro dessas esferas, as classes e grupos de *status* influenciam-se mutuamente, e influenciam a ordem legal, sendo em troca influenciados por ela."

[259] *A Elite do Poder*, Rio de Janeiro, Zahar Ed., 4.ª Ed.,1981, p. 340.

posições ou não, que sejam aclamadas ou desprezadas – são a elite por serem como são. O resto da população é a massa, que, segundo esse conceito, apaticamente mergulha numa mediocridade desconfortável."[260]

3.1.1 *A dinâmica social*

As teorias elitistas, quer considerem a existência de uma só classe dirigente, quer afirmem existir uma pluralidade de categorias dirigentes no tecido social, a que aludimos, recusam todavia a chamada "luta de classes" desencadeada espontaneamente pelas classes oprimidas, consoante a visão marxista da História: "Homem livre e escravo, patrício e plebeu, barão e servo, mestre de juranda e companheiro, numa palavra, opressores e oprimidos, em oposição constante, travaram uma guerra ininterrupta, ora aberta, ora dissimulada, uma guerra que acabava sempre quer por uma transformação revolucionária de toda a sociedade, quer com a destruição das duas classes em luta".[261]

A investigação histórica, tem, na verdade, evidenciado que essas lutas pelo Poder, de que são exemplo as "guerras servis", as "jacqueries", as "revoltas operárias" medievais, entre outras, lideradas mas mal organizadas, embora tenham conseguido uma efémera captura do Poder, são, em seguida esmagadas pelos seus adversários, possuidores de uma prudente e meticulosa organização: "Os factos demonstram que o Poder só pode ser exercido por uma minoria organizada, e tal minoria organizada constitui uma *classe dirigente* ou *classe política*"[262].

A análise politológica marxista recusa a tese elitista, quer esta defenda a existência de uma só classe dirigente, quer considere que o Poder está disperso por diversos grupos de *status*, argumentando que essas teses pretendem obnubilar a *classe economicamente dominante*, a classe detentora dos meios de produção, a verdadeira classe detentora do Poder.

Criticando a aceitação do critério económico para a definição das classes sociais e a sua recusa para a compreensão dos grupos de intervenção política, que alguns sociólogos consideram diferir no seu *estatuto teó-*

---

260 *Idem*, Ob. Cit., pp. 22/23; vide tb. Schwartzenberg, Roger-Gérard, *Sociologia Política, Elementos de Ciência Política*, São Paulo – Rio de Janeiro, DIFEL, 1979, pp. 674/676.

261 Cfr. Marx, K. e Engels, F., *Manifesto do Partido Comunista*, I.

262 Moreira, Adriano, *Ciência Política*, Ob. Cit., p. 242.

rico, o politólogo marxista Nicos Poulantzas afirma que "A diferença consiste em que estes grupos se delimitam por relações de poder – político –, e de acordo com a definição que cada autor dá e este termo, mas cuja relação com o económico não recebe – e não pode receber – um estatuto científico. Trata-se aqui, *muito exactamente*, do próprio núcleo da problemática dos *grupos estatutários* de Weber, da *classe política* de R. Michels, das *elites do poder* de Wrigth Mills, etc., teóricos estes que admitem a existência *paralela* das classes sociais económicas num sentido marxista deformado – 'situação de classe' económica não implicando relações de poder."[263]

Na verdade, a visão da sociedade global de cada Estado dividida em dois agrupamentos distintos, após a formação do Poder, denominados habitualmente "governantes e governados", surge em praticamente todas as *Teorias do Estado* elaboradas por juristas, há mais de um século: "A verdade é que o poder político é um facto que não possue em si nenhum carácter de legitimidade ou ilegitimidade. (...) Em todos os grupos sociais que se qualificam de Estados, os mais primitivos e os mais simples, os mais civilizados e os mais complexos, encontra-se sempre um facto único: indivíduos mais fortes do que outros, que querem e podem impôr a sua vontade aos restantes. (...) o facto persiste sempre idêntico a si próprio: os mais fortes impõem a sua vontade aos mais fracos. (...) Os governantes eram sempre, são e serão sempre os mais fortes de facto."[264]

Duguit, visiona a sociedade política numa perspectiva estática, sugestionado certamente pela "lição" da História, que patenteia desde o Egipto faraónico até ao colapso do Absolutismo na Europa, bem como nos despotismos americanos, africanos e asiáticos, uma profunda diferença de estatuto social entre os detentores do Poder e os seus súbditos[265].

O advento do liberalismo, provocou todavia o nascimento do proletariado urbano, classe social profundamente explorada pelos burgueses

---

[263] Cfr. *Poder Político e Classes Sociais*, Porto, Portucalense Ed., 1971, I Vol., maxime, p. 110.

[264] Duguit, Léon, *Fundamentos do Direito*, Lisboa, Ed. Inquérito, 1939, pp. 43/44.

[265] Na Antiguidade Clássica, onde a escravidão se considerava uma situação natural, Aristóteles escreveu uma frase, que foi repetida ao longo dos séculos: "Governar e ser governado são coisas não só necessárias mas convenientes, e é por nascimento que se estabelece a diferença entre os destinados a mandar e os destinados a obedecer." (*Política*, I, 5, Lisboa, Vega Ed., 1998, p. 61)

detentores dos meios de produção, instalados no Poder, mas que dela necessitavam, quer para combaterem a antiga nobreza, a tradicional elite fundiária político-militar, quer para obterem uma produção industrial lucrativa que superasse os réditos agrícolas dos nobres, derrubados pelas revoluções liberais.

O movimento operário clandestino, resultante dessas desumanas relações sociais de produção, que intensificou no século XIX a sua luta por uma melhoria de situação social e económica das classes trabalhadoras, embora continuadamente destroçado pelas forças repressivas do Estado Liberal, conseguiu, não obstante, promover algumas cedências governamentais às suas aspirações associativistas, promotoras da integração social do proletariado.

Para além das reivindicações de melhorias nos seus labores, paulatinamente alcançadas, o movimento operário, que evoluiu para um sindicalismo autorizado pelo Poder, lutou também pela alfabetização proletária, como condição necessária da sua promoção social e da compreensão dos seus interesses, ou seja, da sua "consciência de classe"[266].

A cultura operária, aspiração dos dirigentes sindicais, esbarra porém com as dificuldades inerentes ao esforço físico diário dos proletários que não lhes permite a concentração no estudo, realizado à noite, nas horas destinadas a um necessário repouso.

A promoção individual é melhor aceite pelos intelectuais oitocentistas, que duvidam da actuação consciente das massas nos movimentos revolucionários conducentes à transformação das sociedades: "O que as revoluções tiveram de puramente destruidor, a multidão pode reivindicá-lo, ao menos em parte; mas o que elas realmente fundaram e descobriram que não tenha sido concebido e premeditado antes e depois delas por homens superiores como Lutero, Rousseau, Voltaire, Napoleão? (...) Uma assembléia ou uma associação, uma multidão ou uma seita, não tem outra *idéia* a não ser a que lhe insuflam, e essa idéia, essa indicação mais ou menos inteligente de um objectivo a perseguir, de um meio a empregar, por mais que se pro-

---

266 Para o estudo da evolução da organização laboral oitocentista e da transformação que conseguiu promover a nível constitucional, nomeadamente a tímida inclusão nas Constituições Políticas de direitos sociais (os socorros públicos e a instrução), a que se seguiu, no século XX, a proclamação de objectivos sociais e económicos e concessão de direitos laborais nos textos constitucionais, que criaram a actual Constituição Económica, vide Ribeiro dos Santos, António Pedro, *Movimentos Laborais e Constituição Económica*, Lisboa, Instituto Superior de Ciências Sociais e Políticas, 2000)

pague do cérebro de um só ao cérebro de todos, permanece a mesma; o insuflador é, portanto, responsável por seus efeitos diretos."[267]

Citando Jeahan Préval em *Anarchie et Nihilisme*, Gabriel Tarde refere a força política do anarquismo, a "cavalaria ligeira do socialismo" que aspira conquistar "a grande massa do proletariado urbano", mas afirma que, "O estado de espírito socialista e o estado de espírito anarquista tampouco eram alguma coisa antes que alguns publicistas famosos, Karl Marx, Kropotkin e outros, os exprimissem e pusessem em circulação com sua efígie."[268]

À análise de Tarde, seguiu-se o estudo de Gustave Le Bon acerca da psicologia das massas, que distingue também da psicologia individual, mas atribui-lhe maior importância política: "Há apenas um século, a política tradicional dos Estados e as rivalidades dos príncipes constituíam os principais factores dos acontecimentos. Na maioria dos casos, a opinião das multidões nada contava. Hoje são as tradições políticas, as tendências pessoais dos soberanos e as suas rivalidades que pouca importância têm. A voz das multidões tornou-se preponderante, É ela que dita aos reis a sua conduta."

Considerando estar a viver numa época de transição, Le Bon afirma que não foi o sufrágio universal que determinou a ascensão das massas, mas sim a propagação de "certas ideias" e o associativismo que permitiu pô-las em prática e que lhes deu consciência da sua força: "Fundam sindicatos perante os quais todos os poderes capitulam; bolsas de trabalho que, apesar das leis económicas, tendem a reger as condições de trabalho e de salário. (...) Pouco dadas ao raciocínio, as multidões mostram-se em contrapartida, muito aptas para a acção. A organização actual torna poderosa a sua força. Os dogmas, que hoje vemos surgir, depressa hão-de ter o poder dos velhos dogmas e ficarão investidos da força tirânica e soberana que os colocará ao abrigo de qualquer discussão. Assim o direito divino das multidões substitui o direito divino dos reis. (...) As multidões, hoje, não querem saber dos deuses que os seus senhores de ontem renegaram e ajudaram a derrubar."[269]

A acção política das massas começa a ser legitimada e mitificada por alguns pensadores, de que é exemplo Rosa Luxemburg, que, no seu livro *Sozial reform oder Revolution*, publicado em 1899, advoga a revolução

---

[267] Tarde, Gabriel, *"Multidões e seitas criminosas" (1893)*, in *A Opinião e as Massas*, São Paulo, Livr. Martins Fontes, 1992, (1.ª Ed. 1901), pp. 158/161.

[268] Tarde, Gabriel, *Idem*, Ob. Cit., pp. 188 e 41.

[269] *Psicologia das Multidões*, Ed. Delraux, 1980 (1.ª Ed., 1895), pp. 13/15.

espontânea da classe operária, sem a tutela de um partido de vanguarda, para operar a transformação da sociedade burguesa, erigindo o socialismo. O seu populismo ingénuo, que não convenceu Lénine, custou-lhe a vida no rescaldo da frustrada revolta espartaquista alemã de 1918, mas a polémica entre a acção espontânea das massas e a direcção da sua acção revolucionária por um partido comunista disciplinado, férreo, manteve-se por largos anos.

A pretendida cultura operária mantém-se sempre um "sonho" dos sindicalistas, dado o grande esforço físico despendido pelos trabalhadores manuais, que não podiam aproveitar cabalmente as aulas e as bibliotecas que lhes eram facultadas. Referindo-se a uma possível circulação de elites, Raymond Aron considera que, "A composição da elite governante pode ser alterada progressivamente, a importância relativa dos diversos grupos pode ser modificada, mas uma sociedade só pode sobreviver e prosperar se houver verdadeira colaboração entre esses grupos. De uma forma ou outra precisa haver uma unidade de opinião e ação, em torno de pontos essenciais, no interior da elite".[270]

Para além da circulação existente no seio das estruturas sociais preferenciais, ou elites, as demais classes sociais apresentam também uma dinâmica que aproxima alguns dos seus agrupamentos da área do Poder: "Nas sociedades ocidentais, as elites se colocam, em sua maioria, de um dos lados da grande barreira constituída pelas divisões de classe; e, assim, cria-se uma visão inteiramente enganadora da vida política se concentrarmos nossa atenção sobre a competição entre elites, e deixarmos de examinar os conflitos entre classes e os modos pelos quais as elites se ligam às várias classes sociais. (...) Mosca, por exemplo, referiu-se à possibilidade, num sistema democrático, de muitas diferentes 'forças sociais' (não elites) tomarem parte na vida política e limitarem o poder de outras forças sociais, e especialmente a burocracia."[271]

No século XX, a difusão da informação através da rádio e da televisão, que esclarece as massas ignaras, bem como a sua rebeldia face às decisões mais injustas do Poder, torna-se um tema polémico entre os sociólogos, que assistem à sua consciencialização e crescente capacidade reivindicativa.

---

[270] *"Social Structure and the Ruling Class"* in *British Journal of Sociologie*, I (2), p. 129, apud Bottomore, T. B., *As Elites e a Sociedade*, Rio de Janeiro, Zahar Ed., 2.ª Ed., 1974, pp. 113/114.

[271] Bottomore, T. B., *Idem*, p. 114.

Alarmado com a progressiva intervenção das massas na área do Poder, o escritor José Ortega y Gasset, considera que estas são formadas por criaturas "que não exigem de si nada de especial, pois para elas viver é ser em cada instante o que já são, sem esforço de perfeição em si mesmas, bóias que andam à deriva." Desgostoso e preocupado com a atitude agressiva das massas, o escritor afirma que "A massa arrasa tudo o que é diferente, egrégio, individual, qualificado e selecto. Quem não for como toda a gente, quem não pensar como toda a gente, corre o risco de ser eliminado. E, está claro, essa 'toda a gente' não é 'toda a gente'. 'Toda a gente' era, normalmente, a unidade complexa de massa e minorias discrepantes, especiais. Agora toda a gente é só massa."[272]

Noutro ponto da sua obra, Ortega y Gasset, defendendo os tradicionais valores da Cultura Ocidental, refere que "O império que a vulgaridade intelectual exerce hoje sobre a vida pública é, porventura, o factor mais novo da presente situação, menos assimilável a nada do passado. Pelo menos na história europeia até à data, nunca o vulgo julgara ter 'ideias' sobre as coisas." Procurando a génese desta situação, Ortega y Gasset acusa o sindicalismo e o fascismo de terem movimentado as massas em direcção ao Poder, o que entusiasmou os europeus, pela novidade dessas atitudes políticas: "Sob as espécies de sindicalismo e fascismo aparece pela primeira vez na Europa um tipo de homem que *não quer dar razão nem quer ter razão*, antes, pelo contrário, simplesmente se mostra resolvido a impor as suas opiniões. Eis aqui o que é novo: o direito a não ter razão, a razão da sem-razão. Eu vejo nisso a manifestação mais palpável do novo modo de ser das massas, por se terem resolvido a dirigir a sociedade sem capacidade para isso."[273]

Numa outra visão da interacção entre o *Estado* e a *sociedade*, ou entre as *elites do Poder* e as *massas*, o sociólogo Seymour Martin Lipset considera que a sociologia já ultrapassou a controvérsia entre o primado da sociedade ou do Estado que dividiu diversos pensadores, como Saint-Simon, Proudhon e Marx que defenderam o reforço dos laços sociais para combaterem o Estado, e Hegel e os seus seguidores, bem como Lorenz von Stein, entre outros, que pretenderam erigir um Estado totalitário que aglutinasse e subordinasse às suas determinações todos os elementos sociais discordantes: «(...) l'erreur était de considérer *Etat* et *société*

272 *A rebelião das Massas*, Lisboa, Relógio d'Água, 1989 (1.ª Ed., 1920) pp. 42/44.
273 Cfr. *Idem*, pp. 83/85.

comme deux organismes indépendants et de se demander auquel revenait la prééminence. De nos jours les sociologues considèrent l'*Etat* comme une institution politique parmi d'autres qui ne forment elles-mêmes qu'une branche rattachée aux institutions sociales.»[274]

Em abono da sua *weltanschauung* (concepção do mundo), Lipset afirma que muitos sociólogos chegaram também à conclusão de que um estudo do Estado separado de outras instituições políticas não pode ter fundamentos teóricos, citando Talcott Parsons, destacado sociólogo contemporâneo, que declarou não se poder abordar o estudo da política apoiando-se numa concepção teórica reservada a esse problema, porque «la politique constitue un centre d'intégration de tous les éléments analytiques du système social, et ne saurait être lui-même reconnu comme l'un de ces éléments particuliers.»[275]

Baseado em dados recolhidos acerca das restrições à capacidade eleitoral activa dos cidadãos de diversos Estados democráticos do Ocidente, antes da Primeira Guerra Mundial, Lipset recorda que os conservadores do século XIX receavam que os eleitores pobres não tivessem outras preocupações senão as da sua situação económica, pelo que procuraram sempre evitar o perigo da pressão popular, criando uma imagem de representação nacional, mas mantendo intacta a sua orientação legislativa[276].

A participação eleitoral do proletariado não conduziu todavia a consequentes vitórias dos chamados partidos de massas, quer pela influência das aristocracias fundiárias nos votos das populações rurais, quer pelos constrangimentos ideológicos à mudança, existentes em todos os meios sociais, resultantes da cultura difundida pelas instituições tradicionais, quer ainda pela descrença nas promessas provenientes das forças políticas de feição revolucionária[277].

---

274 *L'Homme et la Politique*, Paris, Ed. du Seuil, 1960, p. 35.

275 Cfr. *Idem*, Ibidem.

276 Entre as restrições à capacidade eleitoral activa dos cidadãos assinaladas por Lipset, podemos referir a manutenção do sufrágio censitário e capacitário em Inglaterra, até 1945; o sistema de investidura por três câmaras na Alemanha, para impedir a formação de um governo apoiado por uma maioria popular, em vigor na Alemanha até 1918; a eleição por sufrágio directo do Senado dos Estados Unidos da América, apenas decidido em 1916; outras medidas semelhantes subsistindo ainda (1960) ou suprimidas recentemente, na Austrália, no Canadá, na Bélgica, na Itália, entre outros Estados. (Cfr. *L'Homme et la Politique*, Ob. Cit., p. 306)

277 Em 1861, Napoleão III aconselhava o governo prussiano a adoptar o sufrágio universal, porque a população rural conservadora aumentaria a sua influência em detri-

Esta situação foi evoluindo todavia para uma maior consciencialização das massas e para uma democratização dos partidos socialistas, que os tornaram mais credíveis àquelas: «Un net courant vers la gauche continue cependant de se manifester dans la plupart des démocraties stables. Les partis avancés finissent par trouver, avec le temps, le soutien nécessaire pour leur permettre d'imposer les réformes qui augmentent le pouvoir et la sécurité des classes inférieures.»[278]

A análise sociológica da actual dinâmica social tem todavia vindo a evidenciar que a mobilidade social aumentou, de um modo geral, nas sociedades industriais, mas que tal aumento se deve, em grande medida, às modificações na estrutura laboral, pela expansão do sector terciário, onde se situam as profissões dos "colarinhos brancos" e pela redução das ocupações manuais no secundário, o que provoca também alguma "mobilidade para baixo": "Outro aspecto importante é que o maior grau de mobilidade social tem lugar entre níveis limítrofes. Por exemplo, entre os níveis superiores da classe operária e os níveis inferiores da classe média. O movimento da classe operária para a classe alta é muito limitado, em qualquer sociedade, e principalmente na Grã-Bretanha."[279]

A polémica entre a teoria utópica de que toda a organização social pressupõe um certo consenso e integração, defendida por Aristóteles, Hobbes e Kant e a teoria racionalista de que em todas as sociedades existe uma conflitualidade latente, afirmada por Platão, Rousseau e Hegel, é atenuada por Ralf Dahrendorf, que considera que ambas as posições são relativas: «L'utopisme sociologique n'affirme pas que l'ordre *soit basé sur* un consensus général mais qu'*il peut être conçu dans les termes* d'un tel consensus et qu'il s'ensuit certaines propositions justiciables d'un contrôle par une observation appropriée. De manière analogue, le rationalisme sociologique considère la nature coercitive de l'ordre social plutôt comme principe heuristique que comme un jugement de fait.»[280]

---

mento dos liberais das grandes cidades. (Cfr. Meinecke, F., *Weltburgertum und Nationalstatt, Genesis des Deutschen Nationalstaats*, München, G. R. Oldenbourg, 1922, 6.ª Ed., pp. 517/518, e Naumann, F., *Die Politichen Parteien*, Berlim, Schonberg der Hilfe, 1910, pp. 16/17, apud Lipset, Seymour Martin, *L'Homme et la Politique*, Ob. Cit., p. 306)

278 Lipset, Martin Seymour, *Idem*, p. 308.

279 Bottomore, T. B., *As Classes na Sociedade Moderna*, Rio de Janeiro, Zahar Ed., 1978 (1.ª Ed., 1965), p. 39.

280 *Classes et Conflits de Classes dans la société industrielle*, Paris, Mouton Ed., 1972, p. 160.

Dahrendorf, afirma que certos problemas sociológicos necessitam o recurso a uma ou a outra teorias ou a ambas, tal como Jano, que possui duas faces que constituem dois aspectos equivalentes da mesma realidade. Há autores que acentuam aspectos normativos nas suas análises e outros que dão mais relevo aos aspectos institucionais: «Chaque fois que nous considérons la structure sociale, elle se présente toujours comme dotée d'une dimension morale et d'une dimension réelle, l'une normative, l'autre institutionnelle, ou encore dans les termes discutables de Marx, une superstructure et un substratum.»[281]

Na sua análise social, Dharendorf considera que em todo o processo de mudança, as dissensões e os conflitos, que envolvem todo o tecido social onde um grupo de *dominação* constrange outro, de *sujeição*, estão omnipresentes. Esses dois grupos, encontram-se no interior de todas as organizações sociais onde existe a autoridade ou a "coordenação imperativa", difíceis de denominar de uma forma unívoca: «(...) il semble justifié d'utiliser le terme (catégorie) d'«association» en un sens qui implique la coordination d'agrégats organisés de rôles, par la domination et la sujétion. l'Etat, une église, une entreprise, mais aussi un parti politique, un syndicat ou un club d'échecs constituent en ce sens des associations.»[282]

Este sociólogo alemão salienta também que não é adequado, face à realidade actual, delimitar uma fronteira entre dominação e sujeição. Cada indivíduo pode desempenhar simultaneamente papéis de domínio, integrado numa associação, e de sujeição, integrado noutra: «Dans un Etat démocratique, on trouve à la fois de simples électeurs et des titulaires de fonctions d'autorité tels que les ministres, les élus et les hauts fonctionnaires. Mais cela ne veut pas dire que le simple électeur ne peut occuper de fonction d'autorité dans un autre contexte, par exemple dans une entreprise industrielle; inversement, un ministre peut n'être dans son église qu'un simple fidèle, c'est-à-dire être soumis à l'autorité d'autres individus.»[283]

A "teoria do conflito" deste sociólogo aprofunda portanto a visão do conflito social de Marx, que o reduz à luta entre opressores e oprimidos, integrando-se na análise social contemporânea dos *movimentos sociais*,

---

281 *Classes et Conflits de Classe...*, Ob. Cit., p. 162.

282 *Classes et Conflits de Classe...*, Ob. Cit., p. 170.

283 *Classes et Conflits de Classe...*, Ob. Cit., p. 173.

a qual, para alguns sociólogos se situa no cerne da análise sociológica, de uma sociologia de acção, que, repudiando a sociologia clássica, se debruça sobre as condutas e as relações sociais, libertando-se de valores e normas universais[284].

A dinâmica social é ainda intensificada em diversos pontos do globo, por muitos elementos enérgicos das classes mais desfavorecidas, que, descrentes das possibilidades de ultrapassarem as barreiras colocadas à situação social em que se encontram, se decidem pela emigração para países onde calculam poder melhorar o seu nível de vida, fugindo assim a essas limitações. Também os proscritos por motivos políticos ou religiosos, expulsos ou fugitivos dos seus países de origem, avolumam o caudal dos emigrantes, refugiando-se noutros locais, onde são tolerados, ou onde podem continuar a defender os seus ideais, a militar nos seus partidos ou a praticar os seus cultos.

As migrações internacionais, onde o êxito material apenas bafeja uma escassa minoria de audazes emigrantes, são de tal forma numerosas e continuadas, que provocam profundas alterações nas estruturas sociais de muitos países, dizimando por vezes as populações autóctones, e criando sociedades transnacionais, onde a ideia da sobrevivência e da ascensão social se torna o valor comum, que aglutina o *melting pot* de etnias, culturas, tradições e credos religiosos[285].

Os descendentes desses emigrantes, conseguem não raro, após duas ou três gerações, integrar-se nas elites dos países onde se fixam e desempenhar os mais altos postos nas suas estruturas económicas, administrativas, militares e até políticas.

As crescentes dificuldades da migração, pela excessiva densidade das populações de todos os países do mundo não desencoraja estes aventureiros, que, pressionados sobretudo pelas suas dificuldades materiais, sonham sempre com uma vida melhor...

---

[284] Para o conhecimento dos numerosos autores e tendências do estudo actual dos Movimentos Sociais, que se afasta do objecto nosso trabalho, vide p. ex. Gohn, Maria da Glória, *Teorias dos Movimentos Sociais, Paradigmas Clássicos e Contemporâneos*, São Paulo, Ed. Asa, 1995.

[285] Acerca das migrações contemporâneas, vide entre outros, George, Pierre, *As Migrações Internacionais*, Lisboa, Dom Quixote, 1977.

3.2 O Estado como arquétipo do Poder

A criação histórica do Estado, a partir do conhecimento que obtivemos através de fontes escritas, encontra-se associada ao mito de que os detentores do Poder são possuidores de poderes sobrenaturais que lhes permitem regular a ordem do mundo, ou seja, que possuem uma natureza divina.

Nos seus primórdios, o Estado apresenta-se assim como um modelo ideal do Poder, exercido sobre uma determinada sociedade, onde a vontade dos deuses constitui o principal motivo de obediência total dos súbditos aos seus governantes.

Algumas cidades-Estados da Cultura Clássica adoptaram, como vimos, formas democráticas de Poder, mas mesmo nessas, afirmava-se que a vontade do "corpo cívico" era sacralizada por intermédio dos deuses: "A assembleia (do povo) era convocada pelos pritanos e pelos estrategas. Realizava-se em recinto sagrado pela religião; desde pela manhã, os sacerdotes davam a volta ao Pnix, imolando ali vítimas e pedindo a protecção dos deuses. (...) Quando toda a gente estava sentada, um sacerdote erguia a voz: 'Guardai silêncio, dizia, silêncio religioso; rogai aos deuses e às deusas (e aqui nomeava as principais divindades do país), a fim de que tudo se passe o melhor possível nesta assembleia, por maior honra de Atenas e felicidade dos seus cidadãos'. Depois o povo, ou alguém em seu nome respondia-lhe: 'Invoquemos os deuses para que protejam a cidade. Possa o conselho do mais prudente prevalecer! Maldito seja todo aquele que nos der maus conselhos, pretender modificar os decretos e as leis, ou revelar os nossos segredos ao inimigo'".[286]

A ofensiva persa na Europa, detida pelos gregos em 479 a.C., provocou a triunfal e extraordinária contra-ofensiva para Oriente de Alexandre Magno da Macedónia, no século IV a.C., que lhe permitiu apoderar-se do Império persa e exercer assim um vasto domínio europeu no Egipto, Fenícia, Anatólia, Babilónia e Bacteriana (Afganistão) até ao Indo. O seu sucesso militar, que deslocou o centro político-cultural do Mediterrâneo Oriental para o Continente Europeu, passou a ser considerado obra divina, pelo que foi declarado filho de Zeus Ammon. A sua morte prematura não lhe permitiu consolidar o Estado que construiu,

[286] Coulanges, Fustel de, *A Cidade Antiga – Estudo sobre o Culto, o Direito e Instituições da Grécia e Roma*, Ob. Cit., Vol. I, pp. 157/158.

e cujo modelo político-cultural que concebeu, se baseava na fusão entre vencedores e vencidos a fim de que todos comungassem nas mesmas crenças e tradições.

A expansão romana, que foi fortalecendo o poder dos militares em detrimento das instituições republicanas democráticas, obrigou o Senado, em 82 a.C., derrogando a Constituição da cidade-Estado, a conferir ao general Lúcio Cornélio Sila, uma ditadura sem limite de tempo, o que abriu o caminho para o poder pessoal.

Aberta uma crise política que evolui para a disputa do Poder pelos generais romanos, a situação só se estabiliza com a vitória do "Imperatur" (general vencedor) Caio Júlio César Octaviano, sobre os seus rivais, em 27 a.C., o que impele o Senado a conferir-lhe o título de "augustus" (sagrado).

O Imperator Cæsar Augustus, nome que Octaviano passa a usar, constroi então o novo Estado romano segundo o modelo imperial da romanização, fortalecido pela sua legitimidade teocrática, conseguindo promover a "pax romana" e instituir a transmissão hereditária do Poder.

A construção do Estado, baseou-se portanto, durante milénios, numa afirmada legitimidade teocrática do Poder, o qual foi também considerado, por vezes, originário do povo, embora dele alienado para o delegar nos governantes.

O advento da Idade Moderna provocado pela alteração do sistema económico e pelo consequente surgimento de novas estruturas sociais que se destacam das massas populares, promoveu uma nova concepção de Poder e consequentemente do Estado, autónomo politicamente, sem recorrer à legitimidade teocrática ou democrática.

O pensamento político moderno, para o qual contribuiu a visão de Maquiavel acerca do mundo, tem como base um determinismo irracional das forças da natureza, biológicas e humanas, sem objectivo nem planeamento transcendente.

Segundo Maquiavel, a sociedade é uma massa humana movida pela satisfação das suas necessidades básicas, incapaz de se movimentar no sentido de realizações superiores, uma matéria prima que os príncipes possam moldar através do seu poderoso aparelho Estado, novo arquétipo do Poder.

A justificação do Poder do Estado pela "razão de Estado", sem limites éticos, ou seja, a afirmação da autonomia do político, conducente à criação de Estados absolutos e despóticos, foi uma fórmula que isolou o Poder, destacando-o da tessitura social e das instituições tradicionais, terminando por ofender a Igreja e provocar a condenação dos grandes pensadores laicos e eclesiásticos[287].

A grande ruptura epistemológica no pensamento filosófico europeu, com naturais repercussões na teoria do Estado pós-maquiavélica, foi provocada pelos trabalhos de Emmanuel Kant (1724-1804). O próprio autor compara a sua mensagem gnoseológica, à "revolução" de Copérnico, uma vez que antes o sujeito gravitava em volta do mundo (do objecto) e agora era o *objecto* que passava a gravitar em volta do *sujeito*, evidenciando assim a importância do *elemento subjectivo* no conhecimento, essencialmente racional: "Trata-se aqui de uma semelhança com a primeira ideia de Copérnico; não podendo prosseguir na explicação dos movimentos celestes enquanto admitia que toda a multidão de estrelas se movia em torno do espectador, tentou se não daria melhor resultado fazer antes girar o espectador e deixar os astros imóveis."[288]

Segundo Kant, a inteligência humana não atinge todavia a realidade na sua plenitude, "a coisa em si" (*das ding an sich*) limitando-se a captar os *fenómenos*, que são as aparências das "coisas em si", as quais denomina os *númenos*.

O conhecimento, tem assim uma origem sensorial, na sua visão, estando nele incluído o *espaço*, condição das nossas percepções vindas do exterior, que não é independente de nós e dos objectos, tal como o *tempo*, conjunto de relações de sucessão. Os elementos captados pela via sensorial não conduzem porém imediatamente, ao conhecimento, quedando-se numa "rapsódia de sensações"; torna-se necessário que aqueles sejam ordenados pelo "entendimento", ou seja, pela capacidade que o espírito tem de produzir categorias, conceitos, capazes de os ordenar.

Ignorando a essência das coisas, o conhecimento depende portanto, segundo o criticismo kanteano, da experiência sensorial e do entendimento, sendo relativo a estes dois elementos e atingindo apenas uma verdade de ordem formal, ou seja, mantendo-se num relativismo gnoseológico, só ultrapassável pela existência de uma *Razão Prática (Praktischen Vernunft)*, de uma consciência moral, que nos revela a existência do

---

287 Os escritos de Maquiavel foram colocados em 1552, pelo Papa Paulo VI no *Index librorum prohibitorium* publicado em Roma, de cisão confirmada pelo Concílio de Trento. (Cfr. Cabral de Moncada, *Filosofia...*, Ob. Cit., Vol. I, p. 108)

288 *Crítica da Razão Pura (Kritik der Reinen Vernunft)*, (Prefácio da Segunda Edição, 1787), Lisboa, Fundação Calouste Gulbenkian, 2.ª Ed. da trad. portuguesa, 1989, (1.ª Ed., 1781), p. 20.

Absoluto, do *Dever*, como *Imperativo Categórico (o dever formal de realizar o bem)*, capaz de nos conduzir a leis de procedimento com valor universal.

O procedimento humano, apresentando-se como um dever social, tem como pressuposto necessário a liberdade moral (*freihart*) que promana de um direito natural, que condiciona a produção do direito e a acção do Estado. A integração do indivíduo na sociedade, divide-o entre a sua entrega total à coisa pública e a preservação do seu isolamento natural, face a um projecto comum que o ultrapassa: «J'entends ici par antagonisme *l'insociable sociabilité* des hommes, c'est-à-dire leur inclination à entrer en société, inclination qui est cependant doublée d'une répulsion générale à le faire, menaçant constamment de désagréger cette société.»[289]

A dignidade individual, baseada no ser humano liberto de sujeições, antes de se integrar na sociedade civil e de aceitar os desígnios na maioria, está assim presente no pensamento de Kant, associada todavia a um direito natural, que promana da *razão* e que passa a designar "direito racional" (*Vernunftrecht*): "Ao lado da moral, o direito é uma normatividade que só pode definir-se como critério de liberdade, ou seja, *como meio de permitir a realização da liberdade do homem em si e nas suas relações com a liberdade dos outros*"[290].

A liberdade humana, como integração das vontades numa ordem racional de fins, e não de meios, constitui o objectivo fundamental da ordem social estabelecida pelo direito que promana do Estado. A ideia de "contrato social" (*Staatsvertrag*) em Kant, afasta-se da necessidade (Hobbes, Locke) ou do interesse (Rousseau), para se apresentar como uma ideia racional: "o 'contrato social' deixa de ser uma concepção individualista e volve-se numa concepção universalista; deixa de ser uma ideia *constitutiva* e passa a ser exclusivamente *regulativa*".[291]

No plano epistemológico, a "vontade geral" não é portanto para Kant uma solução empírica de resolução de interesses, mas antes uma aproximação à "Razão universal legisladora" que fundamenta o Estado, como arquétipo do Poder.

O universalismo racional de Kant, inexplicável na sua totalidade, uma vez que o conhecimento humano não atinge o *númeno*, nem portanto

---

289 Kant, Emmanuel, *Opuscules sur l'Histoire*, Paris, Flammarion, 1990, p. 74.

290 Cfr. Cabral de Moncada, *Filosofia...*, Ob. Cit., p. 257.

291 Cfr. Cabral de Moncada, *Filosofia...*, Ob. Cit., p. 263.

a "Razão Pura" (*Reinen Vernunft*), quedou-se na visão estática desse problema, apelando apenas ao "dever-ser" (*sollen*). O seu relativismo gnoseológico, inacessível ao entendimento humano, recusado por alguns pensadores, provocou todavia novas reflexões idealistas quanto ao comportamento da sociedade e do Estado, na perspectiva da dimensão histórica e do seu significado epistemológico.

Reflectindo acerca do conhecimento histórico, o filósofo alemão Georg Wilhelm Friedrich Hegel (1770-1831) escreveu nas suas lições sobre *Filosofia da História Universal*, que "a filosofia da história não significa nada mais do que a consideração contemplativa dela". Esta definição pouco esclarecedora quanto à epistemologia da História que adoptou, significa contudo, analisando o conjunto das suas obras, que Hegel pensava que a "contemplação" da história nos conduziria ao seu *sentido* e *significado* profundos.

Este filósofo aproxima-se de Kant, na obra *Crítica da Razão Prática (Kritik der Pratikschen Vernunft)*, onde enunciou "postulados de acção moral" baseados na crença em Deus. Hegel afirma que Deus e a natureza da Sua vontade são idênticos, denominando a essa identidade, a Ideia. A história, que na sua óptica, tem uma vertente exclusivamente superestrutural, ou seja, político-cultural, entra pois no domínio da Ideia, confundindo-se com ela, evidenciando a sua temporalidade.

O Estado seria a encarnação da Ideia, ou espírito absoluto, que se hipostasia, se historiciza e se aliena (alienação que é para Hegel a desunião da consciência com o ser, na sua totalidade – "consciência infeliz"). Alienada, a Ideia procura reencontrar-se através de momentos históricos, onde estes se vão suprimindo, conservando e superando, numa progressiva adequação de Si a Si, através de um processo racional, dialéctico, caminhando em direcção à liberdade: "O Estado é a realidade em acto da Ideia moral objectiva, o espírito como vontade substancial revelada, clara para si mesma, que se conhece e se pensa, e realiza o que sabe e porque sabe. (...) O Estado, como realidade em acto da vontade substancial, realidade que esta adquire na consciência particular de si universalizada, é o racional em si e para si: esta unidade substancial é um fim próprio absoluto, imóvel, nele a liberdade obtém o seu valor supremo, e assim este último fim possui um direito soberano perante os indivíduos que em serem membros do Estado têm o seu mais elevado dever."[292]

---

[292] Hegel, *Princípios de Filosofia do Direito*, Ob. Cit., (§§ 257 e 258), pp. 224/225.

No plano gnoseológico, Hegel ultrapassa assim Kant, que afirmara que os seres humanos apenas podiam conhecer a aparência das "coisas em si", ao considerar que a aparência e a essência estão unidas e que a íntima estrutura da realidade reside no Espírito humano que se autoconhece. O conhecimento humano pode, deste modo, atingir a compreensão de Deus, uma vez que o homem foi criado à Sua imagem, sendo as categorias do seu pensamento, simultaneamente, formas objectivas do Ser.

Considerando existir assim uma identidade entre a ontologia e a lógica, Hegel afirma que através do sentimento, o homem relaciona-se com Deus e atinge pela razão, a Sua compreensão: «En effet, la Providence divine et la Sagesse qui, avec une puissance infinie, réalise ses fins, c'est-à-dire réalise la fin ultime, rationnelle, absolue du monde; et la Raison est la pensée se déterminant elle-même en toute liberté: le *Nous*.»[293]

O seu idealismo providencialista, panlogista, identifica assim o sujeito e o objecto na acção social e no pensamento histórico (*Identitätsphilosophie*), do qual resulta a identificação do indivíduo com o Estado: "Se o Estado é o espírito objectivo, então só como membro é que o indivíduo tem objectividade, verdade e moralidade. A associação como tal é o verdadeiro conteúdo e o verdadeiro fim, e o destino dos indivíduos está em participarem na vida colectiva; (...)".[294]

Sendo o Estado, através do seu Poder, o fautor da História, na sua realidade e racionalidade, já que afirma que "Todo o racional é real, e tudo o que é real é racional", Hegel visiona também o percurso do homem ao longo dos tempos, que o conduzirá a um objectivo último – o Saber total (*das absolute Wissen*): "*O fim*, o saber absoluto ou o Espírito sabendo-se a si mesmo como espírito, tem como via de acesso a recolecção dos espíritos, tal como estes são em si mesmos e como realizam a organização do seu reino espiritual. A sua conservação, sob o aspecto da sua presencialidade livre manifestando-se sob a forma de contingência, é a História; mas, sob o aspecto da sua organização conceptual, ela é a *ciência do saber fenomenal*."[295]

---

293 Hegel, G. W. F., *La Raison dans l'Histoire, Introduction à la Philosophie de l'Histoire*, Paris, Union Génerale d'Éditions, 1965, p. 58.

294 Hegel, *Princípios de Filosofia...*, Ob. Cit., (§ 258), p. 225.

295 Hegel, *Phénomenologie de l'esprit*, II, trad. para fr. de J. Hyppolite, Aubier, 1941, pp. 312/313, apud Hondt, Jacques d', *Hegel*, Lisboa, Ed. 70, 1993, p. 88; vide

Acusado por muitos publicistas, de ser o impulsionador da criação dos Estados totalitários contemporâneos, Hegel foi também admirado por alguns pensadores de formação cristã, constituindo a sua filosofia, onde se encontra a mais elaborada justificação teórica do Estado como arquétipo do Poder, um pomo de discórdia entre cultores de diversas áreas científicas.

3.3 **O Poder e a utopia social**

A integração dos cidadãos na ordem jurídica estabelecida pelo Estado, legitimado por credos religiosos ou por sistemas éticos consagrados pela cultura tradicional, ou ainda por ideologias avançadas pelo Poder, promove por vezes sentimentos de opressão e de infelicidade, cuja superação é sonhada e desejada por alguns que os interiorizam ou exprimem através de obras literárias, onde são descritas sociedade utópicas.

A palavra *utopia* para designar o "lugar ideal", o "mundo desejado", não inteiramente impossível em vida, muitas vezes prometido depois da morte, foi forjada por Thomas Morus (1478-1535), ao escrever a célebre obra *De optimo reipublicæ statu deque nova insula Utopia*, que Desidério Erasmo publicou em Basileia, em 1516.

A mentalidade utópica está todavia sempre presente na história da humanidade, desde os tempos mais remotos, sendo fomentada por curandeiros, dotados de poderes "mágicos" e por sacerdotes, com poderes "dependentes" de seres sobrenaturais, com os quais contactam ou influenciam: "Desses inícios é fácil imaginar o desenvolvimento de uma casta sacerdotal definida com monopólio dos mais importantes poderes mágicos e religiosos e, consequentemente, grande autoridade sobre a comunidade. No Egipto e na Babilónia, o poder deles mostrou-se maior do que o do rei sempre que houve conflito entre ambos."[296]

O poder político exercido por monarcas, procurou com frequência aproveitar essa tendência dos povos à aceitação de que algumas pessoas

---

tb. Hegel, G. W. F., *Fenomenologia do Espírito*, Petrópolis, Ed. Vozes, 5.ª Ed., 2001, Parte II, p. 220.

[296] Russell, Bertrand, *O Poder, uma nova análise social*, Rio de Janeiro, Zahar Ed., 1979, p. 34.

podem influenciar as forças sobrenaturais, para se aliarem às classes sacerdotais, ou para se afirmarem supremos sacerdotes das religiões construídas nos seus reinos: "É destino da maioria das instituições religiosas, cedo ou tarde, serem usadas por homens ousados para fins seculares, (...) No mundo greco-romano isso aconteceu mais moderadamente e com menos agitação que em qualquer outro lugar, porque a religião jamais teve ali a mesma força que na Ásia, na África e na Europa medieval."[297]

A Igreja Católica tem sido a mais importante de todas as organizações eclesiásticas edificadas ao longo da História, conseguindo, mesmo nos Estados conquistados e governados por "bárbaros" germânicos, após a queda do Império Romano do Ocidente, manter a supremacia do seu poder espiritual e promover alguma coesão nos povos, militar e politicamente, dominados: "Os bárbaros tinham o poder da espada, mas a Igreja tinha um nível mais elevado de civilização e educação, um propósito impessoal consistente, os meios de apelar para esperanças e medos supersticiosos e, acima de tudo, a única organização que se estendia por toda a Europa ocidental".[298]

Ao longo dos séculos, a Igreja alimentou sempre os sonhos de justiça suprema, de esperança numa vida melhor, terrena ou extra-terrena, evitando o desespero, a devassidão, o suicídio e a desagregação social, ou seja, alimentando a utopia, que auxilia os homens a suportarem com resignação as agruras na vida, que não podem alterar, e as arbitrariedades do Poder, que não podem combater: "Excepto quando devido a conquista externa, o colapso do poder tradicional é sempre consequência do abuso por homens que acreditam, como Maquiavel acreditava, que o domínio dele sobre a mente dos homens é bastante firme para ser abalado até pelos crimes mais tenebrosos."[299]

Nos períodos de maior despotismo do Poder e de consequente repressão social, o pensamento utópico encontra mais motivos para a fuga à realidade e para a procura de novas soluções de organização social, que substituam a que sufoca os cidadãos, num desejo de palingenesia, de eterno retorno à felicidade perdida, à simplicidade da natureza que os liberte dos tramas e embustes da civilização.

Morus, na sua *Utopia*, descreve uma ilha imaginária onde as pessoas vivem de acordo com as leis da natureza e onde a apetência pelos bens

---

[297] Russell, Bertrand, *O Poder...*, Ob. Cit., pp. 35/36.

[298] Cfr. Russell, Bertrand, *O Poder...*, Ob. Cit., pp. 37/45.

[299] Russell, Bertrand, *O Poder...*, Ob. Cit., p. 46.

materiais, fruto da existência da propriedade privada, a agressividade bélica e a intolerância religiosa estão ausentes: "Os utopianos aplicam aqui o princípio da posse em comum. Para anular, neste caso também, a ideia de propriedade individual e absoluta mudam de casa de dez em dez anos, tirando à sorte aquela que lhes cabe. (...) os utopianos definem a virtude: *viver conforme a natureza*. Deus, ao criar o homem, não lhe deu outro destino. O homem que segue o impulso da natureza é o que obedece à voz da razão, nos seus ódios como nos seus apetites. Ora a razão inspira em primeiro lugar a todos os mortais o amor e a adoração da majestade divina, à qual devemos o *ser* e a *felicidade*. Em segundo lugar, ensina-nos e excitanos a viver alegremente e sem pesar, obtendo as mesmas vantagens para os nossos semelhantes que são nossos irmãos. (...)

Os utopianos abominam a guerra como coisa brutal e selvática que o homem contudo pratica mais frequentemente de que nenhuma outra espécie de animais ferozes. (...) Não quer isso dizer que não se exercitem assiduamente nos exercícios militares porque até as mulheres são obrigadas a eles; (...)

As religiões na Utopia não só variam de uma província para outra, mas ainda dentro das muralhas de cada cidade em particular; estes adoram o sol, aqueles divinizam a lua ou qualquer outro planeta. Alguns veneram como Deus supremo um homem cuja glória e virtude brilharam com grande fulgor. A maior parte dos habitantes, contudo, que é a mais sensata, rejeita essas idolatrias, e reconhece o único Deus, eterno, imenso, desconhecido, inexplicável, acima de toda a compreensão do espírito humano, enchendo o mundo inteiro com a sua omnipotência, e não com a extensão corpórea.(...) Os habitantes da ilha que não acreditam no cristianismo, não se opõem à sua propagação e de nenhum modo maltratam os recém-convertidos."[300]

O governo da ilha é organizado democraticamente, sendo atribuída às cidades uma ampla autonomia: "A ilha da Utopia contém cinquenta e quatro cidades amplas e magníficas. A língua, as instituições e as leis são perfeitamente idênticas em todas. (...) Todos os anos são nomeados três velhos experimentados e capazes como deputados por cada cidade, constituindo-se uma assembleia em Amaurota, para nela se tratarem os negócios do país. Amaurota é a capital da ilha; a sua posição central torna-a

[300] Morus, Tomás, *A Utopia*, Lisboa, Guimarães Ed., s/d., pp. 72, 105, 136, 150 e 152.

ponto de reunião conveniente para todos os deputados. (...) Trinta famílias elegem todos os anos um magistrado que na antiga língua do país tinha o nome de *sifogrante* e que na moderna se chama *filarca* (tribuno). Dez sifograntes com as trezentas famílias a que presidem, obedecem a um *protofilarca* (primeiro tribuno), outrora chamado *tranîboro*. Finalmente, os sifograntes, em número de mil e duzentos, depois de prestarem juramento e de elegerem o cidadão mais virtuosos e mais apto, escolhem em escrutínio secreto, e proclamam *príncipe* um dos quatro cidadãos propostos pelo povo; como a cidade está dividida em quatro secções, cada bairro elege um membro ao Senado. O principado é vitalício, a menos que se suspeite fundadamente de que o príncipe aspira à tirania. Os tranîboros são nomeados de ano a ano, mantendo-se no cargo sempre que não haja contra-indicação. Os outros magistrados são renovados anualmente."[301]

Embora Morus tenha colocado esta fabulosa narrativa na boca do português Rafael Hitlodeu que navegara pelo novo mundo com Américo Vespúcio, nas suas considerações finais acerca do significado do regime da *Utopia*, chega à conclusão de que, "esta comunidade destrói radicalmente toda a nobreza e magnificiência, todo o esplendor e toda a majestade, coisas, que, aos olhos da opinião pública, constituem a honra e verdadeiro ornamento do Estado", e que, "há nos utopianos uma porção de instituições que desejo ver estabelecidas nos nossos países".[302]

Esta obra, cuja divulgação pode ter sido interpretada como uma crítica ao regime político em que Morus colaborava, à qual se seguiu o seu pedido de demissão do cargo de grande chanceler de Henrique VIII, quando este abjurou do catolicismo, deu lugar à desafeição do despótico monarca pelo seu servidor, condenado a encarceramento perpétuo e ao confisco de todos os seus bens, terminando por ser mandado decapitar em Londres, na praça pública.

A esperança utópica de que os homens consigam ultrapassar o seu egoísmo, organizando uma sociedade onde os ideais platónicos de entrega à coisa pública, e o desprendimento dos bens materiais reforcem a sua solidariedade cristã, é visionada por um frade italiano, Tommaso Campanella (1568-1639), cujas concepções filosóficas e políticas, supostamente heréticas, lhe custaram vinte e sete anos de prisão.

Campanella escreve um opúsculo denominado *A Cidade do Sol (Civitas Solis, Poetica Idea, Republicæ Philosophicæ)*, composto em 1602

[301] Morus, Tomás, *A Utopia*, Ob. Cit., pp. 66/67 e 74.

[302] Morus, Tomás, *A Utopia*, Ob. Cit., pp. 173/174.

e publicado em 1623, onde descreve em forma dialogada, uma comunidade antes desconhecida, descoberta por um almirante genovês.

O autor descreve através de um diálogo, entre esse Almirante e o Grão-Mestre dos Hospitalários, uma comunidade vivendo numa cidade rica e amuralhada, a *Cidade do Sol*, governada por um supremo sacerdote dotado de autoridade absoluta, eleito por uma assembleia de magistrados, denominado *Hoh*, que o genovês chama *Sol* ou *Metafísico*, assistido por três chefes executivos, também sacerdotes, *Pon*, *Sir* e *Mor*, que traduz por *Potência*, *Sapiência* e *Amor*. O ministro *Potência* tem a seu cargo a organização militar, as fortificações, a guerra e a paz, ou seja, a diplomacia; o *Sapiência* dirige as artes liberais, as mecânicas e todas as ciências, bem como a instrução e as obras públicas; o *Amor* ocupa-se das uniões sexuais por forma a que estas se façam em condições de ser produzida uma saudável prole.

Na *Cidade do Sol* todos os bens são postos em comum, bem como as mulheres, competindo a um magistrado "regular a equitativa distribuição. (...) Dizem eles que toda a espécie de propriedade tem origem e força na posse separada e individual das casas, dos filhos e das mulheres. Isso produz o amor próprio, e cada qual gosta de enriquecer e de aumentar os herdeiros; depois, se poderoso e temido, defrauda a coisa pública; se débil, de nascimento obscuro e falho de riqueza, devém avaro, intrigante e hipócrita. Ao contrário, perdido o amor próprio, fica sempre o amor da comunidade. – Grão-Mestre – Então, ninguém terá vontade de trabalhar, ficando na expectativa de que os outros trabalhem para o seu sustento; objecção de Aristóteles a Platão."[303-304]

---

303 Cfr. Campanella, Tomás, *A Cidade do Sol*, Lisboa, Guimarães Ed., (1.ª Ed., 1623), 1996, pp. 19/25.

304 A influência de Platão na ideia de "comunidade de pessoas e bens", presente na obra de Campanella, não apresenta dúvidas, em geral, aos seus comentadores.

Cremos todavia que esse projecto de Platão, reservado exclusivamente para os guardiões da cidade-Estado, chefes e auxiliares, homens e mulheres, tem como objectivo fundamental, promover uma maior coesão funcional e eficiência na defesa da pátria, constantemente ameaçada por outros Estados, e não o de operar uma profunda e utópica transformação da constituição de Atenas. Trata-se portanto de um projecto político reformador, e não de um projecto social que condena o sistema existente e que sonha com uma nova sociedade utópica.

No livro V da sua *Politeia*, traduzida para *República*, Platão defende a utilização das mulheres na defesa da cidade, tal como os homens, e que estas "serão comuns a todos esses homens, e nenhuma coabitará em particular com nenhum deles;" (457 d) A comunidade sexual proposta tem todavia objectivos eugénicos uma vez que considera ser preciso "que

Os nomes de certos magistrados da cidade correspondem às virtudes conhecidas: "Há-os que se chamam Magnanimidade, Fortaleza, Castidade, Liberalidade, Justiça criminal e civil, Diligência, Verdade, Beneficência, Gratidão, Hilaridade, Exercício, Sobriedade, etc.; e aquele que, desde a infância se mostra nas escolas mais propenso ao exercício de alguma das referidas virtudes, será nomeado magistrado."[305]

Os cidadãos contemporâneos chamam-se "irmãos" e são instruídos por forma a adquirirem sapiência e portanto aptidão para um bom governo da república, "enquanto vós preferis homens ignorantes, mas que considerais hábeis porque descendentes de príncipes ou eleitos pela prepotência de um partido". Os habitantes solares, "Não têm o sórdido costume de manter servos, bastando-lhes, sendo até muitas vezes supérfluo, o trabalho próprio" e as mulheres são educadas tal como os homens nas artes bélicas, "de forma que, quando necessário, podem prestar socorro aos homens em caso de guerra não distante da cidade, ou defender as muralhas desta, a fim de nunca serem surpreendidas por uma súbita invasão. Honram, desta forma, as espartanas e as amazonas. Sabem atirar balas de fogo com arcabuzes, formá-las com o chumbo, lançar pedras do alto, marchar ao encontro do ímpeto inimigo. (...) Os habitantes solares não temem a morte, porque todos acreditam na imortalidade da alma, que, ao sair do corpo, é acompanhada pelos espíritos bons ou maus, conforme o tenha merecido na vida terrestre."[306]

Por último, o almirante refere que os solares consideram "que Deus é a causa imediata de todas as coisas, mas só como causa universal e não particular, primitiva e não secundária."[307]

---

os homens superiores se encontrem com as mulheres superiores o maior número de vezes possível, e inversamente, os inferiores com as inferiores, e que se crie a descendência daqueles, e a destes não, se queremos que o rebanho se eleve às alturas." (459 d) Os filhos dos melhores, separados das mães, criados no aprisco por todas e por amas, pertenceriam a todos os guardiões indistintamente, os quais "não deviam possuir casas próprias, nem terras, nem quaisquer bens, mas sim receber dos outros o seu sustento, como salário da sua vigilância, e despender tudo em comum". (460 d; 464 b)

A alteração proposta para a constituição de Atenas é todavia colocada em dúvida por Platão, "Enquanto não forem, ou os filósofos reis nas cidades, ou os que agora se chamam reis e soberanos filósofos genuínos e capazes, e se dê esta coalescência do poder político com a filosofia". (473 d)

[305] Campanella, Tomás, *A Cidade do Sol*, Ob. Cit., p. 27.

[306] Cfr. Campanella, Tomás, Ob. Cit., pp. 26, 31, 44/45 e 48/49.

[307] Campanella, Tomás, Ob. Cit., p. 84.

A utopia dos "Tempos Modernos" pode ainda ser exemplificada com a obra inacabada de Francis Bacon de Verulam (1561-1626), a fábula da *Nova Atlântida*, publicada em 1627.

O autor, filósofo e chanceler de Inglaterra, pretende apresentar um modelo de fundação, que denomina a Casa de Salomão ou o Colégio dos Trabalhos de Seis Dias, destinada a interpretar a Natureza e a estimular a acção do homem nas suas descobertas científicas e tecnológicas, situada numa ilha imaginária, desconhecida dos navegadores europeus, a *Nova Atlântida*, no mar do Sul (Oceano Pacífico).

Nesse reino, onde a legitimidade do Poder remonta a um rei lendário por todos adorado, "não supersticiosamente, mas sim por ter sido um instrumento divino, ainda que mortal", a castidade e a monogamia constituem a base fundamental da sua sociedade, organizada em famílias patriarcais, chefiadas por um *tirsan*, "homem que consiga reunir vivas trinta pessoas descendentes do seu corpo": "'Sabei que não há debaixo do céu nação tão casta como esta de Bensalém, nem tão isenta de toda a poluição ou corrupção: é a virgem do Mundo'".[308]

Os habitantes de Bensalém são crentes em Deus e conhecedores dos textos bíblicos, através de um livro que chegou à sua ilha depositado numa arca flutuante: "'E assim foi esta terra salva da infidelidade, assim como o resto do mundo antigo o foi da água, por meio de uma arca e através do apostólico e miraculoso evangelismo de São Bartolomeu'".[309]

A utopia baconeana, que concebe um lugar isolado e aprazível, onde a organização estadual e a solidariedade social permitem uma vida pacífica e feliz, tem como objectivo fundamental evidenciar as múltiplas capacidades do homem, quanto ao desenvolvimento da civilização mundial.

A actividade da Casa de Salomão desenvolve-se em múltiplas áreas, onde os cientistas de Bensalém realizam experiências que conduzem à modificação, por enxertos, de espécies vegetais; à continuação da vida biológica; à produção, por cruzamentos, de novas espécies animais; à elaboração de alimentos concentrados e de remédios; à produção e irradiação de calor, luz e som; à construção de motores mecânicos, de peças de artilharia, de objectos voadores e de barcos submersíveis, etc. [310].

---

308 Bacon, Francis, *Nova Atlântida*, Lisboa, Ed. Minerva, (1.ª Ed., 1627), 1976, pp. 36, 43 e 51)

309 Bacon, Francis, *Nova Atlântida*, Ob. Cit., p. 26.

310 Cfr. Bacon, Francis, *Nova Atlântida*, Ob. Cit., pp. 59/74.

A produção literária, que podemos considerar integrar-se na crítica utópica da sociedade e do Estado é enorme e tem-se manifestado de diversas formas: "A utopia é um determinado conteúdo que se tem expressado através de formas literárias mais diversas: romance, fábula, conto fantástico, epístola, drama, diálogo filosófico, poema heróico, sátira."[311]

A mentalidade utópica foi também ironizada por Voltaire, François-Marie Arouet (1694-1778) no seu romance *Candide ou l'Optimisme*, publicado em 1759, onde demonstra que a "ordem do mundo" no período do "Despotismo Iluminado", que alguns filósofos optimistas pretendiam justificar, não ia "pelo melhor".

A sua mensagem é-nos transmitida através do principal personagem do seu romance, o Cândido, jovem educado num castelo baronial por um preceptor, o filósofo Pangloss que ensinava, "a metafísico-teológico-cosmolonigologia[312]. Provava de forma admirável que não há efeito sem causa, e que, no melhor dos mundos possíveis, o castelo do senhor barão era o mais belo dos castelos, bem como a senhora era a melhor das baronesas possíveis. – Está demonstrado – dizia ele – que o que existe não pode ser diferente; porque, tendo tudo sido criado para um fim, tudo é necessariamente para o melhor dos fins."[313]

---

[311] Cfr. Antunes, Manuel, *"Utopia"*, in *Polis, Enciclopédia da Sociedade e do Estado*, Lisboa/São Paulo, Ed. Verbo, 1987, Vol. 5, pp. 1465/1468.

[312] Voltaire ironizava o sistema filosófico de Leibniz, Gottfried Wilhelm (1646-1716) e dos seus discípulos, introduzindo no termo *cosmologia*, utilizado por Wolf, o sufixo imaginário *nigo*, foneticamente próximo de *nigaud* (palerma, papalvo), num vocábulo com uma intencional extensão pedante, reforçada pela repetição da partícula *lo*. O nome Pangloss deriva da exclamação de desdém de Píndaro: *"Panglossia!"*, dirigida àqueles que detinham um saber restrito. (Cfr. Voltaire, Lisboa, Ed. Guimarães, 10.ª Ed. (1.ª Ed. 1759), 1999, p. 14)

A gnoseologia de Leibniz, opõe-se, na verdade, às concepções de John Locke expostas na sua obra *An Essay Concerning Human Understanding*, publicada em 1609, onde o filósofo britânico recusa admitir a existência de *ideias inatas* no espírito do homem, que considera ser, antes da sua integração na sociedade, uma *tábua rasa*, avançando com o célebre aforismo sensorial: *Nihil est in intellectu quod prius non fuerit in sensu. (Nada existe no intelecto que não estivesse primeiro nos sentidos)*

Leibniz responde ao sensualismo de Locke completando a sua frase com a expressão... *nisi intellectus ipse (excepto o próprio intelecto)*, procurando demonstrar que no Universo existem substâncias espirituais invisíveis, incorpóreas, que o formam, as *mónadas*, dotadas de percepção e apetência, e que lhe imprimem um movimento e um desenvolvimento, regulado por uma *harmonia preestabelecida*, dependente da *mónada suprema – Deus*. Os corpos, segundo Leibniz, actuam entre si de acordo com leis mecânicas, enquanto

A utopia filosófica de Pangloss esbarra ao longo de todo o romance com as maiores desgraças provenientes das forças da natureza, como o terramoto de Lisboa, e da maldade e concupiscência dos homens que perseguem Cândido e a sua amada Cunegundes, fazendo-o duvidar das teorias filosóficas de Pangloss: "– Porque – dizia ele (Pangloss) – tudo isto é o que há de melhor; porque, se existe um vulcão em Lisboa, não podia estar noutra parte; porque é impossível que as coisas não estejam onde estão; porque tudo está bem. (...) – Porque a queda do homem e a maldição divina são partes necessárias no melhor dos mundos possíveis."[314]

Cândido interroga-se sobre o motivo da criação do mundo, ao que um velho sábio chamado Martin, responde: "– Para nos enfurecer – (...) Julgais possível – disse Cândido – que os homens sempre se hajam mutuamente massacrado, como o fazem agora, e sempre tenham sido mentirosos, velhacos, pérfidos, ingratos, salteadores, fracos, levianos, cobardes, invejosos, gulosos, bêbados, avaros, ambiciosos, sanguinários, caluniadores, debochados, fanáticos, hipócritas e idiotas? "

O cepticismo de Martin acerca do carácter dos homens, bem como as revelações de uma velha criada, que passara a vida a sofrer, despertou novas reflexões a Cândido: "– Gostaria de saber o que é pior, (disse a velha) se ser violada cem vezes pelos piratas negros, ter uma nádega cortada, passar sob as vergastadas dos búlgaros, ser chicoteado e enforcado num auto de fé, ser dissecado, remar nas galés, enfim, se passar por todas as misérias que sofremos, ou ficar aqui sem ter nada que fazer."

A vida humana, na visão de Martin dividia-se entre a inquietação e a letargia: "Pangloss confessava que sempre sofrera horrivelmente, mas tendo afirmado uma vez que tudo ia às mil maravilhas, mantê-lo-ia sempre, embora não acreditasse em nada disso."[315]

Colocado entre a confissão de Pangloss, o pessimismo de Martin, as revelações da velha e a sua experiência pessoal, Cândido fica perplexo e resolve interrogar um célebre dervixe, "que gozava da fama de ser o melhor filósofo da Turquia", acerca do motivo da criação do homem: "– Porque te preocupas? – disse-lhe dervixe. – Que tens tu com isso?"

---

que os espíritos (existentes também nos animais) agem segundo leis de finalidade, não havendo comunicação entre uns e outros, embora trabalhem num acordo, que prova a harmonia preestabelecida por Deus.

[313] Voltaire, *Cândido ou o Optimismo*, Ob. Cit., pp. 14/15.

[314] Voltaire, *Cândido...*, Ob. Cit., pp. 34/35.

[315] Voltaire, *Cândido...*, Ob. Cit., p. 172.

Cândido, atónito com a resposta do dervixe, conversando com um velho agricultor turco que cultivada a sua pequena propriedade, sentiu ter finalmente ultrapassado a angústia que sempre lhe causara a utopia da harmonia preestabelecida: "O trabalho liberta-nos de três calamidades (disse o velho): o aborrecimento, o vício e a necessidade." Dirigindo-se à pequena quinta que tinha conseguido adquirir, Cândido disse aos seus companheiros: "(...) é preciso cultivar o nosso jardim. (...) – Trabalhemos sem filosofar – disse Martin – porque é o único meio de tornar a vida suportável."[316]

3.3.1 *O pensamento utópico no Século das Luzes*

A utopia comunista de Morus, secundada por Campanella, não deixa porém de inspirar alguns autores, no período do Iluminismo, caracterizado pela crítica da sociedade e do Estado fundada no direito natural racionalista, como o pároco de Etrépigny, Jean Meslier (1664-1729) que pouco tempo antes da sua morte enviou a diversos colegas numa "memória" ou "testamento", onde desabafara a sua aversão à monarquia, à religião, à aristocracia, à injustiça social, à crueldade e a todas as formas de opressão, opondo à sociedade em que vivia, a realidade da natureza.

Nos alvores do século XVIII, este pensador reflectia acerca das teorias morais e políticas da sua época e observava a realidade estática das relações de produção agrárias conducentes ao bem-estar dos fundiários e à miséria dos camponeses, com todo o seu corolário de humilhações e de dramas, situação inadequada ao jusnaturalismo racionalista que despontava.

O direito histórico começava a ser substituído pelo direito natural que se iria afirmar ao longo desse século, sendo definido pelo professor de Genebra, Jacques Burlamaqui (1694-1748) nos seus *Principes du Droit Naturel*, surgidos em França, em 1747: "Entende-se por lei natural uma lei que Deus impõe a todos os homens e que eles podem descobrir e conhecer apenas com as luzes da razão, considerando com atenção a sua natureza e o seu estado. O direito natural é o sistema, a reunião ou o corpo destas mesmas leis."[317]

---

316 Voltaire, *Cândido...*, Ob. Cit., pp. 175/176.

317 Soboul, Albert, *"Luzes, Crítica Social e Utopia durante o século XVIII francês"* in Droz, Jacques (Dir.) *História Geral do Socialismo*, Lisboa, Livr. Horizonte, 1976, Vol. 1, p. 133.

A *Memória dos pensamentos e sentimentos de Jean Meslier* foi resumida por Voltaire, que a publicou em 1761 com o título de *Extrait des sentiments de Jean Meslier*, no qual o seu materialismo e revolta social estão ausentes. O texto completo só viria a ser publicado na Holanda, em 1864, com o título de *Testament de Jean Meslier*, o qual revela a sua profunda crítica social, o repúdio da guerra "sempre à custa da vida e dos bens da pobre gente" e a condenação da desigualdade "Porque de modo algum se apoia no mérito de uns, nem no pouco merecimento de outros" e porque é contrária à lei natural: "Todos os homens são iguais pela natureza, todos têm igualmente o direito de viver e caminhar sobre a terra, de nela gozarem a sua liberdade natural, e terem parte nos bens terrenos."

Meslier afirma que a cupidez leva os homens a lutarem pela acumulação de bens e de riquezas, "Donde acontece que aqueles que são os mais fortes, os mais astutos, os mais hábeis e também muitas vezes os mais maldosos e os mais indignos são os que mais possuem dos bens da terra e os que mais dispõem de todas as comodidades da vida." A sua crítica incide também na exacção dos impostos para o sustento dos estados privilegiados, a nobreza, o clero e a gente de toga, que considera serem "parasitas", exaltando o trabalho do terceiro estado e defendendo a comunidade do usufruto[318]: "(...) comunismo de distribuição e de consumo, portanto, sem que se possa claramente afirmar que Meslier tenha concebido a ligação necessária com um comunismo de produção, mesmo simplesmente agrária."[319]

O comunismo utópico da época das "Luzes", cujo objectivo fundamental reside na substituição da ordem tradicional estabelecida, por uma ordem apoiada na razão, sendo incapaz de visionar a inevitável dinâmica social futura, imagina a felicidade em lugares paradisíacos, afastados do mundo conhecido.

Nesta perspectiva se situa um autor quase incógnito, uma vez que se desconhece o seu nome próprio, bem como as datas de nascimento e morte, chamado Morelly, que terá vivido no século XVIII em Vitry-le-François, povoação situada no noroeste da França.

Num poema heróico denominado *Naufrage des îles flottantes ou Basiliade du célebre Pilpaï*, publicado em 1753, Morelly descreve uma

---

[318] Meslier, Jean, *Memória, (Excertos)*, Lisboa, Antígona Ed., 2003, maxime pp. 63/76.

[319] Cfr. Soboul, Albert, *"Luzes..."*, in Droz, Jacques (Dir.) *História Geral do Socialismo*, Ob. Cit., Vol. 1, pp. 141/156.

grande ilha longínqua, desconhecida, onde vive um povo inocente e feliz. Nessa ilha reina Zeinzemin, monarca que recusa a ociosidade, a indiferença e a malvadez, para se aproximar da via política traçada pela natureza, segundo a qual, «le champ n'est point à celui qui le laboure; ni l'arbre à celui qui y cueille des fruits.» O monarca limita-se a velar pela boa administração das diversas comunidades rurais, a que mais tarde Charles Fourier denominará "falanstérios", onde todos trabalham. Não existe em Basiliade nenhum contrato social explicito, regendo-se portanto os seus habitantes apenas pelas leis da natureza, nas referidas comunidades: "'A propriedade, mãe de todos os crimes que inundam a parte restante do mundo, é-lhes desconhecida: vêem a terra como uma alimentadora comum que apresenta indistintamente o seio àquele dos seus filhos que se sente afligido pela fome; todos se consideram obrigados a contribuir para a tornarem fértil; mas ninguém dizia: aqui está o meu campo, o meu boi, a minha casa'".[320]

A reduzida divulgação do seu pensamento nessa efabulação alegórica, sujeita às regras da métrica, decidiu Morelly a elaborar o *Code de la nature*, publicado em 1755, onde evidencia as contradições da moral e da política existentes, face às lições da natureza.

Na primeira parte do seu livro, "Defeitos dos princípios gerais da política e da moral", Morelly considera "o desejo de ter, (possuir)" a base e o veículo de todos os vícios e a maior parte das virtudes sofisticadas, movidas pela cobiça e avareza: "Toda a ideia de propriedade sabiamente afastada, toda a realidade prevenida ou banida do uso dos bens comuns, teria sido possível que o homem tivesse pensado em arrebatar, pela força ou pela astúcia, o que nunca lhe fora disputado?" A ideia de que o homem nasce vicioso e mau, que é, em sua opinião, um falso princípio, deu origem a preconceitos prejudiciais, contrários à natureza, que se torna necessário combater.

Na segunda parte, "Defeitos particulares da política", afirma que seria possível estabelecer uma legislação favorável à verdadeira moral, uma vez que as leis do Estado ao estabelecerem "uma partilha monstruosa" dos bens, do que deveria ficar na "totalidade", "favoreceram a ruína de toda a sociabilidade (...)".

A terceira parte, "Defeitos particulares da moral vulgar" é dedicada à enumeração, na moral social, das consequências nefastas da propriedade,

---

[320] Cfr. Delumeau, Jean, *Une histoire du paradis, Mille ans de bonheur*, Paris, Fayard, 1995, Vol. 2, p. 303 e Soboul, Albert, *"Luzes..."*, in Droz, Jacques (Dir.), *História...*, Ob. Cit., Vol. I, pp. 162/164.

causa de todos os males: "Retirem à propriedade o cego e implacável interesse que a acompanha, façam cair todos os preconceitos, os erros que a apoiam, e já não existirá resistência ofensiva ou defensiva entre os homens, já não existirão paixões furiosas, nem acções ferozes, nem noções, nem ideias de mal moral."

Na quarta parte, "Modelo de legislação conforme as intenções da Natureza", confessa que "infelizmente é bem verdade que seria impossível formar nos nossos dias uma tal república", mas apresenta, não obstante, o seu plano normativo para a garantia da felicidade humana. As leis que propõe, fundamentais e sagradas, seriam três: 1.ª) Abolição da propriedade privada, salvo objectos de uso próprio; 2.ª) Conversão de todo o cidadão em homem público, sustentado pelo Estado; 3.ª) Obrigatoriedade de trabalho para todos, segundo as suas forças e talentos.

A distribuição dos bens será efectuada através de "leis distributivas ou económicas" que a organizam no país, dividido em famílias, tribos, cidades e províncias. Toda a actividade dos cidadãos, incluindo a sua vida privada é regulada por leis do Estado, "leis edis, "leis de polícia", "leis conjugais" e "leis da educação", que se ocupam das dimensões e organização dos aglomerados urbanos, da qualificação e progressão profissionais, do casamento obrigatório, da educação conjunta da infância, sob vigilância dos progenitores. O Estado, definido por "leis da forma do governo" e por "leis da administração do governo" é uma federação de tribos, pequenas comunidades dotadas de grande autonomia política, mas subordinadas todavia às cidades quanto à sua vida económica, mais qualificadas para poderem satisfazer todas as necessidades dos cidadãos[321].

A originalidade do comunismo de Morelly reside portanto na importância que confere à *organização económica e social* do Estado que supera a sua *organização política*, onde um Senado Supremo se limita a registar ou a vetar as decisões das tribos, tomadas em Senados locais. A prioridade da actividade económica sobre as demais preocupações humanas, revela o seu optimismo quanto ao bem-estar material, que ultrapassa a ascese e conjectura a felicidade terrena: "A *felicidade*, em Platão, Morus ou Rousseau, definia-se por considerações metafísicas ou morais e nomeadamente relativas à *virtude*. Em Morelly, a própria *virtude* define-se em relação à *satisfação*, está ligada a um ideal económico de produção máxima, mantida em estado de equilíbrio por um sistema racional de distribuição."[322]

---

321 Cfr. Soboul, Albert, *"Luzes..."*, in Droz, Jacques (Dir.), *Idem*, pp. 164/168.

322 Soboul, Albert, *"Luzes..."*, in Droz, Jacques (Dir.), *Idem*, p. 171.

Com o objectivo de moralizar e criticar a sociedade civil e as instituições políticas setecentistas, uma vez que a reforma radical da primeira lhe parece utópica, mas a das segundas, realizável e urgente, Gabriel Bonnot, Abade de Mably (1709-1785), irmão de Condillac, realiza uma vasta obra literária com grande interesse para o estudo do pensamento iluminista, precursor das Revoluções Liberais.

Na sua obra denominada *Des droits et des devoirs du citoyen*, surgida em 1758, Mably, através de um diálogo imaginado, condena a propriedade, nascida da avareza, promotora de paixões, da infelicidade, e da desigualdade que dividiu a sociedade em duas classes inimigas: "Nós que vemos os infinitos males que saíram desta funesta caixa de Pandora (a propriedade), se o menor raio de esperança atingisse a nossa razão, não devíamos aspirar a esta feliz comunidade dos bens, tão louvada, tão desejada pelos poetas, que Licurgo estabelecera na Lacedemónia, que Platão queria fazer reviver na sua *República* e que, graças à depravação dos costumes, não pode ser mais do que uma quimera no mundo?"[323]

Nos *Entretiens de Phocion sur le rapport de la morale avec la politique*, obra publicada em 1763, Mably considera que a moral e a política são indissociáveis, uma vez que ambas devem conduzir o homem à felicidade e à virtude, vigiando e reprimindo as paixões egoístas que lhe invadem a alma e o impelem a multiplicar as suas apetências, colocando o seu interesse pessoal acima dos interesses sociais: "Para abrir aos homens o caminho da virtude e da felicidade, a moral deve reduzir as suas necessidades. A sua razão, mais livre então, dirigir-se-á naturalmente para o bem."[324]

Insistindo na condenação da propriedade rural, exaltada pelos fisiocratas, como sendo a fonte de toda a riqueza ou poder económico, onde o investimento era verdadeiramente recuperado e acrescido de um excedente, Mably refere, no seu livro *Doutes proposés aux philosophes économistes sur l'ordre naturel et essentiel des sociétés politiques*, de 1768, que, historicamente, em muitas nações a propriedade fundiária era desconhecida: "O Estado proprietário de tudo distribui aos particulares as coisas de que têm necessidade. Eis confesso-o, uma economia política que me agrada tanto como se não tivesse lido o que os nossos filósofos escreveram sobre a propriedade fundiária."

---

[323] Cfr. Soboul, Albert, *"Luzes..."*, in Droz, Jacques (Dir.), *Idem*, p. 183.
[324] Cfr. Soboul, Albert, *"Luzes..."*, in Droz, Jacques (Dir.), *Idem*, p. 184.

Convicto de que "toda a terra é património de todos" e duvidando da teoria mercantilista que afirmava que a liberdade dos interesses dos particulares não traria prejuízos ao interesse geral, Mably conjectura que, "Em vez da ordem essencial da natureza, receio bem que (as propriedades fundiárias) nos dêem aqui apenas a ordem natural da avareza, da cobiça e da estupidez."[325]

As suas preocupações acerca das desigualdades geradas pela ordem social vigente, são novamente apresentadas noutro livro, *De la législation ou principe des lois*, publicado em 1776, onde afirma que a diferença das fortunas e das condições, "decompõe por assim dizer o homem e altera os sentimentos naturais do seu coração." Essa situação reflecte-se no Estado, o responsável pela desigualdade que caracteriza a sociedade do seu tempo, dividida em ricos e pobres, que condena: "Os primeiros preferirão sempre a sua fortuna doméstica à do Estado, e os segundos nunca amarão um governo e leis que permitem que eles sejam infelizes."[326]

Mably reconhece todavia que as suas concepções sociais e políticas, fundadas numa moral natural que o homem alterou, não são exequíveis, sendo o objectivo fundamental da sua prédica, o de indicar a origem dos males que afligem a humanidade: "Força alguma poderia tentar hoje restabelecer a igualdade sem causar maiores desordens do que aquelas que desejaria evitar." O abade filósofo pensa que "as paixões ligadas à propriedade, à avareza e à ambição impedem toda a reforma. Os próprios pobres estão tão envilecidos que teriam vergonha em se porem em pé de igualdade com os outros."

A sociedade está de tal forma deformada, tendo em vista a situação moral e social a que a natureza o destinava, que o legislador apenas pode lentamente operar a sua reforma no sentido de diminuir a desigualdade das fortunas: "Existe uma prova infalível para ajuizar da sabedoria de uma lei: consiste em perguntar se a lei proposta tende para conceder mais igualdade entre os cidadãos. Destina-se a produzir este feito? Não hesitem em considerá-la boa; corrigirá necessariamente vários abusos e trará várias vantagens."

O reformismo de Mably é portanto cauteloso e não apela à pressão popular para alterar a desigualdade social que condena apenas, no plano moral: "Onde os ricos detêm o poder político, seria mesmo perigoso con-

---

325 Cfr. Soboul, Albert, *"Luzes..."*, in Droz, Jacques (Dir.), *Idem*, Ibidem.

326 Cfr. Soboul, Albert, *"Luzes..."*, in Droz, Jacques (Dir.), *Idem*, pp. 185/186.

ceder aos pobres a igualdade política: não passaria de hipocrisia e de fonte de conflitos. Surpreendente moderação política, (diz Albert Soboul) após uma crítica radical à desigualdade social."[327]

3.3.2 *O Liberalismo e a ucronia*

A eclosão da Revolução Francesa, acontecimento impelido por juristas e militares, oriundos da média burguesia, que a Coroa nobilitara e que constituíam a chamada "nobreza de função", para além das consequências de ordem política e económica que provocou, excitou também os sonhos de transformação da estrutura social tripartida do Antigo Regime, obsoleta, revelados pelos filósofos seguidores de Thomas Morus.

A acção revolucionária, que mobilizou as massas populares para a tomada da Bastilha, desencadeou uma anarquia generalizada que atingiu as cidades e alastrou para os campos: "Bandos de salteadores percorriam os campos, destruindo as searas, pilhando as colheitas, esfomeando os habitantes. (...) O temor dos bandidos tinha conduzido, em certas aldeias, os camponeses a armarem-se e a assaltarem castelos, símbolos do poder feudal. Mas estes castelos não tinham apenas os nobres como proprietários: a propriedade burguesa era importante e igualmente se via visada. (...) Um deputado exclamou: 'É a guerra dos pobres contra os ricos!' observação que resumia bastante bem os sentimentos de numerosos membros da Assembleia."[328]

A conjuntura revolucionária propicia assim a concretização das utopias comunistas do Século das Luzes, mas os objectivos da revolução apresentados pelo clérigo Emmanuel Joseph Sieyès (1748-1836) no seu célebre ensaio *Qu'est ce que le Tiers-État?*, publicado em 1789, não são concordantes com a ideia de construção de uma sociedade de iguais.

Sieyès afirma que o Terceiro Estado é uma Nação completa, uma vez que o seu trabalho, em todas as áreas, desde a produção ao consumo, permite a vida económica, e que a actividade das profissões científicas e liberais propicia serviços indispensáveis à vida social. Referindo-se às «fonctions publiques» Sieyès indica as «quatre dénominations connues, l'Épée, la Robe, l'Église et l'Administration», concluindo assim que o "Tiers"

---

[327] Cfr. Soboul, Albert, *"Luzes..."*, in Droz, Jacques (Dir.), *Idem*, pp. 186/189.

[328] Cfr. Entre outros, Tular, J.; Fayard, J.-F.; Fierro, A., *História da Revolução Francesa*, Lisboa, Ed. "Livros do Brasil", 1989, I Vol., pp. 44/49.

colabora em todas as actividades, mas apenas para trabalhar nas tarefas mais difíceis e penosas: «Les places lucratives et honorifiques seules y sont occupées par les membres de l'ordre privilégié.»[329]

A revolução evolui porém no sentido pretendido por Sieyès, ou seja, que o Tiers deixasse de ser politicamente "RIEN" e passasse "A ÊTRE QUELQUE CHOSE", aliás, "TOUT", uma vez que a vitória da burguesia sobre a nobreza, bem como a sujeição das massas populares ao sistema de produção capitalista, criou o Estado Liberal, afastando consequentemente as aspirações filosóficas igualitárias, consideradas perigosas e utópicas[330].

Tentando contudo, aproveitar o ensejo da Revolução Francesa para combater também a desigualdade económica, um jovem comissário de registos de propriedades da Picardia, François Noel Babeuf (1760-1797), critica a organização da sociedade e "As leis sociais (que) fornecem à intriga, à astúcia e à flexibilidade os meios de habilmente se apoderarem das propriedades comuns", propiciando a concentração, que multiplica o número de assalariados e o seu empobrecimento. No início da Revolução, Babeuf admite ainda a propriedade privada, mas só durante a vida do seu detentor: "A terra, mãe comum, não pode ser partilhada senão em vida, e cada parte tornada inalienável; de modo que o património individual de cada cidadão possa estar sempre seguro e não se perca."[331]

O pensamento político de Babeuf, influenciado pelos autores utopistas do Século das Luzes e por um *Prospectus d'un mémoire patriotique sur les causes de la grande misère qui existe partout et sur les moyens de l'extirper radicalement*, surgido em 1786 e atribuído a um autor mal identificado, denominado Collignon, evolui então para o comunismo: "(...) o

---

[329] Sieyès, Emmanuel, *Qu'est-ce que le Tiers État*, Flammarion, 1988, pp. 34/35. Sieyès denomina *l'Épée* e *la Robe*, as "nobrezas de espada e de toga" também denominadas "nobrezas de função", a que já aludimos, oriundas da burguesia e não da "nobreza de sangue", hereditária, estado privilegiado.

[330] Sieyès colabora com Napoleão no Golpe de Estado de 18 do Brumário e imprime à Constituição do Ano VIII (13 de Dezembro de 1799) as suas concepções burguesas, que iriam gerar a França dos "Notáveis": "(Sieyès) se retrouvera président du Sénat, richement doté, promu grand officier de la Légion d'honneur, fait comte Sieyès en 1808, lui le grand pourfendeur de la noblesse, désormais enseveli sous les honneurs". (Cfr. Bredin, Jean-Denis, *"Préface"* a Sieyès, Emmanuel, *Qu'est-ce que le Tiers État*, Ob. Cit., p. 25; vide tb. Godechot, Jacques, *Les Constitutions de France depuis 1789*, Paris, Garnier--Flammarion, 1970, pp. 143/147")

[331] Vide os extractos da obra de Babeuf, *Discours préliminaire* do *Cadastre perpétuel*, 1789, apud Soboul, Albert, *"Luzes..."*, in Droz, Jacques (Dir.), *História...*, Ob. Cit., pp. 250/251.

único meio de chegar à 'igualdade de facto' é suprimir a propriedade particular e estabelecer 'a comunidade dos bens e dos trabalhos'".[332]

Incriminado por usar falsas teorias e perseguido pela Convenção, Babeuf tenta, não obstante, influenciar em 1793 a situação jacobina a adoptar uma política de distribuição igualitária, esboçando sem sucesso a *Législation des sans-culottes ou l'égalité parfaite*. Após o Golpe de Estado de 9 do Thermidor (27 de Julho de 1794), Babeuf procura impor as suas ideias, conseguindo em 3 de Setembro lançar *Le Journal de la liberté de la presse*, que no mês seguinte denomina de *Le Tribun du peuple*, o qual dirige, usando "Gracchus" como nome próprio.

Convicto de que poderia fazer enveredar a Revoução no sentido comunista, Babeuf combate a situação erigida, denunciando o pauperismo das massas e a exploração do comércio, sendo preso em Fevereiro de 1795. Graças aos seus discípulos, *Le tribun* continua a defender a organização de uma "sociedade de iguais", intensificando a sua actividade a partir da libertação de Babeuf, que beneficia de uma amnistia, em Outubro de 1795.

Em 30 de Novembro, *Le tribun* publica o *Manifeste des Plébéiens* que procura convencer os seus leitores de que a terra não é propriedade de ninguém e que a "*igualdade de facto*" não é uma quimera: "A única forma de aí chegar é estabelecendo a *administração comum*, suprimindo a propriedade particular; ligar cada homem ao talento, à indústria que ele conhece, obrigá-lo a pôr o fruto da natureza no armazém comum; e estabelecer uma simples administração de distribuição, uma administração de víveres que, tomando nota de todos os indivíduos e de todas as coisas, fará repartir estas últimas na mais escrupulosa igualdade.(...) Povo! Acorda para a esperança... Expande-te em vista de um futuro feliz... Todos os males estão no seu limite; já não se podem agravar; não podem reparar-se a não ser por uma agitação total! Que tudo se confunda pois! Que todos os elementos se baralhem, se misturem, se entrechoquem! Que tudo entre no caos e que desse caos saia um novo mundo regenerado!"[333]

A crise económica e social provocada pela Revolução, bem como a instabilidade política do poder na vigência da Constituição de 1795, impe-

---

[332] Cfr. Soboul, Albert, *"Luzes..."*, e *"Utopia e Revolução Francesa"*, in Droz, Jacques (Dir.), *Idem*, pp. 244/245 e 322.

[333] Cfr. Soboul, Albert, *"Utopia e Revolução Francesa"*, in Droz, Jacques (Dir.), *Idem*, pp. 327/328; vide tb. Dilas-Rocherieux, Yolène, *L'Utopie ou la Mémoire du Futur*, Paris, Éd. Robert Laffont, 2000, pp. 49/87.

lem então Babeuf e os seus seguidores a organizarem uma acção revolucionária, denominada a Conjura dos Iguais, que agrupou cerca de 17.000 militantes, liderada por um Comité de Insurreição, instituído em 30 de Março de 1796. Tomaram lugar neste órgão, Babeuf, Pierre Sylvan Maréchal, Félix Le Peletier, Pierre-Antoine Antonelle, Augustin Darthé, Charles Germain, Philippe Michel Buonarroti, entre outros[334].

Traída a conspiração por um dos conjurados, as detenções dos restantes realizaram-se na Primavera de 1796 e após um processo que culminou na condenação à morte de Babeuf e de Darthé, em 26 de Maio de 1797, a Conjura dos Iguais, que saíra da utopia para se transformar em realidade, foi dissolvida, mas não esquecida[335].

O babuvismo insere-se no pensamento socialista utópico, defensor da democracia directa capaz de governar uma "República de Iguais" que pusesse termo à luta entre ricos e pobres, sempre presente na História.

Este pensamento, com diversas cambiantes, passa a acompanhar o processo histórico pós-liberal, transformando-se em ucronia, um dever-ser (*sollen*) de igualdade e fraternidade que não deveriam estar ausentes na História, uma manifestação de repúdio pelas desastrosas consequências sociais das revoluções burguesas, que geraram o proletariado e a "Questão Social".

Em Inglaterra, William Godwin (1756-1836), escritor e pensador político, atribui grande importância à influência que a moral colectiva e o meio social exercem sobre o indivíduo. Mais do que certas características de um país, como o clima, o temperamento nacional ou a riqueza, são a forma do governo e a aplicação da justiça, os principais responsáveis, em sua opinião, pelos sentimentos e comportamento do povo.

Influenciado possivelmente pelo panfleto de Tom Paine intitulado *Common Sense*, divulgado em 1776, que repudiava a intolerável atitude do poder político britânico sobre a pacífica sociedade colonial norte-americana, Godwin afirma que, "society is in every state a blessing... government even in its best sate is but a necessary evil."

---

334 Buonarroti, Philippe Michel (1761-1837) condenado ao exílio por ter participado na Conjura dos Iguais, escreveu na Bélgica, em 1828, a *Histoire de la conspiration pour l'égalité dite de Babeuf*, 2 tomes, Paris, Éditions Sociales, 1957.

335 Soboul, Albert, *"Utopia..."*, in Droz, Jacques (Dir.), *Idem...*, pp. 330/333. Babeuf e Maréchal, Pierre Sylvan (1750-1803) redigiram em 1796, o *Manifeste des Égaux*, onde afirmaram: «*Pendant quinze siècles tu as vécu esclave (...). Depuis six années tu respires à peine dans l'attente de l'indépendance, du bonheur et de l'égalité. (...) Nous voulons l'égalité réelle ou la mort.*»

Este pensador considera que o nascimento e a posição social não devem influenciar a forma como as pessoas são tratadas, devendo ser removidas tanto quanto possível as distinções arbitrárias, para que os talentos e as virtudes, diferentes em cada indivíduo, se possam exercitar e manifestar. Os maus governantes, produzem homens e mulheres infelizes, não sendo possível enganá-los com falsos valores, porque cada pessoa é capaz de reconhecer a verdade, colaborando apenas nas boas causas, racionalmente aceites.

O racionalismo social de Godwin é revelado por um elevado culto da justiça, função fundamental de utilidade pública, e também pela defesa da tolerância e da liberdade de expressão. Visionando para o futuro uma sociedade igualitária, Godwin propõe ainda a abolição da propriedade privada, e das formas tradicionais de cooperação social, como o Governo e as instituições que reprimem o livre e completo desenvolvimento das capacidades individuais, como o casamento, o que o coloca na esteira dos autores utopistas, ou mesmo anarquistas.

A sua obra mais significativa de filosofia política denomina-se *Inquiry concerning Political Justice, and its Influence on General Virtue (Morals) and Happiness*, publicada em Londres, em 2 volumes, por G. G. & Robinson, em 1793[336].

O estabelecimento de uma nova ordem económica em França, saída da agitação revolucionária, gera uma situação complexa, onde as propostas de adopção da melhor via para atingir esse objectivo, surgem também, paradoxalmente, da grande nobreza hereditária.

Influenciado pela Revolução Americana onde combateu pela "liberdade industrial", Claude-Henri de Rouvroy, conde de Saint-Simon (1760--1825), pertencente a uma família tradicional que se afirmava descendente de Carlos Magno, entusiasmou-se pelos princípios da Revolução Francesa, renunciando ao seu título senhorial. Tendo passado por diversas situações, de abastança e de ruína, foi apoiado no fim da sua vida pelo banqueiro judeu Olinde Rodrigues, seu discípulo, que republicou postumamente um panfleto de 1819, ao qual deu o título de *La Parabole politique*, onde o seu mestre exaltava o trabalho "industrial" e considerava que, se por hipótese,

---

[336] Esta obra de William Godwin teve três edições em cinco anos, cada uma com substanciais modificações. Actualmente pode ser consultada, em 3 volumes, Toronto, Ed. F. E. L., 1946, 1969 ou Harmondsworth, Ed. Isaac Kramnick, 1976; vide tb. Berida, François, *"Um doutrinário: Godwin ou o 'anarquismo iluminado'"*, in Droz, Jacques (Dir.), *História...*, Ob. Cit., Vol. 2, pp. 349/354.

a França perdesse, "no mesmo dia" a grande nobreza e os detentores dos mais altos cargos políticos, judiciais, públicos, militares, religiosos, e os mais ricos proprietários, "esta perda de 30.000 indivíduos, (...) só afligiria do ponto de vista sentimental, uma vez que daí nenhum mal político resultaria para o Estado."[337]

Considerando o Governo, apenas a fachada do edifício social composto de sábios, industriais, banqueiros, negociantes, numa palavra, de produtores, que detêm o verdadeiro poder "industrial", fonte de todas as riquezas, Saint-Simon afirma serem absurdos os debates acerca da "soberania do povo", da "liberdade", da "igualdade" que constituem a imagem de um regime político que virá a ser substituído pelo "industrialismo".

A futura sociedade industrial, na procura da felicidade, deve banir os ociosos, como os nobres e os clérigos, ou sejam as "vespas" numa colmeia de "abelhas", sendo as distinções sociais provocadas apenas pelas diferenças de capacidade individual: "A igualdade industrial consiste em receber, da sociedade, benefícios exactamente proporcionados à sua posição social, isto é, à sua capacidade positiva, ao emprego que faz dos seus meios, entre os quais se devem compreender, bem entendido, os seus capitais."[338]

Desvalorizando a política da sua época, Saint-Simon visiona-a como uma "ciência positiva" no futuro, "a ciência da produção, isto é, a ciência que tem por objecto a ordem de coisas mais favoráveis a todos os géneros de produção".[339]

O novo *sistema de governo* promanaria do recrutamento das "capacidades" individuais, a reunir em três câmaras, a do "invento", composta de sábios, artistas, engenheiros, a do "exame", formada por fisiologistas, físicos e matemáticos e a "executiva", recrutada entre empresários in-

---

[337] Vide *La Parabole politique* (1832), in Hugon, Paul, *História das Doutrinas Econômicas*, São Paulo, Ed. Atlas, 9.ª Ed., 1967, p. 212. Saint-Simon empregava a palavra "industrial" em sentido amplo: "Industrial é um homem que trabalha para produzir, ou para pôr ao alcance dos diferentes membros da sociedade um ou vários meios materiais de satisfazerem as suas necessidades ou os seus gostos físicos. (...) um cultivador que semeia o trigo, que trata da criação, dos gados (...) um carpinteiro de carros, um ferrador, um serralheiro, um carpinteiro (...) um fabricante de sapatos, de chapéus, de telas, de tecidos, de caxemiras (...) um negociante, um carreteiro, um marinheiro que trabalha em embarcações de comércio (...)". (Cfr. Bruhat, Jean, *"O socialismo francês de1815 a 1848"*, in Droz, Jacques (Dir.), *Idem*, Vol. 2, pp. 452/455)

[338] Saint-Simon, *Système Industriel*, (1820/21), apud Guide, Charles e Rist, Charles, *História das Doutrinas Económicas*, Lisboa, Ed. Inquérito, 1938, p. 249.

[339] Saint-Simon, *Lettres à un Americain*, apud Guide, Charles e Rist, Charles, *Idem*, p. 251.

dustriais, agrícolas e bancários, cujo objectivo era o de promoverem o bem-estar geral da colectividade: «En optant pour un 'gouvernement de savants', Saint-Simon a ouvert le chemin à la philosophie positive d'Auguste Comte et, du même coup, aux sciences sociales.»[340]

Saint-Simon admite transformar a propriedade privada rural com o objectivo de a tornar o mais produtiva possível, ou seja, de lhe fornecer os meios para que possa cumprir a sua função social, tendo afirmado: "A propriedade deverá ser reconstituída e fundada nas bases que possam torná-la mais favorável à produção" e ainda "A produção das coisas úteis é o único fim razoável e positivo que as sociedades políticas podem propor-se; conseqüentemente, o princípio – *respeito à produção e aos produtores* – é infinitamente mais fecundo do que este: – *respeito à propriedade e aos proprietários.*"

O seu projecto de reforma social parece contudo não abranger a propriedade mobiliária, uma vez que afirma: "A riqueza é, em geral, uma prova de capacidade dos industriais, ainda no caso de terem herdado a fortuna que possuem, ao passo que, nas outras classes de cidadãos, é sempre verosímil que os mais ricos sejam inferiores em capacidade aos que receberam uma educação igual à sua e só gozam de uma fortuna mediocre. Esta verdade desempenhará um papel importante na política positiva."[341]

A sucessão dos sistemas sociais, com períodos "orgânicos" e "críticos" constitui para Saint-Simon, a teoria da História, que, através da evolução das técnicas caminha para a felicidade social que a organização industrial propicia, passando a política a ser "a ciência da produção". O seu positivismo materialista não o conduz todavia a combater a ideia de Deus, a qual considera que não deve ser empregue nas ciência físicas, "mas já não digo que ela não deva servir nas combinações políticas, pelo menos durante muito tempo. Ela foi a melhor maneira que se encontrou para motivar as altas disposições legislativas..." (...) Creio que a força das coisas quer que haja duas doutrinas distintas: o fisicismo para as pessoas instruídas e o deísmo para a classe ignorante."

O seu alheamento das religiões, católica e protestante, impele-o a tentar elaborar um culto diferente, com princípios adequados ao estabelecimento de uma organização social "que assegure trabalho, sem a mínima interrupção, a todos os proletários, uma instrução positiva a todos os mem-

---

340 Dilas-Rocherieux, Yolène, *L'Utopie...*, Ob. Cit., p. 102.

341 Saint-Simon, *l'Organisateur*, *Lettres à un Americain* e *Système Industriel* apud Guide, Charles e Rist, Charles, *Idem*, pp. 253/254.

bros da sociedade e prazeres que sejam de natureza a desenvolver a sua inteligência." Na sua obra *Le Nouveau Chritianisme*, publicada no ano da sua morte, Saint-Simon afirma que "A nova organização cristã deduzirá as instituições temporais, assim como as instituições espirituais, do princípio de que *todos os homens devem comportar-se em relação uns aos outros como irmãos*. Ela dirigirá todas as instituições, de qualquer natureza, em direcção ao crescimento do bem-estar da classe mais pobre."[342]

A morte de Saint-Simon provocou, no seu ciclo de amigos e discípulos um sentimento de imperiosa necessidade de continuar a obra do seu mestre, de alterar o rumo da História, de repúdio pela desigualdade social, que cada vez mais se acentuava.

A ucronia do século XIX, incentivada pelo êxito da tecnologia industrial que prometia o bem-estar material da Civilização Ocidental, vai assim impulsionar a aplicação prática das teorias já avançadas, congregando pessoas em torno dos principais discípulos de Saint-Simon, como o referido Olinde Rodrigues (1794-1851), Saint-Armand Bazard (1791-1832), um dos fundadores da Carbonária francesa e Barthélemy Prosper Enfantin (1796-1864), antigo banqueiro de São Petersburgo.

Os saint-simonianos formam uma escola de pensamento económico e social, que se transforma em seita religiosa ao pretender conjugar o amor entre os homens com a razão e com a força transformadora da indústria, que "continua... a obra da criação": "O saint-simonismo torna-se uma religião, com um culto, uma moral, prédicas organizadas, igrejas que se fundam em diferentes pontos do território, apóstolos que vão levar longe a palavra santa. (...) Enfantin e Bazard foram os pontífices do novo culto. Mas Bazard em breve se afastou, ficando Enfatin o único 'padre supremo'".[343]

A Revolução de 1830 impulsiona ainda em França a divulgação do saint-simonismo através do jornal *Le Globe*, que, pela influência de Pierre Leroux (1797-1871) adopta o subtítulo de *Journal de la doctrine de Saint-Simon*, o qual exalta o trabalho e visiona grandes empreendimentos industriais dirigidos por engenheiros, "os oficiais do exército pacífico dos trabalhadores."[344]

---

342 Cfr. Bruhat, Jean, *"O socialismo francês de 1815 a 1848"*, in Droz, Jacques (Dir.), *Idem*, Vol. 2, pp. 459/460.

343 Gide, Charles e Rist, Charles, *Idem*, pp. 255/256.

344 Cfr. Bruhat, Jean, *"O socialismo francês de 1815 a 1848"*, in Droz, Jacques (Dir.), *Idem*, Vol 2, p. 466. Pierre Leroux foi o primeiro autor a forjar a palavra *socialismo* por

Os utopistas pós saint-simonianos, que atacam a propriedade privada, propondo a supressão das heranças, conferindo ao Estado a terra e os capitais, a distribuir de acordo com os interesses da produção, dirigida por "um sistema geral de bancos", e que, no plano religioso, evoluem para práticas monásticas, provocam a animosidade do Governo francês que os persegue e condena, impelindo-os à dispersão[345].

Na Inglaterra industrial, a tensão conflitual entre operários e patrões, culminando em greves, motivadas pela exiguidade dos salários e pelo tempo excessivo dos horários de trabalho, diurno e nocturno, conduzira à aprovação parlamentar de leis contra o associativismo, as *combination laws* de 1799 e 1800.

Nesta situação de luta de classes, agravada pelo desemprego causado pelo progresso da maquinofactura, que gerou o movimento operário "luddite" de acção destruidora contra as máquinas das fábricas de tecnologia mais avançada, o empresário Robert Owen (1771-1858) recusa a competição desenfreada e desumana entre os detentores dos meios de produção, aceitando todavia o progresso que a revolução industrial podia em geral, propiciar. Tendo começado a trabalhar aos 10 anos de idade, após se ter sido monitor dos seus camaradas de estudos primários, aos 19 era já director de produção de uma fiação mecânica de algodão e, nove anos depois, comprou uma grande empresa do ramo, em New Lanark, tornando-se depois um patrão modelo.

O seu conhecimento profundo dos problemas laborais na Inglaterra, impele-o a reduzir a duração do trabalho na sua fiação, a aumentar os salários, e a melhorar o alojamento e a higiene dos trabalhadores. Owen preocupa-se também com a recuperação dos ébrios e doentes e ainda com a instrução das crianças e a formação dos operários, condições indispensáveis à construção de uma nova sociedade, saudável e feliz, diferente daquela que a ordem político-económica inglesa estabelecera.

Antecipando-se a Marx, na recusa da aceitação da existência de ideias inatas, que o conduziu à sua célebre "teoria do reflexo" (Abbildtheorie), Owen, crente apenas nas potencialidades racionais do homem, considera que o seu carácter não é construído por ele próprio, mas antes pelas con-

---

oposição a individualismo na *Revue Encyclopédique*, no seu artigo *Discours sur la situation actuelle de l'esprit humain* de 1832. (Cfr. Gide, Charles e Rist, Charles, *Idem*, p. 313)

345 Acerca das vicissitudes vividas pela "Família" saint-simoniana e da sua diápora a partir de meados do século XIX vide, Desanti, Dominique, *Les socialistes de l'utopie*, Paris, Payot, 1971, pp. 93/134 e 241/245.

dições do meio social em que se integra e que o formam ou deformam, as quais são criadas, em larga medida pelos detentores do Poder[346].

Considerando que o homem nasce com um desejo de felicidade que o acompanha durante toda a vida, "chamado em linguagem popular, interesse próprio", Owen propõe o alargamento do seu saber para que possa distinguir as verdades do erro, já que, quando aquelas se tornem evidentes, "todos os indivíduos se esforçarão necessariamente para promover a felicidade de todos os outros indivíduos na sua esfera de acção; (...) Aqui está um fundamento firme sobre o qual construir uma religião vital, pura e incorrupta e a única que, sem nenhum mal que a contrarie, pode dar paz e felicidade ao homem."[347]

A sua crença na natural bondade e solidariedade do ser humano, cujas diferenças considera serem adquiridas nos diversos corpos sociais que formam o seu carácter, condu-lo a afirmar que "AS CRIANÇAS DE QUALQUER CLASSE NO MUNDO PODEM RAPIDAMENTE TRANSFORMAR-SE EM HOMENS DE OUTRA CLASSE"[348]. A transformação das sociedades onde existe a ignorância, a miséria, o crime e o sofrimento, verificar-se-á quando uma educação verdadeira e honesta chegar a todos os pontos do mundo, removendo os obstáculos à união e cooperação em todas as realizações úteis, "não só entre os membros do mesmo estado mas também entre governantes daqueles reinos e impérios, cuja inimizade e rancor uns contra os outros têm sido levados às últimas consequências de loucura melancólica e mesmo por vezes a um alto grau de loucura."[349]

---

346 Cfr. Owen, Robert, *Uma Nova Concepção de Sociedade (A New View of Society)*, Braga, Faculdade de Filosofia da Universidade Católica Portuguesa, (1.ª Ed., 1812), 1976, pp. 99 e 101. Marx e Engels, denominam este tipo de socialismo, "*crítico-utópico*", por atacar a sociedade, nas suas bases, rejeitando contudo a acção revolucionária: "Os sistemas socialistas e comunistas propriamente ditos, os sistemas de Saint-Simon, de Fourier, de Owen, etc., surgem no primeiro período de luta entre o proletariado e a burguesia, (...) Os inventores destes sistemas apercebem-se muito bem dos antagonismos de classes, assim como da acção de elementos dissolventes na própria sociedade dominante. Mas não distinguem, do lado do proletariado, nenhuma iniciativa histórica, nenhum movimento político que lhe seja próprio. (...) Para eles, o futuro do mundo resolve-se com a propaganda e a prática dos seus planos de sociedade. Procuram portanto, e nisso são lógicos, embotar a luta de classes e conciliar os antagonismos. Continuam a sonhar a realização experimental das suas utopias sociais – (...)" (Vide o *Manifesto do Partido Comunista*, 1847, III, 3)

347 Owen, Robert, *Uma Nova Concepção de Sociedade*, Ob. Cit., pp. 209 e 215.

348 Owen, Robert, *Idem*, pp. 251 e 253.

349 Owen, Robert, *Idem*, p. 275.

A convicção da existência de um desejo de união fraterna e cooperativa entre os homens, levou Owen a organizar em Indiana, nos Estados Unidos da América, país aberto à liberdade de empreendimentos, um colonato comunitário denominado New-Harmony, que inicia a sua actividade em 1825, com cerca de oitocentas pessoas: "Mas a preguiça de uns, o egoísmo de outros, a falta de coordenação geral, acabarão com esta tentativa, não considerada um falhanço, mas antes como um ensaio prematuro."[350]

Convicto na validade das suas concepções económicas e sociais, Owen pretende abolir o lucro na venda dos produtos acabados, cujo custo apenas devia incluir o trabalho e a amortização necessária para reconstituir o capital investido, eliminando para tal, a moeda. Em sua substituição, criar-se-iam senhas de trabalho (*labour notes*), sendo a hora laboral, o padrão do valor desses produtos[351]. Para a aplicação deste sistema de trocas de produtos por trabalho, foi criado em 1832, em Londres, um Depósito de Troca de Trabalho (*National Equitable Labour Exchange*) que, para além de eliminar o lucro, suprimia o indesejável intermediário (*profit-maker*), industrial ou comerciante[352].

A utopia de Owen, onde o sonho e a realidade se interpenetram, evolui para a instituição de Armazéns Cooperativos (*co-operative stores*), onde a moeda é utilizada, eliminando o lucro e os intermediários, através do contacto directo do produtor com o consumidor: "Finalmente existe um certo número de cooperativas de produção, que fabricam objectos vendidos em seguida nos armazéns cooperativos. (...) Em mui-

---

[350] Paquot, Thierry, *A Utopia*, Mem Martins, Pub. Europa-América, 1997, pp. 35/36.

[351] Como o trabalho devia ser remunerado consoante a sua qualidade e quantidade, o sistema das senhas de trabalho apresentou grandes dificuldades de aplicação em New--Harmony, tendo Owen acedido na remuneração sem distinções, o que precipitou o fracasso da experiência comunista.

[352] Acolhido com entusiasmo, o *Labour Exchange*, aberto em 1832, foi adquirindo os diversos vícios que pretendia combater, como a atribuição falsa do número de horas de produção por produto, o que obrigou a peritagens externas que o avaliavam em moeda, invertendo assim a teoria de Owen. O oportunismo de alguns associados, impeliu-os a introduzirem no Depósito de Troca, produtos não vendáveis em troca de senhas, com as quais se abasteciam de produtos de valor, que revendiam depois, por bom dinheiro. Por outro lado, como as senhas de trabalho não eram nominativas, alguns lojistas de Londres aceitavam-nas a pretexto de pagamento das suas mercadorias, e depois serviam-se delas para esvaziar o Depósito de tudo o que era vendável, recusando depois as *labour notes*. (Cfr. Gide, Charles e Rist, Charles, *História das Doutrinas Económicas*, Ob. Cit., pp. 285/289)

tas localidades mistura-se a actividade sindical e a produção cooperativa, sob a iniciativa de pequenos grupos operários que, atraídos pelas novas ideias (sem, no entanto, serem sempre ortodoxos partidários de Owen) decidem traduzir por actos o seu desejo de substituir por um regime cooperativo o modo capitalista de produção. (...) Mesmo que Owen tenha repudiado todo o apelo à luta de classes, e digamos mesmo à greve, o movimento foi efectivamente semi-revolucionário. (...) Pela primeira vez a Grã-Bretanha conheceu um movimento operário em massa com objectivos socializantes."[353]

Em França, na mesma época, surge a crítica social utópica de François Marie Charles Fourier (1772-1837), filho de um negociante de tecidos, presidente do tribunal de comércio da sua cidade, o que o colocou na situação de meirinho de loja, não obstante a sua aversão à actividade mercantil mundial, que considera ter feito retroceder a civilização: «(...) oui la civilisation devient plus odieuse aux approches de sa chute; la terre, n'offre plus qu'un affreux chaos politique, elle appelle le bras d'un autre Hercule pour la purger des monstruosités sociales qui la déshonorent.»[354]

A sua imaginação criadora impele-o para a análise das forças sociais, que considera serem movidas pela "atracção", tal como os "movimentos, material, orgânico e instintivo". Uma vez que os astros, as plantas e os animais obedecem a essa lei, também o homem deve agir segundo as paixões que o atraem: "Antes de mim a humanidade perdeu vários mil anos a lutar loucamente contra a Natureza; eu, o primeiro, flecti diante dela estudando a atracção, órgão dos seus decretos; ela ousou sorrir ao único mortal que a venerou; deu-me todos os seus tesouros."[355]

Nos seus numerosos manuscritos, alguns dos quais só conhecidos muito depois da sua morte, Fourier formula as suas propostas de transformação da sociedade, publicando em 1822, o *Traité de l'association domestique agricole*, reeditado em 1834 com o título *Théorie de l'unité*

---

353 Bedarida, François, *"O socialismo em Inglaterra até 1848"*, in Droz, Jacques (Dir.), *História Geral do Socialismo*, Ob. Cit., Volume 2, pp. 422/423 e 426.

354 Poisson, E., *"Théorie des quatre mouvements et des destinés générales. Prospectus et annonce de sa découverte"*, 1808, in *Fourier, Réformateurs Sociaux, Collection de Textes*, Paris, Lib. Félix Alcan, 1932, p. 44.

355 Fourier, Charles, *"Théorie des quatre mouvements..."*, apud Bruhat, Jean, *"O Socialismo Francês de 1815 a 1848"*, in Droz, Jacques (Dir.), *História...*, Ob. Cit., Vol. 2, p. 471.

universelle, no qual propõe a criação do trabalho societário, onde cada associado seja pago por dividendos e não por salários, e, que cada trabalhador, homem, mulher ou criança, seja pago em proporção do seu capital, trabalho e talento; que as sessões de trabalho mudem várias vezes ao dia, para não haver uma quebra de entusiasmo laboral; que essas sessões concentrem amigos e conduzam à emulação; que os locais de trabalho sejam atractivos; que a divisão do trabalho seja adequada às características do sexo e da idade dos trabalhadores; que cada trabalhador goze plenamente do direito ao trabalho, ao direito de intervenção em cada ramo laboral que pretenda escolher, justificada a sua seriedade e aptidão[356].

Tentando pôr em prática as suas concepções laborais, Fourier pede a Robert Owen, em 1824, que financie "uma companhia para ensaio da associação", mas este diplomaticamente recusa a sua proposta, o que afasta teoricamente os dois pensadores[357].

Fourier concebe uma unidade de produção e de consumo predominantemente agrária, que denomina *falanstério*, onde existem também alguns estabelecimentos industriais com capacidade para produzirem todos os instrumentos necessários à vida societária de 1.500 a 1.600 pessoas, organizadas em agrupamentos familiares, a *falange* produtiva, instalada em edificações contínuas, rodeadas por vastos terrenos, que estima poderem ocupar uma área de 6 milhões de toesas quadradas[358].

O *trabalho*, que na visão de Fourier, deve ser tão atractivo como os festins e espectáculos, será recompensado com 5/12 do rendimento obtido,

---

[356] Cfr. Poisson, E., *"Traité de l'Association domestique agricole"*, 1822, in *Fourier...*, Ob. Cit., p. 73.

[357] Acerca do pensamento de Owen, Fourier comenta no seu livro intitulado *Nouveau Monde Industriel et Sociétaire*, publicado em 1829: "quanto aos seus dogmas, o da comunidade dos bens é tão lamentável que não merece refutação", e critica os saint-simonistas, afirmando: "são monstruosidades de fazer encolher os ombros as de pregar, no século XIX, a abolição da propriedade e da hereditariedade." Em 1831, Fourier publica, um libelo com o significativo título, *Pièges et Charlatanisme des Deux Secrets Saint-Simon et Owen qui Promettent l'Association et le Progrès.* (Cfr. Rist, Charles e Guide, Rist, *História...*, Ob. Cit., p. 292 e Paquot, Thierry, *A Utopia*, Ob. Cit., p. 36)

[358] Sendo a toesa, uma medida equivalente a 1,949 m. calculamos a área pretendida em 1.200 hectares, embora Fourier afirme que um terço desta, será suficiente. (Cfr. *"Préparatifs pour la fondation du phalanstère, Traité de l'Association domestique-agricole"*, in Poisson, E., *Fourier*, Ob. Cit., p. 117)

O desenho de um falanstério tem curiosamente nítidas semelhanças com o palácio de Versailles. (Cfr. Carandell, José M.ª, *As Utopias*, Rio de Janeiro, Salvat Ed., 1980, p. 101)

cabendo 4/12 ao *capital* investido e 3/12 ao *talento*, necessário à vida do falanstério[359].

O seu intento de emancipação da "civilização" em que se encontra integrado, pelo *regresso à terra*, preferentemente pelas floricultura, horticultura e arboricultura, conduz Fourier a visionar uma nova sociedade construída para garantia da felicidade, um "garantismo" (segurança social), transição para o mundo da "harmonia", fruto da libertação das paixões que agitam e impulsionam o ser humano[360]: "A mecânica das paixões ou das séries de grupos; a tendência para procurar o acordo entre os cinco meios sensoriais: 1 paladar, 2 tacto, 3 visão, 4 audição, 5 olfacto, e os quatro meios afectivos: 6 amizade, 7 ambição, 8 amor, 9 paternidade. Esse acordo estabelece-se pela intervenção de três paixões pouco conhecidas e difamadas, que nomearei, 10 a *Cabalística*, 11 o *Borboleteamento*, 12 o *Compósito*."[361]

As três últimas paixões, que Fourier qualifica de "distributivas", e que são consideradas na "civilização", vícios, têm como finalidade dinamizar a vida social, uma vez que a "cabalística" ou intriga, intromete-se sempre nos cálculos da paixão, o "borboleteamento" ou inconstância, consiste na necessidade de mudança periódica, de esvoaçar de prazer em prazer, e o "compósito" é um arrebatamento que gera acordos de entusiasmo físico e intelectual.

A repressão das paixões dos homens, por imperativos de uma falsa moral é para Fourier o motivo da debilidade das suas forças vitais e da sua infelicidade, pelo que propõe a libertação dos desejos e instintos, o amor livre, a emancipação da mulher e a educação colectiva das crianças: «Les classes mécontentes du régime amoureux de civilisation forment l'immense majorité à commencer par les maris qui pourtant son les privilegiés. Il n'y en aurait peut-être pas un/100e de content si l'on pouvait connaître la conduite secrète de leurs femmes.»[362]

---

359 Cfr. Poisson, E., *"Traité de l'Association domestique-agricole" (1822)*, in *Fourier...*, Ob. Cit., p. 136 e Fourier, C., *Le Nouveau Monde Industriel et Sociètaire, ou invention du procédé d'industrie attrayante et naturelle, distribuée (1829)*, Paris, Flammarion, 1973, p. 46.

360 Fourier visiona neste ponto, o Paraíso habitado por Adão antes do pecado original e a afirmação de Cândido, após as suas desventuras: "(...) é preciso cultivar o nosso jardim".

361 Fourier, C., *Le Nouveau Monde Industriel et Sociètaire*, Ob. Cit., p. 91.

362 Fourier, Charles, *Le Nouveau Monde Amoureux,* 1967, (Textes à l'appui) in Desanti, Dominique, *Les Socialistes...*, Ob. Cit., p. 180. A mensagem de Fourier quanto às perturbações provocadas pelo recalcamento da libido e quanto à emancipação das mulhe-

Fourier visionava, em todo o mundo, uma futura federação de falanstérios governada por um *omniarca*, com funções muito diferentes das funções de um chefe político actual, uma vez que as agradáveis e pacíficas condições de vida dos falanstérios, dirigidos por um *unarca*, dispensavam exércitos e forças policiais, juízes e advogados. A concretização dos sonhos de Fourier, com laivos de delírio, suavizados pelos seus seguidores, não se verificou em sua vida, mas a ideia do falanstério perdurou ao longo de várias gerações, inspirando o *kibutz* (aldeia colectiva) israelita, organização de tipo cooperativo, unidade de produção e de consumo[363].

Antes da morte de Fourier, um dos seus discípulos abriu uma colónia societária em Condé-sur-Vesgre, em 1832, iniciativa que deparou com enormes dificuldades para se manter alguns anos. Outras tentativas semelhantes da chamada escola falansteriana foram efectuadas na década de 1840, em diversos pontos do globo, como a Costa do Ouro, o Brasil, a Argélia, o Texas, as Ardenas, que, de um modo geral, fracassaram.

Paralelamente a estas experiências, um dos seus principais discípulos, Victor Prosper Considérant (1808-1893) publicou em 1836 o jornal de ciência social, *La Phalange*, e escreveu várias obras para propagar as ideias do seu mestre, ocultando todavia os seus intentos de revolução sexual. Tendo conseguido ser eleito deputado, Considérant procurou, sem êxito, difundir no Parlamento a doutrina societária de Fourier, atitude que provocou a sua proscrição e fuga para os Estados Unidos.

No "Novo Mundo", as ideias de Fourier vão encontrar um ambiente mais propício à sua aceitação, e, embora com diversas adaptações para se encontrarem as *Soluções Sociais* que a experiência demonstrou serem necessárias, o sonho de uma vida feliz à margem do sistema sócio-político vigente, manteve-se durante algumas décadas[364].

---

res, conducente à "revolução sexual" de meados do século XX, são nitidamente percursoras da obra de Wilhelm Reich (1897-1957). (Sobre este assunto vide Ribeiro dos Santos, António Pedro, *Movimentos Laborais...*, Ob. Cit., pp. 82/89)

363 Acerca do *Kibutz* hebraico, vide *Polis, Enciclopédia da Sociedade e do Estado*, Lisboa/São Paulo, Ed. Verbo, Vol. 3, pp. 938/944.

364 As *Soluções Sociais*, são o título de uma obra de Jean-Baptiste André Godin, publicada em 1871, que procura corrigir, pela experiência da organização dos falanstérios anteriores, as ideias utópicas de Fourier, nomedamente a ausência de uma chefia, capaz de dirimir os conflitos entre os societários. (Cfr. Paquot, Thierry, *A Utopia*, Ob. Cit., pp. 46/51, Bruhat, Jean, *"O socialismo francês de 1815 a 1848"*, in Droz, Jacques (Dir.), *História Geral do Socialismo*, Ob. Cit., Vol. 2, pp. 479/481 e Carrandell, José M.ª, *As Utopias*, Ob. Cit., pp. 101/108)

Em França, nos últimos anos da Restauração, o movimento operário manifesta-se através de numerosas greves e tumultos em protesto contra a situação laboral existente, agravada pela manifestação de uma crise económica, caracterizada por baixos salários, horários de trabalho prolongados, controlo policial na contratação, desemprego, etc. A agitação operária, que chega a provocar mortos e feridos, alastra para os campos, onde estalam revoltas camponesas provocadas pela subida dos preços dos cereais.

Em Julho de 1830, uma revolução desencadeada contra Carlos X, por motivos políticos, constitui o pretexto para a participação dos operários, que enfrentam as forças da ordem nas ruas de Paris, onde erguem barricadas e combatem com o ardor dos melhores soldados. Após a subida ao trono do filho do duque de Orléans, contrariando as normas da sucessão dinástica, o movimento operário, que adquire assim uma tónica revolucionária, é elogiado por um membro do novo Governo ao afirmar que, "(...) a dinastia deve fundar qualquer coisa para a prosperidade destes operários heroícos."[365]

Neste ambiente de mudança, a utopia e a ucronia confundem-se, sendo difícil distinguir a visão paradisíaca de um lugar inexistente, da nova sociedade que se pretende construir, destruindo a ordem social vigente.

Como representante desta indefinição, podemos destacar Étienne Cabet (1788-1856), um jurista, filho de um tanoeiro, que ascendeu à direcção da "Vente Suprême" da Carbonária e enviou ao duque de Orléans um programa de conciliação entre o poder real e o poder popular.

Instaurada a monarquia de Julho, Cabet desempenhou por algum tempo o cargo de secretário do ministro da Justiça e foi nomeado procurador de justiça de Bastiá, cargo de que foi destituído por ser considerado um extremista. Em Julho de 1831, foi eleito deputado pela Costa de Ouro, defendendo a constituição de comunas em todo o país.

Os seus intentos de transformação da sociedade são declaradamente pacíficos e cristãos, mas vai-se envolvendo em confrontos com as forças da ordem estabelecida, e agita os operários, convencendo-os a «reconquérir ses droits» através da publicação *Le Populaire*, iniciada em 1833. Condenado como agitador em 1834, Cabet exila-se em Inglaterra, onde a mensagem de Owen, muito conhecida, não deixou de o influenciar, bem como a de Morus, que também desconhecia.

---

[365] Droz, Jacques (Dir.), *História Geral do Socialismo...*, Ob. Cit., Vol. 2, p. 483.

A estadia em Inglaterra e o estudo dos seus pensadores, como Bacon ou Hobbes, ampliou a sua visão do mundo, adoptando um socialismo cristão, contrariamente ao ateísmo de Louis Blanc, que conhecera em França, bem como um industrialismo saint-simoniano que supera as concepções fisiocráticas de Fourier.

Em 1839, Cabet publica um livro utópico, *Voyages et aventures de lord William Carisdall en Icarie*, cuja epígrafe da segunda edição, no ano seguinte dizia: «Premier droit: vivre. Premier devoir: travailler. A chacun selon ses besoins – de chacun suivant ses forces.»

A *Voyage en Icarie*, título da segunda edição referida, pode ser interpretada como um programa de organização social que liberte o homem da escravatura laboral, começando pela sua educação conducente à sua infindável perfeição e pela integração plena no todo social, comunitário: «Si tous sortaient aujourd'hui du tombeau pour former un congrès sous la présidence de Jésus-Christ, cc congrès proclamerait la Communauté.»[366]

Icarie é um Estado republicano, concebido como uma grande família, com 1.000 comunas distribuídas por 100 províncias, que elegem por sufrágio universal 2.000 deputados por dois anos. A Assembleia Legislativa está dividida em 15 "comités" de 133 membros, as Assembleias Provinciais têm cada uma 120 deputados, e nas Assembleias Comunais, onde todos estão associados à soberania, são ratificadas e executadas as decisões superiores. A obediência total à "vontade geral", lembra Rousseau, uma vez que Cabet, na sua brochura *Mon credo communiste*, havia afirmado: «Nous pensons que la soumission à la volonté générale et l'amour de la patrie et de l'humanité sont le culte le plus agréable à Dieu.»

O Estado é o detentor de todos os meios de produção, dos bens imóveis e móveis, sendo a sua produção anual, planificada, e o exército reduz-se a uma milícia popular. A vida social é regulada com minúcia, desde o vestuário, igual para todos, às joias, apenas artificiais e sóbrias, às horas de levantar e deitar, que suprimem a vida nocturna, até à duração da actividade laboral, sendo a retribuição pelo trabalho, também igualitária.

Como o trabalho depende das faculdades e forças de cada um, existe um esboço de orientação vocacional durante a formação intectual e moral dos jóvens, que dos 18 aos 21 anos, recebem também, uma formação profissional.

As teorias de Cabet, fundamentadas no seu livro *Le vrai christianisme suivant Jésus*-Christ, publicado em 1846, entusiasmando bastantes

[366] Cfr. Desanti, Dominique, *Les socialistes de l'utopie*, Ob. Cit., pp. 281/285.

"comunistas reformistas", que pretendiam segui-lo e apoiá-lo, convenceram-no de que as poderia por em prática, nas vésperas da revolução que iria representar em França um início da intervenção do Estado na vida económica e social[367].

A revolução de Fevereiro de 1848, que exprime a força do movimento operário aliado à classe média, obriga Luís Filipe a abdicar, instaurando a Segunda República com um governo provisório chefiado pelo escritor socialista Louis Blanc (1811-1882)[368].

Cabet, preso em Janeiro de 1848, como burlão, acusação habitualmente usada pelo Poder para desacreditar os chefes de organizações "perigosas", só é absolvido em 16 de Fevereiro, dias antes da eclosão da Revolução, que involuntariamente apoiava, uma vez que se sempre se afirmara reformista: «(...) *si je tenais une révolution dans ma main, je la tiendra fermée, quand même je devrais mourir en exil!*»[369]

O desaire do Governo de Louis Blanc, que tenta eliminar o desemprego com a instituição de Oficinas Nacionais, pesado encargo para o Estado, as quais pretendem também terminar com a "exploração do homem pelo homem", convence-o a participar nas eleições de 23 de Abril para a Assembleia Nacional Constituinte, onde é derrotado, bem como toda a esquerda socialista[370].

O desmoronar da Segunda República francesa, o insucesso da rebelião dos operários inconformados e a brutal repressão militar que sobre eles se abateu, aceleram as emigrações para o "Wilderness" no Texas, onde Cabet organizara uma *Nouvelle Icarie*, mantendo-se todavia em Paris, onde confronta os seus pontos de vista com Robert Owen.

As notícias alarmantes acerca da *Nouvelle Icarie*, em dissolução, impelem porém Cabet a embarcar em Dezembro de 1848 para a América, onde encontra um ambiente de intriga e desconfiança, que tentou dissipar em Nova Orléans, liderando os icarianos que quiseram partir com ele para Nauvoo, "Beautiful place", no Illinois, colónia fundada e abandonada pelos mórmons: «Le but de l'association est de vivre et travailler en

---

367 Cfr. Desanti, Dominique, *Idem*, pp. 286/288 e Bruhat, Jean, *"O socialismo francês de 1815 a 1848"*, in Droz, Jacques (Dir.), *História Geral do Socialismo*, Ob. Cit., Vol. 2, pp. 526/528.

368 Esta revolução desenrola-se de 22 a 24 de Fevereiro de 1848.

369 Cabet, *Textes a l'appui* (*extraits de "Voyage en Icarie"*), in Desanti, Dominique, *Les Socialistes...*, Ob. Cit., p. 301.

370 Sobre este ponto, vide Ribeiro dos Santos, António Pedro, *Movimentos Laborais...*, Ob. Cit., pp. 150/151.

commun, de défricher et cultiver la terre, de construire des habitations, d'exercer toutes les industries utiles, de procurer le bien-être à tous les associés, et surtout de se dévouer à l'intérêt de l'Humanité tout entière, en essayant de prouver, par l'expérience, que la communauté icarienne est réalisable et qu'elle est un système d'organisation le plus capable d'assurer le bonheur de tous et de chacun.»[371]

Após sete anos de conflitos internos e de queixas de dissidentes, que o obrigaram, extraditado, a enfrentar a justiça francesa e a sofrer uma deportação para Inglaterra, Cabet morre com uma congestão cerebral, sem conseguir concretizar o seu sonho de felicidade numa sociedade de iguais, tal como Ícaro, que, voando com asas artificiais feitas de cera e de penas de aves para fugir ao despotismo do Poder, sem um rumo certo, subiu alto demais, e os raios do Sol derreteram-nas, precipitando-o no mar: «Jusqu'en 1898, des disciples maintiendront ses principes. Il laissait le souvenir de son enthousiasme inaltérable, de son charme persuasif... et aussi d'un autoritarisme difficile à supporter.»[372]

3.3.3 *O utopismo na nova sociedade industrial*

As revoluções de 1848, que eclodiram em diversos países da Europa, evidenciam, no plano social, um ponto de mudança, um grito de impotente revolta dos proletários dezenraizados dos seus berços rurais e oprimidos por um novo sistema económico que não os compensa pecuniariamente do esforço diariamente dispendido: "A Revolução de 1848 levantava a hipoteca socialista: os doutrinários franceses que tinham criticado amargamente a indiferença burguesa diante do pauperismo (indiferença mal dissimulada sob a maneira afectada de caridosa virtude) não podiam apoderar-se do poder apesar da veemente eloquência de Proudhon que dominava as discussões das assembleias republicanas, nem podiam sequer impedir o fracasso dessas oficinas nacionais, caricatura dos sonhos da primeira idade socialista. Fora da França, o cartismo inglês desmorona-se

[371] Artigo 3 do acto de sociedade redigido por Cabet, assinado por todos os icarianos que partiram para Nauvoo, reproduzido em *La Fraternité* (jornal neo-babuvista), em 3 de Fevereiro de 1850. (Cfr. Dilas-Rocherieux, Yolène, *L'Utopie...*, Ob. Cit., p. 211)

[372] Cfr. Desanti, Dominique, *Les socialistes...*, Ob. Cit., pp. 291/293. Em 1852, Cabet exilado em Londres, encontra-se com Louis Blanc e Pierre Leroux, com os quais fundou a "União Socialista".

no ridículo; o operário de além-Mancha não é decididamente revolucionário[373]. Na Alemanha, Marx e os seus amigos tinham tentado aproveitar o movimento revolucionário para defender o seu próprio socialismo. (...) Mas Marx é expulso em 1849 (...) O capitalismo burguês é o grande vitorioso."[374]

Em Inglaterra, a crítica da sociedade capitalista e o sonho de uma sociedade mais justa, equitativa e feliz, trasborda todavia dos escritos dos seus pensadores, por vezes pouco referidos, tendo a evolução reformista do seu movimento operário sido devida também à grande prosperidade económica alcançada pelo país no século XIX, coincidente com a sua expansão mundial, que propiciou uma melhoria da situação das suas classes trabalhadoras, reconvertendo o Cartismo no "New Model"[375].

Entre esses pensadores, percursores de Marx encontra-se John Francis Bray, nascido em Washington, filho de um inglês, mas levado em pequeno para Inglaterra, onde se integrou no movimento operário da década de 1830 liderado por Owen.

Bray é um comunista utópico, uma vez que não preconiza a revolução social, propondo uma reforma que transforme o Estado numa confederação de comunas produtivas, vivendo num sistemas de trocas rigorosamente igualitárias: «Notre société sera pour ainsi dire une grande société par actions, composée d'un nombre infini de plus petites sociétés par actions, qui toutes travaillent, produisent et échangent leurs produits sur le pied de la plus parfaite égalité... Notre nouveau système de société par actions, qui n'est qu'une concession faite à la société actuelle, pour arriver

---

373 Acerca da instituição das Oficinas Nacionais pelo governo de Louis Blanc, vide Ribeiro dos Santos, António Pedro, *A Imagem do Poder...*, Ob. Cit., pp. 462/463, e acerca do Cartismo, vide do mesmo autor, *Movimentos Laborais...*, Ob. Cit., pp. 145/147.

374 Morazé, Charles, *Os Burgueses à conquista do Mundo, 1780-1895*, Lisboa – Rio de Janeiro, Ed. Cosmos, 1965, p. 245.

375 Marx não deixa contudo de referir os economistas ingleses que aplicam a teoria do valor, de David Ricardo (1772-1823), em benefício dos assalariados: Thomas Hodgskin (1787-1869) – *Économie politique*, 1827; William Thompson (1783-1833) – *An Inquiry into the Principles of the Distribution of Wealth most conducive to Human Happiness*, 1824; Thomas Rowe Edmonds – *Practical Moral and Political Economy or The government, religion, and institutions most conducive to individual happiness and to national power*, 1828; John Francis Bray (1809-1895) – *Labour's Wrongs and Labour's Remedy or the Age of Might and the Age of Right*, 1839. (Cfr. *Misère de la Philosophie*, in *Karl Marx, Œuvres, Économie I*, Ed. Gallimard, 1965, p. 43); Acerca dos autores referidos por Marx, vide Bedarida, François, *"O socialismo..."*, in Droz, Jacques (Dir.), *História Geral...*, Ob. Cit., Vol. 2, pp. 382/404.

au communisme, établie de manière à faire coexister la *propriété individuelle* des produits avec la *propriété en commun* des forces productives, fait dépendre le sort de chaque individu de sa propre activité, et lui accorde une part égale dans tous les avantages fournis par la nature et le progrès des arts. Par là elle peut s'appliquer à la société telle qu'elle existe, et la préparer à des changements ultérieurs.»[376]

A necessidade de se caminhar para o comunismo resulta, segundo Bray, da constatação histórica das injustiças sociais sancionadas pelos governos dos Estados, as quais provêm do sistema económico existente: «– de l'*institution de la propriété telle qu'elle existe maintenant (the institution of property as it at present exists)*, et qu'ainsi, pour mettre à tout jamais fin aux injustices, et aux misères d'aujourd'hui, il faut *renverser de fond en comble (completamente) l'état actuel de la société.*»[377]

Tal como David Ricardo, Bray considera que o valor das coisas reside no trabalho honesto nelas encorporado, e que, consequentemente, cada homem tem o direito a tudo o que o seu trabalho lhe possa proporcionar, sem cometer qualquer injustiça, uma vez que não impede os outros de fazer o mesmo: «Toutes les idées de supériorité et d'infériorité, de maître et de salarié, naissent de ce qu'on a négligé les premiers principes, et qu'en conséquence l'*inégalité* s'est introduite dans la possession *(and to the consequent rise of inequality of possessions)* (...) le gouvernement n'est pas une cause, mais un effet, qu'il ne crée pas, mais qu'il est créé – qu'en un mot, il est le *résultat de l'inégalité dans la possession (the offspring of inequality of possessions),* et que l'inégalité de possession est inséparablement liée au système social actuel.»[378]

Em França, a queda da Segunda República e o desaire da experiência socialista, propiciaram a eclosão do golpe de Estado disferido em 2 de Dezembro de 1851, pelo Presidente da República, Luís Napoleão que preparou a instauração do Segundo Império.

O Segundo Império francês foi atenuando a repressão movida contra os trabalhadores, conseguindo assim acompanhar o industrialismo inglês

---

[376] Bray, *Labour's Wrongs and Labour's Remedy*, Leeds, 1839, pp. 170 e 194, in *Karl Marx, Œuvres, Économie I*, Ob. Cit., p. 48.

[377] Bray, *Labour's Wrongs...*, Ob. Cit. p. 17, apud *Ibidem*, p. 43.

[378] Bray, *Labour's Wrongs...*, Ob, Cit., pp. 36/37, apud *Ibidem*, p. 43/44; vide tb. Whittaker, Edmund, *Historia del Pensamiento Economico*, México – Buenos Aires, Fondo de Cultura Economica, 1948, pp. 240/241. Acerca da teoria do valor, vide Ricardo, David, *Principios de Economia Politica y de Tributacion*, Madrid, M. Aguillar Ed., (3.ª Ed. 1821), s/d.

e situar-se na vanguarda da prosperidade económica europeia, que lhe permitiu incentivar alguma concertação entre o capital e o trabalho.

Auguste Comte (1798-1857), entusiasmado com o desenvolvimento da indústria francesa, pensa que a capacidade técnica se deve substituir ao poder militar, antes considerado o primeiro meio para se alcançar a prosperidade das nações: «Au contraire, quand les sociétés sont enfin convaincues par expérience que le seul moyen pour elles d'acquérir de la richesse consiste dans l'activité pacifique, c'est-à-dire dans les travaux industriels, la direction des affaires temporelles doit naturellement passer à la capacité industrielle, et la force militaire, a son tour, ne peut plus être classée qu'en subalterne, comme une force purement passive, destinée même vraisemblablement à devenir un jour tout à fait inutile.»[379]

O seu sonho de pacifismo leva-o a afirmar que a filosofia positiva representa a vida colectiva da humanidade, cuja marcha necessária, nenhuma teologia ou metafísica podem embaraçar. Considera que as religiões tiveram uma importante função social, mas que, dado o desenvolvimento dos conhecimentos humanos, foram perdendo a sua credibilidade, havendo portanto a necessidade de se criar uma nova religião universal, a religião da Humanidade, de acordo com a fórmula seguinte: «*l'Amour pour principe, l'Ordre pour base, et le Progrès pour but.* (...) l'amour cherche l'ordre et pousse au progrès; l'ordre consolide l'amour et dirige le progrès; enfin le progrès développe l'ordre et ramène à l'amour.»[380]

Enquanto Comte desenvolvia as suas ideias de um novo humanismo, de uma nova moral, que resume na fórmula, «*Vivre pour autrui*», pela qual afasta o dogma rousseauniano da soberania popular, conducente ao domínio do proletariado, ou da maioria individualizada, e a consequentes lutas sociais, surgira porém na Europa, em 1848, uma mensagem diametralmente oposta, um decidido incentivo à luta de classes através do *Manifesto do Partido Comunista* de Marx e Engels, que prometia a grande utopia da sociedade economicamente igualitária "sem classes".[381]

A Europa das dinastias, abalada pelas revoluções de 1848 e pelo movimento das nacionalidades que com aquelas se associa, entra numa

---

[379] Comte, Auguste, *Système de Politique Positive, ou Traité de Sociologie Instituant la Religion de l'Humanité*, Paris, A la Libr. Scientifique – Industrielle de L. Mathias, 5e. Édition, (1.ª Ed. 1851), Tome IV, (Appendice Générale), pp. 5/6.

[380] Comte, Auguste, *Idem*, Tome II, p. 65.

[381] Cfr. Comte, Auguste, *Idem*, Tome IV, p. 327.

nova era que admite a Nação como um princípio de direito internacional: "Os Estados não podiam ser formados pelos súbditos de cada monarca. Deviam ser antes a estruturação política dos povos com afinidades culturais e tradições históricas comuns. A cada Estado devia corresponder uma Nação, assim como a cada nação devia corresponder um Estado."[382]

O mapa da Europa altera-se, quer pela emancipação das nações politicamente sujeitas, quer pela reunião de fragmentos dispersos de uma mesma nacionalidade, que cria a Europa das Nações: "O sonho romântico ia mais longe: ultrapassava a ideia de nação para se alargar a toda a Europa. Buchez, Pecqueur, Considérant, entre outros, falaram de unidade europeia. Mas foi Mazzini, sobretudo, quem contribuiu para o desenvolvimento dessa ideia, A seus olhos, a revisão do mapa da Europa deveria passar pela instauração de repúblicas nacionais unidas entre si por um espírito de fraternidade. (...) Reuniram-se Congressos da Paz em Bruxelas, Paris e Francoforte entre 1848 e 1850, por iniciativas de pacifistas, levando Vítor Hugo a evocar o dia em que, a par dos Estados Unidos da América, surgiriam os Estados Unidos da Europa."[383]

A ânsia de mudanças políticas e sociais e a procura de novas soluções, ultrapassam a fuga à realidade, ou o afastamento para um lugar longe da civilização, chegando a almejar a destruição da ordem social existente e a criação de outra, ou mesmo de nenhuma, bem como a abolição do Estado, o responsável pela opressão e sofrimento dos cidadãos.

O interesse pelo estudo dos comportamentos sociais, que Saint-Simon havia promovido com os seus trabalhos, converte-se em ciência dos factos sociais, que, na visão de Auguste Comte, seu antigo secretário e discípulo, devem ser abordados com o mesmo espírito que os fenómenos físicos, sujeitos a leis inelutáveis: "Agora que a mente humana criou a Astronomia e a Física Terrestre – tanto mecânica como química – e a

---

[382] Silva Cunha, Joaquim da, e Vale Pereira, Maria da Assunção, *Manual de Direito Internacional Público*, Coimbra, Livr. Almedina, 2000, p. 142.

[383] Dreyfus, F.-G., et alii, *História Geral da Europa III, A Europa de 1789 aos nossos dias*, Mem Martins, Pub. Europa-América, s/d., p. 311. Acerca de Philippe-Joseph-Benjamin Buchez (1796-1865), pensador católico, discípulo de Saint-Simon, carbonário e socialista utópico, promotor do associativismo operário cristão, vide Bruhat, Jean, *"O socialismo francês..."*, in Droz, Jacques (Dir.), *História...*, Ob. Cit., Vol. 2, pp. 511/514; acerca de Constantin Pecqueur (1801-1887) socialista utópico, reformista, defensor da expropriação dos detentores dos meios de produção, citado de forma elogiosa por Marx no *Capital* (T. I, Cap. XXXII), vide Desanti, Dominique, *Les Socialistes...*, Ob. Cit., pp. 223/230.

Física Orgânica – tanto botânica como biológica – resta finalizar o sistema das ciências criando a *Física Social*. Sob vários aspectos importantes, esta é a maior e mais premente necessidade intelectual de hoje (...)".[384]

Auguste Comte altera posteriormente a designação desta ciência do homem, a *fisiologia social*, na terminologia de Saint-Simon, para *Sociologia*, imprimindo-lhe uma concepção epistemológica que não se confina à observação empírica dos fenómenos sociais: "(...) o 'empirismo', aqui, é entendido num sentido limitado; ele não quer dizer que todas as observações de objectos ou acontecimentos são (para usarmos uma expressão de Popper) 'impregnados de teoria', mas que 'cientificamente falando, toda a observação isolada e empírica é ociosa'. 'A observação científica e popular', diz Comte, 'abarca os mesmos fatos', mas considerando-os de diferentes pontos de vista, porque a primeira é guiada pelas teorias, ao passo que a segunda não. (...) A facilitação racional do progresso só é possível (segundo Comte) se as condições limitadoras da intervenção forem conhecidas. As leis que controlam o movimento da sociedade estão sujeitas a consideráveis margens de variação em sua operação, e essa variação pode ser influenciada ativamente pela ação deliberada."[385]

A crescente utilização de uma metodologia sociológica para a análise dos fenómenos de uma sociedade em mudança, o desenvolvimento científico e tecnológico industrial, o crescimento urbano, o individualismo burguês, o pensamento laico e os seus projectos ideológicos, ultrapassam a sociedade tradicional e precipitam a Cultura Ocidental na chamada *modernidade*: "Na década de 1860 foi introduzida uma palavra no vocabulário político e conómico do mundo: a palavra 'capitalismo'. (...) O triunfo global do capitalismo constitui com efeito o aspecto mais importante da história das décadas que se seguiram a 1848. Era o triunfo da sociedade que acreditava num crescimento económico baseado na empresa privada competitiva, na possibilidade de comprar tudo o mais barato possível (incluindo o trabalho) para o vender depois pelo preço mais elevado. (...) O triunfo burguês foi breve a passageiro. No momento em que parecia mais completo, revelou-se não como monolítico, mas cheio de fendas. Em 1870, a expansão económica e o liberalismo afi-

---

384 Comte, Auguste, *Cours de Philosophie Positive*, Paris, (1.ª Ed., 1877), 1975, Vol. I, pp. 28/29, apud, Giddens, Anthony, *"O Positivismo e seus críticos"*, in Bottomre, Tom e Nisbet, Robert (Organ.), *História da Análise Sociológica*, Rio de Janeiro, Zahar Ed., 1980, p. 322.

385 Giddens, Anthony, *"O Positivismo e seus críticos"*, in *Idem*, pp. 323/324.

guravam-se irresistíveis; no fim da década tinham, porém, deixado de o ser."[386]

O pensamento utópico não deixa jamais de fluir, na nova sociedade industrial, manifestando-se não só no plano sócio-político, mas também literário, ficcionista, que abrange um infindável número de temas acerca de locais idílicos e maravilhosos, dirigidos também à imaginação infantil...

Por ocasião do desaire da utópica Comuna de Paris, esmagada em 1871 pelas forças capitalistas, o escritor inglês Samuel Butler (1835--1902) escreveu uma sátira utópica que denominou *Erewhon*, anagrama de *Nowhere* (nenhures, em lado nenhum), a qual publicou em Londres no ano seguinte.

Intelectualmente revoltado contra os valores dominantes na nova sociedade industrial, victoriana, e sendo ocasionalmente excêntrico, Butler teve o mérito de se aperceber que o culto da tecnologia ia tornando o homem num escravo das máquinas que construía para suavizar o seu esforço laboral.

Nessa sátira, um criador de carneiros, Higgs, acompanhado de um velho, Chowbok, decidem visitar um país proibido, situado para além de umas montanhas. Chowbok, assustado regressa a casa, e Higss continua sozinho a perigosa jornada, acordando uma manhã, rodeado de bonitas pastoras. Estas tiraram-lhe os seus objectos pessoais, fizeram-lhe um exame médico e colocaram-no numa prisão.

Higss percebeu que tinha chegado a *Erewhon* onde a doença era considerada um crime. Os doentes eram atirados para as prisões, e mesmo as pessoas tristes eram aprisionadas por manifestarem esse sentimento, uma vez que eram consideradas responsáveis pelos actos que as tornaram infelizes. Contrariamente, os ladrões e assassinos eram tratados com benevolência e submetidos a tratamento hospitalar, para serem recuperados. As máquinas eram proibidas, uma vez que se pensava que estas evoluiriam rapidamente e se apossariam do destino do mundo[387].

---

[386] Cfr. Hobsbawm, E. J., *A Era do Capital*, Lisboa, Ed. Presença, 1988, pp. 11/17.

[387] O problema da interferência das máquinas na vida social foi também abordado pelo célebre escritor inglês Herbert George Wells (1886-1946), que em 1905 publicou o livro intitulado *A Modern Utopia*, que acentua a feição utópica dos seus anteriores romances, como *The Invisible Men*, 1897; *The War of the Worlds*, 1898; *When the Sleeper Wakes*, 1899; *Antecipations*, 1901; *The First Men in the Moon*, 1901. A sua visão utópica do mundo situa-se mais na correcção das suas imperfeições e injustiças do que na sua transformação total, uma vez que considera terem os homens características imutáveis. Assim,

Um certo dia, Higss foi convidado a jantar com Nosibor, um defraudador recuperado, envolvendo-se amorosamente com a sua filha mais nova, Arowhena. Nasibor, pretendia porém casar primeiro a sua filha mais velha, pelo que Higss, contrariado, foi estudar para a Universidade do Absurdo, onde os estudantes só estudavam o que não tivesse qualquer objectivo prático.

O romance entre Higss e Arowhena desenvolve-se secretamente, e quando Nasibor descobre essa relação, os amantes fogem num balão, descem no mar, e são levados para Inglaterra, onde casam e planeiam uma viagem diplomática a *Erewhon.*

Butler continuou esta sátira no *Erewhon Revisited*, publicado em 1901, procurando através da sua obra literária apontar a patologia social da época victoriana: "Aprofundou a natureza dos crimes, das doenças, e da educação e expôs a superficialidade, inconsistência e incerteza das garantias em que se baseava a acção confiante do agregado social."[388]

O conceito de utopia vai evoluindo ao longo da História, afastando--se da mera fantasia ou sonho de felicidade num local distante, para se situar numa crítica à ordem social existente, com objectivos e actos transformadores, mais ou menos radiciais. A utopia, como assinalou Karl Manheim, não é apenas um estado de espírito incongruente com a situação real dentro da qual ocorre: "Sólo se designarán con el nombre de utopías,

---

o desenvolvimento das tecnologias não é condenado por Wells que acredita que estas podem concorrer para a felicidade dos homens.

Contrariando o optimismo de Wells, o escritor inglês Edward Morgan Forster (1879--1970), que fez parte do "Bloomsbury Group", com pensadores e activistas como Virginia Woolf, John Maynard Keynes e Lytton Strachey, revoltados contra a ordem social e moral da época victoriana, escreveu em 1912, *A máquina pára*, obra que só foi publicada em 1928. Nesta distopia, "Forster imagina a sociedade em que as máquinas fazem tudo e onde os homens vivem presos em habitações unicelulares (comunicando-se entre si através de televisores), até que um dia as máquinas páram, morrendo sepultados todos os habitantes do planeta." (Carandell, José M.ª, *As Utopias*, Ob. Cit., p. 124)

Numa linha de pensamento semelhante, encontra-se o filósofo alemão Herbert Marcuse (1898-1979), que, no seu livro denominado *One-dimensional man, Studies in the Ideology of Advanced Industrial Society*, publicado em 1964, condena a produção excessivamente mecanizada e a difusão cultural televisiva que geram uma sociedade padronizada, com comportamentos humanos unidimensionais, conducentes a um novo tipo de escravização proletária: «(...) il est toujours un esclavage épuisant, abêtissant, inhuman. Il est d'autant plus épuisant que les cadences ne cessent de croître, que les conducteurs de machines sont soumis à des contrôles rigides, que les ouvriers sont isolés.» (Cfr. Marcuse, Herbert, *L'homme unidimensionnel,...*, Paris, Éd. de Minuit, 1968, p. 55)

[388] Evans, B. Ifor, *História da Literatura Inglêsa*, Lisboa, Portugália Ed., s/d., p. 216.

aquellas orientaciones que transcienden la realidad cuando, al pasar al plano de la práctica, tiendem a destruir, ya sea parcial o completamente, el orden de cosas existente en determinada época."[389]

Manheim afirma que em qualquer período histórico sempre existiram ideiais que transcenderam a ordem social existente, sem objectivos de a transformar, ou sejam as ideologias, diferentes das utopias: "Las ideologías son las ideas que transcienden la situacíon y que nunca lograram, de hecho, realizar su contenido virtual. Aunque a menudo se convierten en los motivos bien intencionados de la conducta del individuo, cuando se las aplica en la práctica, se suele deformar su sentido. (...) En fin, existe el tipo de mentalidad ideológica basada en un engaño deliberado, en que se debe interpretar la ideología como una mentira intencional."[390]

Ao longo do século XX as utopias tecnológicas são realizadas e por vezes ultrapassadas, chegando a alarmar alguns pensadores, como o filósofo russo Nicolas Alexandrovich Berdiaeff (1874-1948) que se interroga acerca dos meios de as evitar: "As utopias são realizáveis. E talvez comece um novo século, um século em que os intelectuais e a classe culta sonhem o modo de evitar as utopias e de regressar a uma sociedade não utópica, menos 'perfeita' mas mais livre."[391]

As utopias de igualdade social, de fraternidade e de felicidade, fracassaram todavia todas as vezes que se tentaram concretizar, em experiências que o seu líder político, teimosamente as quiz perpetuar: "Da sua relação equívoca com a história, a utopia acrescenta, na sua derrota, o naufrágio do capitão. De facto, os utopistas realizados existem graças à vontade, à temeridade, à obstinação de um líder de grande carisma. (...) O desaparecer ou apagar, pior ainda, a contestação do líder, é uma verdadeira tragédia para o grupo. Resulta daí um desregulamento dos princípios, uma perda de confiança e um sentimento de abandono. (...) Sem ninguém que lhe indique o rumo, o barco perde-se na noite oceânica."[392]

As utopias e distopias sucedem-se a um ritmo alucinante no século XX, indicativo da frustração de uma sociedade alienada pelo progresso tecnológico que controla as suas actividades, os seus movimentos, as suas

---

389 Manheim, Karl, *Ideología y Utopía*, Madrid, Fondo de Cultura Económica, (1.ª Ed., 1929), 1997, p. 169.

390 Manheim, Karl, *Idem*, pp. 171/172. Acerca do conceito de ideologia, vide tb. Moreira, Adriano, *Ideologias Políticas*, Lisboa, ISCSPU, 1963/64, pp. 51/53.

391 Frase citada no início do livro de Aldous Huxley, *Admirável Mundo Novo (Brave New World)*, Lisboa, Ed. "Livros do Brasil", 2001, p. 5.

392 Paquot, Thierry, *A Utopia*, Ob. Cit., p. 57.

posses, os seus desejos, os seus pensamentos, as suas fantasias, as suas fraquezas...

Aldous Leonard Huxley (1894-1963) é um escritor inglês que publica em 1932, uma distopia pessimista e irónica acerca da fé do homem no progresso científico e tecnológico, que intitula *Brave New World (Um Admirável Mundo Novo).* Huxley antecipa-se à biologia genética, descrevendo o fabrico em provetas, de crianças sãs e perfeitas, com diferentes características, com vista a satisfazerem as diversas necessidades da sociedade, no plano político e económico. A tecnologia avançada permitiria fabricar pastilhas para provocarem o prazer e a felicidade, mas a ordem social mantinha a nova sociedade sujeita a uma permanente coacção.

Contrastando com os habitantes integrados no *Mundo Novo*, coexiste um selvagem, que pretende manter a sua condição humana, ou seja, o seu sofrimento e a sua liberdade:

"Toda a ordem social seria desorganizada se os homens começassem a fazer coisas por iniciativa própria.

– É a renúncia, então? Se tivessem um Deus, teriam uma razão para a renúncia.

– Mas a civilização industrial só é possível quando não há renúncias. O gozo até aos limites extremos impostos pela higiene e pelas leis económicas. Sem isso, as rodas deixariam de girar. (...)

Mas eu não quero conforto. Quero Deus, quero a poesia, quero o verdadeiro perigo, quero a liberdade, quero o pecado. – Em suma – (...) você reclama o direito de ser infeliz. – Pois bem, seja assim! – respondeu o Selvagem em tom de desafio. – Reclamo o direito de ser infeliz."[393]

A Segunda Guerra Mundial, destruindo material e espiritualmente a Europa, aniquilou também os sonhos de construção de uma sociedade

---

393 Huxley, Aldous, *Admirável Mundo Novo*, Ob. Cit., pp. 247 e 250.

O Selvagem da distopia de Huxley, repete a atitude de Ulisses na imaginária ilha de Ogígia, preferindo regressar à sua terra a ficar eternamente com a formosa e sempre jovem deusa Calipso, rodeado de todos os bens desejados por um mortal. No momento em que Ulisses embarca na jangada que construiu para partir, pondo termo a oito anos de utopia, Calipso, que o amava, diz-lhe: " – Quantos males te esperam, oh desgraçado! Antes ficasses, para toda a imortalidade, na minha ilha perfeita, entre os meus braços perfeitos... Ulisses recuou, com um brado magnífico: – Oh deusa, o irreparável mal está na tua perfeição! E, através da vaga, fugiu, trepou sôfregamente à jangada, soltou a vela, fendeu o mar, partiu para os trabalhos, para as tormentas, para as misérias – para a delícia das coisas imperfeitas!" (Eça de Queiroz, *"A Perfeição"*, versão da Revista Moderna, Maio de 1897, in *Contos*, Lisboa, Ed. "Livros do Brasil", s/d., pp. 225/244)

mais justa, igualitária e feliz, revelando até à saciedade que os progressos da tecnologia tinham sido utilizados pelos Estados expansionistas, fundamentalmente, para fazerem prevalecer os seus interesses económicos. Os seres humanos, actuando como marionetas nos teatros da guerra, onde são mortos, estorpiados ou ensandecidos, perdem a sua dignidade face ao poder político-militar, que, dominado pela "glória de mandar", não os respeita.

Paradoxalmente a grande utopia marxista da "sociedade sem classes", realizada na Rússia, surge aos olhos do mundo como a mais despótica das ditaduras, uma vez que associa ao poder político-militar, o poder económico, ao despojar a sociedade civil do seu património.

O escritor britânico de origem indiana Eric Arthur Blair (1903-1950), conhecido pelo pseudónimo George Orwell, escreve entre Novembro de 1943 e Fevereiro de 1944, época em que a União Soviética passa a ser mais conhecida no Ocidente pela sua participação no combate ao nazismo, uma fábula satírica intitulada *Animal Farm*, onde faz uma óbvia crítica ao estalinismo.

A disputa do Poder entre Estaline (Napoleon) e Trotsky (Snowball), que culmina no intento deste último de fomentar uma revolução à escala mundial, pretexto para a sua expulsão do país, por Estaline, é apresentada através de vários passos desta fábula. Napoleon considerava que os animais deviam procurar armas de fogo e treinar-se para as usar. Snowball pensava que se deveriam enviar muitos pombos-correios para as outras quintas, para nelas se provocarem revoltas: "The one argued that if they could not defend themselves they were bound to be conquered, the other argued that if rebellions happened everywhere they would have no need to defend themselves."[394]

A devoção sabuja da camarilha de Estaline, bem como a fria crueldade do ditador são também referidas: "'Comrads,' (...) 'I trust that every animal here appreciates the sacrifice that Comrade Napoleon has made in taking this extra labor upon himself. Do not imagine, comrades, that leadership is a pleasure! On the contrary, it is a deep and heavy responsibility. (…)' 'Napoleon is always right'".

A liquidação sumária e contínua de animais dissidentes do regime de Napoleon, provocando o terror entre os outros, em nada se assemelhava ao que haviam visionado quando iniciaram a revolta que o erigira. Preten-

[394] Orwell, George, *Animal Farm, A Fairy Story*, New York, The New American Library, 1956, Chap. V, p. 56.

diam construir uma sociedade livre e igualitária, onde os fortes protegessem os fracos, e agora não podiam falar livremente, estando cercados de cães ferozes que despedaçavam os camaradas indesejáveis[395].

As máximas de igualdade do regime terminam por se sintetizar numa única, imperativa, que permitia aos porcos, destacados dos outros animais, o uso permanente do chicote, o disfrute da telefonia, do telefone, de jornais estrangeiros e o uso de roupas requintadas: "ALL ANIMALS ARE EQUAL BUT SOME ARE MORE EQUAL THAN OTHERS"[396].

Reflectindo sobre a situação do pós-guerra, ou melhor, sobre a tensão conflitual da "guerra fria", Orwell publica em 1949, uma preocupante distopia, que intitula *Nineteen Eighty-Four*.

Nesta obra, Orwell visiona a omnipotência de um Estado totalitário, personificado num Ditador vigilante,[397] polo aglutinante do amor, do medo e da veneração, apoiado por um Partido férreo, dispondo de uma tecnologia sufocante, que, para conservar o Poder, não respeita qualquer esfera de actividade do ser humano, nem mesmo as mais íntimas, afectivas, sentimentais e espirituais.

A grande massa de cidadãos de *Oceania*, cerca de 85% da sua população, eram os proletários, os quais antes da revolução comunista eram explorados, oprimidos e maltratados pelos capitalistas, tendo sido "libertados" teoricamente pelo Partido, que os mantinha em idêntica sujeição, como animais de trabalho e procriação. Neles residia para os dissidentes, uma vaga esperança de derrube do regime: "Rebellion meant a look in the eyes, an inflection of the voice; at the most, an occasional whispered word. But the proles, if only they could somehow become conscious of their own strength, would have no need to conspire. (...) If they chose they could blow the Party to pieces tomorrow morning."[398]

O sistema político imaginado por Orwell procurava impedir a satisfação sexual, que afasta as pessoas das preocupações profissionais e as torna agradáveis e tolerantes: "What was more important was that sexual privation induced hysteria, which was desirable because it could be transformed into war-fever and leader-worship."

---

395 Orwell, George, *Animal Farm,...*, Ob. Cit., pp. 59/60 e Chap. VII, p. 85.

396 Orwell, George, *Animal Farm...*, Ob. Cit., Chap. X, p. 123.

397 Orwell denomina esse Chefe Supremo da irmandade ou comunidade política, "Big Brother" (Gão-Mestre, Caudilho).

398 Orwell, George, *Nineteen Eighty-Four*, London, Penguin Books, (1.ª Ed., 1949), 1990, Part I, VII, pp. 72/73.

O Poder pretende que os militantes estejam cheios de energia, resultante das suas frustrações. As manifestações políticas, dando vivas e agitando bandeiras, representam a insatisfação sexual das massas: "If you're happy inside yourself, why should you get excited about Big Brother and the Three-Year Plans and the Two Minutes Hate and the rest of their bloody rot?"

Para além do aproveitamento do impulso sexual para a militância partidária, Orwell refere uma manobra semelhante com o instinto familiar, incitando-se os adultos a amar as crianças, à moda antiga, mas voltando estas contra os pais, induzindo-as a espia-los e a denunciarem os seus desvios: "The family had become in effect an extension of de Thought Police (Polícia do Pensamento Político)".[399]

Orwell visiona a formação de três super-Estados, a *Eurasia*, a *Oceania* e a *Estasia*[400], vivendo em permanentes conflitos militares, onde os prisioneiros de guerra são torturados e massacrados, sendo habituais e aceitáveis os raptos, as pilhagens, as matanças de crianças e a escravização de populações pelas tropas do próprio país e não pelas do inimigo[401].

O controlo dos cidadãos pelo Estado, possibilitado pelo avanço das tecnologias que lhe fornecem todo o tipo de informações, lhe permitem difundir a sua propaganda e exercer sobre eles as mais variadas formas de violência, é visionado por Orwell, no então distante ano de 1984.

O Poder é concebido como a capacidade de fazer sofrer, de infligir dor e humilhação, para além da exigência de odediência. O novo mundo será assim o oposto ao imaginado pelas "estúpidas utopias hedonistas": "A world of fear and treachery and torment, a world of trampling and being trampled upon, a world which will grow not less but *more* merciless as it refines itself. Progress in our world will be progress towards more pain."[402]

---

[399] Orwell, George, *Nineteen Eighty-Four*, Ob. Cit., Part II, III, pp. 139/140.

[400] "Eurasia comprises the whole of the northern part of the European and Asiatic land-mass, from Portugal to the Bering Strait. Oceania comprises the Americas, the Atlantic islands including the British Isles, Australasia and the southern portion of Africa. Eastasia, smaller than the others and with a less definite western frontier, comprises China and the countries to the south of it, the Japanese islands and a large but fluctuating portion of Manchuria, Mongolia and Tibet." (Orwell, George, *Nineteen Eighty-Four*, Ob. Cit., Part II, IX, p. 193)

[401] Orwell, George, *Idem*, Ibidem.

[402] Orwell, George, *Idem*, Part III, III, p. 279.

As novas formas de escravidão, existentes não só nos regimes comunistas, mas também nos capitalistas, ou seja, nos novos Estados industriais, alarmam agrupamentos de cidadãos inconformistas das suas sociedades, provocando explosões de revolta, que têm início no Maio de 1968, em França, o qual agitou o pensamento político utopista mundial.

Quatro anos antes deste acontecimento, o filósofo alemão Herbert Marcuse (1898-1979) havia publicado em Boston um livro intitulado *One-dimensional man, Studies in the Ideology of Advanced Industrial Society*, que obteve grande divulgação[403].

Marcuse analisa a cultura e a política norte-americanas, conducentes a uma "sociedade fechada" que integra e domina todas as dimensões da existência, privada e pública, da qual resulta uma assimilação de forças e de interesses antes antagónicos, à qual se associa a mobilização metódica dos instintos humanos.

O aparelho produtivo das novas sociedades industriais, em sua opinião, impõe o sistema social como um todo, uma vez que os produtos, mesmo os destinados aos tempos livres e à informação, criam hábitos e geram reacções intelectuais e emocionais, que prendem os consumidores aos produtores. A acessibilidade desses produtos a uma larga camada da população, bem como a sua publicidade, criam um estilo de vida, um padrão de pensamento e de comportamento *unidimensionais.*

O homem unidimensional, que constitui a grande maioria do "povo", manipulado e dominado pelos poderes económico e político não tem assim possiblidades de se libertar de um "sistema" que o escraviza, tornando-o permanentemente infeliz. Só uma revolta dos agrupamentos marginais poderia destruir o situação existente, criando uma nova sociedade: «(...) il y a le substrat des parias et des 'outsiders', les autres races, les autres couleurs, les exploitées et persécutées, les chômeurs, et ceux qu'on ne peut pas employer. Ils se situent à l'extérieur du processus démocratique; leur vie exprime le besoin le plus immédiat et le plus réel de mettre fin aux conditions et aux institutions intolérables.»[404]

Três anos após ter emitido esta desesperada mensagem de transformação da sociedade industrial avançada, uma vez que as reivindicações

---

403 A tradução portuguesa desta obra, publicada em 1967 no Rio de Janeiro, surge com uma denominação aproximada do seu sub-título – *Ideologia da Sociedade Industrial.* A tradução francesa, publicada em Paris, em 1968, é intitulada *L'Homme unidimensionnel, Essai sur l'ideologie de la société avancée.*

404 Marcuse, Herbert, *L'Homme unidimensionnel...*, Ob. Cit., p. 311.

dos agrupamentos marginais são sistematicamente rechaçadas, Marcuse profere uma conferência na Universidade de Berlim, mais optimista, intitulada *O Fim da Utopia*, presumível rastilho do Maio de 1968.

O filósofo alemão afirma então, que apenas devemos falar de utopia, "quando um projecto de transformação social se encontra em contradição com as leis científicas realmente determinadas e determináveis. Em sentido estrito, tão-sòmente os projectos dessa espécie são utópicos, isto é, extra-históricos. (...) Existem hoje tôdas as fôrças materiais e intelectuais necessárias à realização de uma sociedade livre. O fato de que não sejam utilizadas deve ser imputado exclusivamente a uma espécie de mobilização geral da sociedade que resiste com todos os meios à eventualidade de sua própria libertação. Mas essa circunstância não basta, de nenhum modo, para tornar utópico o projeto da transformação."[405]

Marcuse não conseguiu todavia por termo à utopia, mantendo-se as novas sociedades industriais indiferentes à preservação da Natureza e à conquista de uma vida mais livre.

O sonho de uma sociedade melhor, mais justa e solidária, tem-se mantido contudo presente no espírito de filósofos e pensadores de diversos quadrantes ideológicos, apresentando hoje uma imensa produção literária, indicativa da insatisfação sentida pelos que pensam, como Victor Hugo, que "A utopia é a verdade de amanhã", ou como Óscar Wilde, que "O Progresso é a realização das Utopias", ou ainda como Anatole France, que "Sem as utopias doutros tempos, os homens continuariam a viver em cavernas, miseráveis e nus."

Na verdade, as utopias tecnológicas têm sido realizadas e mesmo superadas, mas a "Liberdade, Igualdade e Fraternidade" continuam a ser sonhos de convivência entre os homens, jamais atingidos, num mundo onde a competição e a agressividade parecem fazer parte indissociável da natureza humana.

3.4 O Estado "monstro" opressor da sociedade

O Estado apresenta, praticamente desde a sua fundação, formas despóticas, mas, como vimos, os governantes procuram "legitimar" o exercí-

---

405 Marcuse, Herbert, *O Fim da Utopia*, Rio de Janeiro, Ed. Paz e Terra, 1969, pp. 15/16.

cio da sua autoridade discricionária, afirmando um pretenso relacionamento com os deuses, reguladores das forças da natureza, ou encarnar mesmo essas divindades, criadas por hábeis feiticeiros. Durante milénios, a vontade dos governantes é portanto identificada com a vontade dos deuses, o que impede a manifestação de qualquer pretensão de limitação do Poder, por parte dos governados.

Esta fórmula política, simplista mas eficiente, altera-se porém na Idade Moderna, onde a ideia de *Estado* assume um sentido novo, inteiramente laico, que se justifica pela sua indispensabilidade para a obtenção do bem-comum e da sua independência.

Pensadores como Maquiavel e Bodin, avançaram com novas concepções de *Estado* e de *soberania*, desligando-as das vontades de seres sobrenaturais, ou seja, separando a Igreja do Estado, mas não retiraram ao poder soberano a sua anterior característica de poder absoluto, discricionário, uma vez que este não aceitava qualquer poder que lhe fosse superior na ordem interna nem externa. O poder político, assim concebido, ficava apenas limitado, teoricamente, pelo direito natural, cujo conteúdo impreciso, sujeito a diversas interpretações, fomentava obviamente o absolutismo a caminho do despotismo.

A locução "Potestas gratia potestatis" que se pode inferir das concepções políticas de Maquiavel é de algum modo apoiada pelo pensador holandês Hugo Grócio ou Hugo de Groot (1583-1645), que na sua obra célebre *De Jure Belli ac Pacis*, publicada em Leipzig, em 1623, avança com um conceito de direito natural racionalista que o liberta da ordem transcendente estabelecida por Deus e que ultrapassa o pensamento escolástico, na sua decadência, sintetizado na frase "Universalia sunt post rem" (os conceitos gerais existem só no intelecto humano, influenciado pelas coisas materiais).

Grócio admite que o homem social pode alcançar pelo seu esforço intelectual, inteligente e racional, normas universais imutáveis, mesmo sem o recurso à revelação, ou à moral: "As suas normas, portanto, são válidas sob o ponto de vista racional e racionalmente nos obrigariam 'mesmo se concedêssemos – o que não pode ser feito sem grande impiedade – que Deus não existe ou que não se ocupa dos assuntos dos homens'".[406]

O jusracionalismo individualista de Grócio, que nos integra no pensamento político moderno, distingue a soberania que reside no Estado

---

[406] Cerroni, Umberto, *O Pensamento Político*, Lisboa, Ed. Estampa, Vol. III, 1974, p. 113 onde cita uma passagem dos *Prolegómenos, 11,* de *De Juri Belli ac Pacis.*

(*subjectum commune*) da soberania do príncipe (*subjectum proprium*), e afirma que "O poder reside, é certo, em princípio, no povo como corpo social, à semelhança da alma no corpo; mas, manifestamente, dizendo isto, confundia os conceitos de povo e Estado. (...) Admite, (...), que o poder pode muito bem deixar de pertencer ao povo, e jamais aceita, seguindo nisto a boa tradição calvinista, que este último possa ser superior aos reis, excluídos ficando assim, logicamente, todo o direito de resistência, de rebelião e de regicídio, (...).[407]

O Estado, entidade soberana suprema pode assim adoptar procedimentos racionais afastados de um conteúdo ético, embora Grócio acredite existir na ordem jurídica um espírito, uma lógica "matemática" definidora da ideia de justiça, que gera um humanismo laico e institui um novo arquétipo de procedimento humano.

O grande teorizador do Estado moderno, laico, que substitui o direito natural teocêntrico por um direito natural antropocêntrico é o filósofo inglês Thomas Hobbes, já referido, que afasta a reflexão teológica da ciência política.

Hobbes afirma serem dois, "os postulados certíssimos da natureza humana dos quais procede toda a ciência política: 1 – o *desejo natural (cupiditas naturalis)* pelo qual cada um pretende gozar exclusivamente os bens comuns; 2 – a *razão natural (ratio naturalis)* pela qual todos fogem da morte violenta como o pior dos males naturais."[408]

O filósofo inglês nega assim que o homem seja por natureza um "animal político", sendo as suas relações ditadas apenas pelo interesse imediato e não por um "amor natural" pelo seu semelhante: "Se de facto, o homem, amasse o seu semelhante por natureza, o que é próprio do ser humano, não haveria razão alguma para que cada um não amasse todos os outros na mesma medida, justamente porque igualmente se trata de homens, e tivesse, contrariamente, de frequentar mais, aqueles cuja amizade lhe confere a preferência de outros, ou uma honra qualquer, ou uma utilidade qualquer. Por natureza não procuramos portanto, os amigos, mas aproximamo-nos de pessoas de quem nos venha honra e vantagem: isto procuramos em primeiro lugar e só depois o resto, e secundariamente. (...) Considere-se por outro lado que sobre o desejo de glória não se pode estabelecer nenhuma sociedade nem de muitos homens nem de muita duração;

---

[407] Cabral de Moncada, *Filosofia...*, Ob. Cit., Vol. I, p. 158/159.

[408] *De Cive*, Dedicatória, Paris, 1642, apud Abbagnano, Nicola, *História da Filosofia*, Ob. Cit., Vol. VI, p. 87.

porque o renome, tal como a honra, se é para todos não é para ninguém, dado que surge de um confronto com os outros e de uma razão de superioridade sobre os outros; (...) É necessário portanto concluir que a origem das grandes e duráveis sociedades deve ter sido não a mútua simpatia dos homens, mas o temor recíproco."[409]

O feroz e insocial egoísmo dos homens visionado por Hobbes, harmoniza-se também com a adopção de uma gnoseologia matemática e mecânica da natureza, causal e determinista, que o levou a conceber o Estado como um monstro bíblico, o Leviathan, que empunha numa das mãos uma espada e noutra um báculo, concentrado assim os poderes temporal e espiritual, definidores do Bem e do Mal: «*Il n'y a pas de péché dans la nature*: une des affirmations fondamentales de *Léviathan* est que ni dieu ni une autre nature ne sont la norme du juste, du bien, de ce qui est droit (ou ne l'est pas): le juste est énoncé par le souverain dans la loi. Et donc, le péché, la faute, le délit, le crime n'existent, en tant que tels en donnant lieu éventuellement à des peines, que si, et seulement si, les actions auxquelles ils se rapportent contreviennent aux dispositions légales établies par la souveraineté.»[410]

Hobbes compara ainda o Leviathan a um "Deus Mortal" ao qual os homens devem, abaixo do "Deus Imortal", a paz e a defesa: "Pois graças a esta autoridade que lhe é dada por cada indivíduo no Estado, é-lhe conferido o uso de tamanho poder e força que o terror assim inspirado o torna capaz de conformar as vontades de todos eles, no sentido da paz no seu próprio país, e da ajuda mútua contra os inimigos estrangeiros."[411]

Desde modo, baseado num hipotético contrato social, o conjunto dos indivíduos que viviam no estado de natureza em permanente estado de guerra, torna-se uma pessoa, uma "persona civitatis", artificial, que permite ao "homo naturalis" passar a viver em paz sob a protecção do "Deus Mortal": "Hobbes deu assim um passo decisivo ao encontro do conceito de personalidade do Estado, conquanto o seu individualismo o conduza a ver a pessoa do Estado corporizada na pessoa do imperante. É este, com efeito, quem "representa" todos os cidadãos, os quais só nele e através dele

---

409 *Elementa Philosophie de Cive*, I, 2., Amsterdão, 1647, apud Cerroni, Umberto, *O Pensamento Político*, Ob. Cit., Vol. III, pp. 126 e 128.

410 Hobbes, Thomas, *Léviathan*, Éd. Gallimard, I, 13, p. 226, note par Gérard Mairet, 2001.

411 Hobbes, Thomas, *Leviatã*, Imprensa Nacional – Casa da Moeda, 3.ª Ed., II, XVII, p. 146, 2002.

deixam de ser *homines* para serem *cives*, deixam de ser uma mera multidão para se tornarem um Estado."[412]

A construção teórica do Estado despótico, totalitário, avançada por Hobbes, modelo de vários Estados da Europa, transmite-se ao filósofo holandês Baruch ou Bento de Espinosa (1632-1677), filho de judeus portugueses, que dele diverge todavia nalguns pontos. Ao materialismo mecanicista de Hobbes, Espinosa, autor do polémico *Tractatus theologico-politicus*, publicado em 1670, opõe uma concepção metafísica panteísta que o conduz a visionar a realidade, subordinada a um princípio racional imanente; considera também que o *pactum societatis/subjectionis* que inicia a construção do Estado se mantém, existindo sempre uma estrutura democrática ideal, subjacente na sociedade.

Espinosa não abdica inteiramente da ideia de liberdade individual, mas não se atreve a proclamá-la contra o poder do Estado, ficando essa "liberdade" silenciosamente recalcada no interior do espírito dos livres pensadores: "Se a Cidade concede a alguém o direito e por conseguinte o poder (...) de viver consoante a sua própria constituição, abdica do seu próprio direito e transfere-o para aquele a quem dá esse poder. (...) Se, enfim, dá esse poder a cada um dos cidadãos, destrói-se a si mesma; a Cidade deixa de existir e retorna-se ao estado natural. (...) o direito natural pelo qual cada um é juiz de si mesmo desaparece, portanto, necessariamente no estado civil. (...) Quem, com efeito, decidiu obedecer a todas as ordens formais da Cidade, quer por recear o seu poder quer por amar a tranquilidade, procura a sua própria segurança e os seus interesses, consoante a sua própria vontade."[413]

Cerca de um século após o falecimento de Hobbes (1679), que viveu 91 anos, surge na Alemanha, dividida em principados, ducados e condados, um movimento literário que veio a ser denominado *Sturm und Drang (Tormenta e Ímpeto)*, título de uma peça escrita por Maximilian Klinger em 1776, quando o entusiasmo dos *stürmer* já declinava.

Trata-se de um movimento de jovens autores, cansados de escutar os encómios à cultura racionalista francesa, numa Alemanha de pequenos Estados, onde assistem ao imobilismo acomodado da geração anterior, a um divórcio entre especulação e acção, e onde não podem realizar os seus sonhos "republicanos", nem participar na cena mundial.

---

[412] Merêa, Paulo, *Suárez, Grócio, Hobbes*, Coimbra, Arménio Amado Ed., 1941, p. 91.
[413] Espinosa, *Tratado Político*, Lisboa, Ed. Estampa, 2.ª Ed., s/d, Cap. III, § 3., p. 31.

O Iluminismo alemão, surgido no século XVIII, o Aufklärung, com o seu apelo à razão, às "luzes" da ciência, postergando a sensibilidade, a vida afectiva, não satisfaz os *stürmer*, que aceitam apenas o "*revenons à la Nature!*" de Rousseau, com exclusão das suas teorias políticas, fonte produtora do génio literário e renovadora dos valores de uma sociedade convencional que sufocava as suas forças naturais.

A procura das raízes culturais germânicas, e ainda a luta dos heróis populares contra as arbitrariedades feudais, constituem temas que inspiram Gottfried August Burger (1747-1794) e que irão constituir a força vital do movimento, que procura a exaltação do "ímpeto" ou da pulsão agressiva do primitivismo, em paralelo com o génio que "brota naturalmente".

A "tormenta" vivida pelos oprimidos e desesperados, que vêem as suas mulheres seduzidas e abandonadas pelos nobres e pelos opulentos, constitui também um tema que incita à luta social e à transformação política dos pequenos Estados, apoiados pela Igreja. A denúncia dos excessos dos príncipes nos poemas de Christian Friedrich Schubart (1739-1791), filho de um pobre vigário, obrigá-lo-ão a suportar as agruras dos cárceres do Duque de Wurtemberg, durante dez anos.

O movimento literário apresenta assim uma forte componente política, mais radical em Johann Jacob Wilhelm Heinse (1746-1803), que escreve o romance utópico *Ardinghello und die glückseligen Inseln (Ardinghello e as Ilhas bem-aventuradas)*, publicado em 1787.

Ardinghello, critica a fórmula demagógica de Frederico II da Prússia, o Grande, (1712-1786) segundo a qual o soberano é o "primeiro criado" dos seus súbditos, uma vez que os monarcas de então, déspotas esclarecidos, não reconheciam qualquer poder que lhes fosse superior.

Essa crítica, onde não deixa de haver uma certa admiração pela política expansionista da Prússia, conseguida através da formação e da acção de um poderoso exército recrutado por todo o país, fortemente disciplinado e comandado por oficiais formados na prestigiosa *Academia de Cadetes* de Berlim, não impede Ardinghello, ao fundar um Estado nas "Ilhas bem-aventuradas", no Mar Egeu, de o administrar como único senhor.

Nesse Estado, os homens e as mulheres vivem livres e separados, individualistas, criativos, unindo-se em amor livre, a religião é celebrada de acordo com as tradições e os mitos germânicos, segundo os quais, os heróis mortos em combate eram conduzidos por *Wotan* ou *Odin* (o deus da guerra) ao *Walhalla* (o Paraíso) onde as *Valquírias* (jovens e formosas deusas guerreiras) os serviam e reconfortavam, sendo os recursos económicos das Ilhas bem-aventuradas obtidos através de acções de corso.

A guerra é assim exaltada e comparada ao fogo, elemento de purificação, e o *Urmensch (Homem primitivo)* é identificado com o *Übermensch (Super-homem)*, que, com a sua força natural, sem repressões sociais, poderá através da acção bélica, fora-da-lei, libertar o mundo da sua artificialidade negativa[414].

A utopia de Heinse, onde o Estado é simultaneamente amado e odiado, desejado e repudiado, ou melhor, onde o absolutismo e a anarquia são visionados como consequências fatais da pulsão agressiva dos homens conducente ao Poder, inspira possivelmente Friedrich Nietzsche (1844--1900), que considera ser a vida do homem em sociedade, inteiramente dominada pela "vontade de Poder" (*der wille zur Macht*).

Na obra inacabada, que em 1887 planeara ser uma síntese da sua visão do mundo, editada postumamente com o título *Vontade de Poder*, Nietzsche escreve: "Este mundo... meu mundo *dionisíaco* de eterna autocriação e eterna autodestruição, mundo misterioso de duplicado deleite voluptuoso, meu 'além do bem e do mal', sem objectivo a não ser a boa vontade do círculo para consigo mesmo – quereis um nome para esse mundo? Uma *solução* de todos os seus enigmas? Uma *luz* para vós também, vós, os mais escondidos, os mais fortes, os mais intrépidos, os mais escuros dos homens? *Este mundo é a vontade de poder e nada mais além disso*. E vós também sois essa vontade de poder, e nada mais além disso."[415]

---

[414] Cfr. Adamov-Autrusseau, Jacqueline, *O "Aufklärung", o Romantismo*, in Châtelet, François (Dir.), *História da Filosofia, Ideias, Doutrinas, O Iluminismo*, Vol. 4, 1974, pp. 111/115.

[415] *Vontade de Poder*, (1887), § 1.067, in Stern, J. P., *As Idéias de Nietzsche*, São Paulo, Ed. Cultrix, 1982, p. 48. Nietzsche refere-se ao Culto Dionisíaco que remonta seguramente, na Grécia, ao séc. XIII a. C., e que pode ter tido origem micénica: "Dioniso era um deus da vitalidade, cujos símbolos vegetais eram a videira e a hera. Os seus devotos prestavam-lhe um culto selvagem e frenético. De dois em dois anos, no inverno, um grupo de mulheres, descalças e sumariamente vestidas, ao som da música dos tamboris, subia às montanhas cobertas de neve, corria e dançava sobre elas. Depois, no auge do delírio, apanhava um animal selvagem (muito excepcionalmente, em tempos recuados, a vítima teria chegado a ser humana) e dilacerava-o. Em seguida, comia-o cru. Assim se adquiria a vitalidade do deus; e atingia-se o êxtase dionisíaco." (Rocha Pereira, Maria Helena da, *Estudos de História da Cultura Clássica, Cultura Grega*, Lisboa, Fundação Calouste Gulbenkian, 2.ª Ed., I Vol., 1967, pp. 223/224)

O mundo está desprovido de uma ordem superior, está dominado pelo acaso, não tem beleza nem nobreza, e a racionalidade imaginada que conduz a juízos estéticos e morais, não atinge qualquer finalidade: "A condição geral do mundo é, para toda a eternidade, o caos, não como ausência de necessidade, mas como falta de ordem, de estrutura, de forma, de beleza, de sabedoria e de todos os nossos esteticismos humanos."[416]

A vida não deve estar sujeita a quaisquer preconceitos, uma vez que esta representa o eterno retorno, dionisíaco, da força natural do mundo que determina o seu destino e o do homem: "É preciso amarmos a vida e a nós mesmos para lá de todos os limites, a fim de não podermos desejar outra coisa senão esta eterna e suprema confirmação."[417]

A aceitação da vida, da explosão de forças desordenadas sem princípio nem fim, não significa todavia que Nietzsche aceite o homem comum, o homem constrangido por uma "falsa" ordem de valores, que necessita de ser superado pelo *Übermensch (Super-homem)*: "*Eu vos anuncio o Super-homem.* O homem só existe para ser superado. (...) O Super-homem é o sentido da terra. Que a vossa vontade diga: possa o Super-homem tornar-se o sentido da terra! (...) O homem é uma corda estendida entre o animal e o Super-homem – uma corda sobre o abismo. (...) Amo o que vive apenas para saber, e que quer saber a fim de permitir que um dia o Super-homem viva."[418]

Nietzsche menospreza o homem comum, preso a uma ordem de valores afectiva que não lhe permite compreender a vida, na sua força natural, dionisíaca: "Homens superiores, aprendei comigo esta verdade: na praça pública ninguém acredita nos Homens superiores. E se quereis falar na praça pública, fazei-o; mas a populaça dirá piscando os olhos: 'Somos todos iguais'. (...) Sede sobretudo prudentes, Homens superiores, homens animosos, corações sinceros. E conservai as vossas razões secretas. Porque a hora presente é a da populaça. O que a populaça aprendeu a crer sem razão, como o poderíamos destruir por meio de razões?"[419]

A sua visão da sociedade impele o filósofo alemão a acentuar o seu desprezo pelo homem comum, fraco, descerebrado, manietado, que nunca

---

[416] Nietzsche, Friedrich, *Die froeliche Wiss (A Alegre Ciência ou A Gaia Ciência)*, (1882), § 109, in Abbagnano, Nicola, *História da Filosofia*, Lisboa, Ob. Cit., Vol. XI, p. 76.

[417] Nietzsche, Friedrich, *Idem*, Ibidem, p. 77.

[418] Nietzsche, Friedrich, *Assim falava Zaratustra (Also sprach Zarathustra)*, Lisboa, Guimarães Ed., 1980, (1.º Ed., 1883), pp. 12/15.

[419] Nietzsche, Friedrich, *Idem*, pp. 320/321 e 325.

poderá aproximar-se do Super-homem: "Toda a elevação do tipo 'homem' tem sido até aqui obra de uma sociedade aristocrática – e assim será sempre: uma sociedade que acredita numa longa escala de ordens de classe e diferenças de valor entre homem e homem e que precisa da escravatura num ou noutro sentido. (...) Homens ainda de uma natureza natural, bárbaros em todo o terrível sentido da palavra, homens predadores ainda em posse de uma força de vontade inquebrada e de anseio por poder, lançaram-se sobre raças mais fracas, mais civilizadas, mais pacíficas, (...) A casta nobre era no início sempre a casta bárbara: a sua superioridade residia não na sua força física, mas principalmente na sua força psíquica – eram seres humanos *mais completos* (...)".[420]

Reiterando o seu ódio pelos fracos, suportados pelo cristianismo, Nietzsche faz afirmações que recusam inteiramente a compaixão e a solidariedade entre os homens: "O que é bom? – Tudo o que aumenta no homem o sentimento do poder, a vontade de poder, o próprio poder. O que é mau? – Tudo o que nasce da fraqueza. O que é a felicidade? – O sentimento de que o poder *cresce*, de que uma resistência foi vencida. (...) Os fracos e falhados devem perecer: primeiro princípio da *nossa* caridade, e há mesmo que os ajudar a desaparecer! (...) O Cristianismo tomou o partido de tudo o que é fraco, baixo, falhado, fez da *oposição* aos instintos de conservação da vida forte um ideal; (...)."[421]

Ao caracterizar o Estado como um "monstro", pela voz de Zaratustra, o profeta da vida plena e impiedosa, onde a vontade de existência justifica a guerra, Nietzsche enaltece paradoxalmente "Os que criaram os povos e suspenderam sobre suas cabeças uma fé e um amor, (...)" condenando outros, os que sendo "destruidores armaram laços à multidão, e a isso chamam Estado; suspendem sobre as suas cabeças um gládio e mil apetites."[422]

Este humanismo primevo reporta-se a certos sítios desconhecidos da civilização, já que Zaratustra refere que "Em certos lugares do mundo há ainda povos e rebanhos, mas não entre nós, irmãos; entre nós só há Estados." O filósofo alemão lembra Rousseau com o seu "bom selvagem", ou

[420] Nietzsche, Friedrich, *Além do Bem e do Mal (Jensait von Gut und Bose)*, Pub. Europa-América, 1990, (1.ª Ed., 1886), § 257, p. 179. Nietzsche refere-se neste ponto, obviamente ao *(Urmensch – Homem primitivo).*

[421] Nietzsche, Friedrich, *O Anticristo (Der Antichrist)*, Lisboa, Ed. 70, 1997, (1.ª Ed., 1888), §§ 2 e 5, pp. 16 e 18.

[422] Nietzsche, Friedrich, *Assim falava Zaratustra*, Ob. Cit., p. 55.

outros utopistas que procuram fugir à sociedade convencional, onde se geraram relações de domínio, falsidade e corrupção.

Toda a teorização de Nietzsche sobre a sociedade e o Estado refere-se portanto à civilização em que está inserido, uma vez que, através do seu profeta, afirma: "O Estado? O que vem a ser isso? Vamos! Abri os ouvidos, porque vos vou falar da morte dos povos. O Estado é o mais frio dos monstros frios. É frio mesmo quando mente; e eis aqui a mentira que sai da sua boca: 'Eu, o Estado, sou o povo'. (...) Nos pontos onde ainda há um povo, ele não compreende nada do Estado e odeia-o como maldição, como um pecado contra a moral e o direito. (...) Mas o Estado sabe mentir em todas as línguas; e tudo quanto diz, mente; e quanto tem, roubou-o. (...) 'Na terra não há nada maior do que eu; eu sou o dedo soberano de Deus' – assim grita o monstro. (...) Ele quereria rodear-se de heróis e de homens respeitáveis. Este monstro frio gosta de se aquecer ao sol das boas consciências. (...) O Estado é o lugar onde todos se perdem, os bons e os maus; onde o lento suicídio de todos se chama 'a vida'. (...) Onde *acaba* o Estado – olhai para lá, meus irmãos! Não distinguis o arco íris e as pontes que levam ao Super-homem?"[423]

Nietzsche não nos diz como será o mundo governado pelo Super--homem, mas a sua aversão ao Estado e o seu desejo que este se extinga, está patente nas palavras do profeta do eterno retorno à vida natural, dionisíaca, onde a "vontade de Poder" é uma virtude, no sentido da *virtú* renascentista e onde a devoção à coisa pública pospõe a moral comum.

Paradoxalmente o mesmo desejo de extinção do Estado burguês, considerado um instrumento de pressão das classes possidentes, que monopoliza a "violência legítima" para dominar e explorar o proletariado, é manifestado pelos teorizadores do materialismo marxista.

Na verdade, publicistas de diversos quadrantes ideológicos consideram a força material um elemento essencial do Estado, sem a qual este verdadeiramente não existe: "Quando Ihering escrevia – 'a falta de poder material *(Macht)* é pecado mortal do Estado...; um Estado sem poder material de constrangimento é uma contradição em si' *('Der Zweck im Recht'*, (...) – e quando Treitschke formulava o adágio que se tornou célebre – *Der Staat ist Macht* –, tinham razão; Mas a sua doutrina implicava um erro irremissível e era por virtude disso abominável. Aquela força de constrangimento era para eles ilimitada ou pelo menos só era limitada

[423] Cfr. Nietzsche, Friedrich, *Idem*, pp. 52/57.

pela regra de direito na medida em que os governantes se lhe submetessem. 'A força cria o direito' dizia Treitschke. 'O direito é a política da força' dizia Ihering, querendo exprimir que, se os governantes aceitam que a força seja regulada pelo direito, é por mera política, para conseguirem ser mais obedecidos."[424]

Karl Marx (1818-1883) não elaborou sistematicamente uma teoria do Estado, mas nas suas numerosas obras refere-se ao problema da relação da sociedade civil com as "classes dominantes" que exercitam o Poder ou que o influenciam em detrimento da generalidade dos cidadãos: "(...) a verdade é que o ponto de partida de todo o pensamento de Marx é, em certo sentido, uma reflexão sobre o Estado e a política."[425]

De facto, logo após os seus estudos de direito na Universidade de Berlim, Marx participa no movimento dos hegelianos de esquerda, ou *Jovens Hegelianos*, que, ao criticar o cristianismo, põe implicitamente em causa a autocracia teocrática prussiana. Tendo-lhe sido vedado pelo Governo, o acesso à carreira universitária, Marx condena a filosofia de exaltação do Estado, através de uma crítica de alguns parágrafos dos *Grundlinien der Philosophie des Rechts (Princípios da Filosofia do Direito)* de Hegel, publicados em 1821, a qual escreve em 1843 com o título *Zur Kritik der Hegelschen Rechtsphilosophie (Crítica da Filosofia do Direito de Hegel).*

Face à identificação do Estado com a "Ideia moral objectiva", afirmada por Hegel, da qual resultaria que "só como membro (do Estado) é que o indivíduo tem objectividade, verdade e moralidade",[426] Marx começa por criticar o corolário dessa afirmação, que consiste na subordinação do direito privado e do bem-estar particular, da família e da sociedade civil burguesa, ao Estado.

Este, assevera Hegel, é "por uma lado, necessidade *exterior* e poder mais elevado (...)" sendo por outro lado o objectivo *imanente* dessas esferas, "tendo a sua força na *unidade* do seu último fim universal e dos interesses do indivíduo (...)" uma vez que essa unidade resulta dos *deveres* daquelas para com o Estado, na medida em que têm igualmente direitos[427].

---

[424] Duguit, Léon, *Os Elementos do Estado*, Lisboa, Ed. Inquérito, 2.ª Ed., s/d, pp. 41/42.

[425] Calvez, Jean-Yves, *O pensamento de Marx*, Porto, Livr. Tavares Martins, 1959, Vol. I, p. 225.

[426] Vide os §§ 257 e 258 da obra de Hegel, supra citados.

[427] Cfr. Hegel, *Princípios da Filosofia do Direito*, Ob. Cit., § 261, pp. 233/236; vide tb. Hegel, G. W. F., *Principes de la philosophie du droit*, (Préfacé par Jean Hyppolite), Gallimard, 1999, idem, pp. 257/259.

Marx pensa que se o Estado é *exterior* à realidade económica e social, e se por outro lado é um objectivo *imanente*, ou seja interior, então não há uma verdadeira sobreposição de duas realidades; porém se Hegel visiona o Estado, dotado de uma verdadeira exterioridade, então este é apenas um modelo ideal, *imanente*, sobreposto (*exterior*) à realidade económica e social: «Hegel met en place ici une *antinomie* non résolue. *D'un côté* nécessité extérieure, *d'un autre côté* fin immanente. L'unité de la *fin dernière universelle* de l'État et de l'*intérêt particulier des individus* est censée consister en ceci: les *devoirs* de l'individu envers l'État et *leurs droits* à faire valoir devant l'État sont identiques (ainsi par exemple le devoir de respecter la propriété coïnciderait avec de droit à la propriété)».[428]

Esta concepção idealista de Estado não resolve, segundo Marx, as contradições que se projectam na vida política, fruto das necessidades materiais da sociedade civil, frustrada nos seus direitos, alienada e explorada pelo Estado burguês, hegeliano, que se apresenta como um Estado opressor, totalitário.

Contrariamente, Marx considera que a família e a sociedade civil burguesa são os pressupostos do Estado, conferindo-lhe uma soberania que não reside obviamente num governante, que empiricamente incarna a Ideia, visionada por Hegel: «(...) ce sont elles (famille et société civile-bourgeoise) les instances agissantes à proprement parler; or dans la spéculation cela devient l'inverse. Mais si l'Idée est subjectivée, les sujets réels, société civile-bourgeoise, famille, circonstances, arbitraire, etc. sont pris ici pour des moments *non réels*, voulant dire autre chose qu'eux-mêmes, c'est-à--dire des moments objectifs de l'Idée.»[429]

Marx e Engels referem-se ao Estado Burguês, considerando-o uma mera organização de classe que monopoliza a força para poder oprimir as classes trabalhadoras, criando assim uma superestrutura política exploradora da riqueza criada por estas e garante da propriedade privada: "(...) a burguesia, desde o estabelecimento da grande indústria e do mercado mundial, apoderou-se finalmente da soberania política exclusiva no Estado representativo moderno. O governo moderno é apenas um comité que gere os assuntos comuns de toda a classe burguesa. (...) Afogou as sensações sagradas do êxtase religioso, do entusiasmo cavalheiresco, da sentimentalidade pequeno-burguesa nas águas geladas do cálculo egoísta.

[428] Marx, Karl, *Critique du Droit Politique Hégélien*, Paris, Éditions Sociales, 1980, p. 37.

[429] Marx, Karl, *Idem*, p. 39.

Fez da dignidade pessoal um simples valor de troca; substituiu as numerosas liberdades tão dificilmente conquistadas pela *única* liberdade do comércio."[430]

Para fundamentar a tese marxista acerca do Estado, Engels socorre-se das investigações de Lewis Morgan, seguidor da corrente evolucionista da Antropologia, a que já aludimos,[431] afirmando que: "O Estado não é pois, de modo algum, um poder que se impôs à sociedade de fora para dentro; tão pouco é 'a realidade da ideia moral', ou 'a imagem e a realidade da razão', como afirma Hegel. É antes um produto da sociedade, quando esta chega a um determinado grau de desenvolvimento; (...) Distinguindo-se da antiga organização gentílica, o Estado caracteriza-se, em primeiro lugar, pelo agrupamento dos seus súbditos **de acordo com uma divisão territorial**. (...) O segundo traço característico é a instituição de uma **força pública**, que já não se identifica com o povo em armas. A necessidade dessa força pública deriva da divisão da sociedade em classes, que impossibilita qualquer organização armada espontânea da população. (...) Como o Estado nasceu da necessidade de conter o antagonismo das classes, e como, ao mesmo tempo, nasceu no seio do conflito entre elas, é, por regra geral, o Estado da classe mais poderosa, da classe economicamente dominante, classe que, por intermédio dele, se converte também em classe politicamente dominante e adquire novos meios para a repressão e exploração da classe oprimida. (...) Com o desaparecimento das classes, desaparecerá inevitavelmente o Estado."[432]

Ao longo da Primeira Guerra Mundial a questão do Estado adquire uma nova dimensão, em virtude do envio pelos Governos de alguns países, de corpos de exército para a frente operacional sem uma adequada preparação, sem armamento actualizado, sem redes de reabastecimento de alimentos, munições, equipamentos, sem apoio sanitário, etc., o que provocou pesadíssimas baixas e estropiamentos ocorridos em situações de grande sofrimento.

---

[430] Marx, K. e Engels, F., *Manifesto do Partido Comunista, I – Burgueses e Proletários*, (1.ª Ed. 1848).

[431] Vide Morgan, Lewis H., *Ancient Society, or Researches in the lines of Human Progress from Savagery through Barbarism to Civilization*, London, Mac Millan and Co., 1877, traduzido em português com o título *A Sociedade Primitiva*, Lisboa – Brasil, Ed. Presença – Livr. Martins Fontes, 2.ª Ed., 2 Vols, 1978.

[432] Engels, Friedrich, *A Origem da Família, da Propriedade e do Estado*, Lisboa – Brasil, Ed. Presença – Livr. Martins Fontes, 3.ª Ed., 1976, pp. 225/230.

Lénine refere-se a essa situação, afirmando que essa questão se reveste agora "de uma importância particular tanto do ponto de vista teórico como do ponto de vista político e prático. (...) A monstruosa opressão das massas trabalhadoras pelo Estado, que se confunde cada vez mais estreitamente como os omnipotentes grupos capitalistas, aumenta progressivamente. (...) Os horrores e as calamidades sem nome da guerra que se prolonga tornaram a situação das massas intolerável e aumentam a sua indignação. A revolução proletária internacional amadurece visivelmente."[433]

Recordando a genuína doutrina de Marx e de Engels sobre o Estado, Lénine, que escreve *O Estado e a Revolução* no período que antecede a Revolução Russa de Outubro (Novembro[434]) de 1917, afirma que "Sem revolução violenta, é impossível substituir o Estado burguês pelo Estado proletário. A supressão do Estado proletário, quer dizer a supressão de qualquer Estado, só é possível por via de 'extinção'". (...) A burguesia só pode ser derrubada se o proletariado for transformado em *classe dominante* capaz de reprimir a resistência inevitável, desesperada, da burguesia e de organizar, sob um novo regime económico, *todas* as massas trabalhadoras e exploradas."[435]

Lénine cita as considerações de Marx no texto intitulado *O 18 de Brumário de Louis Bonaparte* que o seu mestre começou a escrever em 1852, pouco depois deste golpe de Estado: "Este poder executivo, com a sua imensa organização burocrática e militar, com a sua máquina estatal complexa e artificial, o seu exército de funcionários de meio milhão de homens e o seu outro exército de quinhentos mil soldados, terrível corpo parasita que reveste como uma membrana o corpo da sociedade francesa e lhe tapa todos os poros surgiu no tempo da monarquia absoluta, no declínio do feudalismo que ajudou a derrubar. (...) A primeira revolução francesa, com a sua tarefa de quebrar todos os poderes particulares locais, territoriais, municipais e provinciais, para criar a unidade burguesa *(bürgeliche)* da nação, tinha de desenvolver aquilo que a monarquia absoluta tinha iniciado: a centralização, mas ao mesmo tempo a extensão, os atributos e os servidores do poder do governo. Napoleão aperfeiçoou esta

---

433 Lénine, V. I., *O Estado e a Revolução*, Prefácio à Primeira Edição (Agosto de 1917), Ed. Estampa, 2.ª Ed., 1978, p. 9.

434 Segundo o calendário gregoriano, ocidental, que tem mais 13 dias do que o juniano, então em vigor na Rússia, a data da Revolução foi 6 e 7 de Novembro.

435 Lénine, V. I., *O Estado e a Revolução*, Ob. Cit., pp. 35 e 41.

máquina do Estado. (...) Finalmente, a república parlamentar, na sua luta contra a revolução, viu-se obrigada a fortalecer, juntamente com as medidas repressivas, os meios e a centralização do governo. *Todas as revoluções políticas se limitaram a aperfeiçoar esta máquina, em vez de a destruir* (o itálico é de Lénine). Os partidos que lutaram sucessivamente pelo poder consideraram a conquista deste imenso edifício do Estado como a principal presa do vencedor."[436]

Corroborando a sugestão de Marx, Lénine afirma que: "todas as revoluções anteriores aperfeiçoaram a máquina do Estado; ora, é preciso quebrá-la, demoli-la. Esta dedução é o principal, o essencial, na doutrina marxista do Estado. (...) o proletariado não poderá derrubar a burguesia sem ter conquistado o poder político, sem ter estabelecido o seu domínio político, sem erigir em Estado 'o proletariado organizado como classe dominante'; e este Estado proletário começará a extinguir-se logo após a sua vitória, tornando-se inútil e impossível numa sociedade em que as contradições de classe não existem."[437]

Referindo-se ao problema das relações entre o Estado e a Sociedade na transição do capitalismo para o comunismo, Lénine relembra as palavras de Marx na *Crítica do Programa de Gotha*: "A 'sociedade actual' é a sociedade capitalista que existe em todos os países civilizados, mais ou menos expurgada dos elementos medievais, mais ou menos modificada pela evolução histórica peculiar a cada país, mais ou menos desenvolvida. O 'Estado actual', pelo contrário, muda com as fronteiras de cada país. (...) O 'Estado actual' é, portanto, uma ficção."

Todavia, a pesar da diversidade das formas, os Estados dos países civilizados têm em comum uma sociedade burguesa mais ou menos desenvolvida, do ponto de vista capitalista, pelo que é difícil visionar qual a transformação que sofrerá o Estado numa sociedade comunista, comenta Marx, mas todavia prossegue que: "Entre a sociedade capitalista e a sociedade comunista situa-se o período de transformação revolucionária de uma na outra. A este período corresponde igualmente uma fase de transição política em que o Estado não poderá ser outra coisa senão a *ditadura revolucionária do proletariado*".[438]

---

[436] Vide *O 18 de Brumário de Louis Bonaparte*, in *Marx Engels, Obras Escolhidas*, Lisboa, Ed. "Avante!", 1982, Tomo I, maxime pp. 500/512.

[437] Lénine, V. I., *O Estado e a Revolução*, Ob. Cit., pp. 43/44.

[438] Cfr. Marx e Engels, *Crítica dos Programas de Gotha e de Erfurt*, Ed. Estampa, 1975, p. 36; Vide Lénine, V. I., *O Estado e a Revolução*, Ob. Cit., pp. 111/114; Vide tb.

Conforme nos relata a História, após a vitória bolchevique na Revolução Russa, em 24 e 25 de Outubro (6 e 7 de Novembro) de 1917, estando já Lénine a liderar o Conselho de Comissários do Povo, detentor do Poder, verifica-se a sua recusa das decisões moderadas da Assembleia Constituinte eleita e convocada para o dia 5/18 de Janeiro de 1918, por considerar que a manutenção do seu funcionamento provocaria um "recuo" da Revolução, ordenando em seguida a sua dissolução *manu militari*.

Lénine inicia assim a ditadura do Congresso Pan-Russo dos Sovietes, então erigido, que iria formalizar constitucionalmente o Estado totalitário soviético, o qual aliou ao poder político-militar, o poder económico proveniente da colectivização dos bens da sociedade civil.

O Leviathan regressava sob a forma de uma afirmada *Ditadura do Proletariado*, contendo as seis componentes enuncidas por Carl Friedrich e Zbigniew Brzezinski em *Totalitarian Dictatorship and Autocracy* existentes numa sociedade totalitária, "*sui generis*": "'uma ideologia oficial' entendida como 'corpo de doutrina que abrange todos os aspectos vitais da existência humana, à qual todos que vivem nessa sociedade devem aderir, pelo menos, passivamente; 'um único partido de massas dirigido tipicamente por um homem' e que é organizado hierarquicamente e de forma oligárquica, acima ou totalmente ligado à organização burocrática do governo; em terceiro lugar, a existência de um 'sistema de controlo policial terrorista', que é dirigido não só contra inimigos declarados, mas também arbitrariamente para certas classes da população, com uma polícia secreta que utiliza a psicologia científica; em quarto lugar, o facto dos 'meios de comunicação de massa' estarem 'sob monopólio quase completo'; em quinto lugar, a existência de situação idêntica no que respeita aos 'meios armados'; finalmente, o 'controlo e direcção central de toda a economia'".[439]

Assim, contrariamente à extinção do Estado na "sociedade sem classes", verificou-se na primeira experiência comunista, a criação de um Estado totalitário que se foi progressivamente fortalecendo com a liquida-

---

acerca da evolução do socialismo alemão, Ribeiro dos Santos, António Pedro, *Movimentos Laborais e Constituição Económica*, Ob. Cit., pp. 158/164.

[439] Apud Maltez, José Adelino, *Ensaio sobre o problema do Estado, da razão de Estado ao Estado-Razão*, Ob. Cit, Tomo II, p. 109; o mesmo autor informa-nos que a sovietização e a industrialização do Estado russo por Estaline, foi conseguida, "através do assassinato de quarenta milhões de pessoas. *Estaline é provavelmente o maior assassino de massas da história humana, estatisticamente até ultrapassou Hitler*". *O Imperial-Comunismo*, Lisboa, Academia Internacional da Cultura Portuguesa, 1993, p. 300.

ção dos seus opositores e dissidentes: "O que se deve pensar a respeito desse suposto definhamento do Estado ficou claro na evolução da União Soviética." Estaline explicou que tal definhamento era evitado para permitir à Ditadura do Proletariado enfrentar o mundo capitalista que lhe era hostil: "Todavia, do ponto de vista da Filosofia do Direito, parece bastante improvável que, se esse mundo capitalista desaparecesse, o Estado mundial comunista definhasse e desse lugar à profetizada era sem Estado."[440]

3.5 **O anarquismo**

A recusa de aceitação da autoridade organizada ou do poder do Estado, concebida como uma concepção de vida, pode ser encontrada na filosofia estóica fundada por Zenão (336-264 a.C.) nascido em Citium na ilha de Chipre e difundida no Pórtico de Atenas, na época helenística. Segundo os estóicos, os homens podem encontrar na natureza a raiz da sua racionalidade, a qual resulta da luta contra os seus desejos e paixões para alcançarem a plena sabedoria, a *apatia*, a liberdade interior. Esta possibilidade está presente no espírito de todos os homens, o qual não é uma forma imaterial, pelo que existe uma igualdade essencial que contraria a ideia de hierarquia e de poder discricionário de uns sobre os outros.

Zenão de Citium, que escreveu *A República*, obra de que só restam fragmentos, expõe aí um ideal cosmopolita que adita à ética estóica, individualista: "a humanidade, não mais dividida em nações, cidades, burgos; mas todos os homens considerados co-nacionais e como concidadãos; uma única sociedade, tal como um único mundo: todos os povos constituem um único rebanho, que se apascenta no mesmo prado."[441]

Ao longo da história, para além destas aspirações de natureza intelectual, utópicas, verificam-se também crenças ligadas ao milenarismo, que prometia o advento de uma sociedade perfeita com o regresso de Cristo e do seu reinado na terra por mil anos, o que tornava desnecessária a mediação de poderes autoritários entre os humanos e o divino, pelo que esses poderes deviam ser imediatamente eliminados.

---

[440] Friedrich, Carl J., *Perspectiva Histórica da Filosofia do Direito*, Rio de Janeiro, Zahar Ed.,1965, pp. 166/167.

[441] Apud, Cerroni, Umberto, *O Pensamento Político*, Ob. Cit., Vol. II, p. 20.

A conjugação destas duas manifestações, intelectual e religiosa, surge em vários movimentos insurreccionais, de que são exemplo os movimentos anabaptistas que sonhavam com o estabelecimento do reino de Deus na Terra, como os "profectas de Zwickau", da Saxónia, dirigidos por Thomas Münzer (1490-1525) contra o poder temporal dos príncipes locais, proclamando a igualdade dos cristãos, ou a campanha de Johann Bockhold (1534) que, pregando a comunidade dos bens e das mulheres, chegou a apoderar-se da cidade de Münster, só reconquistada por vários príncipes germânicos alguns meses depois.

O anarquismo como teoria política e social libertária que propõe a abolição do Estado, só começa porém a afirmar-se no século XVIII, através do debate das contradições do racionalismo iluminista: "Foi Rousseau quem mudou todo o estilo da discussão política e que fundiu o racionalismo dos *philosophes* com o ardor, o entusiasmo e a sensibilidade dos românticos. (...) ele ocupa um lugar tal na história de todo o pensamento político subsequente que é visto por alguns como o precursor da 'democracia totalitária' e por outros como o antepassado do libertarianismo mais extremo. Tanto quanto diz respeito aos anarquistas, foram talvez os seus ideais sobre a Natureza e a educação que maior influência vieram a ter. À crença na perfectibilidade do homem e das instituições humanas, Rousseau acrescentou, em particular, a noção do Bom Selvagem, uma figura querida a todos os corações anarquistas. 'O Homem nasceu livre e por toda a parte vive agrilhoado' tornou-se, de facto, o primeiro princípio do pensamento anarquista."[442]

O conhecimento histórico da "euforia do Poder", que se manifesta: através de pesadas exacções fiscais aos contribuintes para esbanjamentos incomportáveis com os recursos financeiros dos Estados em *obras públicas de exaltação dos regimes* ou dos próprios governantes; em tentativas de *alargamento das fronteiras nacionais* através de agressões aos povos circunvizinhos realizadas após dispendiosas aquisições de material militar e sacrifícios da juventude, sujeita a constantes conscrições; em *perseguições policiais e punições cruéis* a presumíveis opositores, em larga maioria inocentes; no *incumprimento das mais elementares regras éticas e jurídicas* por parte dos governantes, que se não se consideram sujeitos às leis ("legibus solutus") que impõem severamente aos governados, provoca o horror ao Estado por parte dos anarquistas: «Pour l'anarchiste, de tous les

442 Joll, James, *Anarquistas e Anarquismo*, Lisboa, Pub. Dom Quixote, 1970, p. 33.

préjugés qui aveuglent l'homme depuis l'origine des temps, celui de l'État est le plus funeste.»[443]

Um dos destacados pensadores políticos de finais do século XVIII que pode ser considerado um anarquista foi William Godwin, como já referimos, que evidencia uma profunda crença na perfeição e bondade da natureza humana, pelo que a sociedade que vivesse de acordo com a justiça, atingiria a felicidade: "A perfectibilidade – escreveu – é uma das características mais inequívocas da espécie humana, de modo que podemos presumir que o estado político, bem como o estado intelectual do homem está em continuadamente em progressivo aperfeiçoamento."[444]

Influenciado por David Hume (1711-1776), que negou a existência de ideias inatas, e que afirmou que o conhecimento seria resultante de percepções que penetram com força na consciência – as *impressões* – sendo as *ideias* ou *pensamentos*, as imagens enfraquecidas dessas impressões[445], Godwin considera os seres humanos vulneráveis a todas as formas de pressão intelectual e moral, sendo o Estado a instituição dotada dos meios mais poderosos para as exercer, como a prisão e a tortura: "Centenas de vítimas são anualmente sacrificadas no altar da lei positiva e das instituições políticas".[446] Em vez de castigar os culpados dos crimes, melhor seria, segundo Godwin, eliminar as suas causas, uma vez que o homem tende a abdicar da sua razão face ao Estado e ao direito, que impõe a propriedade privada e defende o casamento. O triunfo da razão, terminaria com a maldade dos homens, que teria criado o Estado: «Société et État, dit-il, diffèrent entre eux, non seulement par leurs caractères, mais aussi par leur origine. La société est née de nos besoins, l'État de nos méchancetés. La société est un bien, l'État tout au plus un mal nécessaire.»[447]

Godwin situa-se assim entre a utopia e o anarquismo, uma vez que apela à racionalidade dos comportamentos humanos, considerando o Estado uma instituição supérflua, após ter sido alcançado o triunfo da

---

443 Guérin, Daniel, *L'anarchisme, De la doctrine à l'action*, Ed. Gallimard, 1965, p. 17.

444 Godwin, William, *An Enquiry Concerning Political Justice,...*, Ob. Cit., Vol. I, p. 11, apud Joll, James, *Anarquismo e Anarquistas*, Ob. Cit., p. 35.

445 Acerca da teoria do conhecimento em David Hume, vide Abbagnano, Nicola, *História da Filosofia*, Ob. Cit., Vol. VII, pp. 151/164 e Messer, August, *História da Filosofia*, Lisboa, Ed. Inquérito, 1946, pp. 300/303.

446 Godwin, William, *An Enquiry...*, Ob. Cit., Vol. I, p. 9, apud Joll, James, *Anarquistas e Anarquismo*, Ob. Cit., pp. 36/37.

447 Arvon, Henri, *L'Anarchisme*, Paris, PUF, 1951, p. 27.

razão: «Curieux anarchisme, dira-t-on – mais nous verrons que c'est le propre même de l'anarchisme – que celui du rationaliste Godwin qui au lieu d'accorder à l'individu des droits ne pense qu'à lui imposer des devoirs.»[448]

O anarquismo como doutrina apresenta contornos mais definidos a partir dos escritos do pensador autodidacta francês Pierre-Joseph Proudhon (1809-1865), que foi o primeiro autor a usar a palavra *anarquia* sem sentido pejorativo, na sua obra intitulada *Qu'est-ce que la propriété? Ou Recherches sur le Principe du Droit et du Gouvernement*, publicada em 1840, para se referir a uma sociedade ordenada, sem Estado.

Proudhon celebrizou-se com a afirmação de que "A propriedade é um roubo!", a qual provocou na burguesia a presunção, aliás errada, de que o autor seria socialista ou colectivista. A propriedade, segundo a definição do direito romano, *jus utendi et abutendi re sua, quatenus juris ratio patitur*, ou seja o direito de a usar e abusar, ignorando a sua função social, contrariava a paixão de Proudhon pela liberdade, pela *Justiça*, à qual imprime um valor transcendente, e pela igualdade[449]: "Tentou-se justificar a palavra **abusar** dizendo que ela exprime o domínio absoluto e não o abuso insensato e imoral. Distinção inútil, imaginada para a santificação da propriedade e sem o efeito contra os delírios do gozo, que não prevê nem reprime."[450]

A solução proposta por Proudhon era a substituição da *propriedade* pela *posse*, para impedir a usurpação de parte dos bens comuns, por alguns, beneficiários do trabalho alheio, de rendas, de lucros, do *droit d'aubaine* promotor de tributos imerecidos, sem trabalho: «Supprimez la propriété, en conservant la possession et par cette seule modification dans le principe, vous changez tout dans les lois, le gouvernement, l'économie, les institutions: vous chassez le mal de la terre.»[451]

Para atingir esse objectivo, Proudhon pretende criar um banco, autorizado pelo Estado, que empreste aos trabalhadores bónus de troca de mer-

---

[448] Arvon, Henri, *L'Anarchisme*, Ob. Cit., p. 29.

[449] Marx critica Proudhon, quando este afirma não prosseguir objectivos científicos abstractos, mas sim dirigir à sociedade reivindicações imediatamente práticas, não arbitrárias, de crescimento económico, que resume nesta frase: "justice, rien que justice; tel est le résumé de mon discours". (Cfr. Marx, Karl, *La Sainte Famille ou Critique de la Critique Critique*, Paris, Alfred Costes Ed., 1927, pp. 40 e ss.)

[450] Proudhon, *O que é a Propriedade?* Lisboa, Ed. Estampa, 1975, p. 35.

[451] Ver *Memoire sur la propriété*, 1841/42, p. 14, apud Hugon, Paul, *História das Doutrinas Econômicas*, São Paulo, Ed. Atlas, 9.ª Ed., 1967, p. 227.

cadorias e serviços, em quantidade ilimitada, sem pagamento antecipado de juros, ou seja, um capital em papel, mero agente de circulação sem convertibilidade. O seu raciocínio baseia-se em que a superabundância do capital anula a necessidade do pagamento de juros para o obter, mas esquece-se de que sendo os bónus, também, um instrumento geral de trocas, a sua multiplicação inconsiderada provocaria inevitavelmente uma inflação.

Esta ideia associacionista, mutualista, obrigaria então a restringir o círculo dos associados que apresentassem uma garantia de solvabilidade para evitar a inflação, o que contrariaria o objectivo do Banco de Trocas ou Banco do Povo: "Construído, segundo o pensamento de Proudhon, para prestar serviços aos não proprietários e, portanto, aos trabalhadores, fechar-se-ia, entretanto, a associação a quantos impossibilitados estivessem de apresentar garantias, ou seja, cuja solvabilidade não fosse suficientemente apreciável, e, pois, praticamente, à maioria dos operários e pequenos artesãos. O banco perderia, assim o seu carácter de banco popular."[452]

La Banque d'Echange, ensaiada em 1849, quando se começava a desmoronar a II República Francesa, foi de imediato encerrada pelas autoridades, gorando as expectativas de Proudhon, que se manteve todavia fiel aos seus sonhos de juventude: "À força de se instruir e adquirir ideias o homem acaba por descobrir a ideia de **ciência**, quer dizer, a ideia de um sistema de conhecimento conforme à realidade das coisas e deduzida da observação. Procura então a ciência ou o sistema dos corpos brutos, o sistema dos corpos organizados, o sistema do mundo: como não procurar também o sistema de sociedade? Mas chegado a esse termo, compreende que a verdade ou a ciência política é uma coisa completamente independente da vontade soberana, da opinião das maiorias e das crenças populares; que reis, ministros, magistrados e povos, como vontades, nada são para a ciência e não merecem consideração."[453]

Afirmando que "a política é uma ciência, não um ardil" e que "o direito da força e da esperteza" devem acabar por se extinguir perante a *Justiça*, assim como "a soberania da vontade cede perante a soberania da razão e acabará por se anular num socialismo científico", Proudhon chega

---

452 Hugon, Paul, *História das Doutrinas Econômicas*, Ob. Cit., pp. 230/231; vide tb. Marchal, Jean, *Cours D'Économie Politique*, Paris, Ed. M.-Th. Génin, 4.e Ed., 1967, pp. 144/145, onde o autor afirma que: "Aussi bien des expériences de multiplication sans frein de la monnaie-papier ont-elles surabondamment montré qu'il n'y avait nullement là un moyen de faire disparaître l'intérêt du capital, bien au contraire".

453 Proudhon, *O que é a Propriedade ?* Ob. Cit., p. 238.

às seguintes conclusões: "**Anarquia**, ausência de mestre, de soberano, tal é a forma de governo de que todos os dias nos aproximamos e que o hábito inveterado de tomar o homem por regra e a sua vontade por lei nos faz olhar como o cúmulo da desordem e a expressão do caos. (...) Ninguém é rei; somos associados, quer queiramos quer não. (...) Tudo o que é matéria de legislação e política é objecto de ciência, não de opinião: (...)"[454]

Os meios a usar para a transformação social, revolucionários ou pacíficos, constituem um problema para Proudhon que oscila entre os dois, tentando encontrar uma explicação para a evidência da agressividade dos homens. Ao longo da sua vida foi moderando o seu discurso revolucionário, afirmando que os instintos violentos dos homens, causadores das guerras, resultam da organização social, que não as consegue evitar, nem controlar, mediante convenções preventivas: "'O fim do militarismo é a missão do século XIX sob pena de decadência indefinida'. A guerra só poderia acabar depois da revolução social, que estabeleceria um método adequado para transformar os instintos de ódio e de vingança no apoio a um sistema de direito que seria mutuamente respeitado".[455]

A nova sociedade anárquica, pretendida por Proudhon, não abala porém a família, na sua forma mais arcaica, uma vez que este não admite a emancipação da mulher, a qual considera não necessitar de grande instrução, devendo apenas ser trabalhadora, ingénua, graciosa, devotada à

---

[454] Proudhon, *Idem*, pp. 238/239. As teorias de Proudhon foram combatidas por Marx, dando lugar a uma querela, que não cabe aqui desenvolver. Para um breve estudo deste tema vide James Joll, *Anarquistas e Anarquismo*, que cita (p. 72) a significativa frase de Proudhon em *Système des Contraditions Économiques ou Philosophie de la Misère*, Paris, Nova Ed., 1923, II Vol., p. 310: "Quem quer que apele para o Poder e para o capital com o fim de organizar o trabalho está a mentir, porque a organização do trabalho acarreta a destruição do capital e do Poder". Georges Gurvitch também se ocupa deste assunto afirmando (Vol. I, pp. 53/54) na sua obra *Prouhdon e Marx*, Lisboa, Ed. Presença, 2 Vols., s/d, que: "(...) os dois adversários – Proudhon como Marx – repartem pelos dois campos ('socialismo científico' e 'socialismo utópico') todas as doutrinas socialistas segundo lhes são ou não desagradáveis. Aliás, nem um nem outro podem libertar-se dos elementos utópicos do seu pensamento. Marx espera da segunda fase do comunismo uma desalienação total do homem e da sociedade assim como a desaparição das classes e do Estado. Proudhon é pela desaparição imediata do Estado e de todo o poder, assim como pela igualdade das condições sob o regime a que chama *anarquia positiva*: seguidamente, torna-se menos utópico que Marx, propondo equilíbrios entre a democracia económica e democracia política nova num colectivismo descentralizado."

[455] *Proudhon a Rolland*, 3 de Junho de 1861, cit. por Dolléans, Edouard, *Proudhon*, Paris, 1948, pp. 384/385, apud Joll, James, *Anarquistas e Anarquismo*, Ob. Cit., p. 79.

família, que todavia não deve ser muito numerosa. O homem, trabalhando arduamente moderaria os seus desejos sexuais, controlando assim o crescimento excessivo da população: "Para Proudhon, a família era necessariamente a base da sociedade, e nisto difere ainda dos esquemas comuns dos socialistas utópicos. *Point de famille, point de cité, point de république* – escreveu certa vez."[456]

As ideias anarquistas adquirem uma perspectiva individualista com Johann Kaspar Schmidt, que adopta como nome literário Max Stirner (1806-1856), o qual estudou teologia e filologia na Academia de Berlim onde foi aluno de Hegel, cujas concepções providencialistas repudiou. A sua principal obra intitulada *Der Einzige und sein Eigentum* (traduzida em inglês por *The Ego and its Own*) surgiu em 1844, editada em Leipzig, tendo causado sensação e espanto: *«Le livre, répandu en cachette chez les librairies, est interdit par la censure qui, quelques jours après, revient sur sa condamnation, jugeant l'ouvrage 'trop absurde pour pouvoir être dangereux'.»*[457]

Stirner considera provenientes duma *alienação* todas as capacidades que não promanam do indivíduo, compreendido como um ser particular e não como um Homem abstracto, uma categoria superior dos seres vivos, como o visionou Feuerbach na sua afirmação concludente – "Homo homini deus".

Frequentando um círculo de intelectuais radicais, críticos da sociedade burguesa, autodenominados "Livres", liderado por Bruno Bauer, jovem hegeliano, adepto da *Crítica pura*, ou da *Crítica criticada – kritichen Kritik* (como lhe chamou Marx) onde esteve também Engels, que se encontrava a prestar serviço militar em Berlim, Stirner, timidamente, ia evidenciando o seu pensamento anarquista.

Engels, maliciosamente, caracterizou-o em verso:

> *«Regardez Stirner, regardez-le, le paisible ennemi de toute contrainte*
> *Pour un moment il boit encore de la bière, bientôt il boira du sang, comme si c'était (de l'au)*
> *Dès que les autres poussent leur cri sauvage 'A bas le roi'*
> *Stirner complète aussitôt 'A bas les lois'.»*[458]

---

[456] *Carnets*, 15 de Junho de 1858, cit. por Dolléans, E., *Proudhon*, Ob. Cit., p. 318, apud, Joll, James, *Anarquistas e Anarquismo*, Ob. Cit., p. 80.

[457] Stirner, Max, *L'Unique et sa propriété*, Paris, Libr. Stock, Cinquième Éd., 1922, Préface du Traducteur Robert Reclaire, p. V.

[458] Apud Arvon, Henri, *L'Anarchisme*, Ob. Cit., p. 33.

Considerando a *liberdade* proclamada pela Revolução Francesa existente apenas "dans le royaume des songes!" Stirner afirma que a *individualidade*, ou seja a sua *propriedade*, é, diferentemente, toda a sua existência e a sua realidade é o seu próprio ser: «Je suis libre vis-à-vis de ce que je n'ai pas; je suis propriétaire de ce qui est en mon *pouvoir*, ou de ce dont je suis *capable*. Je suis en touts temps et en toutes circonstances *à moi*, du moment que j'entends être à moi et que je ne me prostitue pas à autrui. L'état de liberté, je ne puis vraiment le *vouloir*, vu que je ne puis pas le réaliser, le créer; (...).»[459]

A supremacia do Estado, face à sociedade e ao indivíduo, afirmada pelos teóricos da Revolução Francesa como um princípio cívico, conducente à "igualdade" dos cidadãos, é recusada por Stirner: «Le civisme, c'est l'idée que l'Etat est tout, qu'il est l'Homme par excellence et que la valeur de l'individu comme homme dérive de sa qualité de citoyen. A ce point de vue, le mérite suprême est d'être bon citoyen; il n'est rien de supérieur, à moins que le vieil idéal – bon chrétien. (...) plus de prérogatives personnelles, plus de privilèges, plus de hiérarchie de classes! Que tous soient égaux! Aucun *intérêt privé* ne peut entrer en ligne de compte avec l'*intérêt général*. (...) l'Etat!»

O Estado penetrando nos corações dos homens e provocando o seu entusiasmo promoveu um novo culto, uma nova era política, na qual, o ideal supremo, a suprema honra é servir o Leviathan: «Par là, les intérêts privés, personnels, furent perdus de vue, et leur sacrifice sur l'autel de l'Etat devint un schibboleth.»[460]

Stirner considera o Estado e o direito que ele produz, seus opositores, uma vez que trava o seu dinamismo criador, limitando todo o indivíduo, dominando-o, subjugando-o a qualquer coisa de geral, uma vez que não pode renunciar a reinar sobre a vontade individual, abolindo a *vontade própria*: «(...) celui qui en aurait une, l'Etat serait obligé de l'exclure (emprisonner, bannir, etc.), et si tous en avaient une, ils supprimeraient l'Etat. On ne peut concevoir l'Etat sans la domination et la servitude, car l'Etat doit nécessairement vouloir être le maître

---

459 Stirner, Max, *L'unique et sa propriété*, Ob. Cit., p. 188.

460 Cfr. Stirner, Max, *L'unique et sa propriété*, Ob. Cit., pp. 116/117. O schibboleth foi uma palavra que após uma vitória dos Galladitas sobre os Eframitas no vale do Jordão, estes últimos foram obrigados pelos vencedores a pronunciar para identificar os vencidos fugitivos, que eram mortos ao pronunciá-la incorrectamente. (vide Velho Testamento, Juizes, XII, 5 e 6)

de tous ses membres; et cette volonté porte le nom de 'volonté de l'Etat'.»[461]

Embora Stirner critique o cristianismo por o considerar incapaz de apreciar "l'Unique" e que por isso tem vindo a desprezar profundamente "tout ce qui est 'propre', particulier à l'individu", cita Fichte, cuja teorização se harmoniza com a sua ao afirmar que "le Moi est tout": «Seulement le Moi n'*est* pas tout, mais il *détruit* tout, et seul le Moi qui se décompose lui-même, le Moi qui n'*est* jamais, le Moi – *final* est réellement Moi. Fichte parle d'un Moi 'absolu', tandis que je parle de Moi du Je périssable.»[462]

O seu individualismo exacerbado, ou unicidade, impele Stirner a recusar todas as instituições, organizações, ordens jurídicas e regras sociais ou religiosas, que o "acorrentem", impedindo-o de realizar o seu *ego*: «Etats, Constitutions, Eglises, etc., se sont toujours évanouis dès que l'individu a levé la tête, car l'individu est l'ennemi irréconciliable de tout ce qui tend à submerger sa volonté sous une volonté *générale*, de tout *lien*, c'est-à-dire de toute chaîne. (...) L'histoire des peuples nous montre qu'aucun lien n'a pu échapper à la dissolution; elle nous démontre que l'homme lutte infatigablement contre toute chaîne, quelle qu'elle soit; (...).»

---

461 Stirner, Max, *L'unique et sa propriété*, Ob. Cit., p. 233.

462 Cfr. Stirner, Max, *L'unique et sa propriété*, Ob. Cit., pp. 201 e 216. Johann Gottlieb Fichte (1762-1814), filósofo alemão inicialmente seguidor de Kant, recusou a teoria da existência da "coisa em si – *das ding an sich*", passando a inferir de um princípio subjectivo todas as formas de conhecimento. O Eu, o sujeito humano, ou o "Eu" empírico, é porém limitado por um "Eu" místico inicial criado por Deus, o que coloca a sua teoria num idealismo subjectivo, ao qual associa uma profunda preocupação ética: "O indivíduo não é apenas um membro do Estado; ao Estado pertence apenas uma parte da sua esfera de liberdade, uma vez que só em relação aos serviços que o Estado concede este tem perante o indivíduo uma legítima pretensão. Fora destes limites, o indivíduo é livre e depende apenas de si próprio. Assim se estabelecem, portanto, os limites entre o homem e o cidadão, entre a humanidade e a politicidade." (Cfr. Abbagnano, Nicola, *História da Filosofia*, Ob. Cit., Vol. IX, pp. 28/30)

Fichte visiona o Estado racional como uma instituição erigida pela sociedade, onde o indivíduo recebe uma educação, que lhe permite viver em liberdade: "l'État rationnel ne se laisse pas édifier par des dispositions artificielles et à partir de n'importe quel matériau disponible, mais il faut commencer par former et par éduquer la nation en vue de cet État. Seul la nation qui aura d'abord, par une mise en œuvre effective, résolu le problème de l'éducation de l'homme parfait pourra ensuite résoudre celui de l'État parfait." (Fichte, Johann Gottlieb, *Discours à la nation allemande*, (prononcés en 1807-1808) Imprimerie nationale Ed., 1992, Sixième discours, p. 178)

O anarquismo adquire uma feição comunista com as concepções e acções do aristocrata russo Mikhail Alexandrovitch Bakunine (1814-1876), fundador do movimento revolucionário internacional. Tendo iniciado a sua formação como militar, Bakunine demite-se do exército em 1835, pouco depois de ter sido promovido a oficial de artilharia, indo para Moscovo, onde se entrega a toda a espécie de estudos. Em 1840 parte para Berlim onde se entusiasma com a filosofia de Hegel, tendo publicado, sob o pseudónimo de Jules Elysard um ensaio denominado *Die Parteien in Deutschland* (Os Partidos na Alemanha) que se situa no discurso dos jovens hegelianos de esquerda. Em 1844 segue para Paris, onde conhece vários refugiados alemães como Marx, e franceses, onde se destaca Proudhon, o qual considera um dos vultos mais notáveis da sua época[463].

Dotado de uma forte compleição física e de um espírito independente e iconoclasta, Bakunine alia à sua preocupação intelectual de encontrar ideias novas, uma vontade de intervenção directa na transformação política da Europa, onde conhecia melhor a despótica autocracia czarista: "O *bakuninismo* é muito mais do que uma teoria, é uma prática, a dos revolucionários russos dos anos sessenta e setenta que na altura eram chamados *niilistas* – (...) Antes de ser marxista, a juventude revolucionária na Rússia foi bakuninista. (...) A repugnância e o ódio inspirados pela autocracia czarista eram tais que, quanto mais violento e subversivo o pensamento que se propunha provocar o desmoronamento do regime czarista, tanto mais entusiasta o acolhimento que lhe era reservado."[464]

A acção atrai Bakunine, que intervém em diversas situações revolucionárias, como a de Paris, em 1848, que implantou a Segunda República

463 Prouhon, num crescendo de aversão ao Estado e aos estadistas que não têm, "ni le titre, ni la science, ni la vertu" escreve algumas frases no seu livro *Idée Générale de la Révolution au XIXe Siècle*, publicado em 1851, que inflamaram os anarquistas e se tornaram célebres: "Être gouverné, c'est être à chaque opération, à chaque transaction, à chaque mouvement, noté, enregistré, recensé, tarifé, timbré, toisé, coté, cotisé, patenté, licencié, autorisé, apostillé, admonesté, empêché, réformé, redressé, corrigé. C'est, sous prétexte d'utilité publique, et au nom de l'intérêt générale, être mis à contribution, exercé, rançonné, exploité, monopolisé, concussionné, pressuré, mystifié, volé; puis, à la moindre résistance, au premier mot de la plainte, réprimé, amendé, vilipendé, vexé, traqué, houspillé, assommé, désarmé, garotté, emprisonné, fusillé, mitraillé, jugé, condamné, déporté, sacrifié, vendu, trahi, et pour comble, joué, berné, outragé, déshonoré. Voilà le gouvernement, voilà sa justice, voilà sa morale! (...) O personnalité humaine! Se peut-il que pendant soixante siècles tu aies croupi dans cette abjection ?" (Apud Guérin, Daniel, *L'anarchisme...*, Ob. Cit., p. 18)

464 Bannour, Wanda, *"Bakunine"*, in Châtelet, François (Dir.), *A Filosofia e a História, 1780-1880*, Lisboa, Pub. Dom Quixote, Vol. 5, p. 256.

Francesa, e em Maio do ano seguinte, a insurreição de Dresden que comprometeu Richard Wagner, por o ter apoiado[465]. Tendo sido preso em Chemnitz (Karl Marx stadt) e condenado à morte em 1850, pena comutada em prisão perpétua, foi depois enviado para a Rússia. Encerrado em fortaleza militar em 1851 por ordem do czar Nicolau I, permaneceu nessa situação até 1857, data em que escreveu uma carta a Alexandre II, que lhe sucedeu, o qual lhe amenizou a pena fixando-lhe residência na Sibéria: "Senhor, a reclusão é o mais terrível dos castigos; sem esperança, seria pior do que a morte: ela é a morte durante a vida, a destruição lenta, consciente e dia após dia sentimos que nos tornamos cada vez mais indiferentes, mais decrépitos, mais embrutecidos e, cem vezes por dia, clama-se a morte como libertação."[466]

No início da sua reclusão em fortaleza militar, Nicolau I mandou dizer a Bakunine para lhe escrever "como um filho espiritual escreveria ao seu pai em espírito", o que este fez numa respeitosa *Confissão* que não obteve resposta, onde refere a influência que teve na sua vida a leitura de diversas jornais, brochuras e livros de intervenção socialista, em Dresden, como a obra de Lorenz von Stein, *Der Sozialismus und Kommunismus des heutigen Frankreichs* (O Socialismo e o Comunismo na França de hoje), de 1848, e a de David Strauss, *La Vie de Jesus*, de 1836: "Este livro revelou-me um universo novo em que me precipitei com todo o ardor e todo o entusiasmo de um homem perturbado e sequioso. Julguei assistir à nova religião da dignidade, da elevação, da felicidade, da libertação de todo o género humano; (...) Abstraindo da imensidade do crime, penso, Senhor, que ireis achar bem ridículo que sozinho, sem nome célebre e sem verdadeiro poder, me tivesse oposto a Vós, o Grande Czar de um Grande Império!"[467]

Bakunine conseguiu evadir-se da Sibéria em 1861, tendo passado pelo Japão e pelos Estados Unidos da América e atingido Londres.

Em 1863 tentou intervir na insurreição polaca contra o domínio russo, à frente de um corpo de legionários, mas foi entregue pelo comandante do barco alugado em que seguia, às autoridades suecas[468].

---

465 Cfr. Wagner, *l'Art et la Révolution*, in Bibliothèque des Temps Nouveaux, Bruxelas, n.º 13, 1898, apud Arvon, Henri, *Bakunine*, Ob. Cit., p. 56.

466 Cfr. Bakunine, Mikhail, *Confissão*, Lisboa, Ed. Arcádia, (1.ª Ed. 1921), 1975, p. 175.

467 Bakunine, Mikhail, *Confissão*, Ob. Cit., pp. 54 e 83/84.

468 Acerca da insurreição polaca, vide Pirenne, Jacques, *As Grandes Correntes da História Universal, de 1830 a 1904*, Soc. de Intercâmbio Cultural Luso-Brasileiro, 1954, Vol. V, pp. 307/308.

Em 1864 viajou pela Itália, onde permaneceu durante três anos, primeiro em Florença e depois em Nápoles e arredores, conquistando muitas adesões na juventude revolucionária, ultrapassando em prestígio o próprio Giuseppe Mazzini (1807-1879), um dos profetas da unificação italiana, republicano radical: "Foi em Nápoles que veio a encontrar os seus primeiros discípulos, e a Itália ficou sempre um dos países donde nunca desapareceram por completo as ideias anarquistas. O apelo do anarquismo revolucionário de Bakunin, na Itália dos anos 60, foi considerável. (...) Durante a sua estada na Itália, Bakunin criou a primeira das organizações revolucionárias internacionais (*Fraternidade Internacional*) à qual se devotaria para o resto da vida."[469]

Regressando a Londres, após se ter fixado na Suiça, Bakunine filiou-se na Associação Internacional dos Trabalhadores (AIT) criada em 1864, mais tarde conhecida como Primeira Internacional, onde a questão polaca e a das demais nações oprimidas constituiu um tema ligado aos problemas laborais da classe operária. A sua forte personalidade revelou-se nessa organização, fundando a *Aliança Internacional da Democracia Socialista*, sociedade secreta, cujo programa redigiu sob a forma de um *Catecismo do Revolucionário*[470].

Por ocasião do conflito franco-prussiano, Bakunine, pugna pela causa francesa escrevendo *La Révolution Sociale ou la Dictature Militaire*, texto que será integrado em 1871 noutra obra que intitulou *l'Empire Knouto-germanique* e deslocando-se em 28 de Setembro de 1870 a Lyon, para ali tentar, sem êxito, implantar um regime municipal, federalista: "(...) este movimento, que teria derrubado a municipalidade inepta, impotente e, na

---

469 Joll, James, *Anarquistas e Anarquismo*, Ob. Cit., pp. 102/104.

470 Na AIT, Bakunine entrou em colisão com Marx, uma vez que este pretendia centralizar o movimento operário e aquele insistia na formação de uma estrutura federal, baseada em secções autónomas. A esta dissidência aditava-se uma divergência mais profunda quanto ao processo revolucionário socialista, uma vez que Marx afirmava que o Estado burguês, após conquistado, deveria ser substituído por uma ditadura proletária, que se extinguiria após a abolição das classes, e Bakunine considerava que o Estado burguês e o seu princípio de autoridade deveriam ser abolidos no decurso da revolução proletária, uma vez que todo o poder partidário degeneraria em "absolutismo". A luta entre as facções marxista e anarquista intensificaram-se após a queda da Comuna de Paris, o que deu origem à expulsão de Bakunine da Internacional Operária, por pressão de Marx, provocando o seu enfraquecimento e extinção. (Cfr. Bottomore, Tom (Ed.), *Dicionário do Pensamento Marxista*, Ob. Cit., p. 26; Droz, Jacques (Dir.), *História Geral do Socialismo*, Ob. Cit., Vol. 3, pp. 844/850)

sua maioria, reaccionária, de Lião, e a teria substituído por um *comité* revolucionário, omnipotente, porque teria sido a expressão não fictícia, mas imediata e real, da vontade popular, este movimento, digo eu, teria podido salvar Lião e, com Lião, a França. (...) O meio e a condição, senão mesmo o objectivo principal da revolução, é a aniquilação do princípio da autoridade em todas as suas manifestações possíveis, é a abolição completa do estado, tanto política como jurídica, porque o estado, irmão mais novo da Igreja, como tão bem o demonstrou Proudhon, é a consagração histórica de todos os despotismos, de todos os privilegiados, a razão política de todas as servidões económicas e sociais, a própria essência e o centro de toda a reacção."[471]

Bakunine considera que o patriotismo popular se intensifica e se desenvolve naturalmente dentro da comuna, se humaniza pelo desenvolvimento da vida colectiva, e que essa marcha espontânea de baixo para cima, se amplia pelo enfraquecimento do instinto natural e selvagem: "(...) primeiro pela federação livre das comunas nas regiões, depois pela das regiões num conjunto ainda mais amplo que se chama nação, para se diluir, mais tarde ou mais cedo, sempre dentro desta via de livre federação, na organização e na consciência solidária de toda a humanidade."[472]

O seu entusiasmo revolucionário, a sua crença numa futura liberdade de todos, universal, transmitiu-se a numerosos adeptos que se denominaram "autonomistas" com os quais tentou realizar levantamentos comunais na Espanha meridional, em 1873, que alcançaram um efémero êxito em Alcoy, San Lucar de Barrameda e outras localidades onde governaram até serem subjugados pelo exército espanhol[473].

---

[471] Bakunine, *Revolução Social ou Ditadura Militar*, Lisboa, Ed. Arcádia, 1975, pp. 15 e 85.

[472] *Miguel Bakunine e a Itália*, 2.ª parte, pp. 81-83, Apud, Arvon, Henri, *Bakunine*, Ob. Cit., pp. 227/228.

[473] A acção revolucionária em Espanha, numa crescente intensidade em 1873, deu origem à implantação da I República, federalista, em 1873, presidida por Estanislao Figueras, a qual fragmentou o país em cantões: "En esta inquietud no es fácil delimitar, cuál fue la accion de esas ideas federalistas con un punto de anarquismo, que había difundido Pi y Margall, no sólo con su propia palabra, sino con la traducción de *El principio Federativo* de Proudhon, y lo que fue obra de la I Internacional que había tenido una rápida difusión en España por obra de Fenelli y Lafarge." (Cfr. Sanchez Agesta, Luis, *Historia del Constitucionalismo Español (1808-1936)*, Madrid, Centro de Estudios Constitucionales, 4.ª Ed., 1984, p. 289/290) A derrota do movimento cantonalista não destruiu todavia os seus ideais anarquistas, que se mantiveram até à guerra civil de Espanha iniciada em 1936: "La Confédération Nationale du Travail, la C.N.T., est la seule organisation ouvrière qui après la

A acção revolucionária de Bakunine é acompanhada de numerosos escritos onde expõe os seus intentos de destruição do Estado, os quais incluem actos individuais de violência e de crime, ou seja, de terrorismo anarquista: "O Estado, já o tenho dito, pelo seu próprio princípio, é um imenso cemitério onde vêm sacrificar-se, morrer, enterrar-se todas as manifestações da vida intelectual e local, todos os interesses das partes cujo conjunto constitui precisamente a sociedade. É o altar onde a liberdade real e o bem-estar dos povos são imolados à grandeza política, e quanto mais completa é esta imolação, mais perfeito é o Estado. (...) Nós afirmamos é que o sufrágio universal, considerado em si mesmo e actuando numa sociedade fundada sobre a desigualdade social, nunca será mais que um logro; que, por parte dos democratas burgueses, nunca será mais que uma odiosa mentira, o instrumento mais seguro para consolidar, com uma aparência de liberdade e de justiça, em detrimento dos interesses e da liberdade populares, o eterno domínio que caracteriza as classes possuidoras e exploradoras."[474]

A destruição do Estado, a substituir pela Sociedade anárquica, começa, segundo Bakunine, pela transformação da propriedade privada, base da actual sociedade, em propriedade colectiva ou social, no que respeita aos meios de produção, podendo subsistir quanto aos meios de consumo: "A abolição da propriedade hereditária era, portanto, um passo essencial em direcção à dissolução do Estado, e todo o Estado que pudesse ser persuadido ou forçado a abolir a riqueza sucessória teria empreendido o primeiro e crucial passo para a sua própria abolição. Mais, na opinião de Bakunin, são afinal as fortunas hereditárias que impedem todos os homens de serem iguais: negava que houvesse qualquer desigualdade de dotes naturais e acreditava que só o meio produzira as desigualdades da sociedade actual: 'A imensa maioria dos homens não é idêntica, mas equivalente e consequentemente igual.' Tirem a riqueza que herdou ao rico, e com ela todos os privilégios de boa alimentação, boa educação, bom alojamento que ela garante, e ele não será melhor que qualquer outro."[475]

---

disparition du syndicalisme révolutionnaire soit restée fidèle à l'idéal anarchiste. Au début de la guerre d'Espagne elle comptait près d'un million de membres, trois fois plus que 'U.G.T., d'inspiration socialiste." (Arvon, Henri, *L'Anarchisme*, Ob. Cit., p. 102)

[474] Bakunine, *Obras*, Paris, Ed. Stock, Vols I e IV, 1903 e 1910, pp. 225/227 e 195/198, apud Arvon, Henri, *Bakunine*, Lisboa, Estúdios Cor, 1971, pp. 149 e 162/163.

[475] Joll, James, *Anarquistas e Anarquismo*, Ob. Cit., p. 118, onde cita Bakunin, M., artigo em *l'Égalité*, 1869, in *Œuvres*, Vol. V, p. 151.

O anarquismo adopta uma feição cristã, ortodoxa, com as obras do famoso escritor russo Liev Nikolaievitch Tolstoi (1828-1910) pertencente à grande nobreza fundiária do seu país, enriquecido quer pela exploração das suas terras quer pelo êxito da sua actividade literária.

Com a sua fé religiosa abalada desde a juventude e descrente também das conclusões das ciências e da filosofia, que estudara atentamente, Tolstoi defronta-se com o problema do sentido da vida, sentindo-se atraído pelo suicídio: «Je ne pouvais même pas désirer connaître la vérité, car j'en avais déjà une idée. La vérité, c'était l'absurdité de la vie. (...) De toutes mes forces, je tendais à m'éloigner de la vie. L'idée du suicide m'était venue aussi naturellement qu'auparavant celle d'améliorer ma vie.»[476]

Tendo casado por amor, em 1862, com uma jovem que lhe deu numerosos filhos, Tolstoi chega mais tarde à conclusão de que o amor carnal não satisfaz os objectivos superiores dos homens: "A conclusão que devemos tirar é de que o amor carnal nada tem de particularmente nobre e que a finalidade superior do homem, quer seja o serviço da humanidade, da pátria, da ciência, da arte (não falando no serviço de Deus) não se atinge através da união com o objecto amado, no casamento ou fora dele. Pelo contrário, o amor, a união com o objecto amado – é debalde que se procura demonstrar o contrário, seja em prosa, seja em verso – não facilita o alcance desse fim, antes o dificulta."[477]

O escritor russo confessa, aos cinquenta e cinco anos de idade, ter vivido trinta e cinco num nihilismo, no sentido religioso do termo, e que, há cinco passou a crer no ensinamento de Cristo, o que alterou profundamente a sua vida: «Depuis ma première enfance, depuis que j'ai été touché et attendri surtout par les passages où Christ prêche l'amour, l'humilité, le sacrifice, le don de soi et la non-violence. J'ai toujours considéré que c'était là l'essence du christianisme; (...).»[478]

A sua "conversão" ao cristianismo afasta-o porém da Igreja, uma vez que esta aceita perseguições, execuções e guerra e porque as diversas confissões se negam mutuamente: «(...) si j'ai retiré ma confiance à l'Eglise, c'est à cause de son indifférence à l'égard de ce qui me semblait être l'essence même de la parole du Christ et, inversement, son attachement à tout ce que je considérais comme secondaire.»

---

[476] Tolstoï, Léon, *Confession*, Paris, Pygmalion, (1.ª Ed., 1882), 1998, pp. 31/32.

[477] Tolstoi, *A Sonata a Kreutzer*, Lisboa, Guimarães Ed., (1.ª Ed., 1889), 1986, p. 137.

[478] Tolstoï, Léon, *Quelle est ma foi?* (1883) in *Confession*, Ob. Cit., pp. 125/126.

Tolstoi centra a sua atitude filosófica e política no Evangelho segundo S. Mateus, onde Jesus Cristo, relembrando a lei de Moisés de aplicação da justiça, "olho por olho, dente por dente" (Deuteronómio, XIX, 21) aconselha todavia aos seus discípulos, perseguidos, a não resistir ao Poder: "Mas eu vos digo, que não resistais ao mal; antes a qualquer que te der na tua face direita, vira-lhe também a outra" (S. Mateus, V, 39): «Dans ce sermon comme ailleurs, le Christ présente ses disciples, c'est-à-dire des hommes qui suivent sa règle de non-violence, uniquement comme offrant leur et donnant leur manteau, persécutés, battus et indigents. (...) Lui-même, il se prépare à souffrir et à mourir sans résister aux méchants, (...).»[479]

O postulado da *não-violência* adoptado por Tolstoi, para além de o incompatibilizar com as Igrejas que se afastam do cristianismo puro, impele-o também para o anarquismo político, onde ultrapassa, na condenação do Estado, os demais anarquistas: «Jamais on n'avait insisté avec tant de passion et tant de fureur sur l'effet corrupteur du pouvoir, néfaste autant aux gouvernants qu'aux gouvernées, et sur la volonté de puissance inhérente à tout Etat qui fatalement le pousse jusqu'aux exactions les plus horribles.»[480]

Segundo Tolstoi, o Estado subsiste graças a uma espécie de hipnose que a religião e o patriotismo exercem sobre o indivíduo, a que se associa a manipulação da opinião pública; às exacções fiscais e à corrupção que sustentam os seus funcionários; à intimidação, que se baseia numa afirmação de veneração e respeito pela coisa pública; ao serviço militar obrigatório, que permite ao Estado organizar a repressão utilizando aqueles que reprime. O Estado é a instituição mais nociva aos homens, que devem esforçar-se por o abolir: "O Estado é a dominação dos maus levada ao extremo. O Estado é a dominação; o governo do Estado é uma reunião de individuos que exercem violencias nos outros homens. (...) Os homens que reteem o poder, exercem-no não para vencerem o mal, mas unicamente por interesse ou por capricho, e os outros homens submetem-se-lhes não porque julguem que isso lhes serve de bem ou os livrará do mal, mas unicamente por não poderem libertar-se. (...) É absolutamente ridiculo fallar dum christão que retenha o poder. Accrescentemos ainda que a posse do poder corrompe os homens; aquelles que teem o poder, fatalmente abusam delle, visto que tamanha auctoridade necessariamente os ha-de perturbar.

479 Tolstoï, Léon, *Quelle est ma foi?...* Ob. Cit., pp. 134/135.

480 Arvon, Henri, *L'Anarchisme*, Ob. Cit., p. 61.

(...) Abolido o Estado, nem por isso os homens deixarão de viver em sociedade. (...) A acção intellectual exercida por individuos mais avançados em conhecimentos sobre os mais atrazados, deverá para o futuro reunir os homens em sociedade."[481]

Paralelamente à opressão política, Tolstoi condena a opressão dos detentores dos meios de produção que lhes permitem obrigar os proletários a trabalhar nas suas propriedades e exalta a comuna rural russa, o mir, onde a produção deve satisfazer as necessidades de todos, novos, velhos e doentes, sem se preocupar com lucros pessoais: «Le naturisme mystique dont Tolstoï s'est fait apôtre, s'il est un fruit tardif du rousseauisme, est bien plus encore un messianisme spécifiquement russe.»[482]

A prédica de Tolstoi não atraiu muitos discípulos de alto nível, mas foi conhecida em vários pontos do mundo, tendo influenciado Gandi, a quem escreveu uma carta pouco antes da sua morte, na luta travada pelo Mahatma contra a discriminação racial das castas e contra o domínio britânico na Índia, através da resistência passiva ou *não-violência activa.* O governo russo evitou hostilizar o grande escritor pelas suas ideias anarquistas, mas o Sínodo da Igreja Ortodoxa Russa excomungou-o em 1901, por expressar dúvidas quanto à natureza divina de Cristo, sendo presos e banidos para a Sibéria muitos dos seus discípulos, sobretudo por se recusarem a cumprir o serviço militar, por *objecção de consciência*, preconizada por Tolstoi.

Em finais do século XIX o anarquismo comunista, como movimento revolucionário elogiado por Bakunine, revitaliza-se com a obra e a acção do príncipe russo Peter Alexeievitch Kropotkine (1842-1921) descendente da mais alta nobreza do seu país. Tendo recebido uma tradicional formação militar e sido integrado no Corpo de Pagens da corte de Nicolau I, Kropotkine, que desde muito jovem se revelou um intelectual, alistou-se como oficial num corpo de Cossacos estacionado na Sibéria, onde passou a viver com mais liberdade, podendo dedicar-se a estudos sociais e filosóficos, e ainda realizar trabalhos de campo, como geógrafo.

Em 1872, consciente já dos problemas sociais do campesinato russo, teoricamente liberto da servidão em 1861, conseguiu viajar para o Ocidente, tendo entrado em contacto com o anarquismo suíço e aderido à Associação Internacional dos Trabalhadores. Regressando à Rússia tor-

---

481 Cfr. Eltzbacher, Paul, *O Anarchismo*, Lisboa, Ed. da Typ. de Francisco Luiz Gonçalves, 1909, pp. 183/191.

482 Cfr. Arvon, Henri, *L'Anarchisme*, Ob. Cit., pp. 62/63.

nou-se membro da sociedade secreta Tchaikovsky, difundiu os livros e panfletos subversivos que passara aos direitos, aliciou operários e camponeses a aderir à anarquia e participou na formação de grupos de revolucionários armados.

A actividade política da Tchaikovsky, descoberta pelas autoridades, deu origem à prisão de parte dos seus membros, entre os quais o próprio Kropotkine que foi encarcerado numa fortaleza militar, em 1874, situação que lhe abalou a saúde. Dois anos depois, sendo transferido para uma prisão anexa a um hospital militar em São Petersburgo, conseguiu fugir com o apoio de amigos e refugiar-se na Inglaterra. Passando à Suíça, onde, em 1879 fundou o jornal *La Révolte*, tornou-se o líder do movimento anarquista francês, o que provocou a sua expulsão daquele país e a sua ida para França, onde manteve a sua actividade subversiva, o que lhe valeu uma pesada condenação, em 1883. Tendo sido amnistiado em 1886, Kropotkine fixou-se em Inglaterra onde viveu até 1917, data em que regressou definitivamente à Rússia, embora discordasse da revolução bolchevista e da "ditadura do proletariado"[483].

Ao longo da sua agitada vida, Kropotkine escreveu numerosos livros e panfletos que evidenciam uma evolução dos seus propósitos mais radicais de destruição do Estado, acreditando numa evolução natural da sociedade, de natureza biológica, que terminaria por provocar a revolução social e fazer ruir as instituições políticas, económicas e sociais inadequadas à justiça e à felicidade dos homens.

O direito, produto do Estado, serve apenas, segundo Kropotkine, para a manutenção da propriedade, que permite a exploração dos trabalhadores, e para a protecção dos governos, que pretendem conservar os privilégios que possuem, sendo a ordem jurídica apoiada pelos sacerdotes, a qual pela sua injustiça é cada vez mais contestada pela sociedade, que, vivendo muitos séculos sem nenhuma lei escrita apenas se regeu por costumes, ou seja pelo direito consuetudinário, regulador da propriedade colectiva[484]: "(...) o homem, desde a sua origem, viveu sempre em sociedade, o Estado é apenas uma das fórmas de vida social, muito recente ainda para as sociedades

---

[483] Cfr. Joll, James, *Anarquistas e Anarquismo*, Ob. Cit., pp. 145/147. Em Dezembro de 1880, num artigo de fundo do *La Révolte*, Kropotkin afirmou: "Revolta permanente pela palavra, oral ou escrita, pelo punhal, pela espingarda, pela dinamite... Tudo aquilo que cai fora da alçada da lei é bom para nós." (Cit. por Jean Maitron, *Histoire du Mouvement Anarchiste en France (1880-1914)*, Paris, 1951, p. 70, apud Joll, James, *Idem*, Ibidem)

[484] Cfr. Eltzbacher, Paul, *O Anarchismo*, Ob. Cit., pp. 109/116.

europeias. O homem viveu milhares d'annos antes que se constituissem os primeiros Estados; Grecia e Roma existiram seculos antes dos imperios macedonio e romano e para nós, Europeus modernos, datam os Estados apenas do seculo decimo sexto. Foi só então que a derrota das communas livres foi completa, e que se conseguiu constituir este seguro mutuo entre a auctoridade militar, judiciaria, senhorial e capitalista, que tem o nome de 'Estado'. Foi só no seculo dezasseis que levaram um golpe mortal as ideias de independencia local, de união e de organização livre, de federação em todos os graus, entre grupos soberanos, possuindo todas as funcções, hoje açambarcadas pelo Estado. Foi só n'essa epoca que a alliança entre a Egreja e o poder nascente da realeza poz fim a essa organisação, baseada no princípio federativo, (...) Só hoje (1896), ha vinte annos apenas, começamos a reconquistar, pela lucta, pela revolta, alguns retalhos do direito de associação, que foi livremente praticado pelos artistas e os cultivadores da terra atravez toda a edade média."[485]

Kropotkine critica o governo representativo, fruto da dominação organizada pela burguesia, com o aplauso de Rousseau que o considera legítimo quando saído de uma maioria de eleitores: "Para abdicar dos nossos direitos nas mãos duma assembleia eleita, não seria na verdade preciso que ela fosse composta de anjos, de seres sobrehumanos? (...) Criar um governo, constitucional ou não, é construir uma força que fatalmente procurará apoderar-se de tudo, regulamentar todas as funções da sociedade, sem reconhecer outro freio além do que nós lhe poderemos opor de tempos a tempos pela agitação ou insurreição. O governo parlamentar, – ele próprio disso deu a prova, – não faz excepção à regra."[486]

O Estado burguês, na visão deste pensador, destruiu "todos os laços que outr'ora existiam entre os cidadãos (...) para que a nação se torne uma massa incoherente de subditos, submettidos todos os aspectos a uma auctoridade central." A sociedade assim organizada, perdeu o sentido da solidariedade e da entre-ajuda, pelo isolamento forçado dos cidadãos, átomos do tecido social: "Hoje vivemos juntos sem nos conhecermos. N'um dia de eleição encontramo-nos em meetings: ouvimos alli as profissões de fé mentirosas ou fantasistas d'um candidato, e voltamos para casa. O Estado tem a seu cargo todas as questões de interesse publico: e a fun-

[485] Kropotkine, Pedro, *A Anarchia, A Sua Philosophia – O Seu Ideal*, Lisboa, Livr. Central, 1908, pp. 38/40.

[486] Apud Oliveira, César, (Antologia – Selecção), *O Estado, a Democracia Burguesa, a Prática Revolucionária e o Anarquismo*, Porto, Paisagem Ed., 1975, pp. 64/65.

ção de vellar por que não lezemos o interesse do proximo e, n'esse caso, de reparar o mal castigando-nos. O nosso vizinho pode morrer de fome ou espancar os filhos – isso não é comnosco; isso pertence á polícia. Mal vos conheceis, nada vos une, tudo tende para vos alienar um do outro e, não achando melhor, pedir ao Todo-Poderoso, outrora era um deus, hoje é o Estado, para fazer o possível por impedir que as paixões anti-sociaes attinjam os seus ultimos limites."[487]

Os pensadores anarquistas, embora divirjam nalguns pontos, estão de acordo quanto à importância que atribuem à liberdade, como um fim a atingir, o que torna necessária a recusa de todas as formas de autoridade, incluindo o Estado, que Bakunine definiu como sendo "a soma das negações das liberdades individuais de todos os seus membros". Os principais trabalhos teóricos sobre este tema, são reveladores da crença da possibilidade de convivência social sem a existência de uma instituição reguladora das actividades dos homens, cujas infracções e crimes, os anarquistas atribuem à defeituosa organização social realizada pelas elites do Poder: «Kropotkine, (...) a écrit quelques-uns des livres anarchistes les plus connus (*Paroles d'un révolté*, 1885; *La conquête du pain*, 1890; *Entr'aide*, 1906). Ses idées, empruntées en grande partie à Proudhon et à Bakunine, ont été reproduites à leur tour par les anarchistes français, Élisée Reclus, le célèbre géographe (*L'anarchie*, 1896; *L'évolution, la révolution et l'idéal anarchique*, 1898) et Jean Grave (*La société future*, 1895).»[488]

3.5.1 *A acção revolucionária anarquista*

O anarquismo, pela sua relutância a toda a forma de organização que implicasse obediência a chefes e a regras estabelecidas, teve dificuldade em provocar uma insurreição geral que alterasse os sistemas políticos existentes no sentido desejado pelos seus teorizadores. Mesmo no plano teórico, as divergências eram substanciais, o que igualmente dificultava a adopção de um projecto de acção revolucionária.

Na Itália, onde Bakunine conseguira angariar muitos adeptos e grupos de jovens que pugnaram pelo anarquismo publicando jornais, destacou-se o estudante de medicina Enrico Malatesta (1853-1932) que conhe-

[487] Kroptkine, Pedro, *A Anarchia...*, Ob. Cit., pp. 50 e 54.

[488] Gonnard, René, *Histoire des Doctrines Économiques, depuis les physiocrates*, Paris, Libr. Générale de Droit et Jurisprudence, 5e Éd., 1947, p. 370.

ceu o anarquista russo em Nápoles, em 1871. Malatesta, que juntamente com Carlos Cafiero e Andrea Costa lideraram a agitação anarquista em Itália, verificando a impossibilidade de provocar uma revolução geral, após uma tentativa fracassada em Bolonha, adoptou a ideia da "propaganda pela acção", que fosse preparando a alteração do regime vigente. Um incitamento à revolta na aldeia de Lentino, em 1877, obteve um efémero sucesso, queimando os anarquistas os registos de propriedade e de impostos, e "depondo" o rei Vítor Manuel II, situação que se alastrou a outras aldeias da província de Benevento até ser reprimida, dias depois, pelas tropas governamentais, que cercaram e prenderam os insurrectos. Tratados com benevolência, os insurrectos beneficiaram de uma amnistia concedida em 1878, pela subida ao trono do rei Humberto I, após a falecimento de seu pai[489].

Estes fracassos obrigaram os anarquistas italianos a aceitar a ideia de uma "organização de massas" e dc acção política, tendo Costa conseguido ser eleito deputado pelo Partido Socialista, situação contrastante com a realização de atentados a chefes de Estado, na Itália, Alemanha e Espanha, que, todavia foram devidos a atitudes individuais, sem ligação aos líderes anarquistas.

Anarquistas convictos e psicopatas introvertidos realizaram actos de terrorismo na Europa e na América, por vezes explorados, exagerados ou mesmo imaginados pelas polícias para aumentarem o seu prestígio: "O terrorismo é contagioso; e é surpreendente quão frequentes foram os atentados a pessoas proeminentes nos anos entre 1880 e 1914. Alguns destes ataques não foram, certamente, anarquistas, muito embora as técnicas tenham sido emprestadas pelo anarquismo e serviram propósitos políticos diferentes – são exemplo disto o assassínio do czar Alexandre II, em 1881, ou o do arquiduque Francisco Fernando, em 1914. Todavia, o assassínio do presidente Sadi Carnot, da França, e do presidente William Mac Kinley, dos Estados Unidos, os assassínios da imperatriz da Áustria (Isabel), do rei de Itália (Humberto I) e do primeiro-ministro de Espanha (Canovas del Castillo), bem como numerosos outros atentados mal sucedidos a outros soberanos, príncipes e homens de Estado – todos foram, de uma maneira ou de outra, o resultado da crença anarquista no valor imediato, apocalíptico, de um acto de auto-imolação, que removeria também o símbolo da

[489] Humberto I, foi assassinado em 29 de Julho de 1900 por um anarquista italiano, Bresci, que veio propositadamente de New Jersey, nos Estados Unidos da América, para praticar esse crime.

ordem social existente. (...) Os atentados não foram apenas dirigidos às cabeças dos Estados e aos seus executivos ou usados apenas como actos simbólicos de vingança. Muitos outros crimes foram cometidos contra instituições que simbolizavam os falsos valores da sociedade burguesa."[490]

O anarquismo, torna-se assim internacional, encontrando nos Estados Unidos da América, onde o capitalismo em expansão gerava conflitos laborais frequentes, um campo de actuação para numerosos imigrantes, especialmente russos, italianos, alemães e espanhóis, imbuídos de ideais anarquistas: "As manifestações anarquistas, completadas agora (finais do século XIX) com o novo emblema oficial anarquista, a bandeira negra, bem podiam ser suspeitas de perpetrar qualquer coisa pior quando os jornais anarquistas publicaram exortações como a seguinte: 'Dinamite! De todas as matérias-primas é esta a matéria-prima! (...) Uma libra desta matéria-prima bate de longe um bom alqueire de votos sem valor – e não vos esqueçais disto!'"[491]

Em 1886, no decurso da reivindicação operária de oito horas de trabalho diário, liderada pelos chamados *Knights of Labour*, que accionaram várias greves, uma bomba lançada para o meio da multidão que assistia no Haymarket de Chicago a um encontro de trabalhadores, matou e feriu várias pessoas. Embora nunca fosse provada a responsabilidade dos anarquistas presos após esse trágico acontecimento, e apesar dos apelos de clemência assinados por escritores eminentes, como Bernard Shaw e Oscar Wilde, quatro dos acusados foram executados, tornando-se assim mártires da luta laboral, comemorada anualmente em quase todo o mundo, no dia 1.° de Maio por determinação do Congresso Internacional de Trabalhadores, a partir de 1892[492].

O anarquismo não tinha todavia, como vimos, um projecto de sociedade bem definido, desejando alguns anarquistas viver em associação livre uns com os outros, enquanto que outros apenas aspiravam à liberdade individual sem limites, boémia, naturalista, egoísta, atitude que Nietzsche sintetizou num preceito – *Du sollst werden, der du bist* (deves tornar-te quem és) – o qual, embora fosse promotor de um indiferente solipsismo, conduziu também a uma auto-expressão violenta.

---

490 Cfr. Joll, James, *Anarquistas e Anarquismo*, Ob. Cit., pp. 149/151.

491 Joll, James, *Anarquistas e Anarquismo*, Ob. Cit., p. 164.

492 Cfr. Philip, André e Loïc, *História dos factos económicos e sociais, de 1800 aos nossos dias*, Lisboa, Moraes Ed., 2.ª Ed., 1980, pp. 124/125; vide tb. Joll, James, *Anarquistas e Anarquismo*, Ob. Cit., pp. 164/166.

Na alvorada do século XX, os anarquistas adeptos de uma profunda revolução social, compreendem que têm de passar à acção para atingir os seus objectivos, sendo para tal obrigados a aceitar um certo grau de organização. Malatesta tenta criar na Itália, em Junho de 1914, uma atmosfera revolucionária, anticlerical e anti-parlamentar, accionando múltiplas greves que degeneram em saques e confiscos de géneros alimentícios, na chamada "Semana Vermelha", condenada todavia pela C.G.T.: "– uma atmosfera para a qual também Mussolini contribuiu quando editor e agitador socialista de esquerda, que não deixava de ter certa simpatia pelos métodos anarquistas."[493]

Após o termo da Grande Guerra, Maltesta, que se refugiara em Londres, regressou à Itália participando na agitação social que culminou na "marcha sobre Roma" que conduziu Mussolini ao Poder, sem todavia conseguir controlar esses acontecimentos. A sua decepção pelo fascismo italiano foi semelhante à que sentira pela atitude política de Lenine, que comentou por ocasião da sua morte: "'(...) mesmo com a melhor das intenções, era um tirano que estrangulou a revolução russa – e nós, que o não pudemos admirar enquanto vivo, não o podemos lamentar agora, que está morto. Lenine morreu. Viva a Liberdade!'".[494]

A revolução russa, pela quebra da autoridade do Estado, tinha constituído um campo de acção de potencial possibilidade de transformação dos sovietes operários e camponeses em comunas anarquistas, o qual foi porém ocupado pelos mencheviques e bolcheviques. Os anarquistas dividiam-se em: anarco-sindicalistas que esperavam ocupar as fábricas pela acção dos sindicatos operários; anarquistas-comunistas que pretendiam realizar a revolução social, através de comunas locais que se reuniriam numa federação; anarquistas-individualistas que apenas aceitavam a formação de associações livres e expontâneas; anarquistas adeptos da não-violência activa, defendida por Tolstoi.

A acção anarquista-comunista, liderada por Nestor Makhno (1889--1935), conseguiu todavia manter-se na Ucrânia durante dois anos, embora enfrentasse inevitáveis problemas administrativos e judiciais ocasionados pela tentativa da manutenção dos princípios anarquistas: "Não obstante, a tentativa bem sucedida de Makhno de organizar um exército e comandar uma campanha foi, até então, única na história do anarquismo

[493] Cfr. Joll. James, *Anarquistas e Anarquismo*, Ob. Cit., pp. 209/211.

[494] Malatesta, E., *Scritti Scelti*, p. 170, apud Joll, James, *Idem*, p. 212.

e viria apenas a ser igualada por alguns sucessos dos anarquistas espanhóis em 1936-1937."[495]

Esmagado pela ditadura soviética, dividido teoricamente e considerado, quer pelo comunismo russo quer pelo capitalismo, um movimento criminoso, o anarquismo só conseguiria intervir no movimento operário através da sua participação na organização sindical: "Uns, pelo menos, perceberam que a revolução devia assentar sobre um movimento sindical organizado e em força; e seria nos sindicatos que a batalha entre os comunistas e os anarquistas viria finalmente a travar-se."[496]

Na verdade, Kropotkine havia já comentado que, "Se o desenvolvimento do espírito revolucionário muito deve aos actos de heroísmo individual, não é menos verdade... que não é com estes actos heróicos que se farão as revoluções... A revolução é acima de tudo um movimento popular" e Bakunine pensara também que o núcleo da revolta social seria a oficina ou a fábrica: "O único método de emancipação, escrevera em 1869, é o da 'solidariedade na luta dos operários contra os patrões. É a organização e a federação das *caisses de résistance*'".[497]

A aliança do anarquismo ao sindicalismo permitiria o aproveitamento de uma organização, e mesmo o desencadear de uma greve geral revolucionária que abalasse o sistema capitalista suporte do Estado burguês. Esta ideia, consolidada no Jura, onde Bakunine não tinha sido esquecido, só possuía porém uma indústria especializada em relógios, com poucos operários para poder atingir os desejados objectivos revolucionários: "Foi em França que se desenvolveram as novas formas e tácticas de organização industrial; e elas deram aos anarquistas novas possibilidades de acção – e também novas possibilidades de desacordo."[498]

A partir de 1884, data da permissão de organização sindical em França, a sua ligação ao Partido Socialista constituiu um ponto polémico, que, embora tivesse como defensor Jules Guesde (1845-1922), terminou por ser abandonada, passando a actuação dos sindicatos franceses, desde 1894, a ficar independente da organização partidária. Os sindicatos desenvolvem-se segundo dois modelos: ou os trabalhadores de fábricas seme-

---

[495] Cfr. Joll, James, *Anarquistas e Anarquismo*, Ob. Cit., pp. 217/222.

[496] Joll, James, *Anarquistas e Anarquismo*, Ob. Cit., p. 228.

[497] Kropotkine, P., *La Révolte*, Março de 1891, cit. por Jean Maitron, *Histoire du Mouvement Anarchiste*, p. 240 e Bakunine, M., *Œuvres*, Vol. V., p. 182, apud Joll, James, *Anarquistas e Anarquismo*, Ob. Cit., pp. 230/231.

[498] Joll, James, *Anarquistas e Anarquismo*, Ob. Cit., p. 232.

lhantes ou de indústrias diferentes formavam sindicatos, ou, ao lado destes, numa base local, todos os operários de diversos ramos industriais se integraram em Bolsas de Trabalho.

As Bolsas de Trabalho, ultrapassando os seus objectivos de providência social, em breve se tornaram centros de educação e de discussão dos problemas da classe operária, propendendo para soluções anarquistas a partir de finais do século XIX, pela influência de Fernand Pelloutier (1867-1901), nomeado secretário-geral dessas Bolsas: "Pelloutier e os seus partidários acreditavam que qualquer movimento sindical devia ser verdadeiramente revolucionário e estar autenticamente interessado na total transformação da sociedade, evitando, ao mesmo tempo, não cair nos erros da sociedade que ele tencionava substituir."[499]

Os sindicatos tornaram-se assim, em França, centros de acção organizada dos proletários no seu combate aos patrões, independente dos partidos políticos: "'Que é um sindicato? – escreveu Pelloutier. – Uma associação onde és livre de entrar ou de sair, sem um presidente, tendo apenas como únicos funcionários um secretário e um tesoureiro, que podem ser instantaneamente demitidos.'"[500]

No seio do movimento sindical discute-se a conveniência de uma acção que preparasse o caminho para uma revolução social, como pretendiam os anarquistas, ou que lutasse apenas por uma continuada melhoria de condições laborais. Essa discussão era semelhante à que se travava na área dos partidos políticos socialistas, divididos entre os objectivos reformistas ou revolucionários.

O sindicalismo francês, na alvorada do século XX mantém todavia uma forte tónica anarquista revolucionária, incentivada pelos jovens sindicalistas, como Amédée Dunois (1878-1944) e Pierre Monatte (1881--1960), que o concebem como um meio de por o anarquismo em contacto directo com os operários para "atravessarmos a ponte que separa a ideia pura... da realidade viva. Estamos cada vez menos interessados nas antigas abstracções e cada vez mais no movimento prático, na acção."[501] Pierre

---

[499] Joll, James, *Anarquistas e Anarquismo*, Ob. Cit., p. 234.

[500] Pelloutier, F., *L'Anarchisme et les Syndicats Ouvriers*, in *Les Temps Nouveaux*, Novembro de 1895, cit por Jean Maitron, Ob. Cit., p. 251, apud Joll, James, *Anarquistas e Anarquismo*, Ob. Cit., p. 235.

[501] Dunois, Amédée, in *Congrès Anarchiste tenu à Amsterdam 24-31 août 1907. Compte Rendu Analytique...*, Paris, 1908, pp. 36-38, apud Joll, James, *Anarquistas e Anarquismo*, Ob. Cit., p. 241.

Monatte explicitou também a conexão entre o anarquismo e o sindicalismo revolucionário: "O sindicalismo – disse – chamou o anarquismo à consciência das suas próprias origens operárias; os anarquistas, por sua vez, contribuíram nada pouco para colocarem o movimento operário no caminho da revolução e para popularizar a ideia de acção directa."[502]

A união do anarquismo aos sindicatos não foi todavia aceite por muitos anarquistas, receosos de que essa solução diluísse o indivíduo nas massas proletárias, e duvidosos da capacidade do sindicalismo para emancipar a humanidade no seu todo, uma vez que conglobava apenas trabalhadores. A revolução anarquista, afirmava Malatesta, excede o interesse de uma classe: "ela tem como seu objectivo a libertação completa da humanidade, que está totalmente escravizada a três níveis – económica, política e moralmente."[503]

A utopia da greve, que enfraquece os trabalhadores perante a repressão armada, afirmava Malatesta contrariando Monatte que acreditava na força do anarco-sindicalismo, não conduzirá à vitória, só possível através da insurreição: "As ideias do anarco-sindicalismo e da acção industrial directa vieram (todavia) dar ao anarquismo uma nova vida; em França, pelo menos até 1914, e ainda em Espanha, o anarquismo, braço dado com o sindicalismo, veio a mostrar-se, pela única vez na história do movimento, uma força eficaz e formidável na política."[504]

Na verdade, o anarquismo espanhol revela-se ainda nas suas antigas colónias americanas, onde se mantém até ao século XX um lumpenproletariado de autóctones e emigrantes vivendo numa situação de exploração laboral e de servidão, o que dá lugar a um intermitente sentimento de rebeldia daqueles trabalhadores contra as classes dominantes, que vivem num ostentoso luxo contrastante com a sua miséria: "La reacción inmediata contra el 'desordem social' impuesto por las oligarquías gobernantes tendía a expresarse en doctrinas libertarias que basaban la posibilidad de liberación humana en la eliminación física de toda la estructura autoritaria y opresiva. (...) A esos proletarios y artesanos de la ciudad y del campo, a los campesinos pobres, a la juventud intelectual pequeñoburguesa, se les podía aplicar sin ninguna exageración aquellas apreciaciones de Bakunin

---

502 Monatte, Pierre, in *Idem. Compte Rendu Analytique*..., Paris, 1908, p. 62, apud Joll, James, *Idem*, Ibidem.

503 Malatesta, Enrico, in *Idem. Compte Rendu Analytique*..., Paris, 1908, p. 85, apud Joll, James, *Idem*, p. 242.

504 Joll, James, *Anarquistas e Anarquismo*, Ob. Cit., pp. 242/243.

respecto del ambiente anarquista italiano de los años sesenta en el sentido de que constituían 'una juventud ardiente y enérgica, con frecuencia desposeída, sin carrera y sin salidas, la cual (...) no está moral ni intelectualmente exhausta como la juventud burguesa de los demás países. (...)'"[505]

Assim, o anarquismo latino-americano apresenta uma presença permanente no Uruguai e na Argentina, e, a partir do começo do século XX, consegue implantar-se com alguma força, no Brasil, México, Chile e Peru[506].

O anarco-sindicalismo, embora tenha conseguido uma grande mobilização de trabalhadores e provocado profunda agitação, grevista, nos meios laborais onde se implantou, não se aliou estavelmente ao comunismo porque este, embora pretendesse a *extinção* do Estado, considerava-o necessário, transformado em ditadura proletária, para destruir o sistema económico burguês e a estratificação social existente. Os anarquistas, contrariamente, propunham a *supressão* imediata do Estado burguês, bem como o seu aparelho burocrático, para permitir uma organização livre da população em comunas que se poderiam federar numa organização nacional.

Em França o sindicalismo adquire um cariz revolucionário impulsionado pelos anarquistas, confirmado no Congresso de Limoges de 1895, onde se constitui a Confederação Geral do Trabalho que afasta o comprometimento político-partidário. Essa rejeição da acção política é expressamente afirmada na chamada "Carta de Amiens", aprovada no Congresso da C.G.T. reunido em 1906, onde se defende a "acção directa" dos trabalhadores sobre os poderes que os dominam.

A "Carta de Amiens" evidencia o posicionamento teórico de Georges Sorel (1847-1922), engenheiro francês, que se dedicou a estudos sociais e que influenciou, não só o sindicalismo do seu país, como o sindicalismo mundial, embora o próprio não acreditasse muito na influência de um só homem: "Você veja, estou muito longe de partilhar a opinião lisonjeira daqueles que falam da minha influência em Lenine e em Mussolini."[507]

O controverso sociólogo francês duvida dos racionalistas e dos intelectuais, cujas teorias teriam arruinado a sociedade, insuflando-lhe valores

---

[505] Bobbio, Norberto e Mateucci, Nicola (Dir.), Pasquino, Gianfranco (Red.), *Diccionario de Política, A-J*, México/España/Argentina/Colombia, Signo Veintiuno Ed., 1982, pp. 51/52.

[506] Cfr. Bobbio, Norberto e Mateucci, Nicola (Dir.), *Idem*, pp. 51/60.

[507] Variot, Jean, *Propos de Georges Sorel*, Paris, 1935, pp. 54/57, apud Joll, James, *Anarquistas e Anarquismo*, Ob. Cit., p. 243.

falsos, debochando-as com um sentimentalismo barato, com um padrão do mundo, atomístico, que não corresponde à realidade: "(...) por vezes devemos tomar cuidado ao tentar tornar a linguagem bastante rigorosa, porque ela estará em contradição com o carácter fluido da realidade e desta maneira a linguagem enganar-nos-á. Devemos proceder por tentativas (*par tâtonnements*)."[508]

Sorel sentia também um grande desprezo pelos governos e pela política, afirmando que "Todas as nossas crises políticas consistem na substituição de uns intelectuais por outros intelectuais; elas têm, portanto, sempre como resultado a subsistência do Estado e por vezes o seu fortalecimento, aumentando o número de pessoas com interesses investidos."[509]

As potencialidades revolucionárias do movimento sindicalista convenceram Sorel de que com a classe operária, repositório das forças primitivas e instintivas da natureza humana, seria possível a destruição violenta do Estado e a regeneração da sociedade, sujeita à incapacidade dos políticos: "Não só pode a violência proletária garantir a futura revolução mas parece ser também a única via à disposição das nações da Europa, entorpecidas como estão pelo humanitarismo, para recobrar energias."[510]

Para além da violência, na sua força moralmente "pura", que contrasta com a repressão política ou com a força dos socialistas usada para se apoderarem do Estado, Sorel considera que o proletariado tem de ter fé no seu poder para desencadear a revolução e promover a mudança social, uma vez que a história ensina que as causas vitoriosas são sempre inspiradas por uma crença que não é baseada em construções intelectuais. A Igreja Católica Romana é apresentada por Sorel como um exemplo de triunfo e de sobrevivência: "Acredito que o cristianismo nunca desaparecerá: a faculdade mística é algo de muito real no homem e a experiência mostra que ela não decresce em intensidade através das idades... não é enfraquecida pelo progresso científico."[511]

---

[508] Sorel, G., *Matériaux d'Une Théorie du Prolétariat*, Paris, 1918, p. 58, apud Joll, James, *Anarquistas e Anarquismo*, Ob. Cit., 245.

[509] Sorel, G., *La Décomposition du Marxisme*, Paris, 1907, pp. 53/54, apud Joll, James, *Anarquistas e Anarquismo*, Ob. Cit., p. 246.

[510] Sorel, G., *Réflexions sur la Violence*, 3.ª Ed., Paris, 1912, p. 205, apud Joll, James, *Anarquistas e Anarquismo*, Ob. Cit., p. 247.

[511] Sorel, G., *De l'Église et de l'État*, 1901, pp. 31/32, apud Joll, James, *Anarquistas e Anarquismo*, Ob. Cit., p. 248.

Numa carta dirigida a um amigo, Sorel avança com uma teoria dos "mitos", os quais considera serem imagens de acção daqueles homens que participam nos grandes movimentos sociais: "Os mitos revolucionários atuais são quase puros; eles permitem compreender a actividade, os sentimentos e as ideias das massas populares se preparando para entrar numa luta decisiva, não são descrições de coisas mas expressões de vontades[512]. A utopia pelo contrário é o produto de um trabalho intelectual; ela é obra de teóricos que, depois de terem observado e discutido os factos, procuram estabelecer um modelo com o qual se possa comparar as sociedades existentes para medir o bem e o mal que elas encerram; (...)"[513]

O poder dos mitos na acção política é exaltado por Sorel, mesmo quando simbolizem situações que nunca se realizem, como a transformação social, purificadora, pela greve geral, aliás desvalorizada pelos sindicalistas alemães que a consideravam uma "tolice geral" (*Generalstreik ist Generalunsinn*): "Devemos julgar os mitos como meios de agir sobre o presente; qualquer discussão sobre a maneira de aplicá-los materialmente aos factos da história não tem sentido. *É o conjunto do mito a única coisa que importa*; (...) As greves geraram no proletariado os sentimentos mais nobres, mais profundos e instigadores que ele possui; a greve geral os reúne todos num quadro de conjunto e pela aproximação deles dá a cada um o máximo de intensidade; apelando para lembranças muito vivas de conflitos particulares, ela colore com intensa vida todos os detalhes da composição apresentada à consciência. Obtemos assim essa intuição do socialismo que a linguagem não poderia dar de maneira perfeitamente clara – e a obtemos num conjunto percebido instantaneamente."[514]

O pensamento político de Sorel, essencialmente voltado para uma acção de massas como forma de transformação da sociedade burguesa que considerava incuravelmente corrompida, impele-o a fazer a apologia da

---

[512] Sorel adopta a teoria tautegorista do *mito*, que o considera uma expressão com um sentido completo em si mesma, sentido que pode ser também um contrasenso, ser apenas um literalismo: "(...) quer dentro do positivismo quer dentro do idealismo (racionalista), 'explica-se' o Mito pela ignorância, pelo propósito, deliberado ou não, de enganar, de seduzir, de dominar, pela adesão atávica, a um tipo de mentalidade definitivamente superado, pela mera atracção, infantil, do maravilhoso e do fantástico, pela entrega, sem condições, aos ímpetos do irracional." (Cfr. Antunes, Manuel, *"Mito"*, in *Polis, Enciclopédia...*, Ob. Cit., Vol. 4, pp. 348/350)

[513] Sorel, Georges, *"Carta a Daniel Halévy"(1907)*, in *Reflexões sobre a Violência*, Petrópolis, Vozes, 1993, (1.ª Ed., 1908), p. 32.

[514] Sorel, Georges, *Reflexões sobre a Violência*, Ob. Cit., pp. 106/108.

violência junto dos anarco-sindicalistas para promover uma "reviravolta irreformável": "Aí está algo de apavorante – que parecerá tanto mais apavorante à medida que a violência tiver ocupado um grande lugar maior no espírito dos proletários. Mas empreendendo uma obra grave, importante e sublime, os socialistas se erguem acima de nossa sociedade leviana e se tornam dignos de ensinar ao mundo os caminhos novos."[515]

Os "caminhos novos" revelaram-se porém como sendo os "velhos caminhos", conducentes por vezes a Estados mais autoritários e repressivos do que aqueles que foram derrubados por massas descontentes e inflamadas por "mitos" de liberdade, igualdade e fraternidade. A obra de Sorel fica assim mais associada à acção revolucionária, do que à utopia social sonhada pelo anarco-sindicalismo, já que as sua prédica foi ouvida por todos os actores da cena política: "'Georges Sorel é a chave de todo o pensamento contemporâneo. Sorel é, ou foi, uma figura altamente instável e equívoca. Como se fosse composto de uma multidão de antagónicas personalidades, por vezes sobressaindo uma, por vezes outra, e que em qualquer dos casos não era capaz, ou não tentava, controlar.'"[516]

3.6 **Regionalismo, cantonalismo, poliarquia e oclocracia**

O termo **regionalismo** é relativamente recente e polissémico, apresentando um significado predominantemente *cultural*, de exaltação da língua, da cultura, da história, do folclore e das características geográficas, económicas, etc., de uma determinada região, bem como de defesa desses particularismos, ou um sentido *político*, de exigência duma administração autárquica municipalista, regionalista, ou político-adminstrativa autónoma, conducente ao federalismo ou mesmo ao separatismo, que constitui o objectivo das suas elites, descontentes com a sujeição ao poder político de um Estado unitário.

Estas duas acepções principais de regionalismo não são aliás inteiramente distintas, já que a exaltação do particularismo regional é estimulada pelas elites regionais, ávidas de poder, através da criação duma simbolo-

---

[515] Sorel, Georges, *"Apêndice II. Apologia da violência"*, in *Reflexões sobre a Violência*, Ob. Cit., p. 239.

[516] Lewis, Wyndham, *The Art of Being Ruled*, Londres, 1961, apud Joll, James, *Anarquistas e Anarquismo*, Ob. Cit., p. 250.

gia promotora de um sentimento colectivo de adesão a valores tradicionais, imutáveis, que aglutinem e solidarizem as massas, tornando-as assim uma base social de apoio às suas aspirações políticas.

O problema do "regionalismo", visto na generalidade, como uma luta entre o poder central e o poder local, tem estado sempre presente no processo histórico desde a mais remota antiguidade, mas em finais do século XIX, este termo surge em França, no movimento cultural da Provença, liderado pelo poeta Frédéric Mistral (1830-1914), que escreveu as suas obras numa "língua provençal", baseada num dialecto do baixo Ródano, o que contagiou outros autores, os *félibres*, que, para além de reclamarem a autonomia administrativa e a "liberdade das comunas" dessa região, pretendiam que a França se tornasse um Estado federal.

A alteração da estrutura demográfica dos Estados-Nações, provocada pela imigração intensa que a torna transnacional, origina uma evolução semântica do termo *regionalismo*, cujo significado essencialmente cultural e por vezes étnico de *região* é substituído por outros, onde pode predominar a viabilidade do seu desenvolvimento económico ou mesmo da sua possível autonomia político-administrativa: "Para alguns é uma entidade real, objectiva, concreta, que pode ser facilmente identificada, quase que uma região natural; para outros não é mais do que um artifício para classificação, uma ideia, um modelo que vai facilitar a análise permitindo diferenciar espacialmente o objecto de estudo. Nesta última acepção dominam preocupações subjectivas, sendo as regiões instrumentos de natureza descritiva a definir de acordo com critérios, os quais dependerão dos fins específicos do estudo. Pode adiantar-se desde já que esta concepção se tem imposto à que nos começos do século XX se desenhou no sentido das regiões naturais."[517]

Nos anos que antecedem a Segunda Guerra Mundial, a Itália fascista inicia uma política expansionista, invadindo a Abissínia em 1935, país mal armado e atrasado tecnologicamente, que foi conquistado ao fim de um ano de massacres, o que deu lugar à proclamação do rei Vítor Manuel III, imperador da Abissínia.

Conhecedor da fraqueza da Sociedade das Nações e alarmado com a formação da ditadura nacional-socialista alemã, Mussolini tenta então travar pela via diplomática um previsível expansionismo germânico na Europa, mais evidente após a entrada das tropas alemães na Renânia,

---

517 Simões Lopes, A., *Desenvolvimento Regional, Problemática, Teoria, Modelos*, Lisboa, Fundação Calouste Gulbenkian, 1980, p. 31.

região desmilitarizada por decisão do Tratado de Versailles. Cônscio da sua incapacidade de criar obstáculos à política de Hitler, pela indiferença da Inglaterra e pela fraqueza da França, Mussolini aproxima-se do "führer" com quem estabelece em Outubro de 1936 um protocolo de concordância política que o "duce" denominou o Eixo Roma-Berlim.

Estava assim preparado um grande conflito, desencadeado pela invasão da Polónia por tropas germânicas em 1 de Setembro de 1939, agressão que provocou dois dias depois as declarações de guerra do Reino Unido e da França à Alemanha, as quais deram início à Segunda Guerra Mundial, que envolveu numerosos Estados e provocou espantosas perdas humanas, (cerca de 55 milhões de mortes) bem como devastações materiais de incalculável valor, só terminando na Europa em 8 de Maio de 1945 e na Ásia a 2 de Setembro seguinte[518].

No rescaldo desta calamidade, que destruiu a Europa, considerou-se ter havido uma vitória dos países com regimes democráticos (Inglaterra, França, Estados Unidos da América) contra os Estados totalitários e imperialistas (Alemanha, Itália, Japão), esquecendo o imperialismo da U.R.S.S., que, pouco depois, provocou a "Guerra Fria" com os seus aliados democráticos: "Da luta contra os regimes 'fascistas' da Alemanha, da Itália, do Japão, o princípio democrático saiu vitorioso de 1945. (...) partidos democráticos assumiram o poder (em quase todos os países do mundo), com programas de reformas de estrutura destinados a renovar os princípios e a proteger os direitos sociais do homem."[519]

Os Estados responsáveis pela perda da hegemonia da Europa no mundo, a Itália e a Alemanha, para além de sofrerem as consequências morais e materiais da sua derrota vão ser também profundamente reorganizados, abandonando a sua estrutura unitária estadual para passarem a ser fragmentados em parcelas político-administrativas governadas por elites locais resistentes ao fascismo e ao nazismo.

Na Itália, país massacrado pela obstinada luta dos fascistas e dos nazis que ocuparam Roma, contra os Aliados apoiados pela Resistência italiana que obtêm a vitória sobre as tropas alemãs em Abril de 1945, o regime de Mussolini termina com a sua execução, e a monarquia que o

---

518 Acerca das perdas de guerra, vide Pirenne, Jacques, *As Grandes Correntes da História Universal, de 1939 aos nossos dias*, Lisboa, Soc. de Intercâmbio Cultural Luso-Brasileiro, 1962, Vol. VII, pp. 175/179.

519 Crouzet, Maurice, *"A Época Contemporânea"*, in *História Geral das Civilizações*, São Paulo, Difusão Europeia do Livro, 2.ª Ed., Tomo VII, 2.º Vol., 1963, p. 140.

havia sustentado é também recusada através de um *referendum* que obriga à resignação de Vítor Manuel III, em Junho de 1946.

Nessa data, uma Assembleia Nacional Constituinte inicia os seus trabalhos, que elaboram a Constituição Italiana de 27 de Dezembro de 1947, onde se afirma que, "A República se divide em Regiões, Províncias e Municípios" e que "As Regiões se constituirão como comunidades autónomas com poderes e funções próprios, em harmonia com os princípios estabelecidos na Constituição" (Art.^{os} 114.° e 115.°)

Esta Constituição prevê a criação de 20 regiões, 5 das quais, compreendendo o Norte da Itália, a Sicília e a Sardenha, terão formas e condições especiais de autonomia, segundo Estatutos especiais. (Vide os Art.^{os} 131.° e 116.° e ss.)

A Instituição das 15 regiões "comuns" levou porém 23 anos a concretizar, o que evidencia o problema da perda da unidade política do Estado e da disputa do poder, ao nível regional: "Somos de opinião de que, para além de razões de carácter técnico que estarão por detrás deste atraso, (...) existem profundas razões políticas a ter em conta: Efectivamente desde o fim da guerra que a Itália tem sido governada por uma coligação mais ou menos centrista e esta tinha sempre presente a eventualidade de os Conselhos Regionais virem a ser dominados por partidos de esquerda, particularmente o Partido Comunista Italiano, criando estes, assim, uma série institucional de dificuldades notórias para o Governo."[520]

Para além destes problemas, verifica-se também que o Estado regional italiano construído após a derrota militar do Estado unitário, resultante da Unificação Italiana do século XIX, é um produto das reivindicações locais das elites não comprometidas com o fascismo, que não encontraram um poder central capaz de lhes fazer frente.

Na Alemanha Ocidental, ocupada no pós-guerra por norte-americanos e ingleses que fundem as suas zonas em Janeiro de 1947, criando uma *bizona*, à qual se adita em Junho do ano seguinte a zona francesa, formando uma *trizona*, com o objectivo de promover a recuperação administrativa e económica daquela área e permitir a elaboração de uma Constituição Política, os representantes dos *Länder* (Países) questionam essa iniciativa dos Aliados com receio de que a criação de um Estado ocidental inviabilizasse uma futura reunificação com a Alemanha Oriental ocupada pela União Soviética.

---

520 Lourenço, João, *"As Regiões Administrativas: Perspectivas e Problemas"*, in *Direito Administrativo, Revista de Actualidade e Crítica*, Ano 2, n.° 8/9, 1981, p. 154.

Ultrapassada essa dificuldade, foi formado um Conselho Parlamentar para a elaboração de uma Lei Fundamental (em lugar de uma Constituição), que foi aprovada a 8 de Maio de 1949, quatro anos depois da rendição da Alemanha, que entrou em vigor em 23 do mesmo mês.

O Estado unitário nacional-socialista havia sido forjado por Adolf Hitler pela fusão no cargo de *Führer* das funções que pertenciam ao Presidente do Reich e ao Chanceler segundo o texto da Constituição de Weimar, de 11 de Agosto de 1919. Suprimidos os partidos políticos e instituído um partido único, o *Führer* governava apoiado por um Gabinete (*Reichsleitung*) composto pelos seus colaboradores directos. O Parlamento (*Reichstag*) foi mantido formalmente, funcionado como mera assembleia de assentimento das decisões do Governo[521].

A Lei Fundamental referida, regressando assim, à tradição federalista alemã, presente na Constituição do Império Alemão de 16 de Abril de 1871, que engloba 16 países no território federal (Art.° 1.°), [522] e mantida na Constituição de Weimar, demonstra a incapacidade de manutenção de um Estado unitário, totalitário, principal responsável pelos horrores da Segunda Guerra Mundial, pela destruição e perda do prestígio da Alemanha, que as elites governantes dos *Länder* (Estados Federados) tentam dificilmente recuperar.

A condenação dos Estados unitários, totalitários, ou fortemente centralizados acentua-se no pós-guerra de 1939/45, dando lugar a um movimento regionalista na Europa Ocidental, cujos afirmados intentos de criação de regiões como baluartes das liberdades democráticas contra os atentados do poder central, ou como pólos de desenvolvimento económico, "escondem" a vontade de poder das elites locais.

A aversão ao Poder do Estado-Nação, em crise por motivos endógenos de bairrismo, ou por objectivos exógenos de criação de um Mega--Estado na Europa, revela-se, hoje como ontem, na tentativa de regresso a um sistema político pluri-centrado, de que é exemplo o que resultou da queda do Império Romano do Ocidente, cujas fragilidades terminarão certamente por ser superadas pelo Poder da nova superpotência resultante duma nova metamorfose do Leviathan.

---

[521] Cfr. Marques Guedes, Armando M., *Ideologias e Sistemas Políticos*, Lisboa, Instituto de Altos Estudos Militares, 1978, pp. 272/273.

[522] A Alsácia-Lorena foi anexada ao Império pela Lei de 9 de Junho de 1871 e incorporada ao território federal pela Lei de 25 de Junho de 1873, Art.° 2.°. (Cfr. Dareste, F. R., *Les Constitutions Modernes*, Paris, Challamel Ainé, Libr-Éd., 1883, Tome I, p. 134)

O regionalismo interno dos Estados-Nação ficaria, nesta perspectiva, tal como estes, subsumido num outro regionalismo em sentido internacional, ou zona de cooperação multilateral, onde os objectivos comuns e os sistemas parcelares de relações e de normas comunitárias lhe confeririam uma considerável autonomia na comunidade mundial.

No espaço europeu romanizado, após o derrube do imperador do Ocidente, símbolo da unidade do Império, a fragmentação do Poder imperial, para além de formar incontáveis unidades políticas ou meramente senhoriais, gerou também uma cultura de exaltação dos localismos, de recusa de um poder político mais abrangente do que o dos grandes fundiários, uma vez que a soberania e a propriedade se confundiram[523].

Assim, embora na Idade Moderna se tenham formado na Europa grandes Estados soberanos, verifica-se, uma persistente sobrevivência de micro-Estados ou Estados exíguos, a existência de Estados com limitações da sua capacidade jurídica, como a vassalagem, a confederação, a neutralização, a internacionalização e a integração em organizações internacionais, e mesmo a situação de Estados sem soberania, situações que, juntamente com o protectorado, se têm aliás verificado por todo o mundo[524].

A Confederação Suiça é um exemplo de perseverante **cantonalismo** cujas raízes remontam à brutal dominação romana dos helvécios, dizimados no tempo de Vitélio. As tribos germânicas que ocuparam o território suíço juntamente com os sobreviventes helvécios, sofreram o domínio dos descendentes de Carlos Magno e dos imperadores do Sacro Império Romano Germânico. Após a morte de Rodolfo I de Habsburgo, em 1291, formou-se a primeira Liga Perpétua de três cantões, resultante da sublevação de Unterwalden contra as exacções fiscais do imperador que se coligou com Uri e Schwys, numa confederação defensiva "jurada". As adesões à Liga foram-se sucedendo no século XIV, somando oito cantões que o Império tentou submeter ao seu domínio, sem êxito, ao longo desse século.

Nos alvores do século XV, o Império pretendeu integrar os cantões suíços no seu território, mas sofreu nova derrota infligida pelo exército da confederação que beneficiou então da adesão de um novo cantão. A confederação, fortalecida, combateu também, com êxito, Carlos de Borgonha,

---

523 Em Portugal, chegou até aos nossos dias o significativo adágio: "Para lá do Marão, mandam os que lá estão."

524 Cfr. Silva Cunha, Joaquim da, e Vale Pereira, Maria da Assunção do, *Manual de Direito Internacional Público*, Ob. Cit., pp. 362/372.

o Temerário, na disputa mercantil do vale do Reno. A morte do duque de Borgonha, em 1477, originou a integração na confederação suíça de mais dois cantões, mas o Sacro Império ampliou-se ainda, no mesmo ano, em virtude do casamento de Maximiliano de Habsburgo, filho do imperador, com Maria de Borgonha, filha do falecido duque.

Ascendendo a imperador em 1493, Maximiliano I desenvolveu uma política de fortalecimento e unificação do Império, a qual colidiu com a confederação suíça, que se recusou a pagar um imposto imperial então lançado, o que motivou uma guerra, em 1499, onde a confederação suíça obteve uma vitória que lhe anexou mais dois cantões, e que obrigou ao reconhecimento formal da sua independência: "Sucessivamente vitoriosa do duque de Borgonha e do Imperador Maximiliano, instalada sobre o Reno e Basileia, dominando a estrada de S. Gotardo, a Suíça tomava lugar entre as potências militares e económicas."[525]

No século XVI os cantões suíços entraram num conflito provocado pelas divergências religiosas que a Reforma introduziu no credo cristão. O Norte da confederação seguiu inicialmente a doutrina fideísta do suíço alemão Ulrich Zwínglio (1484-1531), conducente à passiva aceitação da acção providencial de Deus, da sua escolha prévia *ab æterno* dos agraciados para a salvação, o que exclui do culto o cerimonial litúrgico e desvaloriza a própria eucaristia, à qual é atribuído apenas um valor simbólico[526]. No plano político, Zwínglio, capelão militar de Zurique, recusa a legitimidade teocrática dos monarcas, concebendo a existência de uma comunidade baseada no cristianismo primitivo, da qual promana o poder político, democrático, que lhe está associado. A perseguição religiosa instala-se porém na confederação suíça, e Zwínglio encontra a morte nas lutas travadas para a imposição das suas doutrinas nos cantões católicos.

Na esteira de Lutero e de Zwínglio, afirma-se também a mensagem reformista do jurista francês Jean Calvin (Chauvin) (1509-1564)[527], des-

---

[525] Pirenne, Jacques, *As Grandes Correntes da História Universal, da Expansão Muçulmana aos Tratados de Vestefália*, Ob. Cit., Vol. II, 1951, p. 208.

[526] Neste ponto Zwínglio entra em polémica com Lutero, que atribui à eucaristia o valor de sacramento, interpretando-o no sentido da *consubtanciação*. Zwínglio condena também o reformador alemão por apoiar os príncipes protestantes na brutal coacção dos camponeses à submissão política, uma vez que apenas considera legítimo um governo que encaminhe os povos para a vida cristã original.

[527] *Chauvin* era o verdadeiro apelido do reformador francês que adopta porém a forma alatinada *Calvinus* para a transformar em Calvin (em português, Calvino).

cendente de ricos burgueses, que se fixou em Genebra, após ter escrito a *Institution Chrétienne*, livro publicado em latim em 1536 e traduzido para francês em 1541.

Calvino considera que o poder espiritual e o poder político devem promanar de instituições diferentes, cabendo à Igreja a interpretação das Sagradas Escrituras, as quais constituem uma unidade: "Conforme aquilo que a Escritura claramente demonstra, nós dizemos que o Senhor há muito decidiu, no seu conselho eterno e imutável, que homens havia de destinar à salvação e quais deixar na ruína." (*Inst.*, 7, III, 62-63)"[528]

Esta doutrina da predestinação constitui a base do calvinismo, uma vez que a vida terrena seria também marcada pela vontade de Deus, já o êxito ou o fracasso das realizações dos homens revelavam os "eleitos" e os "condenados". A actuação de Calvino em Genebra resulta da sua prédica severa e intolerante, que afirma dimanar da Bíblia, único objecto litúrgico que devia estar presente nos templos, sem imagens ou decorações, onde se celebrariam apenas o baptismo e a comunhão, a qual teria apenas um valor simbólico.

Embora afirmasse a independência entre os poderes espiritual e político, Calvino adquiriu em Genebra poderes ditatoriais, apoiado por uma oligarquia que prosperou com a sua exaltação do *trabalho* como disciplina ascética que afasta o cristão de muitas tentações pecaminosas e fortalece a sua crença: "Também o calvinismo conduziu à liberdade política, dado o carácter republicano da sua organização eclesiástica. (...) Em especial, desenvolvem-se as tendências democráticas naqueles países onde o calvinismo encontrou maior hostilidade por parte do Estado."[529]

No século XVI, as lutas travadas pelos monarcas de tendências absolutistas no sentido de recuperarem a unidade católica da Europa, marcadas pela intolerância e pelas devastações conducentes à miséria dos povos, não conseguiram mais do que acirrar os ódios dos fiéis aos diversos credos religiosos. No século seguinte, a tensão político-religiosa existente que iria desencadear a Guerra dos Trinta Anos, onde o desejo de fortalecimento do poder imperial chocava com o exemplo da Suíça cantonal e próspera economicamente, terminou por desvanecer o sonho dos Habsburgos, de unificação do território do Império[530]. A Alemanha passou a ser uma confe-

---

[528] Apud Abbagnano, Nicola, *História da Filosofia*, Ob. Cit., Vol. V, p. 146.

[529] Gettell, Raymond G., *História das Ideias Políticas*, Ob. Cit., p. 184.

[530] Acerca da prosperidade da Suíça, poupada à Guerra dos Trinta Anos, em constante desenvolvimento económico e financeiro, onde se destaca desde o início do século

deração de cerca de 350 micro-Estados onde o poder do imperador era praticamente nulo, e, no plano religioso, foram reconhecidos três cultos, católico, luterano e calvinista, mantendo-se a decisão de Augsburgo (1555) pela qual os príncipes podiam impor a religião aos seus súbditos: "O próprio futuro da casa de Áustria estava em jogo. (...) 'o verdadeiro objectivo desses países (a Boémia e outros) era constituir um governo comparável ao da Suíça ou das Províncias Unidas, deixando aos Habsburgos a escolha de um papel meramente nominal ou a abdicação'".[531]

Em 1648, os tratados de Westfália, procurando estabelecer um equilíbrio na Europa pelo reconhecimento da igualdade na soberania e da independência recíproca dos Estados, sancionaram a total independência da Suíça perante o Império. Esta situação propiciou um agravamento dos encargos fiscais, que substituíram os anteriores encargos senhoriais em benefício das cidades, o que provocou graves revoltas camponesas. As lutas civis nos cantões suíços abalaram a sua unidade, só restaurada após a partilha da Polónia (1772), perante o perigo de anexação pela França aliada à Áustria: "– tanto os cantões democráticos, governados por assembleias populares (*landsgemeinde*), como aqueles que constituíam repúblicas burguesas, assim como o principado de Neuchâtel – sofriam a mesma evolução, que os conduzia ao governo pela oligarquia burguesa."[532]

O cantonalismo oligárquico suíço sofreu também a influência das ideias liberais, sobretudo em Genebra, pátria de Rousseau, mas a "soberania nacional" reduziu-se à forçada integração de novas famílias enriquecidas nas elites do poder. A aversão das oligarquias suíças pelo Poder de um Estado unitário foi porém contrariada pelo expansão militar de Napoleão Bonaparte que integrou os cantões confederados numa República: "Em toda a Suíça, os governos aristocráticos foram eliminados. Registaram-se nos pequenos cantões resistências heróicas, que foram aniquiladas com atroz selvajaria pelo exército francês. A República helvética, 'una e indivisível' foi proclamada sob a protecção da França (Abril de 1798) (...)."[533]

XVIII, a actividade bancária, vide Pirenne, Jacques, *As Grandes Correntes da História Universal, Dos Tratados de Vestefália à Revolução Francesa*, Ob. Cit., 1952, Vol. III, pp. 376/378.

[531] Bérenger, Jean et alii, *História Geral da Europa II, A Europa desde o início do século XVI ao final do século XVIII*, Ob. Cit., p. 370.

[532] Pirenne, Jacques, *As Grandes Correntes da História Universal,...*, Ob. Cit., Vol. III, p. 497.

[533] Pirenne, Jacques, *As Grandes Correntes da História Universal, Da Revolução Francesa às Revoluções de 1830*, Ob. Cit., 1952, Vol. IV, p. 94.

A queda de Napoleão, derrotado em Waterloo pelas forças inglesas comandadas pelo duque de Wellington, permitiu a criação da Confederação Helvética, cuja neutralidade perpétua foi instituída no Congresso de Viena, em 1815.

A Suíça regressava ao cantonalismo, e embora sofresse as convulsões da implantação do liberalismo, que reivindicava a participação popular, o sistema manteve-se sem evoluir para a unidade política estadual[534].

Em 1848 foi adoptada uma Constituição Federal que propiciou o apaziguamento religioso, e em 1874, uma nova Constituição, saída de uma revisão da anterior, manteve-se com algumas alterações até aos nossos dias: "A Confederação tem por fim sustentar a independência da pátria contra o estrangeiro, (...) (Art.° 2.°); Os cantões são soberanos, na medida em que a sua soberania não é limitada pela Constituição federal, e, como tais, exercem todos os direitos que não sejam delegados ao poder federal. (Art.° 3.°)"

O exemplo suíço de repúdio pelo Estado unitário, centralizado, granjeia numerosos adeptos pertencentes às elites locais de diversos países que contestam a centralização do Poder porque a consideram contrária aos princípios democráticos de participação popular na governação. O poder local é exaltado sob diversas formas, desde o separatismo ao municipalismo, passando pelo regionalismo, pelo cantonalismo e pelo federalismo, apoiados por vezes pelos entusiastas do anarquismo ou do comunismo.

Em Espanha, após a revolução de 1868, o federalismo encontra um ambiente favorável à sua concretização, desejada pelos democratas republicanos: "El primer paso, en lo que sería fulminante desarrollo del federalismo, fue la edición de 1868 de *El Principio Federativo* de Proudhon realizada por Pi y Margall. En los meses inmediatos al triunfo revolucionario el federalismo conoció una rápida difusión (...)"[535].

Os revolucionários conseguem implantar, uma efémera república federal, de 11 de Fevereiro de 1873 a 3 de Janeiro de 1874 que elabora um projecto de Constituição Federal que divide a Espanha em 17 Estados. O projecto afirma que, "En la organización política de la Nación española todo lo individual es de la pura competencia del individuo; todo

---

[534] Sobre os movimentos liberais na Suíça, vide Pirenne, Jacques, *As Grandes Correntes da História Universal,...*, Ob. Cit., Vol. IV, pp. 378/379.

[535] Artola, Miguel, *La Burguesía Revolucionaria (1808-1874)*, Madrid, Alianza Universidad, 7.ª Ed., 1980, p. 378.

lo municipal es del Municipio; todo lo regional es del Estado, y todo lo nacional, de la Federación." (Art.° 40.°), sendo os organismos políticos, "El Municipio. El Estado Regional. El Estado federal o Nación." (Art.° 43.°)

É explicitado também que "Los Estados tienen completa autonomía política compatible con la existencia de la Nación" (Art.° 92.°) com a faculdade de elaborar uma constituição política, e que "Los Estados nombran sus Gobiernos respectivos y sus asambleas legislativas por sufragio universal." (Art.° 94.°)[536]

Estava assim formalizado num diploma constitucional o ideário federalista espanhol, que promoveu uma experiência política que rapidamente degenerou em cantonalismo. Na verdade, muitos Estados regionais logo procuraram desligar-se do poder federal, constituindo-se em cantões para anteciparem uma nova organização política, o que alarmou as próprias forças políticas federalistas, que tiveram de recorrer ao exército para restabelecerem a ordem social agitada por estes acontecimentos e para restaurarem a unidade da Espanha.

Na perene luta pelo Poder, para além da sua aquisição pela divisão política ou administrativa dos territórios ocupados por agrupamentos humanos com uma origem comum ou resultantes de sinoecismos étnicos, da qual demos alguns exemplos, o exercício de poderes divididos por vários governantes e a partilha do poder supremo por líderes políticos ou militares sem capacidade para eliminarem os seus competidores, dá origem à **poliarquia**, termo cujo sentido, é o de governo exercido por vários ou muitos.

A sua utilização remonta a Heródoto (484–425 a.C.), o "Pai da História" e também cultor da politologia, que teve a oportunidade de compreender como interveniente na vida política de Halicarnasso, sua terra natal. Também Aristóteles (384-322 a.C.) se preocupa com o número dos governantes, na sua classificação dos regimes políticos, começando todavia por afirmar que aqueles que se propõem atingir os interesses comuns, são *rectos*, e os que apenas atendem os dos governantes, são *transviados*. A maior dificuldade consiste em definir os interesses comuns, já que oscila entre os critérios do nascimento, da riqueza, da justiça e da competência ou valor guerreiro, dada a impossibilidade da existência de um generali-

---

[536] Vide o *"Projecto de Constituição Federal da República Espanhola"* de 17 de Julho de 1873, in Esteban, Jorge de, *Constituciones Españolas y Extranjeras*, Madrid, Taurus Ed., 2.ª Ed., 1979, Tomo I, pp. 251/263.

zado saber político[537]: "Mas se a riqueza e nascimento livre são elementos necessários, é evidente que também o são a justiça e o valor guerreiro sem as quais não é possível o governo da cidade."[538]

Aristóteles chama *realeza* (monarquia) ao governo de um só, *aristocracia* ao governo de poucos, os melhores ou que propõem o melhor para todos, e *'regime constitucional'* (politeia = mesocracia) ao governo de muitos, com vista ao interesse comum: "Os três desvios correspondentes são: a tirania em relação à realeza; a oligarquia (plutocracia, timocracia) em relação à aristocracia; a democracia (demagogia) em relação do regime constitucional. A tirania é o governo de um só com vista ao interesse pessoal; a oligarquia é a busca do interesse dos ricos; a democracia visa o interesse dos pobres. Nenhum destes regimes visa o interesse da comunidade."[539]

O Estado como poliarquia aristocrática surgiria, segundo Aristóteles, da monarquia transformada em tirania, mas da demagogia saída da degenerescência do regime constitucional, poderia surgir uma nova monarquia, necessária à restauração do bem comum.

Esta dinâmica do Poder face à pressão social, foi também assinalada por Políbio de Megalópolis (205-125 a.C. ?), que, tendo vivido em Roma como refém grego, professor de História de Públio Cornélio Cipião Emiliano, o "Segundo Africano" (185-129 a.C.), realizou notáveis estudos de história da origem e desenvolvimento do Estado romano, explicados na base da causalidade factual.

Políbio estabelece um ciclo de regimes políticos que se sucedem a partir da monarquia, seguida da oligarquia e da democracia, que, por sua vez, regressa à monarquia. A degenerescência da monarquia nascida da autocracia militar seria provocada pelos abusos dos descendentes do monarca fundador da dinastia em ostentações de vestuário, jóias, festins e orgias sexuais em palácios sumptuosos, bem como de diversas prepotências, fomentadoras de invejas e de ódios dos cortesãos. O governo aristocrático nasceria assim pelo derrube da monarquia, apoiado pelo povo, e perduraria enquanto à nova classe política não sucedessem os seus filhos,

---

[537] Cfr. Aristóteles, *Política*, onde o estagirita afirma: "O maior bem é o fim visado pela ciência suprema entre todas, e a mais suprema de todas as ciências é o saber político. E o bem, em política, é a justiça que consiste no interesse comum." Vega Ed., 1998, Livr. III, 12., p. 231.

[538] Aristóteles, *Política*, Ob. Cit., Livr. III, 12., p. 235.

[539] Aristóteles, *Política*, Ob. Cit., Livr. III, 7., p. 211/213.

cujos abusos de Poder, provocariam nova revolução. A democracia constitucional saída da convulsão social, manter-se-ia enquanto o regime satisfizesse os interesses colectivos e mantivesse a liberdade, o que se perderia com a sucessão de filhos e netos dos democratas, ávidos de honras e de riquezas, que abririam caminho à tirania.

A teoria psicológica de Políbio aplicada às revoluções, criadoras de ciclos histórico-políticos, encontrou fundamento em alguns acontecimentos posteriores, o que lhe confere um relativo valor: "– por ejemplo, la rebelión de los barones contra el rey Juan de Inglaterra, la revolución francesa que se siguió a la decadencia de la monarquía, el derrocamiento de la agotada oligarquía gubernamental de la república, la destrucción de la democracia en Alemania e Italia – todo esto ilustra hasta cierto grado la acción del proceso psicológico analizado y descrito por Polibio de una manera cabal."[540]

Aliás, Políbio ao analisar a Constituição romana do seu tempo, deparou com uma forma que poderia consagrar um regime misto, ocultar a verdadeira sede do Poder, ou facilitar a sua circulação: "As três formas de governo de que se falou acima encontram-se amalgamadas na Constituição romana, e a parte de cada uma delas estava calculada tão exactamente, tudo estava nela equitativamente combinado, que ninguém, mesmo entre os Romanos, teria podido dizer se se tratava de uma aristocracia, de uma democracia ou de uma monarquia. Esta indecisão era, por outro lado, muito natural. Examinados os poderes dos cônsules, ter-se-ia dito que era um regime monárquico, uma realeza; julgado pelos poderes do Senado, era, pelo contrário, uma aristocracia; e, enfim, se se considerassem os direitos do povo, parecia que era, pura e claramente, uma democracia."[541]

A dificuldade de se situar a verdadeira sede do Poder nos regimes políticos foi igualmente sentida por Montesquieu, que, não obstante, classificou também os regimes políticos pelo número dos detentores do Poder, evidenciando os motivos de natureza sociológica, avançados por Políbio, na substituição de um regime por outro.

Montesquieu considera que existem três espécies de governo, o *republicano*, o *monárquico* e o *despótico*, sendo o primeiro, aquele em que todo o povo, ou parte dele (*aristocrático*), possui o poder soberano,

---

540 Cfr. Kranenburg, R., *Teoria Politica*, México, Fondo de Cultura Economica, 1941, pp. 90/92.

541 Políbio de Megalópolis, *Historia universal durante la republica romana*, Barcelona, 1968, apud Moreira, Adriano, *Ciência Política*, Ob. Cit., pp. 139/140.

o segundo, aquele em que só um governa, mas de acordo com leis fixas e estabelecidas, enquanto que no último uma só pessoa, sem obedecer a leis e regras, dirige a sociedade arbitrariamente. O Estado popular, republicano, para se manter, necessita de se pautar pela *virtude*, enquanto que o aristocrático, mais forte, necessita apenas de *moderação*; o monárquico tem de se orientar pela *honra*; o despótico, sem virtude, nem honra, utiliza o *medo*, que aniquile totalmente a coragem e a ambição dos governados.[542]

Tendo publicado a sua obra mestra no reinado de Luís XV, o déspota indolente e sensual, que coloca os negócios do Estado nas mãos da sua principal amante, a Madame de Pompadour, Montesquieu alude ao anterior déspota iluminado, o "Rei-Sol", adivinhando a futura crise da França, ao afirmar que, "A monarquia arruina-se quando o príncipe, relacionando tudo unicamente a si, chama Estado à sua capital, capital à sua corte, e corte à sua única pessoa."[543]

A história pregressa apresentava aos publicistas setecentistas numerosos exemplos de poliarquias, provocadas mormente por crises políticas, como ligas, duunviratos, triunviratos, tetrarquias, mas o advento do capitalismo vai colocando na sombra dos governantes de direito, consagrados pela tradição, novos "governantes" de facto apoiados por sólidas fortunas de bens móveis, que ultrapassam substancialmente a fortuna do primeiro nobre fundiário – o monarca hereditário.

Nos alvores século XVI, já a próspera banca alemã financiava a eleição dos imperadores do Sacro Império Romano Germânico, colaborando nos custos da sua política, mas na Holanda, a burguesia em ascensão, institui em 1588, uma verdadeira república parlamentar, formalmente governada por um "stathouder", pertencente à nobreza: "A forma que tomou o governo da Holanda libertada foi a de uma república patrícia, sob a chefia da Casa de Orange. Os Estados Gerais, que constituíam o corpo legislativo, eram bem menos representativos da totalidade dos cidadãos do que o Parlamento inglês, (...)".[544]

A partir da Revolução Francesa, que divulga a ideia de *soberania nacional*, a história da poliarquia é a história das elites que disputam o maior poder (político, económico, financeiro, militar, religioso, administrativo, sindical, científico, tecnocrático, informativo), oculto pela cortina

---

542 Cfr. Montesquieu, *De l'Esprit des Lois*, (1748), Ob. Cit, Livr. II e III.

543 Montesquieu, *Idem*, Ob. Cit., Livr. VIII, Cap. VI.

544 Wells, H. G., *História Universal*, Lisboa, "Livros do Brasil", s/d., Vol. III, p. 16.

constitucional, mesmo nas monarquias, onde um rei que "reina" mas não "governa" é mantido como Chefe de Estado.

O desenvolvimento e o incremento das funções do Estado Providência, a que corresponde uma maior complexidade da sociedade civil, onde os agrupamentos sociais ultrapassam ou antagonizam as aspirações das elites, tornam ainda mais difícil a definição de poliarquia, já que os partidos políticos, os grupos de pressão ("lobbies") e de interesses, as comissões técnicas, influenciam e estão tão próximos dos órgãos do Estado, que lhes retiram parcelas de um poder dividido e influenciado também por organizações nacionais e internacionais, ONG's.

O alargamento do direito de voto, impulsionado pelos projectos de construção de uma sociedade socialista, sem classes, quer pela via revolucionária, quer pela via do sufrágio universal de mobilização proletária, começou todavia a por em perigo a concepção poliárquica elitista[545], pela instituição do "poder popular", o poder caído nas ruas ou **oclocracia**, já conhecida na Grécia Clássica: "Os inimigos da democracia diziam que a canalha queria melhorar a sua sorte, mas também reduzir as fortunas. Platão vituperava na *oclocracia* 'um despertar da natureza titânica', e desviava-se da multidão como de uma 'alimária monstruosa'".[546]

Odiada ou enaltecida pelas classes dirigentes do Estado, a multidão de hoje aparentemente mais indiferenciada culturalmente e mais padronizada nos seus costumes sociais pela acção dos meios de comunicação social que criaram o "homem unidimensional", vive todavia dominada pela "vontade de Poder", cuja sede não coincide inteiramente com a imagem que a ordem jurídico-constitucional lhe apresenta e que é portanto difícil de encontrar[547].

---

545 O termo **poliarquia**, nesta perspectiva, estaria mais próximo da realidade do que o termo "democracia" que corresponde a um ideal teórico inalcançável, dada a despolitização ou alienação das massas, desinteressadas ou impossibilitadas de participarem na vida política. (Cfr. Dahl, Robert A., *A Preface to Democratic Theory*, Chicago, 1956)

546 Cfr. Glotz, Gustavo, *História Económica da Grécia*, Lisboa, Ed. Cosmos, 1946, p. 142.

547 Segundo Nietzsche, "O sentimento de poder começa por ser conquistador, para depois se tornar administrativo (organizador). (...) Do sentimento do poder nasce a *função*, em luta com forças mais fracas do que ela. E essa função mantém-se, molda e domina as funções mais fracas do que ela, que é sustentada por um poder superior." (*A Vontade de Poder*, Porto, Rés-Ed., 2004, Vol. II, p. 51)

IV ESTADO-NAÇÃO E SOCIEDADE TRANSNACIONAL

4.1 Estado, Nação, Povo, Território e Fronteiras

A definição de **Estado**, após ter readquirido na Idade Moderna, as características que já apresentava na Antiguidade Oriental, tem sido intentada por professores de Direito e publicistas, há mais de um século, sendo de referir a mensagem pioneira de Georg Jellinek (1851-1911), que, tendo como ponto de partida a análise sociológica, afirma que, "Em toda a parte onde haja uma comunidade de homens unificados pelos escopos comuns a que tendem constantemente, em toda a parte onde a realização desses escopos é tida como sua por alguns, que impõem a vontade aos outros, e obtém, graças aos seus comandos, que a comunidade efectivamente se mova, como um todo, no sentido desejado, em toda a parte, principalmente, onde tudo isto se passa entre homens estavelmente estabelecidos num determinado território, temos o Estado."[548]

Na verdade, a História do Estado, de que já nos ocupámos, mostra-nos que embora este apresente ao longo do tempo características diferentes, mantém todavia o monopólio do Poder, que constitui a sua prerrogativa essencial. As diferenças aparentes, as metamorfoses do Leviathan, constituem formas de adaptação à sociedade que integra e que lhe é mais ou menos hostil e aos Estados que constituem o seu ecossistema, com os quais tem de negociar diplomaticamente a sua viabilidade e sobrevivência, sempre ameaçada pela "ultima ratio" – a guerra.

---

548 Cfr. *Allgemeine Staatslehre*, Berlim, 1900, (*Teoria General del Estado*, Buenos Aires, Ed. Albatroz, 1981) cit. por Balladore Palliere, Giorgio, *A Doutrina do Estado*, Coimbra, Coimbra Ed., 1969, Vol. I, pp. 80/81.

A ideia avançada por Bodin de que o "poder soberano" não aceita um poder superior na ordem interna nem externa, e que esse poder é indissociável da ideia de Estado, constitui apenas um arquétipo de Estado Soberano jamais existente na ecúmena, onde a luta pelo Poder, tanto derrubou o mais poderoso e vasto Império como deixou sobrevivo o mais fraco e diminuto condado.

Esta realidade não passou despercebida a John Locke, que, ao enunciar a sua teoria de separação dos "poderes do Estado" destaca o "poder federativo", independente do direito positivo, um poder *natural* com capacidade para garantir a segurança interna e defender os interesses externos: "These, therefore, contains the power of war and peace, leagues and alliances, and all the transactions with all persons and communities without the commonwealth, and may be called federative (...)".[549]

Aliás a análise da distribuição dos poderes do Estado que Montesquieu apresenta, semelhante à de Locke, tornada extensiva a todos os governos moderados que conhece para avaliar o grau de liberdade que em cada um deles possa existir, afigura-se-lhe muito extensa: "Mas nem sempre se deve esgotar completamente um assunto, a ponto de nada se deixar a cargo do leitor. Não se trata de fazer ler, mas de fazer pensar."[550]

Na verdade, a doutrina da separação dos poderes, com uma ampliação do significado de *poder executivo*, o qual deixa de velar apenas pela aplicação das leis norteadas pelo direito internacional público, para passar e executar as leis saídas do *poder legislativo* e mesmo a legislar em muitas matérias, consagrou-se nos Estados liberais, perdurando até aos nossos dias. A administração judicial separou-se da administração civil e da administração financeira, passando o constituir um terceiro poder, o *poder judicial*, que embora dependa do direito substantivo e adjectivo saídos dos poderes legislativo e executivo, tem uma independência funcional que, por vezes, chega a controlá-los a ponto de se falar num "governo de juizes"[551].

---

549 *Two treatises of civil government*, Cap. XII, 146, Ob. Cit., p. 191.

550 *De l'esprit des lois*, Livr. XI, Cap. XX.

551 Entre nós, o Relatório de Mousinho da Silveira elaborado na Ilha Terceira, dá-nos uma ideia da administração pública, anteriormente à Revolução Liberal: "Senhor! A mais bella, e util descoberta moral do Seculo passado foi, sem duvida a differença de administrar e julgar; (...) Sem se tratar precisamente das questões de jurisdicção contenciosa, posso dizer com verdade, que entre os Portuguezes nunca foi bem definido, e por isso nunca sabido, o que podia fazer um General, e um Juiz; um Ecclesiastico, ou um Capitão Mór: attribuições differentes eram dadas indifferentemente, e sobre o mesmo individuo eram accumuladas jurisdicções não só incompativeis, mas destruidoras uma das outras. Era

Alguns teorizadores do Estado, reconhecendo-o como entidade jurídica, sujeito de Direito internacional, consideram-no também como uma comunidade cujo poder está juridicamente organizado e legitimado de tal forma que o Direito a todos obriga, subordinando-o portanto, tal como a administração pública, a essa ordem jurídica estabelecida.

Esta teorização, que aproxima a ordem jurídica estadual a uma justiça natural, transcendental, é todavia negada pelos adeptos da escola positivista ou escola de Viena, chefiada por Hans Kelsen (1881-1973) que identifica o Estado com o Direito, uma vez que este é uma *ordem de coacção (zwangsordnung)* à qual estão submetidos, independentemente da sua vontade, todos os cidadãos, sem quaisquer outras valorizações: "As regras que constituem a ordem estadual, são as regras do direito. A norma jurídica é a regra em virtude da qual se opera a imputação ao Estado, que, como sujeito dos actos estaduais, é a personificação da ordem jurídica. A regra de direito é, como lei jurídica, na esfera do Estado e do direito, homóloga à lei natural. A lei natural é uma afirmação hipotética, que estabelece uma relação causal entre dois factos."[552]

Por outro lado, a subordinação do Estado e da Administração Pública ao Direito não se verifica nos Estados totalitários, nos quais, após a captura do Poder os ideais revolucionários são esquecidos, e os regimes políticos de partido único, à revelia de uma Constituição, criam uma ordem jurídica que os defenda de qualquer oposição, condenada também por uma forte máquina de propaganda, como aconteceu na Alemanha nazi: «Encore plus troublante fut la manière dont les régimes totalitaires traitèrent la question constitutionnelle. Durant leurs premières années d'exercice du pouvoir, les nazis firent pleuvoir une avalanche de lois et de décrets, mais ils ne se soucièrent jamais d'abolir officiellement la constitution de Weimar. Ils maintinrent, à peu de chose près, les administrations en place, ce qui induisit bien des observateurs nationaux et étrangers à espérer une limitation de l'activité du parti et une normalisation rapide du nouveaux régime.»[553]

---

absurdo que as Camaras dependessem dos Generaes, que os Juizes fossem fornecedores, e que os Eccleciasticos fossem administradores, e ás vezes Soldados; (...) (Relatório aos Decretos n.os 22, 23 e 24 de 16 de Maio de 1832)

552 Kelsen, Hans, *Teoria Geral do Estado*, Coimbra, Arménio Amado Ed., 1938, pp. 25/26.

553 Arent, Hannah, *(Origines du totalitarisme), Le système totalitaire*, Paris, Ed. du Seuíl, 1972, pp. 123/124.

A subordinação do Estado e da Administração Pública ao Direito nos regimes democráticos também não se cumpre, já que o Poder é uma relação dinâmica entre os que mandam e os que obedecem, e que, portanto, a ordem jurídica existente é modificada unilateralmente pelo Estado sempre que contenha normas que não sirvam os seus propósitos políticos. Em qualquer ramo de direito, constitucional, administrativo, fiscal, penal, civil, comercial, processual, etc., os órgãos legislativos do Estado, através de um processo mais ou menos complexo, alteram a ordem jurídica dando a conhecer aos cidadãos, através de um Diário, as novas normas que estes são teoricamente obrigados a conhecer: *"Do ponto de vista da ciência política, a lei é mais um instrumento do Poder do que um limite."*[554]

A sociedade civil, como realidade orgânica tradicionalmente unida, portadora de uma cultura própria, em interacção com o poder político, ou seja, a **Nação,** foi considerada fundamental para a formação do Estado, sobretudo no século XIX[555].

Os grandes acontecimentos históricos a partir de meados do século XVIII, como a *Revolução Industrial Inglesa*, que promoveu a ascensão da burguesia, fundida com a nobreza rural desde a instituição da Commonwealth (1649), a *Revolução Americana,* que elabora uma Constituição legitimada pelo "povo dos Estados Unidos" e a *Revolução Francesa*, onde "os representantes do povo francês constituídos em Assembleia Nacional" elaboram uma Declaração dos Direitos do Homem e do Cidadão e uma Constituição (1791), na qual se afirma que "A soberania é una, inalienável e imprescritível; Ela pertence à Nação; (...)" (Art.° 1.°), conferem a este conceito um significado jurídico, uma vez que legitima o poder político e portanto o Estado.

O abade Sieyès, afirma no seu ensaio *Qu'est-ce que le Tiers-État?* de que se tiraram 30.000 exemplares em 1789, que «La nation existe avant tout, elle est l'origine de tout. Sa volonté est toujours légale, elle est la loi elle-même. Avant elle et au-dessus d'elle il n'y a que le droit *naturel.*»[556] Assim sendo, o abade reflecte sobre o que se deve entender por

[554] Moreira, Adriano, *Ciência Política*, Ob. Cit., p. 153.

[555] Anteriormente à difusão do capitalismo na Europa, surgem na História várias atitudes "nacionais", como a unidade cultural romana, a resistência escocesa à conquista inglesa na Idade Média, etc., e na Ásia, o Irão, a China, o Japão antigos, ou o Vietname, resistente durante um milénio às invasões chinesas, qualificam-se naturalmente como nações.

[556] Sieyès, Emmanuel Joseph, Ob. Cit., Cap. V, p. 127.

constituição política duma sociedade e ponderar acerca das justas relações daquela com a própria *nação*, concluindo que, «Ces lois sont dites *fondamentales*, non pas en ce sens qu'elles puissent devenir indépendantes de la volonté nationale, mais parce que les corps qui existent et agissent par elles ne peuvent point y toucher. Dans chaque partie de la constitution n'est pas l'ouvrage de pouvoir constitué, mais du pouvoir constituant. Aucune sorte de pouvoir délégué ne peut rien changer aux conditions de sa délégation.»[557]

Evoluindo para um o conjunto dos "citoyens actives", ou seja para os detentores de bens imóveis ou móveis sujeitos ao pagamento de impostos (critério censitário), a Nação foi-se afirmando como elemento legitimador do Poder dos Estados no constitucionalismo liberal, que postergou o princípio da hereditariedade, dinástico, de base teocrática.

O facto nacional, na sequência da Revolução Francesa, adquire como ideia-força uma enorme importância política que movimenta as massas

---

[557] Cfr. Sieyès, Emmanuel Joseph, Ob. Cit., Ibidem, pp. 125/126 e 128. Após uma década, Sieyès, considerado o oráculo da Revolução, tentou persuadir Napoleão Bonaparte, na sequência do golpe de Estado de 18 Brumário (9 de Novembro de 1799), a preparar a futura Constituição com algumas ideias suas, que se pensou serem um projecto constitucional. Presumivelmente influenciado por James Harrigton (1611-1677), que tentara o mesmo junto de Cromwell , Sieyès apresenta alguns aforismos, como «Diviser pour empêcher le despotisme, centraliser pour éviter l'anarchie.»; «La confiance vient d'en bas, le pouvoir vient d'en haut.»; «une constitution doit être courte et obscure.»; «La fin de tout établissement est la liberté individuelle». A sua concepção de *soberania nacional* evolui contudo num sentido censitário, elitista, de eleição de candidatos inscritos em «listes de notabilités», através de um sufrágio universal. (Cfr. Godechot, Jacques, *Les Constitutions de France depuis 1789*, Ob. Cit., pp. 145/147)

Harrington, escreveu um livro de Direito Constitucional e Ciência Política intitulado *The Commonwealth of Oceana*, sob a forma de utopia, para evitar a proibição da sua publicação, que teve lugar em 1656, no qual distingue os "governos de leis que atendem ao bem-estar geral, e os governos de homens que se preocupam com os seus interesses privados." Este publicista distingue a autonomia política de uma Nação, à subordinação governamental a outros povos, sustentando todavia que o poder político segue um processo paralelo à aquisição da riqueza, devendo portanto o Poder pertencer aos detentores da maior propriedade. A monarquia e a aristocracia são assim, para Harrington os sistemas naturais de governo, que devem não obstante prescrever legalmente a extensão máxima das propriedades. A organização do Poder deve contemplar um *Senado*, constituído por uma aristocracia natural, que propõe as leis, um *Conselho*, formado pelos representantes do povo, e uma *Magistratura*, à qual se atribuem as funções administrativas do governo. A obra de Harrington influenciou algumas Constituições dos Estados Norte-americanos, bem como as concepções censitárias do voto e das Câmaras altas existentes em muitos Estados liberais. (Cfr. Gettell, Raymond G., *História das Ideias Políticas*, Ob. Cit., pp. 240/242)

humanas convictas da sua identidade de origem e dos seus interesses comuns, ou sejam, *nacionais*, na aspiração de pertença a um Estado independente: «Ainsi, si le sentiment national et l'idée nationale ont été, au XIXe siècle, un ressort décisif, un principe d'action essentiel contre des États oppresseurs, ils ont été aussi à l'origine de la plupart des conflits internationaux. En vérité, le fait national a été un agent déterminant de la transformation de l'Europe.»[558]

Marx e Engels procuraram contrariar o conceito de Nação surgido nas "revoluções burguesas", cujas forças produtivas das grandes cidades industriais do regime capitalista, em sua opinião, destruíram o desenvolvimento económico unilateral da propriedade privada artesanal: "(Esse regime) Criou por todo o lado as mesmas relações entre as classes da sociedade, destruindo por isso o carácter particular das diferentes nacionalidades. E finalmente, enquanto a burguesia surge como uma classe cujos interesses são os mesmos em todas as nações e para a qual a nacionalidade deixa de existir, esta classe desembaraça-se verdadeiramente do mundo antigo e entra simultaneamente em oposição a ele."[559]

Acentuando a sua afirmação de que a burguesia não tem nacionalidade, Marx e Engels revelam que "O objectivo imediato dos comunistas é o mesmo que o de todos os Partidos operários: constituição dos proletários em classe, derrube do domínio burguês, conquista do poder político pelo proletariado." e respondem à acusações de que "os comunistas querem abolir a pátria, a nacionalidade, afirmando que, "Os operários não têm pátria. Não se lhes pode arrancar aquilo que não têm. Como o proletariado de cada país deve, em primeiro lugar, conquistar o poder público, erigir-se em classe dirigente da nação, tornar-se ele próprio a nação, é ainda nacional, embora de modo nenhum no sentido burguês da palavra."[560]

O intento final do comunismo marxista é portanto o internacionalismo proletário, a abolição da "exploração de uma nação por uma outra nação", confirmado no final do *Manifesto*, de 1848, com o apelo: *Proletários de todos os países, uni-vos!*

---

[558] Rémond, René, *Introduction à l'histoire de notre temps, 2. le XIXe siècle, 1815-1914*, Ob. Cit., p.192.

[559] Marx e Engels, *A Ideologia Alemã*, Lisboa, Ed. Presença, (1.ª Ed., 1845) 1980, Vol. I, Introdução, p. 75.

[560] Marx, K., e Engels, F., *Manifesto do Partido Comunista*, II – Proletários e Comunistas.

A Nação, como conceito burguês, foi também objecto de análise teórica e histórica por pensadores socialistas mais moderados, como o austromarxista Otto Bauer (1881-1938) que na sua obra *Die Nationalitätenfrage und die Sozialdemokratie*, publicada em 1907, afirmou: "Para mim a história já não reflecte a luta das nações; na verdade a própria nação surge como o reflexo das lutas históricas. A nação só se manifesta no carácter nacional, na nacionalidade do indivíduo; e a nacionalidade do indivíduo é apenas um aspecto da sua determinação pela história da sociedade, pelo desenvolvimento das condições e técnicas de trabalho."[561]

A condenação do nacionalismo pelos socialistas, que pretendiam "libertar" os países oprimidos pelo capitalismo, cuja competição e conquista de mercados conduziria aos conflitos armados, sofreu um revés na Primeira Grande Guerra, que evidenciou a fragilidade das teses internacionalistas: "Não eram só o internacionalismo e o antimilitarismo – que se supunham profundamente profundamente arreigados na classe operária – que naufragavam com abruptidão, mas toda uma visão da revolução que se afundava."[562]

No termo da guerra o presidente dos Estados Unidos da América, Thomas Woodrow Wilson (1856-1924), através de um documento conhecido pelos *14 pontos*, datado de 8 de Janeiro de 1918, pretendeu estabelecer um equilíbrio mundial, baseado nos princípios da *autodeterminação* dos povos afro-asiáticos e das *nacionalidades*. Apresentado à Conferência de Versailles, um ano depois, o documento de Wilson influenciou a organização da Sociedade das Nações, ao afirmar: "Uma associação geral das Nações deverá ser constituída à base dos pactos destinados a estabelecer garantias mútuas de independência política e de integridade territorial dos Estados, grandes e pequenos."[563]

A Sociedade das Nações, que os seus mais ingénuos fundadores, visionaram como uma entidade arbitral impulsionadora de um mundo pacífico de Estados-Nações federados, preferentemente repúblicas, redundou num enorme fracasso, logo assinalado pela ocupação da Manchúria pelo Japão, em Setembro de 1931, a que se seguiu a de Xangai no ano

---

[561] Apud, Bottomore, Tom (Ed.), *Dicionário do Pensamento Marxista*, Ob. Cit., p. 22.

[562] Martinet, Gilles, *Sete Sindicalismos, Grã-Bretanha, República Federal Alemã, Suécia, Itália, França, Estados Unidos, Japão*, Pub. Europa-América, s/d., p. 125.

[563] Cfr. Moreira, Adriano, *Teoria das Relações Internacionais*, Coimbra, Livr. Almedina, 2.ª Ed., 1997, p. 500 e Pirenne, Jacques, *As Grandes Correntes da História Universal*, Ob. Cit., Vol. VI, 1957, p. 156.

seguinte. A Alemanha nazi retira-se da Sociedade das Nações, em Outubro de 1933, rejeitando o Tratado de Versailles, para desenvolver livremente as suas Forças Armadas. A Itália fascista, em Outubro de 1935 decide invadir a Abissínia (antiga Etiópia) último Estado autóctone independente em África, massacrando as suas forças militares, mal armadas. Em 1936, a direita espanhola inconformada com a vitória eleitoral da Frente Popular que coligava republicanos radicais, nacionalistas catalães, bascos e galegos, socialistas e comunistas, apoiados por anarquistas, provoca o levantamento nacionalista liderado pelos generais Jose Sanjurjo, Emilio Mola Vidal e Francisco Franco Bahamonde, em 17 de Julho, do qual resultou a Guerra Civil de Espanha (1936-1939).

A Segunda Guerra Mundial, iniciada em 3 de Setembro de 1939, provocada pela invasão da Polónia pela Alemanha nazi, agudizou a conflitualidade bélica, que se verificava por todo o mundo, em desrespeito pela doutrina da Sociedade das Nações. A política de exaltação nacionalista, racista, de Adolf Hitler, que culminou num criminoso genocídio de milhões de judeus, polacos e ciganos, executado com uma crueldade que espantou o mundo, lançou um anátema sobre o conceito de Nação, no seu sentido étnico, que antes se associava à identificação cultural do elemento humano do Estado-Nação.

Muitos publicistas passaram então a usar a palavra **Povo** para caracterizar a comunidade ligada por um vínculo jurídico, que, paradoxalmente, por derivar de Nação, se denomina *nacionalidade*[564], a qual habita no território de um Estado, excluídos portanto os estrangeiros. O termo *população*, aparentemente mais adequado semanticamente, ficaria assim reservado para designar a totalidade dos habitantes desse território, nacionais e estrangeiros.

A palavra povo é portanto utilizada para caracterizar essa comunidade que pode constituir uma Nação, ou ser formada por indivíduos provenientes de outra ou várias Nações, unidos num Estado, na prossecução de um destino comum: "O *Povo* é, pois, o conjunto dos indivíduos que para a realização de interesses comuns se constitui em comunidade política, sob a égide de leis próprias e a direcção de um mesmo poder."[565]

---

[564] O vínculo jurídico referido, também designado *cidadania*, pode ser obtido por *naturalização*, ou seja, a concessão a um estrangeiro dos direitos e privilégios que gozam os naturais, ou *nacionais* de um determinado país.

[565] Caetano, Marcello, *Manual de Ciência Política e Direito Constitucional*, Ob. Cit., pp. 123/124.

A esta definição de *povo*, falta-lhe todavia, em nossa opinião, a palavra *económicos*, a intercalar entre as palavras "interesses" e "comuns".

Na verdade os agrupamentos étnico-culturais provenientes de diversas Nações, que por motivos predominantemente económicos se vão integrando num outro Estado-Nação, e cujos descendentes vão adquirindo outra nacionalidade pelo critério do "ius soli", não estão interessados em se integrar na sua cultura, religião, mentalidade, sociedade, etc., pretendendo portanto fazer apenas parte do Estado e não da sua Nação.

Esta situação, outrora mais visível nos Estados fundados nos territórios de antigas colónias onde o afluxo de emigrantes de várias origem deu origem a um "melting pot", como é o caso dos Estados americanos, verifica-se também, actualmente na Europa, continente apetecido dos excluídos de numerosos países pobres vindos de todos os pontos do mundo, que vão formando uma *sociedade transnacional.*

Nos Estados americanos e europeus vai sendo habitual a existência de comunidades étnico-culturais diversas, que reivindicam a construção de templos para os seus cultos religiosos, que se agrupam para fins habitacionais, sociais e culturais, cavando assim cada vez mais o fosso existente entre o Estado e a Nação, a ponto de tornar a própria designação de Estado-Nação, actualmente inadequada.

Além do *poder político* do Estado e da *comunidade* que a este está juridicamente vinculada, considera-se actualmente que o elemento **Território** é fundamental para a sua fundação. O território é portanto, para muitos autores, a condição "sine qua non" da existência de um Estado.

O território constitui todavia um espaço, nem sempre essencial à existência de um Estado, se o visionarmos e qualificarmos num sentido amplo, e se considerarmos o Poder como o seu elemento mais significativo, que com ele se identifica.

Os visigodos, com os quais o Império Romano estabeleceu um tratado de aliança, *fœdus*, eram povos germânicos semi-nómadas etnicamente distintos, que possuíam uma organização política própria, vivendo estanciados nas Gálias: "Quer dizer: a instalação dos visigodos nas Gálias, deu lugar a uma sobreposição de Estados, ou, se quisermos, à formação dum Estado dentro de outro Estado. Dentro do *estado territorial*, que era o império romano, passou a existir um *estado pessoal*, que era o estado visigótico."[566]

---

[566] Braga da Cruz, *História do Direito Português*, Coimbra, 1955, p. 161.

Podemos acrescentar a este exemplo, datado de 418, que o rei visigodo Alarico I tinha tal poder político-militar, que em 410 havia penetrado em Roma, cidade que saqueou durante três dias, e que em 455, o rei vândalo Genserico, instalado em Cartago, fez o mesmo, submetendo a capital do Império a uma pilhagem metódica que durou duas semanas. A fraqueza do Estado "dominante" é também patenteada pela legislação do rei Teodorico I (419), aplicável não só aos seus súbditos visigodos, mas também aos hispanos-galo-romanos, e pela ocupação definitiva do território das Gálias pelo rei Eurico (466-484), sem autorização do Império.

Nos Estados em disputa dum território antes pertencente ao Estado vencido na guerra, é frequente existirem bolsas de resistência onde se concentram forças militares comandadas por um chefe, as quais possuem um aparelho administrativo, judicial e fiscal que permite a manutenção desse "governo". É exemplo dessa situação, a Reconquista Cristã na Península Ibérica, ocupada desde 711 pelos muçulmanos, mas onde se formou, nas Astúrias, o principal núcleo de resistência cristã chefiado por Pelágio, que após o golpe vibrado nas forças de ocupação na batalha de Covadonga, em 718, é proclamado rei: "Esta situación de desconcierto dura cerca de un cuarto de sigo, hasta que se erige en Asturias como rey a D. Pelayo, pariente de D. Rodrigo, y renace, en esta región, aunque de manera poco precisa, la idea política de Estado."[567]

Nos tempos modernos, a disputa político-ideológica na China entre *nacionalistas*, liderados por Chiang-Kai-Chek e *comunistas*, chefiados por Mao-Tsetung, provocou a fuga da capital deste último, perseguido pelo primeiro que assumiu o Poder, controlando a totalidade do território do Estado. Retirando para Oeste e depois para Norte, para evitar o cerco das forças adversas, Mao-Tsetung percorreu a pé cerca de 10.000 quilómetros acompanhado dos seus adeptos, perto de 130.000, que incluíam mulheres e crianças, numa "Longa Marcha" até à província de Chen-Si, onde erige em 1949, a República Independente da China, Estado comunista, que termina por se expandir por todo o território continental.

A vastidão deste problema, que nos obrigaria a apresentar a situação dos Estados soberanos e dos Estados semi-soberanos, como os vassalos, os protectorados, os confederados, os neutralizados, os internacionalizados, os membros de organizações supranacionais, os micro-Estados ou Estados exíguos, e ainda as associações de Estados, ultrapassa os limites

[567] Garcia Gallo, Alfonso, *Curso de Historia del Derecho Español*, Madrid, 6.ª Ed., 1956, Tomo I, p. 177.

do objecto deste estudo, mas evidencia a importância fundamental do Poder, na definição de Estado, ou de pré-Estado, como é o caso da Palestina, sem território delimitado, onde o seu líder é visto por muitas potências mundiais como Chefe de Estado[568].

Aliás o território do Estado, embora teoricamente pertencente ao "populus romanus" desde a fundação da "polis" Roma, começa a ser partilhado pelo Poder, nos alvores do Império, por triúnviros (43 a.C.). Durante o Império, o território foi dividido por dois Augustos (286) aos quais se associaram mais dois Césares (292) passando portanto a ficar dividido em quatro partes – a tetrarquia imperial. Constantino I (323) unifica Império, mas antes de morrer divide-o em testamento, por três filhos e dois sobrinhos. A luta pelo Poder permite a reunificação do Império nas mãos de Constâncio II (351), mas o seu sucessor Valentiniano I entrega a prefeitura do Oriente a seu irmão Flávio Valente. O Império reunifica-se pela última vez sob Teodósio I, mas à sua morte é partilhado pelos seus filhos Honório e Arcádio (395).

Ao longo da Idade Média, onde, como vimos, o poder político é concebido como uma coisa, a *terra*, o que dá origem a uma persistente concepção patrimonial de soberania dos monarcas, a sua sucessão era decidida através de testamentos, que frequentemente dividiam o território do reino pelos seus filhos. Mesmo as tentativas expansionistas, de que é exemplo a formação do reino de Clodoveu (Clóvis) que abrangia a Gália e parte da Germânia, terminaram com a morte do rei, ocorrida em 511, que dividiu o reino pelos seus quatro filhos.

O desenvolvimento da monarquia franca por Pepino de Heristal, o "Breve", o "maire du palais" feito rei, cujo filho, Carlos Magno chegou a formar um vasto Império, que fez pensar à Igreja Católica, em 800, na restauração da unidade do Império Romano, não fugiu à regra da partilha do território. Por morte do seu filho Luís, o "Pio", em 840, os seus quatro filhos envolveram-se em lutas que o dividiram em reinos e principados.

A convicção de que o território é pertença do Poder, que dele pode dispor arbitrariamente, comum em muitas civilizações, é verificável no estabelecimento da possessão de Macau, doada pelo imperador da China, o "Filho do Céu", que enviou a sua *chapa de ouro* aos portugueses em 1557, com a condição apenas do pagamento de um tributo anual. Em Por-

---

568 Acerca destes Estados, como sujeitos de Direito Internacional, vide Silva Cunha, Joaquim da e Vale Pereira, Maria da Assunção, *Manual de Direito Internacional Público*, Ob. Cit., pp. 361 e ss.

tugal, a regente D.ª Luísa de Gusmão, para garantir o apoio britânico à independência nacional, contestada pela Espanha, contrata em 1661 o casamento da sua filha Catarina com Carlos II de Inglaterra, alienando à noiva, como dote, a cidade e fortaleza de Tânger, bem como o porto e ilha de Bombaim e territórios anexos.

Na era contemporânea, quando já se encontrava muito divulgado e aceite por todo o mundo civilizado o constitucionalismo francês que condenava a concepção patrimonial de soberania, o czar Alexandre II da Rússia vendeu aos Estados Unidos da América, em 1867, pela quantia de 7.200.000 de dólares, o território do Alasca e as ilhas Aleutas[569].

A delimitação do território dos Estados, a **Fronteira**, raia ou *limite terrestre* e *limite marítimo*, tem sido ao longo da História fonte de preocupações defensivas e de conflitos, mesmo quando coincidente com acidentes naturais como mares, lagos, rios, canais ou montanhas. Nos rios internacionais *contíguos*, as margens não são em geral utilizadas como limites porque significam a cedência das águas a um dos dois países; o meio do curso, difícil de determinar, tem sido por vezes aplicado; o *talvegue*, ou seja a linha mais baixa do vale onde correm as águas, *fio do vale* ou *linha ancográfica*, é geralmente adoptado. As ilhas e mouchões consideram-se pertencentes ao Estado que estiver mais próximo e se estiverem a meio de um talvegue, são em geral repartidos pelos dois Estados. As montanhas podem ser divididas pela cumiada ou crista ou pela linha imaginária que divide as vertentes coincidente geralmente com a cumiada, pela linha onde correm as águas, ou pela linha do sopé.

Outrora, para se evitarem os frequentes conflitos fronteiriços, mantinham-se espaços intermédios entre países limítrofes, denominados *marcas* e *confins* que constituíam a chamada "terra de ninguém". As dúvidas acerca da demarcação dos limites dos territórios dos Estados, ou o carácter litigioso que tais limites suscitam, promoveram também o acordo de se manterem certos territórios, em geral coloniais, em regime de *condomínio*

[569] O desrespeito pelos habitantes dos territórios alienados arbitrariamente pelos governantes, no seu interesse, situação que contrariava completamente a concepção de "soberania nacional", foi condenado pelos revolucionários franceses: "Quanto ao monarca, denominado não já Rei de França como outrora (o que denotava o senhorio sobre o território) mas tão-só *Rei dos Franceses*, a Constituição (de 1791) confiava-lhe apenas, autoridade para executar as leis mediante ministros da sua escolha mas que a Assembleia podia acusar criminalmente. Deixava de ser soberano por direito próprio, sendo considerado mero delegado da Nação cuja vontade constituía a fonte do seu poder." (Caetano, Marcello, *Manual de Ciência Política...*, Ob. Cit., Tomo I, p. 94)

de dois Estados vizinhos. A independência das colónias europeias na América, trazendo à colação o problema das fronteiras, em meados do século XIX, deu origem ao princípio da sua manutenção pelo novo Estado, *uti possidetis* (como possuís), princípio defendido pelo direito internacional americano, ao qual a Espanha aderiu.

A demarcação dos territórios pouco respeita as diferenças de etnia, de língua, de habitat, de vida económica, etc., revelando habitualmente o jogo das forças políticas em presença, situação novamente evidenciada na descolonização africana: "A fronteira, esse produto de um acto jurídico de delimitação, produz a diferença cultural do mesmo modo que é produto desta: basta pensar na acção do sistema escolar em matéria de língua para ver que a vontade política pode desfazer o que a história tinha feito."[570]

As fronteiras ou limites marítimos dos Estados, em virtude do seu domínio numa área que compreende as *águas interiores*, o *mar territorial* com o solo coberto pelas águas e o subsolo correspondente, a *zona contígua*, a *plataforma continental*, as *águas arquipelágicas* e a *zona económica exclusiva*, apresentam maiores dificuldades de demarcação e de utilização exclusiva, baseadas em convenções internacionais.

As massas de água salgada que se encontram junto à costa, limitadas interiormente pela praia-mar e exteriormente pelo mar territorial, com limites fixados natural ou convencionalmente, constituem as *águas interiores*.

O limite interno do *mar territorial* (*mar nacional, mar litoral, mar jurisdicional*, etc.) é habitualmente a linha da baixa-mar, tendo sido o seu limite exterior, historicamente estabelecido pelo alcance das armas de artilharia da costa. Actualmente, pela Convenção de Direito do Mar de 1982, foi estabelecido que a largura do mar territorial, a fixar pelos Estados, não pode ultrapassar 12 milhas marítimas.

Na zona do mar contígua ao limite exterior do mar territorial, até 24 milhas marítimas da costa, denominada *zona contígua*, situada portanto para além do *limite marítimo* dos Estados, estes, segundo a Convenção de Direito do Mar de 1982, têm a possibilidade de tomar medidas destinadas a evitar e reprimir infracções às suas leis e regulamentos, especialmente aduaneiros, fiscais, de imigração e sanitários.

Para além dos poderes exercidos pelos Estados sobre as águas do seu mar territorial, do solo que estas cobrem e do subsolo correspondente, foram-lhes também reconhecidos pelo Direito Internacional (Convenção sobre a Plataforma Continental, aprovada na Conferência de Genebra de

---

[570] Bourdieu, Pierre, *O Poder Simbólico*, Lisboa, DIFEL, 1989, p. 115.

1958 e pela Convenção de Direito do Mar de 1982), poderes que podem incidir sobre a *plataforma continental* e o seu subsolo correspondente, fora desses limites. O fundo do mar, que constitui um prolongamento natural adjacente às terras que dele emergem, até cerca de 200 metros de profundidade, abrangendo 200 milhas marítimas de distância da margem continental, constitui a plataforma continental, com interesse mormente económico, petrolífero, para os Estados costeiros.

Nos Estados em cujos territórios se repartem por um ou mais arquipélagos, a figura das *águas arquipelágicas*, introduzida pela Convenção de Direito do Mar de 1982, inclui a água salgada existente entre as suas águas interiores e o perímetro do arquipélago. O seu limite externo é definido pelo conjunto de segmentos de recta imaginários que unem as ilhas, recifes e atóis nos seus pontos exteriores. O regime jurídico das águas arquipelágicas não coincide inteiramente com o das regiões continentais, já que respeitam os habituais direitos da pesca e facultam a conservação e substituição dos cabos submarinos ali existentes, embora as obriguem a permitir a sua utilização como vias de comunicação marítima internacional, o que origina uma soberania com restrições.

A amplitude actual dos espaços marítimos dos Estados, que se estende até à plataforma continental, e a inclusão de poderes na zona contígua ao mar territorial, deu origem à criação de uma *zona económica exclusiva*, com vista a proteger os recursos económicos ali existentes, bem como à sua possível exploração. Esta zona situa-se além do mar territorial, com uma extensão de 200 milhas, na qual o Estado costeiro pode exercer alguns direitos que partilha todavia com todos os outros Estados, possuidores ou não de litoral.

Esta situação intermédia entre a soberania plena do mar territorial e o regime do alto mar configura uma "zona de transição" entre o Estado e a Sociedade Internacional, cujo regime estabelecido pela Convenção do Direito do Mar de 1982, inclui os direitos, jurisdição e deveres do Estado costeiro, os direitos e deveres dos outros Estados e a conservação e utilização dos recursos naturais existentes na zona[571].

---

[571] Cfr. Silva Cunha, Joaquim e Vale Pereira, Maria da Assunção, *Manual de Direito Internacional Público*, Ob. Cit., pp. 574/600; vide tb. Almeida Ribeiro, Manuel de, *A Zona Económica Exclusiva*, Lisboa, Instituto Superior de Ciências Sociais e Políticas, 1992, e do mesmo autor, *"Revisitando a Convenção de Montego Bay"*, in *Estudos em Homenagem a Joaquim M. da Silva Cunha*, Porto, Universidade Portucalense Infante D. Henrique, 1999.

Juridicamente estabelecida, a zona económica exclusiva constitui todavia um espaço tendencialmente desrespeitado pelos pescadores de várias nacionalidades, cujos privilégios fingem ignorar, contando também com as dificuldades materiais e humanas de um permanente patrulhamento marítimo a aéreo, necessário à sua eficácia.

4.2 **O conflito entre a Nação e o Estado**

O termo Nação, cujo sentido político já esboçámos supra, tem um vasto campo semântico, sobretudo quando se procura fundamentar uma expressão cultural nacional baseada na génese da convivência dos agrupamentos humanos, na sua etnia, no seu espírito, no seu carácter, no seu idioma, nas suas crenças, na sua história, nas suas tradições, nas suas manifestações artísticas, no seu folclore, etc.

Se relembrarmos porém a história da chamada Cultura Ocidental, proveniente das "polis" grega e romana, formadas por povos de diversas etnias, com uma estratificação social, que ia desde os "cidadãos", os guerreiros vencedores, até aos "escravos", os vencidos, passando por aliados, adoptados e estrangeiros, que, no decurso dos séculos foram sendo assimilados, ficamos a duvidar do significado étnico da Nação: "(...) as populações de grandes Estados-nações territoriais são na sua maioria demasiado heterogéneas para reivindicarem uma etnicidade comum, mesmo que deixemos de lado a moderna imigração, e, em todo o caso, a história demográfica de grande parte da Europa tem sido tal que *sabemos* quão multifacetados podem ser as origens dos grupos étnicos, especialmente quando algumas áreas foram desertificadas e repovoadas no decurso dos tempos, como as vastas regiões da Europa Central, do Leste e do Sueste ou mesmo em algumas partes das França. (...) Inversamente, na medida em que o 'povo' era identificado com uma forma de governo particular, mesmo que inferior, atravessava as divisões étnicas (e linguísticas) que nela existissem, por mais óbvias que fossem. (...) Além disso, muito poucos movimentos nacionais modernos são realmente baseados numa forte consciência étnica, embora muitas vezes inventem uma quando aparecem na forma de fascismo."[572]

---

[572] Hobsbawm, Eric, *A Questão do Nacionalismo, nações e nacionalismo desde 1780*, Lisboa, Terramar, 1998, pp. 60/61.

O nacionalismo de base linguística, muito invocado, também suscita as maiores dúvidas, uma vez que os povos estão constantemente a alterar as denominadas línguas nacionais mormente nos espaços mais afastados das metrópoles, sobretudo nos Estados que foram antigas colónias, onde os arcaísmos, os neologismos locais e novas ortografias terminam por ser oficializados: "As línguas nacionais são então quase sempre construções semiartificiais e, ocasionalmente, como o hebraico moderno, completamente inventadas. São o oposto do que a mitologia nacionalista supunha que fossem, nomeadamente as bases primordiais da cultura nacional e as matrizes do espírito nacional. São geralmente tentativas para separar um idioma uniformizado de uma multiplicidade de idiomas realmente falados, que são, consequentemente, despromovidos a dialectos, sendo usualmente o seu principal problema na construção a escolha do dialecto para a base da língua uniformizada e homogeneizada. (...) No entanto, dado que o dialecto que forma a base de uma língua nacional é realmente falado, não importa que aqueles que o falam sejam uma minoria, desde que se trate de uma minoria com peso político suficiente. (...) as línguas-culturas oficiais dos governantes e da elite tornam-se habitualmente a própria língua dos Estados modernos *via* educação pública e outros mecanismos administrativos."[573]

A religião apresenta também, por vezes, fortes laços de união com a Nação, mas a tendencial universalidade religiosa ultrapassa fronteiras, procurando fomentar a igualdade e a fraternidade entre os homens, o que contraria as lutas nacionalistas baseadas no fanatismo: "O nacionalismo dos países árabes está hoje tão identificado com o islão que amigos e inimigos consideram difícil ajustá-lo às várias minorias cristãs árabes, coptas, maronitas e católicas gregas, que foram os seus pioneiros mais importantes no Egipto e na Síria turca. (...) A religião é um método antigo e muito experimentado de estabelecimento de uma comunhão pela prática comum e de um tipo de fraternidade entre povos que de outro modo nada teriam em comum."[574]

Associado à religiosidade está também um sentimento de injustiça que aglutina certos povos, como o irlandês, num nacionalismo defensivo das agressões dos povos vizinhos[575]: "E, finalmente, é muito pouco evi-

[573] Hobsbawm, Eric, *A Questão do Nacionalismo,...*, Ob. Cit., pp. 53 e 58/59.

[574] Hobsbawm, Eric, *A Questão do Nacionalismo,...*, Ob. Cit., pp. 63/64.

[575] A Irlanda, que não aceitou a Reforma protestante, nem a implantação de República em 1649, foi cruelmente massacrada pelas tropas de Cromwell e expropriada das suas melhores terras de cultivo, entregues aos "cabeças redondas" ingleses.

dente que a identidade religiosa separada, por mais poderosa que possa ser, seja, tomada em si mesma, semelhante ao nacionalismo."[576]

A história de um povo, tem todavia um maior significado nacional, uma vez que transporta as gerações presentes para o passado, por vezes aformoseado pelos "cronistas mores", com o objectivo de extrair dos acontecimentos históricos os aspectos mais relevantes que sirvam para promover condutas dedicadas à causa pública, e estimulem também o desejo do reconhecimento social. Esta história pragmática, ensinada à juventude, não procurando obviamente atingir fins científicos, apresenta-se como "mestra da vida", como afirmou Cícero, gerando sentimentos de amor e respeito à Nação, mãe de todos os cidadãos unidos pelo laço da nacionalidade.

O conhecimento do passado, o culto dos seus maiores e também o culto dos seus familiares mortos, transporta os cidadãos para a vida sensitiva ou afectiva, mais forte do que a sua vida cognitiva ou intelectual, a que se associam as suas tradições, repetidas durante séculos, num atavismo "religioso", onde o sagrado e o profano se misturam sem reflexão. O passado, onde, pelo decurso dos anos, os projectos dos jovens em breve estão unidos às memórias dos idosos, constitui um cimento de adesão emotiva à Nação, que promove a exaltação de todos os êxitos dos compatriotas, no desporto, na arte, na música, na literatura, na ciência, etc., obtidos no estrangeiro.

A arte, na qual, desde o Estado Oriental sempre o Poder procurou instilar um mecenato de propaganda governamental, constitui todavia um campo de actividade onde a intervenção política sempre se reconhece, evidenciando assim a existência de forças sociais independentes: "A compulsão sob a qual o artista tem de trabalhar nessa sociedade é tão implacável, que, de acordo com as teorias da moderna estética liberal, toda a realização cultural genuína teria de considerar-se fundamentalmente impossível desde o começo. E, no entanto, muitas das mais extraordinárias obras de arte tiveram origem precisamente aí, no Oriente antigo, sob a mais sombria pressão imaginável – o que prova que não existe relação directa entre a liberdade pessoal do artista e a qualidade estética de suas obras. (...) Até na mais liberal das democracias o artista não se move com perfeita liberdade e desenvoltura; mesmo aí vê-se restringido por inúmeras considerações estranhas à sua arte."[577]

---

[576] Hobsbawm, Eric, *A Questão do Nacionalismo,...*, Ob. Cit., p. 65.

[577] Hauser, Arnold, *História Social da Arte e da Literatura*, São Paulo, Martins Fontes Ed., 2000, pp. 27/28.

A sociedade e o Estado sempre viveram em tensão conflitual, ou melhor, as estruturas sociais preferenciais com possibilidade de capturar o Poder sempre lutaram com as elites governantes. O conflito entre a Nação e o Estado é todavia, mais recente, já que o nascimento desta se encontra naturalmente ligado à génese do capitalismo burguês, que combate o Estado Absoluto: "Foi o Estado absoluto que criou a Nação e colocou o indivíduo em diálogo directo com o Poder. Foi o imperialismo destrutor das independências que obrigou a sociedade civil, os povos alienados, a compreender o Estado como um sistema que pode ser dominado, alterado, substituído, dispensado, comparticipado."[578]

A precocidade do parlamentarismo inglês, que no século XVII possuía uma base social de apoio onde avultava a burguesia, foi subestimada por Carlos I, que não aceitou as suas decisões "soberanas", impelindo-o a combater militarmente aquele órgão colegial, o qual terminou por o derrotar e condenar à morte por decapitação, em 1649.

A "soberania nacional" entrava assim em colisão com a "soberania real", situação que se agrava com a proclamação constitucional de que a soberania reside na Nação, saída da Revolução Francesa, dando origem a regicídios e deposições de Chefes de Estado que não desistem de afirmar a sua "soberania" que lhes fora concedida por Deus: "Gustavo III da Suécia assassinado em 1792, Luís XVI guilhotinado a 21 de Janeiro de 1793, Paulo I da Rússia morto por sua vez em 1801. Isto sem falar das deposições vergonhosas que equivaliam a execuções capitais: Carlos IV de Espanha em 1808, Gustavo IV da Suécia em 1809 e outros ainda, despedidos como criados, com uma desenvoltura napoleónica que correspondia ao novo estado de espírito reinante. (...) A via ficou imediatamente traçada; não existe outra opção senão seguir o modelo francês ou recusá-lo; a alternativa ao destino político forçosamente nacional desaparece de facto. Seguramente a revolução americana balizara o caminho, proclamando a legitimidade republicana. Mas esta não se referia à nação política, quando muito a um povo bem real e não político, ao bem comum, a uma comunidade ligada a liberdades antigas desprezadas pelo arbítrio real, sem no entanto se ter designado sem ambiguidade o detentor popular da soberania (...) No que lhes diz respeito, os constituintes americanos tinham-se preocupado mais com preservar o direito, tanto da usurpação real como dos excessos maioritários."[579]

---

[578] Moreira, Adriano, *Ciência Política*, Ob. Cit., p. 311.

[579] Hermet, Guy, *História das Nações e do Nacionalismo na Europa*, Lisboa, Es. Estampa, 1996, pp. 91/92.

A Revolução Francesa, foi objecto de crítica imediata do cidadão britânico de origem irlandesa Edmund Burke (1729-1797), cuja mensagem defende a continuidade histórica das tradições e instituições políticas inglesas, embora reformadas pelo *Bill of Rights* de 1689 e pelo *Act of Settlement* de 1701, num sentido democrático.

Considerando o Estado o produto de um processo orgânico, cujas instituições não devem promanar da vontade de uma multidão atomizada e anónima denominada a "Nação", Burke insurge-se contra o unicameralismo da Assembleia Nacional francesa, "na qual se encontram as aparências e a realidade do poder soberano; (...) uma corporação a quem a Constituição concede todos os poderes sem submetê-la a nenhum controle externo, que não tem nenhuma lei fundamental, nem máximas estabelecidas, nem regras de acção respeitadas e nada que a possa fixar em um sistema qualquer."[580]

Referindo-se ao Chefe de Estado, Luís XVI, manietado pela Assembleia revolucionária, Burke afirma que, "Do ponto de vista político, o Rei age sob as ordens da Assembleia Nacional. Executar as leis não é uma tarefa real; executar as ordens, não é ser rei. (...) O Rei não tem direito a se opor a nada, entretanto, seu nome e sua autoridade são utilizados para dar mais força aos mais severos decretos. E pior, ele deve ajudar no massacre daqueles que gostariam de livrá-lo do seu cativeiro ou daqueles que mostram devoção a sua pessoa ou a sua antiga autoridade." Os ministros do rei, que lhe são impostos e cuja actuação pode ser atacada pela oposição, não podem prestar-lhe uma colaboração imparcial e dedicada: "Os ministros de Estado na França são as únicas pessoas no país que não podem participar da Assembleia. Que ministros! Que assembleia! Que nação! – Mas os ministros são responsáveis. E o que se entende por responsabilidade? A elevação do espírito que provém do medo não fará jamais uma nação gloriosa."[581]

O pensamento político de Edmund Burke, conciliador, que se encontra na base do constitucionalismo monárquico, é visível na Constituição histórica britânica, onde o Parlamento é bicameral (Câmara dos Lordes e Câmara dos Comuns) e onde a Coroa (Estado) é representada por um monarca, que reina mas não governa, sendo assistido (referendado) nos seus actos por um ministro (*the king can not act alone*) com o objectivo

---

[580] Burke, Edmund, *Reflexões sobre a Revolução em França*, Brasília, Ed. Universidade de Brasília, (1.ª Ed., 1790), 1982, p. 186.

[581] Burke, Edmund, *Reflexõe sobre a Revolução em França*, Ob. Cit., pp. 188/190.

de não poder ser responsabilizado por actos ilícitos (*the king can do no wrong*).

O rei sanciona as leis votadas pelo Parlamento, nomeia o governo saído da maioria da Câmara dos Comuns, sendo os seus actos oficiais, por vezes, apresentados como resoluções do Conselho Privado, onde predomina o governo. Os seus discursos têm de ser sancionados pelo primeiro-ministro, tendo apenas o direito de *ser informado* e de *aconselhar* o governo.

4.2.1 *A reacção historicista*

A decapitação de Luís XVI na guilhotina revolucionária, que foi executando numerosos membros da nobreza considerada conivente com o poder real deposto, provocou uma forte reacção contra o racionalismo democrático ou filosofia da revolução, que negava a autoridade monárquica consagrada por séculos de história.

As monarquias absolutas europeias ameaçadas pelos ventos da história que sopravam da França, como a Áustria e a Prússia, tentaram desde 1791, sem êxito, pôr termo à situação política revolucionária, que alguns anos depois, liderada por Napoleão Bonaparte, procurou impor-se em toda a Europa.

A queda do poder napoleónico em 1815, promoveu então a celebração da "Santa Aliança" de fraternidade cristã, entre os soberanos da Áustria, da Prússia e da Rússia, para defesa dos seus tronos ameaçados por movimentos liberais, enquanto que, no plano especulativo, foram surgindo numerosos escritos de exaltação da tradição normativa e do poder monárquico. Este *historicismo político* ou filosofia contra-revolucionária, defendia a legitimidade teocrática do Poder, negando consequentemente a soberania nacional bem como as suas consequências da igualdade jurídica e de uma ascensão social exclusivamente pelo mérito.

Nesta corrente de pensamento destacam-se, entre outros, Louis Gabriel Ambroise, visconde de Bonald (1754-1840) pensador católico francês, cujas principais obras são: *Théorie du Pouvoir Politique et Religieux dans la Société Civile Démontrée par le Raisonnement et par l'Histoire* (1796), *Législation primitive* (1802), *Essai sur le Principe Générateur des Constitutions Politiques* (1809) e *Essai analytique sur les lois naturelles de l'ordre social* (1817).

Bonald considera que a sociedade é constituída por um complexo de relações sociais, que não resultam de um mero contrato individual, uma vez que a vontade de Deus, que a tudo preside, é também a fonte do Poder. O Estado é examinado por Bonald com base em três categorias: causa, meios e efeitos. A família, a Igreja e o Estado constituem as estruturas fundamentais do poder soberano. A soberania do Estado é concedida por Deus ao monarca secundado pela nobreza para governar os seus súbditos, cujo dever principal é a obediência.

Como a desigualdade é uma lei da Natureza, a afirmação da igualdade de direitos é errónea, e a pretensão de criar novas instituições e de elaborar novas Constituições Políticas, tendo por base um "direito natural" racionalista, é quimérica. Toda a legislação deve basear-se *Bíblia*, fonte de todas as tradições históricas, para se alcançar uma desejada unidade política e religiosa[582].

Também Joseph de Maistre (1753-1821), nascido na Sabóia, pensador católico exilado na Rússia por condenar a anexação da sua pátria à França, se apresenta como um convicto adversário do racionalismo e contratualismo revolucionários, defendendo a teocracia, bem como o desenvolvimento das instituições de acordo com as circunstâncias naturais e a produção de leis quando estas representam a continuidade dos costumes e tradições.

Os seus principais livros, *Considérations sur la France* (1797), *Essai sur le principe générateur des constitutions politiques* (1814) e *Du Pape* (1819), são reveladores da sua descrença no constitucionalismo democrático e nas declarações de direitos universais, uma vez que, em sua opinião, cada povo tem condições peculiares de vida que moldam a sua história. De Maistre apresenta-nos uma filosofia com laivos de medievalismo teológico, onde o poder monárquico se identifica com o Estado teocrático, apoiado pelo dogma de infalibilidade do Papa. O Poder, procedente de Deus, nada tem a ver com as vontades individuais expressas, uma vez que os homens não são livres e que, portanto, deverão submeter-se à soberania absoluta dos reis que representa os Seus desígnios. A soberania suprema do mundo deve residir no Papa, suma autoridade da Igreja Católica, a única que possui a unidade, a estabilidade e a autoridade, necessárias ao estabelecimento e à defesa da ordem ecuménica[583].

---

582 Cfr. Gettell, Raymond G., *História das Ideias Políticas*, Ob. Cit., p. 384.

583 O ultramontanismo, que se projecta do século XIX, tem origem nos escritos de Joseph de Maistre. Cfr. Gettell, Raymond G., *História das Ideias Políticas*, Ob. Cit., pp. 383/384.

Por último, indicamos ainda nesta linha de pensamento, o suíço alemão Karl Ludwig von Haller (1768-1854) que, no seu tratado intitulado *Restauration der Staatswissenschatf (Restauração da Ciência Política)* publicado em 6 volumes (1816-1825) condena as ideias basilares da Revolução Francesa que agitam a Europa, como o contrato social, a soberania nacional e a igualdade jurídica dos cidadãos.

A desigualdade dos homens e a sua divisão em governantes e governados, bem como o organicismo social onde está patente a tutela e a sujeição, estão de acordo com a natureza, que é obra de Deus. O Estado, segundo Haller, congrega as principais relações existentes entre os homens, embora não sejam diferentes, por natureza, das restantes relações, uma vez que todas têm como objectivo o seu próprio benefício. A exaltação do Estado como ideia mística, proveniente de uma vontade geral, é, por este autor, considerada um erro, já que o que distingue o Estado das demais instituições é apenas a superioridade dos recursos e a detenção do poder político, fundado no direito de propriedade, que garante a sua independência.

Entre a monarquia e a república, os dois tipos de Estado que considera possíveis, Haller prefere a primeira uma vez que ela tem maior duração e eficácia, dada a sua origem nos triunfos militares, na riqueza territorial e na supremacia espiritual. Os monarcas não têm outras limitações ao seu poder além das que lhes são impostas pela moral, que Haller identifica com a lei de Deus. Os súbditos têm o dever de defender o Estado, de praticar a religião e de fomentar a riqueza, a ciência e as artes nacionais[584].

A reacção ao racionalismo democrático apresenta também uma mensagem que se situa num idealismo objectivo, ou *historicismo idealista*, que promana dos escritos do filósofo alemão Friedrich Wilhelm Joseph von Schelling (1775-1854) que, na sua obra capital, *Sistema do Idealismo Transcendental*, publicada em 1800, procura combinar o idealismo subjectivo de Fichte, com a sua visão evolutiva da Natureza onde o espírito devém e onde o homem, objectivado, que é a sua meta, se torna o agente da sua própria contemplação.

O desenvolvimento histórico da Natureza, obra de Deus, a qual é inconscientemente espiritual, atinge a consciência, e esta que se apresenta aparentemente como *sujeito*, converte-se também em *objecto* do conhecimento: "History as a whole is a progressive, gradually self-disclosing revelation of the absolute. (...) Man, through his history, provides a continuous demonstration of God's presence, a demonstration, however,

---

584 Cfr. Gettell, Raymond G., *História das Ideias Políticas*, Ob. Cit., pp. 385/386.

which only the whole of history can render complete."[585] Esta gnoseologia, de identificação do sujeito com o objecto, ou seja a *Identitätsphilosophie*, virá a constituir a filosofia providencialista, panlogista de Hegel, que já referimos.

Schelling distingue a consciência individual, como tal, da "intuição intelectual" que reside num reduzido número de eleitos, constituindo como que uma "alma do mundo" (*Weltseele*), espontânea, subconsciente, que conduz e defende a sociedade, ou seja, que se manifesta através da ordem jurídica definida pelo poder soberano e homogéneo do Estado: "The security of each individual state against the rest makes absolutely inevitable a most decided preponderance of the executive power over the others, and particularly over the legislative, the retarding force of the state machine; and hence the subsistence of the whole will still ultimately rest, not on the jealousy of opposing powers, that most superficially conceived of safety devices, but solely on good will of those who hold supreme power in their hands."[586]

A consciência social, na perspectiva idealista transcendental de Schelling, alcança o seu próprio conhecimento, actuando através das acções dos indivíduos, simultaneamente subordinada à *necessidade* e desfrutando a *liberdade*. Assim se combinam, numa unidade o espírito e a Natureza, o sujeito e o objecto, a necessidade e a liberdade, nesta filosofia que concebe assim um idealismo objectivo[587].

Os pressupostos da filosofia de Schelling, conduzem-no a associar o Estado, a realidade da História onde Deus se revela, à Igreja, a expressão da conduta humana ideal, duas organizações que todavia interagem, porque em ambas estão presentes a *necessidade* e a *liberdade*: "No Estado perfeito o que é necessário é ao mesmo tempo livre e vice-versa; e o mesmo acontece subjectivamente ou idealmente na Igreja. A unidade do

---

[585] Schelling, F. W. J., *System of Transcendental Idealism (1800)*, Charlottesville, University Press of Virginia, Third Printing, 1993, p. 211.

[586] Schelling, F. W. J., *System of Transcendental Idealism (1800)*, Ob. Cit., pp. 197/198.

[587] O pensamento de Schelling acerca da liberdade apresenta uma evolução, que progressivamente se aproxima de uma filosofia da revelação. Acerca desse problema, vide a sua obra intitulada *Philosophische Untersuchungen über das Wesen der menschlichen Freiheit und die zusammenhängenden Gegenstände*, mais conhecida por *Freiheitsschrift*, publicada em 1809, de que há tradução portuguesa – *Investigações Filosóficas sobre a Essência da Liberdade Humana e os assuntos com ela relacionados*, Ed. 70, Lisboa, Brasil, 1993.

Estado e da Igreja constitui o Estado absoluto, que Schelling vê na monarquia (*Werke*, I, V, p. 314). (...) Schelling, quando quis explicar a identidade de liberdade e de necessidade na história, recorreu à imagem de Deus, como poeta criador da história. E, na realidade, para ele a poesia e, em geral, a arte é o único *órgão* que permite apreender esta identidade de sujeito e objecto, de ideal e real, de consciente e de inconsciente, de liberdade e de necessidade, que constitui o Absoluto."[588]

O historicismo idealista foi divulgado e celebrizado por Hegel, amigo e colega de Schelling, que segue, no essencial, o pensamento filosófico deste último, expresso no *Sistema de Idealismo Transcendental* que publicara aos vinte e cinco anos de idade[589].

Discordando todavia de Schelling, que questionara o conhecimento do Absoluto e afirmara que "a unidade entre a filosofia e a religião só é possível se existir um conhecimento imediato do Absoluto", Hegel critica veementemente esta afirmação que considera conduzir ao "abismo do vazio o que é diferente e determinado, (...)."[590]

O pensamento filosófico de Hegel, que já esboçamos supra, provocou um grande entusiasmo no meio académico, que se mantém até aos nossos dias, sobretudo na área do Direito. Segundo ele, o absoluto, ou melhor, a Ideia, devém através de um processo dialéctico pleno de contradições e contrastes, onde cada *tese*, pela lógica dos contrários é superada

---

[588] Abbagnano, Nicola, *História da Filosofia*, Ob. Cit., Vol. IX, pp. 66/67.

[589] Em Portugal, Antero de Quental (1842-1891) elogia a "nova filosofia", afirmando: "Schelling e Hegel fundaram definitivamente a doutrina da evolução, e fundaram-na na mais alta região das ideias, donde ela domina todo o pensamento do nosso século. (...) Com Schelling e Hegel, a filosofia da natureza compenetra-se dos seus verdadeiros princípios metafísicos: o mecanismo dissolve-se no dinamismo, cujo tipo último é o espírito. O universo, à luz do realismo transcendental dos dois grandes sucessores de Kant, transfigura-se: o seu movimento aparece como uma sucessão e encadeamento de ideias e a sua imanência define-se como a alma infinita das coisas." (*"Tendências Gerais da Filosofia na Segunda Metade do Século XX"* (1890), in *Obras Completas de Antero de Quental, Filosofia*, Lisboa, Ed. Comunicação, 1991, p. 128)

[590] Esta crítica, cujo desenvolvimento não cabe aqui referir, encontra-se no Prefácio da *Fenomenologia do Espírito*, Ob. Cit., 6.ª Ed., 2001, Parte I, maxime N.ºs 15 a 25, pp. 28/34, onde Hegel afirma que, "É ingenuidade de quem está vazio de conhecimento pôr esse saber único – de que tudo é igual no absoluto – em oposição ao conhecimento diferenciador e pleno (ou buscando a plenitude); ou então fazer de conta que o seu *absoluto* é a noite em que 'todos os gatos são pardos', como se costuma dizer." Vide tb. a síntese da refutação de Schelling às críticas de Hegel, elaborada por Nicola Abbagnano, *História da Filosofia*, Ob. Cit., Vol. IX, pp. 71/73.

por uma *antítese*, que com aquela se funde, gerando uma *síntese*, ou seja uma nova tese, e assim sucessivamente, até a espiral da História entrar no círculo do Saber Absoluto ou atingir o Espírito Absoluto, que exprime a união e a identificação entre o ideal e a realidade.

A dialéctica de Hegel, aplicável a toda a realidade, significa a aproximação da humanidade à Ideia, *em si*, complexo de verdades abstractas, ou seja, à vontade de Deus. A Ideia, *fora de si*, exterioriza-se, na forma, no espaço e no tempo, constituindo a Natureza, e a Ideia *em si e para si*, regressa a si própria, como espírito liberto da alienação.

Hegel distingue três formas distintas no espírito, onde existe uma identidade perfeita entre sujeito e objecto: *Espírito subjectivo*, a que corresponde a alma, a consciência e a razão; *Espírito objectivo*, que integra o direito, a moralidade e o costume; *Espírito absoluto*, que se manifesta na Arte, na Religião e na Filosofia.

O Espírito Absoluto, meta idealista-racionalista, manifesta-se na *Arte*, que promana como Ideia intuitiva e sensível; na *Religião*, que é o Espírito constituído em revelação objectiva de Si; na *Filosofia*, que é a Verdade suprema, o saber total, que atinge a realidade da Natureza, da História e do Espírito, realidade essa que é também, na sua elaboração autoconsciente, reflexa, pensamento.

Referindo-se ao Direito, Hegel afirma que o seu domínio é o espírito em geral: "(...) aí, a sua base própria, o seu ponto de partida está na vontade livre, de tal modo que a liberdade constitui a sua substância e o seu destino e que o sistema do direito é o império da liberdade realizada, o mundo do espírito produzido como uma segunda natureza a partir de si mesmo. (...) Só porque é a existência do conceito absoluto da liberdade consciente de si, só por isso o Direito é algo de sagrado."[591]

Integrando na Moralidade Objectiva ou (*Sittlichkeit*), a *família* ou sociedade natural, a *sociedade civil*, que situa no processo do desenvolvimento do espírito do mundo (*Weltgeist*) e o *Estado*, Hegel, como aliás o havia feito Schelling, faz o panegírico desta instituição ou sociedade política.

Inspirado no Estado germânico, que elege entre os tipos de Estados que refere, Hegel distingue-o nitidamente da sociedade civil, clarificando a correlação existente entre as duas realidades: "Quando se confunde o Estado com a sociedade civil, destinando-o à segurança e protecção da

[591] Hegel, *Princípios da Filosofia do Direito*, Ob. Cit., Introdução, pp. 29 e 49.

propriedade e da liberdade pessoais, o interesse dos indivíduos enquanto tais é o fim supremo para que se reúnem, do que resulta ser facultativo ser membro de um Estado. Ora é muito diferente a sua relação com o indivíduo. Se o Estado é o espírito objectivo, então só como membro é que o indivíduo tem objectividade, verdade e moralidade."[592]

Em sua opinião, o Estado não estabelece porém, arbitrariamente, o conjunto das regras de conduta, ou seja, a sua ordem jurídica, uma vez que estas, na sua íntima essência, exprimem a *universalidade* do direito: "Até considerando o direito consuetudinário (só os animais têm o instinto por lei ao passo que os homens têm o hábito por lei), até aí os direitos contêm esse elemento de existirem como pensamento e de serem conhecidos. A diferença entre eles e o direito escrito apenas consiste em serem conhecidos de um modo subjectivo e contingente; são portanto indeterminados. A universalidade do pensamento é neles evidente."[593]

O pensamento contra-revolucionário apresenta assim um *historicismo jurídico* que a *Escola Histórica do Direito* vai evidenciar, ao considerar o direito consuetudinário resultante de um sentimento moral (*ethos*) objectivo, que supera a própria lei escrita, uma vez que aquele promana da história e da tradição dos povos, na sua continuidade, que constituem a base das instituições políticas. Os raciocínios abstractos de caracter universal, como a *Declaração dos direitos do Homem e do Cidadão*, são assim considerados errados.

Ainda na esteira do movimento *Sturm und Drang*, contrário ao racionalismo francês, e em sintonia com as críticas às ideias da Revolução Francesa avançadas por Edmund Burke, que, como vimos, defende a persistência das tradições e instituições políticas, moldadas pela história, a Escola Histórica do Direito surgida na Alemanha, recebe a contribuição pioneira de Gustav Hugo (1764-1844), autor de uma obra intitulada *Lehrbuch des Naturrechts, als einer Philosophie des positiven Rechts*, publicada em 1798. Gustav Hugo, que era professor em Gottingen, definira incidentalmente alguns pontos do seu pensamento num escrito de 1789, considerando que, "o direito de um povo apenas pode ser compreendido através da sua própria vida nacional, desde que ele próprio seja uma parte e uma expressão dessa vida."[594]

---

592 Hegel, *Princípios de Filosofia do Direito*, Ob. Cit., § 258, p. 225.

593 Hegel, *Princípios de Filosofia do Direito*, Ob. Cit., § 210, p. 196.

594 Apud Maltez, José Adelino, *Princípios de Ciência Política, O Problema do Direito*, Lisboa, Instituto Superior de Ciências Sociais e Políticas, 1996, p. 464.

O movimento de codificação na Europa, em finais do século XVIII, influenciado pelo racionalismo francês, universalista, dá todavia origem à obra de Anton Friedrich Justus Thibaut (1772-1840), professor em Heidelberg, intitulada *Über die Notwendingkeit eines allgemeinen bürberlicher Gesetzbuch für Deutschland* (*Da Necessidade de um direito civil geral para a Alemanha*) publicada em 1814, onde sustentava que todas as leis vigentes nos diversos Estados alemães deviam ser codificadas.

Esta posição adoptada já por alguns Estados italianos, na Prússia, na Áustria e na França napoleónica, foi contrariada por Friedrich Karl von Savigny (1779-1861) professor de Berlim, que no seu opúsculo *Vom Beruf unserer Zeit für Gesetzgebung und Rechtswissenschaft* (*Da vocação do nosso tempo para a legislação e Ciência do Direito*) publicado em 1814, condena a fossilização do direito, que não é independente da língua e dos costumes de um povo, expimindo o seu espírito (*Volksgeit*): "São apenas forças e actividades singulares de um mesmo povo, ligadas de forma indissolúvel na natureza, que só a análise pode considerar como particularmente separadas. O que faz delas um todo é a convicção comum do povo, o mesmo sentimento da sua necessidade, o qual exclui todo o pensamento de uma génese contingente e arbitrária."[595]

Contrariando o positivismo jurídico, Savigny considera que o direito vive na consciência de cada povo, tal como as línguas nacionais, numa produção instintiva e quase inconsciente, que se transformam posteriormente, historicamente, em normas jurídicas, costumeiras, que não promanam do arbítrio do legislador. O povo não é também para Savigny uma abstracção atomística, nem uma qualquer classe social, mas sim a totalidade orgânica de uma comunidade nacional, um ser vivo, onde as forças espirituais colectivas transcendem as consciências individuais, o que confere ao costume uma prevalência sobre a lei, estabelecida pelas elites do Poder.[596]

---

595 Savigny, *Vom Beruf unser Zeit...*, apud Maltez, José Adelino, *Princípios de Ciência Política, O Problema do Direito*, Ob. Cit., p. 470.

596 Cfr. Maltez, José Adelino, *Princípios de Ciência Política, O Problema do Direito*, Ob. Cit., pp. 471/472; vide tb. Del Vecchio, Giorgio, *Filosofía del Derecho*, Barcelona, Bosch Casa Ed., 6.ª Ed., 1953, pp. 163/165.

4.3 O pensamento nacionalista

A Nação, para além de ser entendida como um corpo de cidadãos tradicionalmente unidos, constituindo um organismo com capacidade para legitimar o poder do Estado, inspirou também numerosos pensadores que a colocaram no centro das suas preocupações filosóficas.

O nacionalismo romântico exprime-se principalmente na obra mestra e pioneira, inacabada, do filósofo alemão Johann Gottfried Herder (1744--1803) denominada *Ideen zur Philosophie der Geschischte der Menschheit (Ideias sobre a Filosofia da História da Humanidade)*, publicada entre 1784 e 1791. Herder desloca o desenvolvimento humano, em progresso contínuo, do racionalismo intelectual, cognitivo, do Iluminismo, para um naturalismo sensorial, afectivo, produzido pelo instinto fisiológico, criador. A humanidade é para ele um conjunto de povos concebidos como totalidades orgânicas, dotadas de vontade e espírito que promovem a sua cultura (*kulturnation*) e o seu carácter, dando como exemplo mais acabado, o helenismo: "Cada cultura possui o seu *Schwerpunkt* ('centro de gravidade') único e, a menos que o consigamos captar, não podemos entender nem o seu carácter nem o seu valor. É daqui que dimana a preocupação apaixonada de Herder pela preservação das culturas primitivas cujo contributo é essencial, o seu amor por quase todas as expressões do espírito humano, obras de imaginação, simplesmente por serem o que são. A arte, a moralidade, o costume, a religião, a vida nacional brotam de uma tradição imemorial, são geradas por sociedades inteiras que vivem uma vida comunal integrada."[597]

Herder considerava assim que todas as culturas deviam florescer e conviver em harmonia, atacando o cosmopolitismo dissolvente e o universalismo estéril, vazio: "Herder é o maior inspirador do nacionalismo cultural entre as várias nacionalidades subjugadas pelos impérios Austro-Húngaro, Turco e Russo, e, em última análise, também do nacionalismo político directo, por muito que o detestasse, na Áustria e na Alemanha e, mercê de uma reacção em cadeia, noutros países."[598]

Defensor apaixonado da criatividade movida por impulsos naturais, primitivos, pelas raízes da cultura nacional, pelo "génio nacional" que

---

[597] Berlin, Isaiah, *A Apoteose da Vontade Romântica*, Lisboa, Ed. Bizâncio, 1999, p. 28.

[598] Berlin, Isaiah, *A Apoteose...*, Ob. Cit., p. 29.

recusa as formas convencionais do racionalismo, Herder afirma a primazia da sociedade sobre o Estado e participa no movimento literário *Sturm und Drang* que se revolta contra a ordem política vigente: "Pode observar-se – nota ele ironicamente – que o perigo de prejudicar os indivíduos aumenta indefinidamente à medida que o Estado cresce."[599]

Numa apreciação global da obra deste filósofo, Isaiah Berlin afirma que, "A fama de Herder resulta do facto de ser ele o pai dos conceitos conexos de nacionalismo, historicismo e de Volksgeist, (Espírito do Povo) um dos líderes da revolta romântica contra o classicismo, o racionalismo e fé na omnipotência do método científico – em suma, o mais formidável dos adversários dos *philosophes* franceses e dos seus discípulos alemães."[600]

Três anos após a morte de Herder, a expansão da França napoleónica põe termo ao Sacro Império Romano-Germânico fundado no século X pelo duque da Saxónia. A Inglaterra, a Rússia e a Prússia, na tentativa de impedir a hegemonia francesa na Europa, formam no mesmo ano, a *Quarta Coligação*, que não sobrevive à derrota dos prussianos em Iena, a que se segue a ocupação de Berlim em 27 de Outubro de 1806.

A nação germânica, fragmentada em principados e Estados sem capacidade militar, doze dos quais já integrados por Napoleão, como "protector", na *Confederação do Reno*, sofre essa nova humilhação que é sentida por muitos alemães, enquanto que outros, adeptos da nova ordem, logo se conformam com a situação existente, bajulando os vencedores.

É nesta conjuntura que o professor de filosofia Johann Gottlieb Fichte profere corajosamente em Berlim os seus *Discursos à Nação Alemã, (Reden an die Deutsche Nation)*, em 1807-1808, com o objectivo de promover a educação, não só social e profissional das crianças, como habitualmente, mas também do povo, que necessita de uma nova "educação nacional", que não é "popular". Fichte remete essa tarefa para o Estado, uma vez que a família deverá ser resistente a uma educação que coloque os interesses nacionais acima dos interesses particulares, e também porque serão necessários meios materiais e pessoais de difícil obtenção: «l'État y gagnera des générations formées à l'amour de la collectivité,

---

599 Herder, J. G., *Idées sur la Philosophie de l'Histoire de l'Humanité*, Paris, Presses Pocket, 1991, p. 134, apud Hermet, Guy, *História das Nações e do Nacionalismo*, Ob. Cit., p. 118.

600 Berlin, Isaiah, *A Apoteose*..., Ob. Cit., p. 132.

au labeur, à la discipline morale; il récupéra ses dépenses premières 'au centuple'»[601]

O nacionalismo etno-cultural fichtiano baseia-se na *língua*, como fundamento de unidade uma vez que um povo sofre as mesmas influências, vivendo em conjunto e cultivando o mesmo idioma nas suas comunicações e recebendo deste um estímulo tal como o recebe na presença directa das coisas: «(...) les mots d'une telle langue stimulent aussi, nécessairement, celui qui les comprend, car ils sont eux aussi des choses, et non point une fabrication arbitraire».[602]

Além da língua, realidade natural dum povo da mesma etnia, que antecede toda a criação cultural humana, herança da história e da tradição, Fichte, condenando o racionalismo individualista do Iluminismo e da Revolução Francesa que destruíram a concepção organicista da comunidade nacional, considera a Idade Média o período áureo do germanismo: «Cette époque est même la seule de l'histoire allemande où cette nation connaît une existence brillante et glorieuse, avec le rang qui lui revient en tant que peuple-souche; (...) Cette époque fut le rêve juvénile de la nation dans le domaine étroit où se mêlent les hauts faits, les combats et les victoires; elle constitua aussi l'annonce prophétique de ce qu'elle serait un jour, une fois sa puissance développée.»[603]

O desenvolvimento das potencialidades nacionais alemãs que Fichte confia, nos seus primeiros trabalhos, aos indivíduos unidos numa "soberania popular",[604] vai inflectindo para um Estado nacional, forte, proteccionista, com objectivos de intervenção económica e social, mas que defenda a propriedade individual: "O Estado deve compreender três classes de produtores: lavradores, artífices e comerciantes; deve ter a seu cargo a determinação dos preços e compete-lhe assegurar a cada indivíduo uma parte proporcionada da riqueza nacional. (...) O Estado nacional integra uma unidade económica dentro dos limites geográficos naturais; com os Esta-

---

[601] Chevallier, Jean-Jacques, *Les Grandes Œuvres Politiques...*, Ob. Cit., p. 211. Fichte explicita as suas concepções e aspirações pedagógicas nos discursos 10.° – *Détermination plus précise de l'éducation nationale allemande* e 11.° – *À qui confier la réalisation de ce plan d'éducation.* (Vide *Discours à la nation allemande*, Ob. Cit., pp. 257/302.

[602] Fichte, Johann Gottlieb, *Discours à la nation allemande*, Ob. Cit., p. 127.

[603] Fichte, Johann Gottlieb, *Discours à la nation allemande*, Ob. Cit., pp. 181 e 183.

[604] Vide *Beiträge zur Berichtigung der Urteile des Publikums über die Französische Revolution – Contribuições para a justificação da opinião sobre a Revolução Francesa*, 1793 e *Grundlage des Naturrechts nach prinzipien des wissenschatftslehre – Fundamentos do Direito Natural segundo os princípios da doutrina da ciência*, 1796.

dos vizinhos, deve manter as mínimas relações políticas. As ambições e a rivalidade no comércio constituem a mais decisiva causa da guerra."[605]

O Congresso de Viena, reunido em 1814 para destruir a obra de Napoleão, não deu atenção às aspirações nacionalistas e liberais dos povos que se haviam revoltado contra a ocupação militar francesa nos seus países, favorecendo assim o poder dos monarcas absolutistas. O povo alemão, regressou decepcionado à fragmentação política e os italianos ficaram revoltados com o domínio estrangeiro na sua pátria. A repressão do sentimento nacional e da ideia liberal pela "Santa Aliança" suscita, ao mesmo tempo, a formação de movimentos de nacionalidades e de movimentos contra o absolutismo real, que aquela organização pretendia perpetuar na Europa.

No Reino das Duas Sicílias nasce o jurista e político Pascuale Stanislao Mancini (1817-1888), que em Janeiro de 1848, terá apoiado os tumultos liberais desencadeados em Nápoles, secretamente incentivados pelo ministro "whig" britânico sir Henry John Temple, visconde de Palmerston (1784-1865), que deram início à crise internacional, conhecida pela *Primavera dos Povos*[606]. Receando ser preso, Mancini foge para o Piemonte, sendo colocado como professor universitário em Turim, onde escreve umas lições intituladas *Della Nazionalitá come Fondamento del Diritto delle Genti* (1851) nas quais define a Nação como "uma sociedade natural de homens com unidade de território, de origem, de costumes e de língua com uma conclusão de vida e de consciência social."[607]

Mancini, preocupado em impulsionar a unidade italiana pela aquisição da "consciência nacional", pretende criar uma nova escola de Direito Internacional baseada no princípio das nacionalidades, uma vez que, em sua opinião, os Estados que não têm por base uma Nação, são Estados artificiais[608].

---

605 Cfr. Gettell, Raymond G., *História das Ideias Políticas*, Ob. Cit., pp. 365/366, onde cita o livro de Fichte, *Der Geschlossen Handelsstaat – O Estado comercial fechado*, 1800.

606 Cfr. Pirenne, Jacques, *As Grandes Correntes da História* Universal, Ob. Cit., Vol. V, p. 109.

607 Vide *"Auto-Determinação"*, in Moreira, Adriano, Bugallo, Alejandro e Albuquerque, Celso (Coord.), *Legado Político do Ocidente*, Rio de Janeiro – São Paulo, DIFEL, 1978, p. 266.

608 Cfr. Maltez, José Adelino, *Princípios de Ciência Política, Introdução à Teoria Política, (Prefácio do Prof. Doutor Adriano Moreira)*, Universidade Técnica de Lisboa, Instituto Superior de Ciências Sociais e Políticas, 1996, pp. 412/413 e Silva Cunha,

Na Inglaterra, em meados do século XIX, onde os princípios do utilitarismo são em geral aceites, uma vez que recusam a concepção mística do Estado bem como o direito natural, não comprovados por factos, concluindo que o bem-estar dos povos pode ser atingido por leis democráticas reformistas, surge a mensagem nacionalista de John Stuart Mill, na sua obra *Considerations on Representative Government*, publicada em 1861[609].

A ilusória liberdade que promana directa ou indirectamente da vontade da maioria dos cidadãos é todavia condenada por Mill, que, receando o despotismo da sociedade sobre o indivíduo pelo uso de meios compulsivos e repressivos em actos que dizem respeito à sua esfera privada, enuncia um princípio "muito simples" de governação: "Este princípio é, que o fim único pelo qual a humanidade é autorizada individual ou colectivamente a intervir na liberdade de acção de qualquer dos seus membros constitui a protecção de si mesma: só em caso de necessidade de obstar a que um membro duma sociedade civilizada prejudique os outros, é que legitimamente pode empregar a força contra ele. O seu próprio bem, físico ou moral, (do indivíduo) não é suficiente justificação."[610]

Stuart Mill, que foi também perdendo a confiança nas reformas democráticas baseadas no atomismo social, individualista, apresenta uma

---

Joaquim da e Vale Pereira, Maria da Assunção, *Manual de Direito Internacional Público*, Ob. Cit., p. 192.

[609] Mill adverte os seus leitores de que, embora desde Epicuro a Bentham, todos os autores que têm defendido a doutrina da *utilidade*, designaram por esta palavra, nada que se oponha ao prazer, mas o próprio prazer, é necessário distinguir entre os casos que dependem da "justiça" ou do "interesse" (*expediency*) na moral utilitarista: «la différence entre les uns et les autres réside dans le sentiment (*sentiment*) particulier qui, s'attachant aux premiers, les distingue des seconds. Si nous avons donné de ce sentiment caractéristique une explication satisfaisante; s'il n'est pas nécessaire de lui assigner une origine particulière; s'il est simplement un sentiment (*feeling*) naturel – celui du ressentiment – qui est devenu moral en passant au service exclusif du bien social; si, enfin, ce sentiment naturel existe – et s'il faut (*ought*) qu'il existe – dans toutes les espèces de cas auxquels s'applique l'idée de justice, cette idée ne se présente plus comme une pierre d'achoppement pour la morale utilitariste. Le mot justice reste le terme approprié pour qualifier certaines conduites dont l'utilité sociale est infiniment plus important, et qui, pour cette raison, s'imposent de façon plus absolue et plus impérative que n'importe quelles autres sortes de conduites (encore que, parmi ces dernières, il puisse y en avoir qui s'imposent tout autant dans des cas particuliers).» (Stuart Mill, John, *l'Utilitarisme – (Utilitarianism)*, Garnier – Flammarion, (1.ª Ed., 1861), 1968, pp. 156 /157)

[610] Stuart Mill, *Ensaio sobre a Liberdade (On Liberty)*, Lisboa, Arcádia, (1.ª Ed., 1859), 1973, p. 69.

abrangente concepção de nacionalismo, que difere da posição xenófoba de Fichte: "Pode dizer-se que certo número de homens forma uma nacionalidade se estão unidos por simpatias comuns que não existem entre eles e outro grupo qualquer – (...) Tal sentimento de nacionalidade deve a origem a causas diversas. Por vezes resulta da identidade de raça e descendência. Muito contribui para ela a comunidade de língua e a de religião. Uma das causas consiste nos limites geográficos. Mas a mais forte de todas é a identidade de antecedentes políticos: a posse de história nacional e consequente comunidade de recordações; orgulho e humilhação colectivos, prazer e sofrimento, vinculados nos mesmos acidentes do passado. Nenhuma dessas circunstâncias, contudo, é indispensável ou suficientemente suficiente de per si."[611]

O filósofo inglês apresenta diversos exemplos de Estados onde não se verificam todas as características apontadas, mas que possuem sentimentos de nacionalidade, sem os quais não considera possível a organização de um governo representativo estável: "As instituições livres são quase impossíveis num país formado de diferentes nacionalidades. Num povo que não tenha sentimentos de solidariedade, especialmente se lê e fala línguas diferentes, não pode existir uma opinião pública unida, necessária ao funcionamento do governo representativo. As influências que formam opiniões e decidem dos actos políticos são diferentes nos diversos sectores do país."[612]

As tentativas de fusão de nacionalidades diferentes, semelhantes em tamanho e demais elementos de poder, salvo o caso de estarem submetidas a governos despóticos, encontrarão, segundo Mill, os maiores obstáculos: "Em tais casos, cada uma, confiando na sua própria força e sentindo-se capaz de manter uma luta igual com qualquer outra, não está disposta a fundir-se; cada uma cultiva com obstinação partidária as próprias peculiaridades distintivas; costumes obsoletos, até mesmo línguas em declínio se revigoram a fim de aprofundar a separação; cada uma se julga tiranizada quando funcionários de raça rival exercem qualquer autoridade dentro da sua região; tudo quanto se dá a uma das nacionalidades em conflito considera-se como arrebatado às outras."[613]

O pensamento nacionalista francês da segunda metade do século XIX é formulado no ambiente de crise política do regime de Napoleão III a par-

[611] Stuart Mill, *O Governo Representativo*, Ob. Cit., p. 361.
[612] Stuart Mill, *O Governo Representativo*, Ob. Cit., pp. 363/364.
[613] Stuart Mill, *O Governo Representativo*, Ob. Cit., p. 372.

tir de 1860, o qual, para se manter, vai aceitando a transformação do Império autoritário em Império parlamentar, liberal. A política externa do Segundo Império de promoção da hegemonia francesa numa liga de Estados europeus, fundados no princípio da soberania nacional, impeliu Napoleão III a intervir na unificação italiana, declarando guerra à Áustria, o que enfraqueceu o exército francês, embora vitorioso. A evolução do movimento nacionalista italiano, colidindo com os interesses do Papa, afastou porém a França católica da Itália, ameaçada também pelo republicanismo de Garibaldi.

Entretanto a política de unificação alemã a partir da Prússia, governada a partir de 1861 pelo chanceler Otto von Bismarck (1815-1898) provocou a derrota da Áustria, em 1866, que a tentou deter. Três anos depois, a candidatura de um príncipe alemão ao trono de Espanha assustou a França, receosa do renascimento do Sacro Império Romano Germânico, situação que, mesmo após a renúncia do candidato, precipitou a sua declaração de guerra à Prússia em 1870, por esta não se ter comprometido a opor-se, no futuro, a outra candidatura semelhante[614].

A guerra franco-prussiana, da qual resultou numa esmagadora derrota do exército francês, que provocou a queda do Segundo Império, propiciou a ocupação de Roma pelas tropas italianas e deu origem à proclamação da III República em França, em 1871, foi a conjuntura em que o historiador e filósofo francês Ernest Renan (1823-1892) escreveu diversos artigos, integrados na sua obra denominada *La Réforme intellectuelle et morale*, publicada nesse ano, onde fez soar bem alto a derrota de «un peuple sans prophètes sachant dire ce qu'il sent»[615].

Renan critica o individualismo da Revolução Francesa, que, ao reconhecer ao homem uma existência e direitos específicos, o separou do seu passado e do seu futuro, tornando-o um átomo social desligado do sentido histórico do seu grupo. Uma vez derrotada a "nobreza de espada" napoleónica, a nação francesa conseguiu alguma prosperidade material, mas perdeu a elevação do espírito e da espada, bem como o prestígio perante os estrangeiros: «D'autre part, il est impossible de sortir d'un pareil état avec de suffrage universel. Car on ne dompte pas le suffrage universel avec lui-même; on trompe, on l'endort; mais, tant

[614] Cfr. Pirenne, Jacques, *As Grandes Correntes da História Universal*, Ob. Cit., Vol. V, maxime, pp. 269/287 e 317/325.

[615] Renan, Ernest, *La Réforme intellectuelle et morale*, Bruxelles, Ed. Complexe, 1990, p. 37.

qu'il règne, il oblige ceux qui relèvent de lui de pactiser avec lui et de subir sa loi.»[616]

Reflecte que os políticos que consideram que é necessário que o povo sofra para que seja bom, não estão inteiramente errados: «Le premier principe de notre morale, c'est de supprimer le tempérament, de faire dominer le plus possible la raison sur l'animalité; or c'est là l'inverse de l'esprit guerrier.»[617]

Renan condena o sufrágio, aplicado ao comando militar que deve estar liberto de sujeições, tal como a chefia política: «or l'élu ne commande jamais absolument à son électeur. Appliquée au choix de la personne du souverain, l'élection encourage le charlatanisme, détruit d'avance le prestige de l'élu, l'oblige à s'humilier devant ceux qui doivent lui obéir. A plus forte raison ces objections s'appliquent-elles si le suffrage est universel. Appliqué au choix des députés, le suffrage universel n'amènera jamais, tant qu'il sera direct, que des choix médiocres.»[618]

O sufrágio universal é para Renan, a fonte de muitos males, já que não contempla a ciência, a nobreza de espírito e a sabedoria, entregando a escolha dos notáveis ao acaso, o que é ainda pior do que a escolha pelo nascimento, transformando o país num mero conjunto de indivíduos: «Un pays n'est pas la simples addition des individus qui le composent; c'est une âme, une conscience, une personne, une résultante vivante. Cette âme peut résider en un fort petit nombre d'hommes; (...) Avec son suffrage universel non organisé, livré au hasard, la France ne peut avoir qu'une tête sociale sans intelligence ni savoir, sans prestige ni autorité.»[619]

Cerca de uma década após ter publicado esta emotiva análise da situação política francesa, Renan, numa conferência intitulada *Qu'est-ce qu'une Nation?* proferida na Sorbonne em 11 de Março de 1882, sintetiza o seu pensamento nacionalista, que, embora apresente laivos de positivismo, não abandona o idealismo romântico que imprime ao seu discurso humanista a força do sentimento: "Renan observa que nas nações se misturam raças e se falam diversos idiomas; entende que a comunidade de interesses, só por si, não forja uma nação mas sim uma unidade de costumes, e que as tentativas para atingir fronteiras geográficas naturais conduzem a uma série de guerras sem fim. A virtualidade duma nação, segundo

[616] Renan, Ernest, *La Réforme intellectuelle et morale,* Ob. Cit., p. 26.
[617] Renan, Ernest, *La Réforme intellectuelle et morale*, Ob. Cit., p. 40.
[618] Renan, Ernest, *La Réforme intellectuelle et morale*, Ob. Cit., p. 44/45.
[619] Renan, Ernest, *La Réforme intellectuelle et morale*, Ob. Cit., pp. 47/48.

Renan, encontra-se na lembrança colectiva dos feitos ou dos sofrimentos comuns, na vontade do povo quando aspira a viver conjuntamente e transmite a sua herança às gerações vindouras."[620]

O orador dá grande valor à história, ao culto do passado que se projecta no presente e que representa o legado espiritual e material da Nação: «Elle suppose un passé; elle se résume pourtant dans le présent par un fait tangible: le consentement, le désir clairement exprimé de continuer la vie commune. L'existence d'une nation est (pardonnez-moi cette métaphore) un plébiscite de tous les jours, comme l'existence de l'individu est une affirmation perpétuelle de vie.»[621]

Resumindo as suas ideias, Renan afirma que, «L'homme n'est esclave ni de sa race, ni de sa langue, ni de sa religion, ni du cours des fleuves, ni de la direction des chaînes de montagnes. Une grande agrégation d'hommes, saine d'esprit et chaude de cœur, crée une conscience morale qui s'appelle une nation.» Afirma ainda que as nações não são eternas: «Elles ont commencé, elles finiront. La confédération européenne, probablement, les remplacera.»[622]

Contemporâneo de Ernest Renan, também o historiador e filósofo francês Hippolyte Adolphe Taine (1828-1893), pensador influenciado pelo positivismo de Auguste Comte e de John Stuart Mill, publicou diversas obras onde evidenciou as suas concepções nacionalistas.

Na Introdução à sua *Histoire de la littérature anglaise* publicada em 1863, Taine avança com umas *«Notions Fondamentales en matière d'explication philosophique de l'Histoire»* onde afirma que, na História, a diversidade das civilizações derivam de formas espirituais simples: «Trois sources différentes contribuent à produire cet état moral élémentaire, la *race*, le *milieu* et le *moment*. Ce qu'on appelle la *race*, ce sont ces dispositions innées et héréditaires que l'homme apporte avec lui à la lumière et qui, ordinairement, sont jointes à des différences marquées dans le tempérament et dans la structure du corps. Elles varient selon les peuples. (...) Telle est la première et la plus riche source de ces facultés maîtresses d'où dérivent les événements historiques. (...) Lorsqu'on a ainsi constaté la structure intérieure d'une race, il faut considérer le *milieu* dans lequel elle vit».[623]

---

620 Gettell, Raymond G., *História das Ideias Políticas*, Ob. Cit., p. 495.

621 Renan, Ernest, *Pages Choisies*, Rio de Janeiro, Americ=Edit., s/d., p. 138.

622 Renan, Ernest, *Pages Choisies*, Ob. Cit., p. 139.

623 Cresson, André, *Hippolyte Taine, Sa vie, Son œuvre, avec un exposé de Sa philosophie, (Extraits)*, Paris, Presses Universitaires de France, 1951, pp. 137/138.

Taine considera a raça uma característica casual, uma vez que o homem não está só no mundo, está envolvido pela natureza e tem outros homens à sua volta, e portanto à sua essência primitiva vêm aditar-se características acidentais e secundárias e circunstâncias físicas e sociais que contrariam ou completam a sua personalidade. O clima, as circunstâncias políticas, as condições sociais, modelam o homem primitivo: «(...) elles sont aux nations ce que l'éducation, la profession, la condition, le séjour sont aux individus, et elles semblent tout comprendre, puisqu'elles comprennent toutes les puissances extérieures qui façonnent la matière humaine et par lesquelles le dehors agit sur le dedans.»[624]

Por último, Taine afirma que essas forças conjuntas actuam no tempo, produzindo portanto sucessivas e diferentes modificações nas estruturas sociais: «Quand le caractère national et les circonstances environnantes opèrent, ils n'opèrent pas sur une table rase, mais une table où les empreintes sont déjà marquées. Selon qu'on prend la table à un *moment* ou à un autre, l'empreinte est différente; et cela suffit pour que l'effet total soit différent...».[625]

O nacionalismo de Taine, onde a vida espiritual dos povos se reduz a mecanismos sujeitos a normas, semelhantes às leis naturais, apresenta uma concepção determinista da vida que se afasta do idealismo alemão, posição mais acentuada certamente pela decepção sofrida pela brutal invasão da França pelas tropas prussianas, em 1870: «Quelle catastrophe pour ceux qui avaient cru le peuple allemand sensible à la phraséologie morale d'un Kant et d'un Fichte, et à la grandeur d'une âme hégélienne!»[626]

Desgostoso pelo desaire da França na guerra franco-prussiana, Taine dedica os últimos tempos da sua vida a denunciar os motivos da decadência da sua pátria, escrevendo a monumental obra intitulada *Les Origines de la France Contemporaine*, publicada em 10 volumes de 1875 a 1893. A sua consagração tardia pela Académie Française só foi formalizada solenemente em 1880, apoiada por Alexandre Dumas e pelo conde de Haussonville. Juntamente com o constitucionalista Émile Boutmy, Taine contribuiu também para a fundação da *École des Sciences Politiques*.[627]

O apaixonado nacionalismo de Taine, transmite-se ao escritor e político francês, Maurice Barrès (1862-1923), deputado boulangista, o qual,

---

[624] Cresson, André, *Hippolyte Taine*..., *(Extraits)*, Ob. Cit., p. 139.

[625] Cresson, André, *Hippolyte Taine*..., *(Extraits)*, Ob. Cit., Ibidem

[626] Cresson, André, *Hippolyte Taine*..., Ob. Cit., p. 16.

[627] Cresson, André, *Hippolyte Taine*..., Ob. Cit., p. 18.

tendo inicialmente apresentado um egotismo, o culto do "moi individuel", e uma irreverência perante a ordem jurídica vigente, evolui para a veneração do "moi national", determinado pela sua terra e pelos antepassados, distinguindo-se nos seus trabalhos literários pela exaltação estética dos valores nacionais e das forças sentimentais – "les puissances du sentiment" – que considera superarem os dotes intelectuais[628].

Excedendo Taine na sua concepção sentimental de Nação, "realidade quase carnal, tangível, visível, com as suas paisagens diversas, suas províncias originais e vivas", Barrès fundamenta todavia o seu discurso com frases célebres do seu mestre: «Mais cette nation française a été – lisez Taine – «dissociée et décérébrée» par la Révolution et par Bonaparte. Elle n'est plus qu'un émiettement d'individus isolés, aplatis aux pieds de l'État écrasant, devenus incapables de s'associer autour d'un intérêt commun. L'école moderne, l'école d'État – lisez Taine – le lycée napoléonien a donné à ces individus français une éducation tout abstraite.»[629]

A educação individualista adoptada pela França revolucionária, destruiu as raízes que ligavam os cidadãos à sua terra natal, afastando-os da riqueza das suas tradições e dos seus mortos, ou seja, tornando-os desenraizados, título de um dos seus romances «sociaux et nationaux (ou nationalistes)» – *Les Déracinés* – publicado em 1897[630].

O nacionalismo francês, exacerbado pela derrota do seu exército na guerra franco-prussiana, manifesta-se num ambiente de profunda crise política, que o surgimento da Comuna de Paris, esmagada em 28 de Maio de 1871, pelas tropas mobilizadas por Louis Adolphe Thiers (1797-1877) nomeado Chefe do Poder Executivo da República Francesa, veio agravar.

Sem uma base social de apoio suficiente forte para se formalizar, a Terceira República, proclamada por Léon Gambetta (1838-1882) em 4 de Setembro de 1870, dois dias após a derrota de Sédan, onde o imperador Napoleão III ficou nas mãos do inimigo, enfrentava uma forte oposi-

---

628 O boulangismo, constituiu uma facção partidária reunida em torno do general Georges-Ernest Boulanger (1837-1897), cujo objectivo principal era promover a desforra contra a Alemanha, vencedora na guerra franco-prussiana. Associado aos orleanistas, o boulangismo chegou a ter grandes possibilidades de intervenção política, mas foi combatido e destruído pelos republicanos pouco depois das derrotas eleitorais que sofreu em 1889 e 1890. (Cfr. Pirenne, Jacques, *As Grandes Correntes da História Universal...*, Ob. Cit., Vol. V, maxime, p. 557)

629 Chevallier Jean-Jacques, *Les Grandes Œuvres Politiques...*, Ob. Cit., p. 292.

630 Cfr. Lanson, Gustave, *Histoire de la Littérature Française*, Ob. Cit., pp. 1119/ /1120.

ção monárquica. Esta hesitava todavia entre a solução *legitimista*, que conduziria ao trono o conde de Chambord (1820-1883), e a *orleanista* que preferia o conde de Paris, Luís Filipe Alberto de Orléans (1838-1894), neto do rei Luís Filipe.

Em 1873, após a demissão de Thiers, foi eleito Presidente da República o general Marius Edmé Mac-Mahon, duque de Magenta (1808--1893), o vencedor das forças da Comuna de Paris, acusado de pretender favorecer os monárquicos, o que sempre negou. Todavia, a queda do Governo conciliador de François Jules Suisse (Jules) Simon (1814-1896) deu origem à dissolução da Câmara dos Deputados por Mac-Mahon, em 16 de Maio de 1877, a que se seguiu uma acalorada campanha eleitoral, que mais fortaleceu a maioria republicana naquele órgão colegial: «Au cours de la campagne électorale le chef des républicains, Gambetta, avait déclaré, en parlant du président de la République: 'Il faudra qu'il se soumette ou qu'il se démette.'»[631]

A República, embora muito contestada pelos conservadores, ia-se progressivamente fortalecendo, situação que os monárquicos, nacionalistas, e anti-parlamentaristas, como Barrès pensavam só ser possível modificar, não só com o apoio da nobreza e do clero, mas também com a difusão de uma doutrina irrecusável, que atingisse o coração dos franceses.

O nacionalismo francês, envereda assim pela via do *integralismo*, que torna imprescindível a defesa da monarquia hereditária, teocrática, que simbolizava a tradição e a união de todos os cidadãos, desde a fundação da França.

A figura principal desta corrente de pensamento é o escritor Charles Maurras (1868-1952), que, em 1889 votara no general Boulanger, mas que, numa viagem que fez a Atenas, em 1896, onde fica maravilhado com os seus monumentos, testemunho da cultura clássica, deplora o rumo político da França, afirmando pretender o regresso da monarquia.

Maurras deplora a alucinação provocada pela Revolução, da velha França monárquica, corporativa, descentralizada, afirmando: «Chateaubriand fut des premiers après Jean-Jacques qui firent admettre et aimer un personnage isolé et comme perclus dans l'orgueil et l'ennui de sa liberté. (...) La vieille France avait ses constitutions propres, nées des races et des sols qui la composaient: (...) La vieille France avait l'esprit classique, juridique, philosophique, plus sensible aux rapports des choses qu'aux choses

[631] Godechot, Jacques, *Les Constitutions de France depuis 1789*, Ob. Cit., pp. 327/328.

mêmes, et, jusque dans les récits les plus libertins, ses écrivains se rangeaient à la présidence de la raison; (...) La vieille France professait ce catholicisme traditionnel qui, composant les visions juives, le sentiment chrétien et la discipline reçue du monde hellénique et romain, porte avec soi l'ordre naturel de l'humanité:»[632]

Em 1899, Henri Vaugeois, professor de Filosofia e Maurice Pujo, jornalista e escritor, fundam a *Action Française*, movimento patriótico republicano com uma revista mensal de opinião política, a que Maurras se associa no ano seguinte, convertendo todos os seus membros ao neo-monarquismo, uma vez que não só a tradição mas também a razão positiva, passam a mover estes adeptos da restauração da monarquia.

Maurras publica em 1900 e 1901, no jornal legitimista *Gazette de France*, a sua obra capital, *Enquête sur la Monarchie* onde convida a elite dos cidadãos franceses a externar os seus sentimentos quanto à seguinte pergunta: «– *Oui ou non, l'institution d'une Monarchie traditionnelle, héréditaire, antiparlementaire et décentralisée, est-elle de salut public?*»[633]

Esta questão havia sido já longamente debatida por Maurras com os representantes qualificados de Luís Filipe Roberto, duque de Orléans (1869-1926), André Buffet e o conde Eugène de Lur-Saluces, exilados políticos. O primeiro havia afirmado, em sintonia com o pensamento de Maurras: «'Parlementaire ou plébiscitaire, une République dépend de l'esprit et du cœur de ses républicains. Mais le souverain héréditaire est trop directement intéressé au bien public pour gouverner uniquement d'après son humeur ou d'après un système. Il est le cerveau, le système nerveux central de la nation. Il frémit du danger commun, il aspire à la commune prospérité. (...) Ne dépendent aucunement de l'élection et n'étant pas contrainte à flatter l'opinion par des excès inutiles, la Monarchie aura tout ensemble la force de sévir comme il faudra et la force, plus rare encore, de modérer une trop juste répression'.»[634]

No seu entendimento com Maurras, o conde de Lur-Saluces afirmava conceber a sociedade nacional como uma estrutura composta de famílias,

---

[632] Maurras, Charles, *Trois Idées Politiques: Chateaubriand, Michelet, Sainte-Beuve*, (1898), in *Romantisme et Révolution*, Paris, Nouvelle Librairie Nationale, MCMXXV, pp. 245/246.

[633] Maurras, Charles, *Enquête sur la Monarchie*, Paris, Nouvelle Librairie Nationale, MCMXXIV, p. 101.

[634] Apud Maurras, Charles, *Enquête sur la Monarchie*, Ob. Cit., pp. 39/40.

as associações mais naturais, prejudicadas pela revolução individualista: «'Les familles peuvent être considérées comme les véhicules naturels de la tradition. Lorsqu'elles sont constituées énergiquement, ce qu'un homme a pu faire d'utile ne meurt pas avec lui, mais se transmet, avec le sang et le nom, à sa descendance. Le résultat d'efforts anciens ajouté à l'effort présent rend celui-ci plus efficace et plus heureux: le bien public, l'intérêt général en profitent'.»[635]

Esta sociedade, que a monarquia vai organizando e nobilitando, não deve todavia fechar-se no mero princípio da hereditariedade, segundo Eugène Lur-Saluces, que defende uma nobreza funcional aberta, uma vez que o seu principal privilégio é o de ter mais deveres do que os outros cidadãos – "noblesse oblige" – costuma dizer-se: «'Ainsi conçue, la noblesse doit être ouverte. Ouverte à tous. Elle se renouvelle constamment. Qu'une race vienne à déchoir, elle se résorbe, elle disparaît. (...) Mais, quand, au contraire, un beau sang affirme, dans un homme, de l'originalité créatrice, désintéressée, généreuse, eh bien! la loi ou plutôt le Roi, cette loi vivante, reconnaît, constate le fait en délivrant, comme estampille, le brevet d'anoblissement.'»[636]

Maurras considera que o ideal democrático é falso, por se basear numa igualdade só possível numa sociedade muito primitiva: «Une démocratie est nécessairement amorphe et atomique, ou elle cesse d'être une démocratie. Une démocratie ne s'organise pas; car l'idée d'organisation, à un degré quelconque, exclut, à un degré quelconque, l'idée d'égalité: organiser, c'est différencier, et c'est, en conséquence, établir des degrés et des hiérarchies.»[637]

A política externa da república francesa sofre um revés, quando o kaiser Wilhelm II, ultrapassando todos os acordos europeus acerca de Marrocos, desembarca em Tanger para visitar o sultão, que considera um soberano independente, com liberdade para abrir os seus portos à pacífica concorrência internacional: «Le 31 mars 1905, Guillaume II débarquait à Tanger et annulait d'un geste toutes les compensations idéales que les Anglais avaient accordées aux Français en échange de l'Égypte et de Terre-Neuve.»[638]

---

[635] Apud Maurras, Charles, *Enquête sur la Monarchie*, Ob. Cit., p. 96.

[636] Apud Maurras, Charles, *Enquête sur la Monarchie*, Ob. Cit., pp. 98/99.

[637] Maurras, Charles, *Enquête...*, Ob. Cit., p. 119.

[638] Maurras, Charles, *Kiel et Tanger (1895-1905), La République Française devant l'Europe*, Paris, Nouvelle Éd., MCMXIII, p. 170.

Esta fragilidade da Repúlica francesa era, segundo Maurras, fruto da sua Constituição que, «'ne prévoit pas le danger extérieur'», que tout y est «'sacrifié au contrôle et au contre-poids'», que «'la discussion y prime la résolution'», que cette oligarchie des Dix mille, comme l'appelait Bismarck, et qui n'est, sous le nom de démocratie, conformément à la définition de Hobbes, que «'la tyrannie de quelques harangueurs'», n'est même pas capable d'un sentiment de ses responsabilités devant de pays.»[639]

Esta situação, em que os responsáveis políticos nada sofrem pelos seus erros, além da demissão, e em que o Estado pretende estabelecer «un minimum de gouvernement», é condenada por Maurras, que descrê da capacidade dos deputados eleitos para o modificarem: *«un État qui puisse manœuvrer à l'extérieur, qui puisse réformer à l'intérieur.* Un État serf de l'élection, de quelque élection que ce soit, ne ce réforme plus au-dedans: il se corrompt. Un État serf de l'élection, et par conséquent de l'opinion, et par conséquent de l'Argent, ne manœuvre plus au dehors: il est d'abord manœuvré, et puis démembré, parfois les deux ensemble.»[640]

O nacionalismo monárquico, integralista, chauvinista, advogado por Maurras, condenado a prisão perpétua[641] como partidário do marechal Pétain, mantém-se todavia em França até aos nossos dias através da reformulação da *Action Française* pelo jornal intitulado *Aspects de la France* e também por outro periódico rival, denominado *La Nation française*. A *Action Française* renovada em 1987, reforça a soberania da França, numa Europa de Estados, combatendo a construção de uma Europa federal[642].

4.3.1 ***Sociologia e nacionalismo***

A análise social impulsionada pelos trabalhos de Auguste Comte que cria a "física social", ou sociologia, que divide em *estática* social e *dinâmica* social, sendo a primeira reveladora do consenso existente entre as várias partes do sistema social, e a segunda exprimindo o progresso, ou seja, o desenvolvimento contínuo e gradual da humanidade, racionalmente

639 Maurras, Charles, *Kiel et Tanger...*, Ob. Cit., p. 233.

640 Maurras, Charles, *Kiel et Tanger ...*, Ob. Cit., pp. 233/234 e 411.

641 Charles Maurras foi libertado em Março de 1952 por motivos de saúde, tendo falecido em Novembro do mesmo ano.

642 Cfr. http://actionfrancaise.free.fr

necessário, criou novas perspectivas no estudo da sociedade e na sua relação com o Poder.

Na esteira do positivismo social de Auguste Comte, o filósofo francês Émile Durkheim (1858-1917) atribui à sociologia a missão de estudar a sociedade como uma realidade espiritual singular, diferente do espírito individual moldado pelo meio social, ou seja, a consciência humana: "Tão profunda é a antipatia de Durkheim ao individualismo que ele busca, tal como o havia feito Bonald, demonstrar a origem da linguagem, da própria mente e de suas categorias de pensamento a partir da sociedade, e não do pensamento individual. Tal como Bonald, Durkheim pode escrever que 'a sociedade é uma realidade *sui generis*; tem suas características peculiares, não encontráveis sob a mesma forma em todo o resto do universo.' (...) Em suma, o conservantismo, ao tomar forma filosoficamente em reacção tanto à Revolução como ao Iluminismo – (...) – teve um efeito profundo sobre a criação e o desenvolvimento da Sociologia no século XIX. Em seu repúdio à ordem natural, à lei natural e aos direitos naturais, caros ao Iluminismo, e na sua ênfase polêmica nas instituições desenvolvidas historicamente pelo homem, o conservantismo chamou a atenção para uma esfera da sociedade que havia sido muito negligenciada durante dois séculos."[643]

Durkheim esclarece que nada se pode produzir na consciência colectiva sem a entrega das consciências individuais, mas que essa condição é necessária mas não é suficiente: «Il fault encore que ces consciences soient associées, combinées, et combinées d'une certaine manière; c'est de cette combinaison que résulte la vie sociale et, par suite, c'est cette combinaison qui l'explique. En s'agrégeant, en se pénétrant, en se fusionnant, les âmes individuelles donnent naissance à un être, psychique d'un gendre nouveau.»[644]

Os próprios sentimentos que se afirmam ser inatos no homem, como a religiosidade, o ciúme sexual, a devoção filial, o amor paternal, etc., são, segundo Durkheim, construídos pela colectividade: «Mais l'histoire montre que ces inclinations, loin d'être inhérents à la nature humaine, ou bien font totalement défaut dans certaines circonstances sociales, ou, d'une société à l'autre, présentent de telles variations que le résidu que l'on obtient en éli-

---

643 Bottomore, Tom e Nisbet, Robert, *História da Análise Sociológica*, Ob. Cit., 1980, pp. 157/158.

644 Durkheim, Émile, *Les Règles de la Méthode Sociologique*, Paris, Presses Universitaires de France, 13e Éd., (1e Ed., 1895), 1956, p. 103.

minant toutes ces différences, et qui seul peut être considéré comme d'origine prsychologique, se réduit à quelque chose de vague et de schématique qui laisse à une distance infinie les faits qu'il s'agit d'expliquer.»[645]

Referindo-se ao Estado, Durkheim admira-se de que Hobbes e Rousseau não tenham compreendido que é contraditório admitir que o indivíduo seja por si próprio o autor de uma máquina cujo papel principal é o de o dominar e coagir, ou que para eliminar essa contradição seja suficiente dissimulá-la com o artifício dum pacto social. O Estado, órgão que concentra o pensamento colectivo, coage os indivíduos, sem ser necessária uma justificação que promane de um somatório momentâneo de vontades: «Sans doute, nous faisons de la contrainte la caractéristique de tout fait social. Seulement, cette contrainte ne résulte pas d'une machinerie plus ou moins savante, destinée à masquer aux hommes les pièges dans lesqueles ils se sont pris eux-mêmes. Elle est simplement due à ce que l'individu se trouve en présence d'une force qui le domine et devant laquelle il s'incline; (...).»[646]

Na sua exaltação da sociedade, Durkheim considera-a alvo de um respeito semelhante ao que os fiéis têm para com Deus, considerando a religião como um importante elemento de coesão social, que ultrapassa a mera obrigatoriedade: «Pour que l'individu soit tenu de conformer sa conduite à certaines règles, il faut que ces règles émanent d'une autorité morale qui les lui impose: et pour qu'elle les lui impose, il faut qu'elle le domine. (...) Pour la connaissance empirique, le seul être pensant qui soit plus grand que l'homme, c'est la société. (...) C'est donc un corollaire de notre définition que la religion a pour origine, non des sentiments individuels, mais des états de l'âme collective et qu'elle varie comme ces états.»[647]

Na sua obra de investigação intitulada *Les formes élémentaires de la vie religieuse, Le système totémique en Australie*, que publicou em 1912, Durkheim confirma as suas hipóteses teóricas: «Nous pouvons dire en effet, que le fidèle ne s'abuse pas quand il croit à l'existence d'une puissance morale dont il dépend et dont il tient le meilleur de lui-même: cette puissance existe, c'est la société.»[648]

---

645 Durkheim, Émile, *Les Règles de la Méthode Sociologique*, Ob. Cit., p. 106.

646 Durkheim, Émile, *Les Règles de la Méthode Sociologique*, Ob. Cit., p. 121.

647 Durkheim, Émile, *L'Année sociologique II*, Paris, Félix Alcan Édit., 1897-1898, pp. 23/24, in Davy, Georges, *Émile Durkheim, Choix de Textes avec Etude du système sociologique*, Paris, Société des Éditions Louis-Michaud, s/d., p. 172.

648 Durkheim, Émile, *Les formes élémentaires...*, Paris, Quadrige / PUF, 5e. Éd., 2003, p. 322.

A totalidade social, nacional, onde o simbolismo actua como elemento integrador e particular de cada sociedade, constitui uma referência fundamental à sua actividade, porque atinge cada indivíduo na sua sensibilidade projectando os seus sentimentos e impressões em todos os acontecimentos e realizações: «Nous ne pouvons jamais échapper à la dualité de notre nature et nous affranchir complètement des nécessités physiques: pour nos exprimer à nous-même nos propres idées, nous avons besoin, (...) de les fixer sur des choses matérielles qui les symbolisent. Mais ici, la part de la matière est réduite au minimum.»[649]

Um outro pioneiro da sociologia é o jurista e historiador alemão Max Weber (1864-1920) que defende um estudo científico livre de valores (*Wertfreihart*), uma vez que este é objectivo e o julgamento dos valores é subjectivo: "La ciencia empírica no es capaz de enseñar a nadie lo que 'debe', sino sólo lo que 'puede' y – en ciertas circuntancias – lo que 'quiere'".[650]

Referindo-se aos objectivos da revista *Archiv für Sozialwissenschaft und Sozialpolitik*, quando passou a fazer parte da sua comissão de redacção juntamente com Werner Sombart e Edgar Jaffé, em 1904, Max Weber afirma que, "La ciencia social que nosotros queremos practicar aquí es una ciencia de la realidad. Queremos compreender la pecularιedad de la realidad de la vida que nos rodea y en la cual nos hallamos inmersos. Por una parte, el contexto y el significado cultural de sus distintas manifestaciones en su forma actual, y por otra las causas de que históricamente se haya producido precisamente así y no de otra forma."[651]

Cônscio das dificuldades de realização de uma análise com inteira "libertad de valoración" na área das ciências sociais e económicas, Weber conclui que, "Únicamente cabe recordar que si hay algo que se pueda exigir a un intelectual 'profesional', es la obligación de conservar siempre la mente serena y la sangre fría frente a todos los ideales, incluso ante los más majestuosos que dominan determinada época, y de 'nadar contra corriente' si fuera necesario."[652]

Divergindo de Durkheim, quando à interferência do indivíduo na sociedade, Weber considera que na Sociologia Interpretativa (*Verstehenden*

---

649 Durkheim, Émile, *Les formes élémentaires...*, Ob. Cit., p. 326.

650 Weber, Max, *Sobre la teoría de las ciencias sociales, (Gesammelte aufsätze zur wissenschaftslehre)*, Barcelona, Ed. Península, 1971, p. 12.

651 Weber, Max, *Sobre la teoría de las ciencias sociales*, Ob. Cit., p. 36.

652 Weber, Max, *Sobre la teoría de las ciencias sociales*, Ob. Cit., p. 160.

Soziologie), que constitui a base epistemológica da sua análise, o indivíduo, mesmo isolado, (*Einzel-individuum*) e o seu acto constituem a unidade básica da análise social: "Nessa abordagem, o indivíduo é também o limite superior e o único portador de conduta significativa... Em geral, para a Sociologia, conceitos como 'Estado', 'associação', 'feudalismo' e outros semelhantes designam certas categorias de interacção humana. Daí ser tarefa da Sociologia reduzir esses conceitos à acção 'compreensível', isto é, sem excepção, aos actos dos indivíduos participantes."[653]

A actividade do indivíduo isolado, constituindo para Weber a unidade básica da sociologia, que depende todavia da subjectividade do investigador, impele-o a avançar com o conceito de "tipo ideal" que possa constituir a base metodológica da investigação em ciências sociais: "Segundo Weber, o tipo ideal é precisamente uma dessas construções que permitem, nas ciências, a mais rigorosa abordagem da realidade, mas é sempre limitada a um, ou a uns poucos, aspectos dessa realidade. Sua definição de tipo ideal não deixa dúvida sobre a questão, na medida em que ele a vê como uma imagem mental pura, ou uma utopia. 'Essa imagem mental', escreve ele, 'reúne, num cosmos não-contraditório de relações *pensadas*, relações e acontecimentos históricos específicos. Em seu conteúdo, essa imagem mental tem características *utópicas*, obtidas pelo exagero de elementos *mentalmente* específicos da realidade'."[654]

Apetrechado com este elemento explicativo, "tipo ideal", "tipo puro", ou arquétipo da realidade que promana da média das características que definem cada conceito, Weber pretende interpretar, sem uma compreensão particular, porque essa compreensão o obrigaria a descer a cada caso, a diversidade e a individualidade de cada sociedade, que se formou na complexidade causal da História.

Referindo-se à Nação, Weber destaca-a dos agrupamentos humanos integrados numa "cultura" específica distribuída aos membros duma organização política. O conceito de Nação "pertence à esfera dos valores" grupais de "solidariedade frente a outros grupos" não podendo, "ser apresentado em termos de qualidades empíricas comuns aos que

---

653 *Gesammelte Aufsätze zur Wissenschaftslehre*, Tübingen, 1922, p. 415; Cf. tb. *Wirtschaft und Gesellschaft*, Parte I, p. 1, apud Weber, Max, *Ensaios de Sociologia*, Rio de Janeiro, Zahar Ed., 5.ª Ed., 1982, p. 74.

654 Weber, Max, *Wissenschaftslehre*, Ob. Cit., p. 190, apud Bottomore, Tom e Nisbet, Robert, *História da Análise Sociológica*, Ob. Cit., p. 233.

contam como membros da nação", já que não equivale a "povo de um Estado".[655]

Numerosos Estados, lembra Weber, integram grupos nacionais que reivindicam a independência da sua Nação face aos outros grupos, ou podem compreender partes de um agrupamento humano, cujos membros o consideram como uma nação homogénea: "Além disso, uma 'nação' não é a mesma coisa que uma comunidade que fala a mesma língua; (...) Pelo contrário, uma língua comum não parece ser absolutamente necessária a uma 'nação'".[656]

A solidariedade nacional, segundo Weber, pode estar ligada a diferenças em outros "grandes 'valores culturais das massas', ou seja, um credo religioso", ou "estar ligada a estrutura social e *mores* diferentes e, daí, a elementos 'étnicos', (...) Não obstante, acima de tudo, a solidariedade nacional pode estar ligada às memórias de um destino político comum com outras nações."[657]

Weber, embora não recuse inteiramente a importância do tipo antropológico comum para a formação da nacionalidade, considera que, "o sentimento de solidariedade étnica não faz, por si, uma 'nação'". Daí, afirmar que, "As razões para que um grupo acredite representar uma nação variam muito, tal como a conduta empírica que na realidade resulta da filiação ou falta de filiação a uma nação." Considera também que a ideia de Nação está intimamente relacionada com os interesses sociais e com o "prestígio", e consequentemente, "A significância de 'nação' está habitualmente ligada à superioridade, ou pelo menos à insubstituibilidade, dos valores culturais que devem ser preservados e desenvolvidos exclusivamente através do cultivo da peculariedade do grupo."[658]

Por último, Weber conclui que, "Na medida em que há um objecto comum atrás da expressão evidentemente ambígua 'nação', ele está evidentemente localizado no campo da política. Bem poderíamos definir o conceito de nação da forma seguinte: uma nação é uma comunidade de sentimento que se manifestaria adequadamente num estado próprio; daí, uma nação é uma comunidade que normalmente tende a produzir um Estado próprio."[659]

---

[655] Weber, Max, *Ensaios de Sociologia*, Ob. Cit., p. 202.

[656] Weber, Max, *Idem*, Ibidem.

[657] Weber, Max, *Idem*, p. 203.

[658] Weber, Max, *Idem*, pp. 203 e 206.

[659] Weber, Max, *Idem*, p. 207.

Referindo-se ao Estado, Weber considera-o uma associação de dominação *política*, "quando e na medida em que sua subsistência e a vigência de suas ordens, dentro de determinado território geográfico, estejam garantidas de modo contínuo mediante ameaça e a aplicação de coação *física* por parte do quadro administrativo. Uma *empresa com carácter de instituição* política denominamos *Estado*, quando e na medida em que seu quadro administrativo reivindica com êxito o *monopólio legítimo* da coação física para realizar as ordens vigentes."[660]

Considerando não ser possível definir o Estado com referência ao *fim* da sua acção de associação política, uma vez que tem tido intervenções em todas as actividades, Weber diz que, "Por isso, o carácter 'político' de uma associação *só* pode ser definido por aquele *meio* – às vezes elevado ao fim em si – que não é sua propriedade exclusiva, porém constitui um elemento específico e *indispensável* de seu carácter: a coação física."[661]

4.4 **O Movimento das Nacionalidades**

O pensamento nacionalista, nas suas diversas vertentes, tem todavia na Europa, no século XIX, um denominador comum saído do "facto nacional", ou seja, da tomada de consciência de certos agrupamentos humanos da sua semelhança linguística, étnica, histórica, por vezes apenas da sua vivência comum por justaposição geográfica, que atinge a sua sensibilidade, a sua mentalidade, tornando-se um "facto de cultura" gerador de novas concepções políticas.

Em França, a batalha de Valmy, travada a 20 de Setembro de 1792, entre milicianos alistados voluntariamente na sequência da proclamação da Assembleia Nacional de 11 de Julho – a "Pátria em Perigo" – e as tropas prussianas invasoras, é habitualmente considerada como o acontecimento que desencadeou o *Movimento das Nacionalidades*, que se desenrolou nos séculos XIX e XX.

As forças francesas, mal treinadas e mal equipadas, combateram e venceram o inimigo com um invulgar entusiasmo, unidas por um sentimento nacional, colectivo, gritando «Vive la nation»: «C'est la victoire de

---

660 Weber, Max, *Economia e Sociedade, Fundamentos da Sociologia Compreensiva, (Wirtschaft und Gesellschaft: Grundriss der verstehenden Soziologie)*, Brasília, Ed. Universidade de Brasília, 1991, Vol. I, Cap. I, § 17, p. 34.

661 Weber, Max, *Economia e Sociedade,...*, Ob. Cit., Ibidem.

la nation sur le vieux loyalisme monarchique et Gœthe n'avait pas tort d'estimer que c'est un moment décisif de l'histoire de l'humanité.»[662]

O "facto nacional" evidenciado por intelectuais, faz despontar ou renascer o sentimento nacional, uma vez que aquele se torna o objecto de estudos linguísticos, filológicos, gramaticais, que reconstituem e apuram línguas desvanecidas, de trabalhos literários de exaltação nacionalista, de investigações históricas que tornam conhecidas glórias passadas esquecidas e de filosofias políticas que pretendem que o *Estado* coincida com a *Nação*: "Embora a Nação tenda a ser um Estado, não há necessariamente coincidência entre Nação e Estado: há Nações que ainda não são Estados (pela sua pequenez, por exemplo) ou que estão repartidas por vários Estados, e Estados que não correspondem a Nações, como geralmente acontece nos países novos aonde acorrem todos os dias emigrantes dos mais diversos cantos do globo, cada qual com o seu *facies* nacional próprio. É que em muitos casos, em vez de ser a Nação que dá origem ao Estado, é o Estado que, depois de fundado, vai pelo convívio dos indivíduos e pela unidade de governo criando a comunidade nacional: (...)"[663].

Os interesses económicos da burguesia concorrem também para a superação dos particularismos, já que a unificação das Nações propicia o alargamento dos mercados, o consequente desenvolvimento económico e a previsão da realização de projectos políticos movidos por uma conjugação natural de empreendimentos e de esforços. É exemplo deste objectivo a união aduaneira (*zollverein*) instituída em 1833 entre Baviera e o Vurtemberg, e entre a Prússia e o Hesse-Darmstadt, cujo livre-cambismo, que foi alastrando a outros Estados do Norte da Alemanha, formando o *Groß Zollverein*, muito os desenvolveu.

O nacionalismo promove assim um movimento que ultrapassa a Europa Ocidental, tornando-se mundial, uma vez que, tendo-se intensificado após o Congresso de Viana de 1815, vai alastrar para o Oeste europeu, para a América latina, para a Ásia, influenciando ainda os Movimentos Nacionalistas africanos de descolonização.

A Inglaterra vê agravar-se a questão da Irlanda; a França sente com mais intensidade a nostalgia da perda, em 1871, da Alsácia e da Lorena; a Espanha suporta a intensificação do nacionalismo basco e do regiona-

---

662 Rémond, René, *Introduction à l'histoire de notre temps, 1. l'Ancien Régime et la Révolution, 1750-1815*, Éd. Du Seuil, p. 192.

663 Caetano, Marcello, *Manual de Ciência Política e de Direito Constitucional*, Ob. Cit., p. 123.

lismo catalão; a Itália e a Alemanha lutam pela sua unificação; o Império Áustro-Húngaro, os Bálcans e o Império Russo com as suas províncias alógenas, têm graves problemas de nacionalidades. O Movimento das Nacionalidades manifesta-se também, aparentemente, na guerra dos ducados germânicos do Schleswig e do Holstein, perdidos pela Dinamarca em 1864 e no desmembramento da Suécia, da qual se separou a Noruega, em 1905.

Fora da Europa, os Estados Unidos da América afirmam um nacionalismo de convivência, e na América latina algo se semelhante se verifica nas suas lutas de independência. O movimento xenófobo dos "boxers" que estalou na China em 1900 contra os estrangeiros ali residentes e naturais das potências que a dominavam, secretamente apoiado pela imperatriz do "Celeste Império", pode ser também incluído nos movimentos nacionalistas mundiais.

A maioria dos conflitos armados no Antigo Regime tinham por base as ambições dos monarcas teocráticos, situação que se altera com a difusão do ideário democrático da Revolução Francesa, o qual promove a substituição do sentimento dinástico pelo sentimento nacional, uma vez que à soberania real se substitui a soberania da colectividade nacional. O nacionalismo sustentado de início pela burguesia em ascensão, interessada em substituir a nobreza de sangue, de cariz internacional, por uma nobreza funcional, nacional, afirma a legitimidade política das maiorias possidentes, situação que será todavia aproveitada, mas modificada pelo socialismo democrático, defensor do sufrágio universal.

O Movimento das Nacionalidades apresenta assim uma complexidade doutrinal e uma ambivalência política, já que apela, quer ao conservadorismo e ao tradicionalismo liderados por aristocratas, quer à democratização e à sabedoria popular, impulsionadas e advogadas por "homens novos".

O universalismo racionalista e abstracto da Revolução Francesa cede perante as particularidades nacionais, assinaladas pela *história*, que impelem à exaltação romântica, sentimental, das características específicas de cada Nação, mormente das tradições da Idade Média expressas através da arte e da literatura.

A *língua* nacional apresenta-se, nesta perspectiva, não só como um meio de comunicação, mas como uma estrutura mental diferenciada que permite ao povo conservar a sua alma, devendo portanto ser preservada de estrangeirismos e ser reconduzida à sua pureza original, sem a degradação dos dialectos e de formas eruditas artificiais. Os povos dominados voltam a falar a sua língua e recusam a língua oficial dos seus opressores, o que provoca uma luta pelo reconhecimento do seu idioma, em actos administrativos e judiciais, nas forças armadas e nos meios de transporte.

A própria *religião* universal, como o catolicismo ou o protestantismo, é apropriada por cada país para simbolizar a sua singularidade nacional. Quando o Estado dominante pratica uma religião diferente da que é adoptada pelo país dominado, esta confunde-se com o sentimento nacionalista e é adoptada como o estandarte da sua resistência ao opressor: «C'est ainsi que la révolution de 1830, qui oppose la Belgique catholique aux Pays-Bas protestants, est menée autant par les catholiques contre une monarchie calviniste que par les libéraux contre une domination étrangère. C'est aussi la signification de la lutte des chrétiens des Balkans contre l'Empire ottoman, des Slaves orthodoxes – Serbes notamment – contre l'Autriche ou la Hongrie catholiques. C'est encore le cas de l'Irlande catholique contre l'Angleterre protestante, de la Pologne catholique contre la Russie orthodoxe ou la Prusse luthérienne.»[664]

A união de diferentes povos em torno de um soberano, provocada por sucessão dinástica, alianças, casamentos, doações, anexações, etc., que têm por base a concepção patrimonial de soberania, passa a ser recusada pelos nacionalistas, que afirmam o direito dos povos a disporem do seu futuro, associando-se livremente, seguindo critérios de historicidade.

A França revolucionária começou por apoiar, através da força armada, os movimentos de emancipação política do Norte da Itália e da Polónia, entre 1792 e 1815, mas a intervenção "libertadora" do exército napoleónico em diversos pontos da Europa, pela ocupação militar, pela organização administrativa centralizada, pelos saques, pelas violências, conscrições, requisições, etc., gerou fortes reacções contra a sua actuação, que continha inegáveis objectivos expansionistas.

A campanha da Rússia empreendida por Napoleão em 1812, onde as suas tropas foram dizimadas pelo exército russo comandado pelo general Mikhail Illarionovich Kutusov (1745-1813), apoiado e secundado pelo povo em defesa do solo sagrado da sua pátria, evidenciou um ímpeto natural de destruição do invasor estrangeiro, que foi perseguido na sua desastrosa retirada da gélida cidade de Moscovo.

---

664 Rémond, René, *Introduction à l'histoire de notre temps, 2. le XIXe siècle, 1815--1914*, Ob. Cit., p. 183.

Napoleão perde cerca de meio milhão e homens e o seu prestígio fica fortemente abalado, situação que alenta os Estados seus adversários, Áustria, Prússia e Rússia, a combatê-lo novamente em Leipzig, na chamada Batalha das Nações, travada de 16 a 18 de Outubro de 1813, onde paradoxalmente, em resposta a Valmy, os "Vivas às Nações" dos soldados da coligação liquidam o Império francês.

4.4.1 *A progressão da geopolítica no Movimento*

O Movimento das Nacionalidades apresentou, como vimos, duas tendências principais que resultam de existirem no século XIX, Estados que incluíam diversas nações e de algumas nações estarem divididas por vários Estados.

No primeiro caso, verificam-se *movimentos autonomistas* de nações que lutam contra os grandes Impérios que as subjugaram; no segundo, as nações divididas politicamente em feudos, confederadas, irredentas, colonizadas, dominadas por Estados estrangeiros, desencadeiam *movimentos de unificação*.

Para além dos já referidos argumentos que caracterizam uma nação, e que se reportam às afinidades que diferenciam o agrupamento humano, nacional, dos outros grupos existentes na ecúmena, numa visão organicista de cada sociedade organizada que se considera portadora de uma vontade, semelhante a um organismo vivo com "cabeça, corpo, braços e pernas", surge também a visão geográfica, numa compreensão mesológica dos homens em sociedade[665].

Nesta perspectiva, os homens seriam moldados no *habitat* em que vivem, tal como os demais seres biológicos, o que dá origem a estudos de distribuição dos homens no globo, ou sejam antropogeográficos, os quais antecedem a Geografia Humana e a Geopolítica.

Como pioneiro destes estudos surge o professor alemão de Geografia, Friedrich Ratzel (1844-1904), que escreve um tratado em dois volu-

[665] Acerca da concepção de pessoa jurídica de unidades-grupos organizados politicamente, avançada por Otto von Gierke (1841-1913), vide Zippelius, Reinhold, *Teoria Geral do Estado*, Ob. Cit., pp. 227/228; consulte tb. acerca da concepção organicista de sociedade política, a obra do suiço alemão Bluntschli, Johann Kaspar (1808-1881) – *Psychologische Studien über Saat und Kirche*, 1844, *Allgemeine Staaatslehre*, 1852 e *Lehre von Modernen Saat*, 1875/1876.

mes intitulado *Anthropogeographie*, publicados em 1882 e 1891, onde o homem é encarado como um facto geográfico: "Se considerarmos o homem no quadro geral da vida terrestre, não será possível compreender o lugar que ele ocupa sobre a Terra senão seguindo o mesmo método de que nos servimos para estudar a difusão das plantas e dos animais. (...) (A *Anthropogeographie*) estudará ainda a difusão do homem na ecúmena e fixará os resultados do próprio estudo sobre cartas da densidade de população, paleogeográficas e itinerárias. E, dado que a Humanidade consta de raças, de povos e de grupos étnicos menores, assim a geografia do homem representa também a difusão destes diversos elementos mediante cartas das raças humanas, cartas etnográficas, cartas das línguas e cartas políticas." Ratzel propõe-se estudar também os "movimentos do homem na sua dependência do território" e considera ainda necessário realizar-se "o estudo da influência que a natureza exerce sobre o corpo e sobre o espírito dos indivíduos e sobre os dos povos. Trata-se aqui, essencialmente, de efeitos devidos ao clima, à configuração do solo, aos produtos vegetais e animais do território."[666]

O relacionamento das situações geográficas com os fenómenos políticos, decorre, segundo Ratzel do facto de que os Estados, como sociedades organizadas, terem necessariamente de ter uma base e localização geográficas: "A natureza dessa relação permaneceu, durante largo tempo, antes pressentida do que realmente compreendida, sendo objecto de amplas generalizações, tais como a de Montesquieu, segundo as quais as formas de Governo e as instituições políticas seriam o resultado de factores climáticos diferenciados."[667]

O Estado, entidade territorial, tem três elementos fundamentais: o *espaço* (*raum*), ou seja, a área total com as suas características físicas, como o clima, a orografia, a hidrografia, a fauna e flora, a sua *situação* ou posição, que pode ser marítima, continental ou insular, (*lage*) e a *fronteira* (*grenze*).

Na sua obra capital, a *Anthropogeographie*, "Ratzel descreveu e analisou muitas situações, lugares e povos. Concluiu que cada 'raça' tem qualidades e defeitos que lhe são inerentes como se esses traços se herdassem

[666] Ratzel, Friedrich, *Anthropogeografie*, I.ª Parte, Cap. IV, apud Pereira de Oliveira, José M., *Geografia Humana*, in *Polis, Enciclopédia da Sociedade e do Estado*, Ob. Cit., Vol. 3, pp. 32/33.

[667] Wooldridge, S. W. e Gordon East, W, *Espírito e Propósitos da Geografia*, Rio de Janeiro, Zahar Ed., 2.ª Ed., 1967, pp. 128/129.

por via genérica e não fosse possível ultrapassá-los. É deste determinismo biológico que ele parte ao propor um terceiro factor que explica o poder: o *'sentido de espaço'* ou (*raumsinn*)."[668]

O seu conceito de *raumsinn*, próprio de cada povo, inato, não foi demonstrado, embora Ratzel o defendesse utilizando situações análogas: "Argumentava que assim como há homens que nascem mais inteligentes que outros, ou como há indivíduos que vêem e ouvem melhor que outros, também há 'raças' que comunicam melhor como o espaço que habitam, que o entendem e, por isso, têm maior capacidade para captar as suas forças criadoras e dinamizá-las."[669]

As ideias de Ratzel, das quais o organicismo promana naturalmente e inspira concepções de Estado, como a de Otto von Gierke (1841-1913) que o visiona como um "organismo vivo" dotado de capacidade psíquica, inspiram o jurista sueco Rudolf Kjellen (1864-1922), professor da Universidade de Upsala, considerado o criador da expressão "Geopolítica" surgida no seu livro académico denominado *Der Staat als Lebensform (O Estado como forma de vida)* ao qual adicionou o sub-título explicativo, *Elementos de uma Teoria Empírica do Estado*, publicado em 1916.

Kjellen, tendo estudado a *Teoria Geral do Estado* de Jellinek, chega à conclusão que a compreensão do Estado como entidade jurídica regida por uma Constituição, é insuficiente para o explicar e pretende construir uma teoria omnicompreensiva que englobe toda a realidade complexa que ele engloba: "Esse sistema teria de ser orgânico, isto é, interdependente, vivo, evolutivo, não como *ciência do Estado* mas como *ciência do conhecimento do Estado*. Porque é um ente só igual a si próprio; é uma forma de vida, 'a mais importante de todas as formas de vida. E como tal, têm de poder reduzir-se a um objecto de estudo, por assim dizer bio-político, que trate de investigar as leis da sua evolução'."[670]

A Geopolítica fez escola na Alemanha, impulsionada pelo general Karl Haushofer (1869-1946), que aglutinou um agrupamento de intelec-

[668] Cfr. Valente de Almeida, Políbio F. A., *Do Poder do Pequeno Estado, Enquadramento Geopolítico da Hierarquia das Potências*, Lisboa, Instituto de Relações Internacionais, 1990, p. 105.

[669] Cfr. Ratzel, Friedrich, *Le sol, la société, l'État*, Paris, *L'anné sociologique (1898-1899)*, pp. 60 e ss., apud Valente de Almeida, Políbio F. A., *Do Poder do Pequeno Estado...*, Ob. Cit., p. 106.

[670] Kjellen, Rudolf, *Der Staat als Lebensform*, Berlin-Grunenvald, 4.ª Ed., 1924, p. 36, apud Valente de Almeida, Políbio F. A., *Do Poder do Pequeno Estado*, Ob. Cit., p. 112.

tuais e militares, os quais formaram a "Escola Alemã de Geopolítica", "Escola de Munique-Heidelberga" ou "Escola de Haushofer", que defende uma concepção físico-natural de Nação, na esteira de Ratzel que afirmara que "toda a vida do Estado tem as suas raízes na terra", o que abre o caminho à teses do seu *Espaço Vital (Lebensraum)*: "(...) a Geopolítica desenvolveu-se de maneira intensa na Alemanha, proporcionando os fundamentos geográficos e teóricos para a agressão política nazista (...)."[671]

As visões do mundo extraídas da geopolítica não se confinaram todavia à Alemanha: "De modo bastante irónico, Haushofer foi buscar suas ideias fundamentais na obra do geógrafo britânico *Sir* Halford Mackinder, cujas generalizações e predições acerca do 'País Núcleo' e da 'Ilha Mundial' levaram Haushofer a crer que a Alemanha, se associada à União Soviética, ao Japão e, caso fosse possível, também à China, poderia explorar as possibilidades dessa vasta base continental, dotada de linhas interiores de comunicação, e assim obter o domínio do mundo."[672]

As ideias de Ratzel influenciam também cientistas estrangeiros, como a norte-americana Ellen Churchill Semple (1863-1932), que em 1891 se matriculou na Universidade de Leipzig, única aluna entre 500 rapazes, para ouvir as lições do conceituado mestre. Semple, que se revela adepta dum determinismo bio-geográfico publica em 1911 um livro intitulado *Influences of Geographical Environment*, onde considera o homem como um produto da terra. Procurando fundamentar a sua tese com análises directas, Semple viaja pelo Japão, China, Filipinas e Indonésia, escrevendo depois, em 1931 *Geography of the Mediterranean Region*, que a consagra como grande cientista dos Estados Unidos da América. Um outro exemplo de adesão às teorias do *geographical environment* é o do norte-americano Ellsworth Huntington (1876-1947), cujo principal contributo, no seu livro *World-Power and Evolution*, publicado pela Universidade de Yale, New Haven, em 1919, acentua a importância do clima no desenvolvimento físico e psíquico do homem[673].

Os estudos de geopolítica vão também adquirindo um aprofundamento em áreas específicas, como a do almirante norte-americano Alfred Thayer Mahan (1840-1914), que se notabiliza com uma investigação histórica conducente à apologia do poder marítimo intitulada *The Influence of*

---

671 Wooldridge, S. W. e Gordon East, W., *Espírito e Propósitos da Geografia*, Ob. Cit., Ibidem.

672 Wooldridge, S. W. e Gordon East, W., *Idem*, Ibidem.

673 Huntington, havia publicado em 1915, *Civilization and Climate*.

Sea Power upon History – 1660/1783, publicada em Boston, em 1890. Mahan evidencia a estratégia naval britânica que lhe permitiu dominar o mundo, onde o mar, que ocupa 9/12 da superfície da ecúmena é o melhor meio de comunicação entre os povos e o mais rápido e menos dispendioso para a permuta dos valores mercantis. O comércio, que enriquece os Estados deve basear-se, segundo Mahan, na sua produção excedentária, na amplidão da frota mercante nacional e no seu domínio colonial, que englobe áreas de expansão económica e que lhe permita uma habitual utilização de portos de abrigo em tempo de paz e de bases estratégicas, em tempo de guerra.

Avançando com uma proposta de "imperialismo marítimo" para os Estados Unidos da América, Mahan incita este país a ocupar posições de soberania em áreas insulares e no Canal do Panamá, bem como a desenvolver e fortalecer a sua marinha, para se transformar numa grande potência, numa obra publicada em 1897, intitulada *The interest of America in Sea Power*[674].

Evidenciando o poder de base continental no coração da terra que considera o "pivot geográfico da história" (*heartland theory*), o geógrafo inglês Sir Halford John Mackinder (1861-1947) possuidor de uma vasta e eclética cultura adquirida desde a mais tenra idade e sempre aumentada pelo seu entusiasmo de investigador, situa-o na grande área continental de planícies euro-asiáticas que se estende do mar Báltico até à Mongólia, onde nasce o rio Amur, limitada a Sul pelos mares Negro e Cáspio e isolada pelas linhas de montanhas dos Cárpatos, Cáucaso, Irão, Afganistão e Himalaia[675].

Mackinder considera existir uma área de importância crucial "in the closed heart-land of Euro-Asia", pela sua inacessibilidade demonstrada pela história mundial e pelas suas características geográficas, a qual é disputada pela Alemanha e pela Rússia.

O poder marítimo da era Columbiana teria declinado progressivamente em favor do "Heartland", com o avanço tecnológico dos meios de transporte terrestre, o que o conduz a considerar secundários os poderes da Europa Ocidental, Ásia e África que denomina o "World Island". Assim

---

[674] Cfr. Valente de Almeida, Políbio F. A., *Do Poder do Pequeno Estado...*, Ob. Cit., pp. 143/144.

[675] Cfr. Mackinder, Halford John, *The Geographical Pivot of History*, publicado em 1904 no Journal n.° 23 da Royal Geographical Society, pp. 412/444, cit, por Valente de Almeida, Políbio F. A., *Do Poder do Pequeno Estado...*, Ob. Cit., p. 155.

sendo, Mackinder, que no termo da Primeira Guerra Mundial não dá ainda importância ao poder dos Estados Unidos da América, avança com o famoso apotegma, cujo objectivo é o de alertar os negociadores da futura paz: "Who rules East Europe commands the Heartland; Who rules the Heartland commands the World Island; Who rules the World Island commands the World." (1919)[676]

O aforismo de Mackinder, que tanto entusiasmou militares e políticos, não teve em consideração o poder aéreo que já se ensaiava na Primeira Guerra Mundial e que mereceu a atenção do grande escritor Herbert George Wells (1866-1946), que em 1908 publicara a obra intitulada *The War in the Air*. Com objectivos estratégicos, o general italiano Giulio Douhet (1869-1930) escreve em 1921, *Il Dominio dell'Aria, saggio sul'art della guerra aerea*, obra que chama a atenção para o fim da invulnerabilidade de qualquer espaço marítimo ou terrestre. A guerra aérea altera os conceitos de "frente" e de "rectaguarda", actua de surpresa, escolhendo o momento e o lugar, afirma Douhet, que reflecte ainda que a decisão dos conflitos se produz pela actuação da aviação, que absorve os recursos financeiros do Estado e destroi as resistências materiais e morais do inimigo.

A geopolítica ocupa-se então do estudo dos poderes conjugados – marítimo, terrestre e aéreo – que interessou militares, geógrafos, historiadores e políticos, sendo de referir o professor universitário norte-americano Nicholas John Spykman (1893-1943), que, após o ataque japonês a Pearl Harbour, publica em 1942 um trabalho denominado *America's Strategy in World Politics*, que constitui o ponto de viragem da política não intervencionista norte-americana no plano internacional. Spykman visiona o isolamento insular da América, considerando que esta deveria impedir que o poder continental da Eurásia, dominasse a sua orla marítima, desde a Sibéria até à Europa, incluindo os oceanos Pacífico, Índico e Atlântico, a qual denominou *Rimland* (Faixa Litoral).

A possível expansão da União Soviética, confinada ao Heartland, deveria ser travada na Rimland, rica em recursos naturais e com grande densidade populacional, que constituía uma zona tampão entre os poderes marítimo e continental: "The rimland of the Eurasian land mass must be viewed as an *intermediate region*, situated as it is between the heartland

[676] Cfr. Mackinder, Halford, John, *Democratic Ideals and Reality*, Westport/Connecticut, Greenwood Press, 1981, p. 150, cit por Valente de Almeida, Políbio F. A., *Do Poder do Pequeno Estado*..., Ob. Cit., p. 159.

and the marginal seas. It functions as a vast *buffer zone* of conflict between sea power and land power. (...) In the past, it has to fight against the land power of the heartland and against the sea power of the offshore islands of Great Britain and Japan. Its amphibious nature lies at the basis of its security problems."[677]

Spykman enuncia também uma máxima que sensibilizou a política externa norte-americana durante algumas décadas: "Quem controlar o *Rimland* controla o *Heartland*; quem controlar o *Hearthland* controla o mundo."

Mais recentemente, o antropólogo norte-americano nascido em Chicago, Robert Ardrey (1908-1980), interessado na evolução do comportamento humano (*human behavior*), escreve dois livros famosos, *African Genesis* e *The Territorial Imperative*, onde descreve o homem como um animal naturalmente agressivo, explicando que as suas lutas são devidas fundamentalmente à defesa do seu território individual ou grupal. A filogénese da humanidade está marcada pelas constantes lutas pelo território, sinónimo de Poder, mais ainda do que pelas disputas das fêmeas, na visão de Ardrey, que escreve: "Não sabia que o nacionalismo tinha raízes tão fundas e entroncava directamente no princípio da territorialidade de quase todas as sociedades animais."[678]

4.5 A pretendida unidade política da *Respublica Christiana*

A História da Humanidade desde o período Neolítico, evidencia uma luta constante pela posse de territórios, sendo o chamado "Crescente Fértil", ou seja, o espaço que engloba as terras que se situam no vale do rio Nilo, e para Oriente, até às do vale dos rios Tigre e Eufrates, o mais cobiçado pelos monarcas dos Estados do Oriente Antigo.

A expansão dos persas, do planalto do Irão para a Ásia Menor, ameaçando as cidades-Estado gregas, provocou no século V a. C. o desencadear das Guerras Pérsicas onde triunfou Atenas, e no século III, Alexandre da Macedónia realizando uma triunfal contra-ofensiva, apoderou-se do Impé-

[677] Spykman, Nicholas John, *The Geography of Power*, New Haven, Harcourt, Brace & World Inc., Archon Books, 1969, p. 40, apud Valente de Almeida, Políbio F. A., *Do Poder do Pequeno Estado...*, Ob. Cit., p. 174.

[678] Apud Marques Bessa, António, *Dicionário Político do Ocidente*, Braga-Lisboa, Ed. Intervenção, 1979, p. 155.

rio Persa, exercendo assim um vasto domínio europeu no Egipto, Fenícia, Anatólia, Babilónia e Bacteriana (Afganistão) até ao Indo.

O centro político-militar, económico e cultural do mundo vai-se deslocando da Ásia para a Europa e tem a sua maior expressão no Império Romano, que circunda o Mediterrâneo e parte do Mar Negro.

O Império Romano apresenta uma característica nova, a partir da oficialização da religião cristã pela constituição "Cunctos populos" de 380, que lhe imprime uma romanização cultural, herdeira também do contributo judaico e helénico, a qual pretende garantir a justiça divina numa situação de "pax romana", a qual atinge todos os pontos do seu vasto território. Esta nova dimensão que ultrapassa o imperialismo anterior, apoiada por uma incipiente organização eclesiástica, jamais é esquecida pela Igreja Católica que luta pela sua manutenção, mesmo após a invasão dos povos germânicos, no século V, a que se segue o termo do poder imperial romano na sua parte Ocidental.

Num espaço, onde emergem diversos reinos bárbaros sem unidade política, a Igreja Romana, que se afirma católica embora esteja confinada a Leste com a Igreja Ortodoxa Grega, e a Norte e em África, ocupada pelos vândalos, com os cultos pagãos germânicos e eslavos, impõe-se aos invasores auxiliada pela acção das suas ordens religiosas, onde se destaca a fundada por Bento de Núrsia (480-547), que procuram aliar à cultura do espírito a disciplina laboral, mormente nos trabalhos agrícolas[679].

É neste sentido que a forma política do Império Romano é substituída pela ideia de uma comunidade universal, de um corpo místico da cristandade, ou seja, uma *Respublica Christiana*, que, no período inicial das invasões, agrupou os crentes em dioceses desligadas, dirigidas por bispos, conseguindo mais tarde, pela acção do Papa Gregório-o-Grande (540-604), a unidade espiritual e a imposição da autoridade de Roma à Igreja Católica, que pretende também incluir os patriarcas do Oriente.

A ideia da *Respublica Christiana* remontava a S. Agostinho, que pretendia transformar o Estado numa comunidade de paz e de justiça, pela sua subordinação à Igreja, objectivo mais difícil de alcançar após as invasões dos bárbaros. A Igreja conservava a *auctoritas*, de natureza espiritual,

679 O termo *católico*, derivado do vocábulo grego que significa *universal*, foi oficializado na referida constituição "Cunctos populos" – "Christianorum Catholicorum Nomen iubemos amplecti", sendo aplicado à Igreja Romana, segundo Cirilo de Jerusalém, por esta se estender a todo o Mundo; por possuir uma integridade doutrinal; por ser adaptável e necessária a todos os homens; pela sua perfeição moral e espiritual.

fonte de toda a legitimidade, mas o Estado possuía a *potestas*, o poder temporal, o poder de facto sobre as populações e os seus bens. Gelásio I, Papa de 492 a 496, enunciou esta doutrina dos *dois gládios*, que deveriam estar em mãos diferentes, mas a supremacia do poder espiritual, foi sempre fonte de controvérsias: "Os dois papas, Gelásio e Gregório o Grande, reconheceram a autoridade do imperador no campo temporal. A diferença entre o Leste e o Oeste reside menos no facto de o mundo bizantino não se considerar como duas 'sociedades', a sagrada e a secular, do que na circunstância de ser uma única sociedade em harmonia com o imperador, réplica terrestre da Monarquia divina. O equilíbrio desta teoria podia ser seriamente contrariado pelo domínio do Estado em relação à Igreja; uma teoria mais dualista do Ocidente podia levar ao domínio eclesiástico sobre e sociedade leiga."[680]

A primeira tentativa de reconstituição da unidade política do Império Romano foi accionada pelo Imperador do Oriente, Justiniano I (438-565), que assumiu o Poder em 527, por morte do seu tio Justino. Justiniano beneficiou da situação económica, financeira e militar do Império, mas teve de enfrentar graves problemas religiosos e políticos.

A oposição interna à sua elevação ao trono manifestou-se nos "motins Niké" desencadeados pelas facções dos "Verdes" e dos "Azuis", que conseguiu esmagar em 532 com o apoio moral de sua esposa Teodora e com a ajuda dos experimentados generais Belisário e Narsés.

No ano seguinte, Belisário desembarcou no Norte de África e, após uma campanha vitoriosa, conquistou em 534 o Reino dos Vândalos, que incluía Cartago, porto estratégico de domínio do Meditarrâneo. Em seguida, as esquadras bizantinas ocuparam a Córsega, a Sardenha e as Baleares. Continuando o seu intento, o exército bizantino, ataca simultaneamente o Reino dos Ostrogodos a partir da Sicília e da Dalmácia, restaurando a autoridade imperial em Roma. A resistência dos ostrogodos manteve um longo conflito na Itália, onde Justiniano fundou em 540 o exarcado de Ravena.

O domínio bizantino estendeu-se ainda à Península Ibérica, pela conquista aos visigodos, de Málaga, Cartagena e Córdova: "Vinte anos de guerra tinham dado a Justiniano a posse de quase todas as províncias marítimas do antigo império do Ocidente. Só a Provença permanecia nas mãos

---

680 Chadwick, Henry, *A Igreja Primitiva*, Lisboa, Ed. Ulisseia, 1969, pp. 181/182; vide tb. Moreira, Adriano, *A Europa em Formação*, Lisboa, Separata do "Boletim" da Sociedade de Geografia de Lisboa, 1974, p. 44.

dos Francos; mas estes reataram a política de amizade com o imperador. O Mediterrâneo voltava a ser um mar romano."[681]

No plano religioso, Justiniano encontrou as maiores dificuldades na sua tentativa de conseguir a unidade religiosa do Império, já que a própria imperatriz Teodora era monofisista e conseguira a nomeação do Papa Vigílio, seu correligionário, que só dificilmente renunciou a essa interpretação da natureza de Cristo, por temer as ameaças do imperador. Aliás as populações do Império muito heterogéneas, vivendo em áreas helenizadas, falando línguas diferentes, com tradições diversas, dificilmente poderiam aderir à ortodoxia cristã: «Empereur romain, Justinien est aussi empereur chrétien. Il se considère comme pilier de l'orthodoxie chrétienne. L'esprit hellénique est profondément païen et Justinien l'exècre. Pour lui, comme pour ses contemporains et ses successeurs, hellène est synonyme de païen et appeler quelqu'un de ce terme c'est l'insulter. Les populations grecques se donnent à elles-mêmes le nom de Romains. (...) Mais, dans la réalité des choses, la langue, par suite la pensée, n'a plus rien de latin. La seule partie de l'Empire où l'on parle encore la *lingua romana* c'est le lambeau d'*Illyricum* demeuré à la *pars Orientis*.»[682]

O difícil intento de reconstituição do Império Romano, pela expansão da sua Parte Oriental, teve apenas a duração da vida de Justiniano, que morre em 565. Os persas detidos no seu expansionismo a troco do pagamento de tributos, eufemisticamente chamados subsídios, logo atacam o Império para alcançarem a costa da Síria. Os visigodos da Espanha libertam-se da autoridade imperial. A Norte, a Panónia é invadida pelos lombardos, vindos da Escandinávia, que em 568 atacam a Itália, cujo território ocupam parcialmente: "A luta entre Lombardos e Bizantinos irá durar um século. Verificou-se uma terrível anarquia. A Itália transforma-se por uns tempos na Langobardia. O exarcado de Ravena, que se manteve bizantino, recebe, a partir do século VIII, o nome de România, Romanha, que se conservou até aos nossos dias."[683]

O reino dos francos, formado após a queda do Império Romano do Ocidente, em 476, apresenta uma maior aproximação à cultura romana,

---

681 Pirenne, Jacques, *As Grandes Correntes da História Universal, Das Origens ao Islam*, Ob. Cit., Vol. I, 1950, p. 433.

682 Lot, Ferdinand, *La fin du monde antique et le début du moyen âge*, Paris, Éd. Albin Michel, 1968, p. 299.

683 Duroselle, Jean-Baptiste, *História da Europa*, Círculo de Leitores/Pub. Dom Quixote, Lisboa, 1990, p. 89.

conservada pelos bispos da Igreja Católica e pela conversão ao catolicismo do seu monarca Clodoveu (Clóvis), em finais do século V. Por ocasião da tentativa de Justiniano, de reconstituição do Império Romano, os francos mantiveram-se seus aliados, e, quando as invasões muçulmanas conquistaram o Sul da Europa, os *maires du palais* da família franca dos carolíngios, evidenciaram a sua capacidade militar na defesa da cristandade. No Norte de Itália, a ameaça dos lombardos aos territórios da Igreja, perante a impotência do imperador do Oriente para os deter, impele o Papa a voltar-se para a monarquia franca, governada de facto pelo *maire du palais* Pepino de Heristal (o Breve), que os bate, o que promove a ascensão formal dos carolíngios ao trono da monarquia franca e o afastamento do Papa, do Imperador.

Após a subida de Carlos Magno ao trono da monarquia franca, em 768, os seus objectivos expansionistas colidem com a fixação dos lombardos na Itália, os quais derrota, estendendo também o seu território para a região do Saxe e da Baviera, e combatendo ainda os ávaros, instalados na Hungria. O Papa Leão III, convicto de que Carlos Magno poderia reconstituir o Império Romano do Ocidente, coroa-o em Roma, no ano 800, *Imperador dos Romanos.*

Esta decisão, desagradou obviamente ao Imperador de Constantinopla, que não a confirmou, embora estivesse ameaçado pelos muçulmanos, e não possuísse forças militares suficientes para os deter. O título outorgado a Carlos Magno, só foi reconhecido por Miguel I, em 812, um ano após ter ascendido ao trono bizantino: "O novo Estado franco foi, mais ainda que o império bizantino, um 'Estado-Igreja', em que o profano e o religioso se encontram inextricàvelmente misturados. (...) A supremacia da monarquia franca, que ameaçava sobrepor-se à de Roma, estava, doravante, associada a Roma, e por conseguinte, ao Papado. Sob o ponto de vista político, o Papa deixava de estar repartido entre a fidelidade, que, *de jure*, devia ao imperador de Constantinopla, e a que, *de facto*, devia ao rei franco."[684]

O sonho de Leão III, não tinha porém, pelas constantes disputas de território e de Poder, possibilidades de concretização: "O poder real que surge com os Carolíngios não continua, aliás, a noção romana de direito de soberania. Doravante, a soberania achava-se ligada à posse do solo. (...) A terra tornou-se a base de todo o direito, ao mesmo tempo que o poder

---

[684] Dawson, Cristóvão, *A Formação da Europa*, Braga, Livr. Cruz, 1956, pp. 238 e 242.

espiritual tomava a dianteira ao poder temporal. A noção de hierarquia pessoal substituiu-se à do Estado. (...) A subida ao trono dos Carolíngios vem coincidir assim com uma verdadeira derrocada da civilização. Desta vez o Império romano está morto e bem morto."[685]

A ideia de restauração da ideia de dominação universal, pela verdade da cultura e religião romanas, pareceu não obstante, poder concretizar-se pela aliança da Igreja com o Estado: "A nova República universal cristã seria governada, no Céu, por Deus; na terra pelos seus dois representantes *carismáticos*: o Papa e o Imperador. (...) Simplesmente, tal sonho durou só o que duram as rosas. Com a morte de CARLOS MAGNO em 814 e depois através da dissolução do Império franco, logo no tempo dos seus imediatos sucessores, tal sonho desfez-se, e com ele toda a metafísica social e política da época. A aliança entre o Sacerdócio e o Império não pôde continuar. Não tardou que também entre eles surgissem o ciúme e a rivalidade."[686]

De facto, após o falecimento de Carlos Magno, o Império passou para as mãos do seu filho único, Luís, o Piedoso, mas ao longo do reinado este último, de acordo com a concepção patrimonial de soberania, a sucessão discutiu-se entre os seus filhos, que lutaram pela obtenção de uma parcela do território carolíngio.

Após o falecimento de Luís, o Piedoso, em 840, a paz foi conseguida através do *Tratado de Verdun* (843) que estabeleceu a partilha do Império Carolíngio. O filho mais velho, Lotário, manteve formalmente o título imperial, sobre um longo território que representava o eixo económico do Império, que se estendia da Frísia até ao Sul da Itália, integrando Roma, Verdun e Aix-la-Chapelle. Luís, o Germânico, ficou com a então denominada França Oriental, ou Germânia. A Carlos, o Calvo, coube a França Ocidental, que constituiu a base territorial, cultural e linguística da futura França: "A política mediterrânea de Carlos Magno abortara: o mar permaneceu fechado. As grandes cidades do Sul reduziram-se a pobres lugarejos ameaçados pelas incursões dos Sarracenos. Ao Norte, as invasões dos Normandos, que começaram no meio do século IX, destruíram definitivamente Duurstede e a navegação frísia. Finalmente, Veneza ficou isolada do Mediterrâneo pelos piratas mouriscos. A Lotaríngia, deixando se ser uma via de tráfico, perdia a sua razão de ser. O *Tratado de Meersen* (Marsana), em 870, partilhou-a entre a França, a Germânia e a Itália, seguindo a fron-

685 Pirenne, Jacques, *As Grandes Correntes da História Universal,...*, Ob. Cit., Vol. II, pp. 26/27.

686 Cabral de Moncada, *Filosofia do Direito e do Estado*, Ob. Cit., Vol. I, pp. 70/71.

teira linguística, que era também uma fronteira social. Desde então o império achava-se desfeito."[687]

No plano formal, persiste todavia o intento da manutenção do Império cristão, passando a coroa imperial para Carlos, o Calvo (875) e depois para Carlos, o Gordo (884), filho de Luís, o Germânico, que, beneficiando do acaso das sucessões, reunificou os territórios do Império Carolíngio.

As invasões dos normandos, a Norte e as dos húngaros, a Oriente, evidenciando a incapacidade dos monarcas carolíngios para defenderem as populações, foi porém dividindo o poder político, que se transferiu para menores parcelas territoriais, como os ducados e os condados, possuidores de maior capacidade militar. A defesa de Paris de um ataque dos normandos pelo conde de Eudes, provocou a sua sucessão ao trono de Carlos, o Gordo (888), decidida pelos bispos e nobres locais. Na Germânia, um ano antes, os grandes dignatários depuseram o Imperador, entregando o poder imperial a Arnulfo de Caríntia, filho natural dc Carlomano, situação que o Papa vem a consagrar, em 896: "O príncipio dinástico era substituído pelo princípio electivo. A partir de então, o império fragmentou-se. Na Itália, os duques de Friul e de Espoleto disputaram a coroa real. A Borgonha e a Provença proclamaram-se reinos independentes."[688]

O poder real em França dilui-se no feudalismo, mas na Alemanha, dividida em ducados, Saxónia, Baviera, Francónia e Suábia, os dois primeiros ainda próximos das suas origens tribais, e os dois últimos tornados centros religiosos, verifica-se uma tendência para a formação de Estados centralizados, onde a potencial capacidade militar dos duques para deter os invasores estrangeiros, mobilizando uma população católica, decide os grandes dignatários a elevar a monarca o "primus inter pares".

Na Saxónia, o prestigiado duque Otão (912-973) foi proclamado rei em 936, sendo coroado em Aix-la-Chapelle (Aquisgrana, Aachen) pelo arcebispo de Mogúncia. Na Itália, uma intervenção de Otão I, em 951, a pretexto de socorrer a princesa Adelaide, deposta pelo margrave de Pavia, propiciou-lhe a conquista do Norte da península e ainda contrair matrimónio com essa princesa, o que lhe permitiu considerar-se "rei dos romanos".

Um ataque dos húngaros à Baviera foi repelido em 955 por Otão I com tal violência, que, posteriormente, esse povo não mais abandonou a

---

[687] Pirenne, Jacques, *As Grandes Correntes da História Universal...*, Ob. Cit., Vol. II, p. 30.

[688] Pirenne, Jacques, *As Grandes Correntes da História Universal...*, Ob. Cit., Vol. II, p. 31.

planície do Danúbio. No Norte, Otão conteve os eslavos delimitando o seu país com territórios tampões, ou marcas, desde o Báltico ao Adriático. A sua acção expansionista permitiu-lhe também apoderar-se da Lorena e da Provença: "Otão prosseguiu o seu caminho para Roma. (...) O poderoso monarca fez a sua entrada solene nesta infeliz cidade no ano de 962; o rei e a rainha foram recebidos por João XII, rodeado dos mais altos dignitários eclesiásticos, na Basílica de S. Pedro e aí foram coroados imperador e imperatriz. O imperador romano do Oriente protestou contra a concessão do título imperial a Otão, tal como o seu predecessor se indignara com a coroação de Carlos Magno. Aos enviados de Otão declarou que considerava um escândalo que um bárbaro ousasse chamar a si tão alta dignidade."[689]

Erigido em ambiente de controvérsias e graves querelas, que provocaram a deposição de João XII pelo imperador e a designação de Leão VIII, um Papa da sua escolha, este império que viria a ser denominado *Sacro Império Romano-Germânico* apresenta características teocráticas, que em breve avolumaram os conflitos entre o Papa e o Imperador: "Os reis da Alemanha, agora Imperadores, passam a exercer, associando-se à Igreja, uma hegemonia que reata a antiga tradição do império ecuménico, conservada pelo papa de Roma. No império assim concebido, a soberania, que tinha origem no poder espiritual do papa, era exercida pelo imperador."[690]

Para além da rivalidade entre o Papa e o Imperador, a Igreja do Oriente foi-se afastando paulatinamente da pretendida hegemonia de Roma, situação que havia tido já um conflito grave, quando o imperador do Oriente, Leão III publicou um Édito contra as imagens, em 725, desencadeando a chamada *Questão Iconoclasta*. Roma não aceitou tal decisão, que aproximava os cultos cristão e muçulmano, arrastando-se a questão, sem solução unificadora, até aos nossos dias. A Igreja bizantina apresentava também variadas concepções litúrgicas, num fausto eclesiástico mantido pelos seus patriarcas, que a diferenciava de Roma.

A ruptura oficial entre as duas Igrejas deu-se quando o patriarca Miguel Cerulário pretendeu obrigar os clérigos latinos instalados em Constantinopla a adoptarem o direito eclesiástico do Oriente. Em Junho de 1054, os legados de Roma depositaram na Igreja de Santa Sofia uma sentença de excomunhão contra Cerulário, à qual foi respondido com um

689 Grimberg, Carl, *História Universal, Das grandes invasões bárbaras às cruzadas*, Pub. Europa-América, 1967, Vol. 6, pp. 205/206.

690 Pirenne, Jacques, *As Grandes Correntes da História Universal...*, Ob. Cit., Vol. II, p. 35.

Édito que negava ao Papa de Roma qualquer autoridade sobre os patriarcas de Constantinopla, Antioquia e Alexandria. A unidade do mundo cristão, há muito abalada, deixava formalmente de existir[691].

No Ocidente medieval, o poder temporal sobrepunha-se, tal como no Oriente, ao poder espiritual, situação que começou a ser contestada por um movimento reformista, preparado pela Ordem de Cluny, fundada em 911, que defendia a subordinação da sociedade à Igreja e a dos monarcas ao Papa.

Os objectivos deste movimento acentuam-se a partir do vicariato do Papa Gregório VII (1073-1085), verificando-se a excomunhão de reis e imperadores que desobedecem às decisões papais. No século XIV, Filipe, o Formoso (1268-1314) rei de França, ordena a prisão do Papa Bonifácio VIII e volta os seus súbditos contra o poder de Roma, atemorizando Clemente V, eleito em 1305, que se instala em Avinhão, bem como os seus sucessores, todos franceses, até 1376. O retorno dos Papas a Roma não solucionou a questão, uma vez que os cardeais franceses elegeram um outro Papa para Avinhão, dividindo assim a autoridade papal, situação a que foi dado o nome de *Grande Cisma do Ocidente*, que perdurou até 1429.

O enfraquecimento do mundo cristão acentua-se com a decadência do Império Romano do Oriente, incapaz de deter a expansão turca, que, ameaçando Constantinopla, termina por a cercar e conquistar em 1453. Os habitantes desta magnificente cidade foram vítimas das maiores atrocidades, sendo vendidos como escravos 50.000 sobreviventes da chacina. Após três dias de saque, o sultão Maomé II deu ordem de partida às suas naus, quase adornadas com o peso dos despojos, deixando atrás de si a destruição da metrópole do cristianismo ortodoxo, que jamais conseguiu reerguer-se.

A subida de Ivan III (1440-1505), grão-duque de Moscovo, ao Poder em 1462, deu porém início à expansão da Rússia, que repeliu o Islão. Tendo casado com uma princesa grega, sobrinha do último imperador de Constantinopla, Ivan III declara-se sucessor dos imperadores bizantinos e chefe da Igreja ortodoxa, adopta o título de czar (César) e cria o Império Russo, pretenso baluarte de defesa da Europa: "O povo russo recebia em herança a missão sagrada de Bizâncio; a Rússia passava a ser a 'Santa Rússia', a 'Nova Israel', cujo destino seria fazer triunfar na terra o reino de Cristo. Moscovo, seria doravante 'a terceira Roma'".[692]

---

[691] Cfr. Duroselle, Jean-Baptiste, *História da Europa*, Ob. Cit., pp. 125/128.

[692] Pirenne, Jacques, *As Grandes Correntes da História Universal...*, Ob. Cit., Vol. II, pp. 252/253.

A *Respublica Christiana* via assim comprometida a união do mundo cristão, a qual se agravou consideravelmente com a eclosão do movimento contra o papado, liderado por Lutero, que em 1517 desencadeou a Reforma, ao publicar os seus pontos de vista em matéria de fé, condenando a "venda das indulgências" pelo Papa Leão X. A Reforma, alastrando a grande parte da Europa, deu origem a cruéis lutas político-religiosas que desagregaram a Comunidade Cristã Ocidental.

A formação dos Estados Modernos, cujo processo de centralização se desenrola ao longo do século XV, provocando a desaparição de alguns grandes feudos no centro da Europa, concorre igualmente para o enfraquecimento do Sacro Império, que, não obstante, se mantém formalmente, com um imperador electivo a partir de meados do século XIV: "O império organiza-se desde então como uma espécie de federação de Estados feudais. Desde 1356, os eleitores reúnem-se todos os anos, ao mesmo tempo que o *reichtag* (dieta, assembleia), onde se juntam todos os príncipes do império e, desde 1255, os delegados das cidades livres que dependem directamente do imperador."[693]

Sem unidade religiosa e com o poder político apenas teoricamente centralizado, o Sacro Império continua a manifestar pretensões de se tornar uma "monarquia universal" veiculadas por Carlos de Habsburgo (1500-1558) que, sendo filho de Filipe, o Belo e de Joana, a Louca, filha dos "Reis Católicos" e herdeira do trono espanhol, concentrara nas suas mãos, ao ascender a Imperador em 1519, um enorme poder. Carlos V era neto do imperador Maximiliano I de Habsburgo, que havia adoptado a significativa divisa – "Austriæ est imperare orbi universo" (Cabe à Áustria governar o mundo). A eleição de Carlos de Habsburgo a imperador, que tinha como concorrente Francisco I de Valois (1494-1547), rei de França, só foi porém possível através de uma galopinagem financiada pelo banqueiro Jakob Fugger, no valor de cerca de meio milhão de florins de ouro.

As lutas travadas entre o Império e a França (1521-1559), a que se seguiu a Guerra dos Trinta Anos (1618-1648), onde os motivos religiosos se associavam a modelos económicos e a pretensões políticas, evidenciaram a impossibilidade de ser alcançada uma unidade política na *Respublica Christiana*, que então se extingue.

As primeiras, interrompidas pela *Paz de Augsburgo* (1555) que estabeleceu a liberdade religiosa aos príncipes e aos Estados, terminou com

---

693 Pirenne, Jacques, *As Grandes Correntes da História Universal...*, Ob. Cit., Vol. II, pp. 231/232.

o cansaço e a morte dos dois grandes rivais, Carlos V e Francisco I, sendo a paz negociada em Cateau-Cambrésis, pelos seus sucessores, Filipe II e Henrique II, em 1559.

A segunda, desencadeada pelo obstinado intento de reconquista católica do imperador Fernando II de Habsburgo (1578-1637), educado por jesuítas, terminou com os Tratados de Westfália de 1648, que reuniram plenipotenciários de quase todos os países europeus em Münster e Osnabrück, onde foi negociada a paz e estabelecido o princípio do equilíbrio entre os Estados europeus, o que desvanecia o sonho de unificação territorial do Sacro Império.

Este, perdida a sua importância política manteve-se electivo, com oito eleitores, entre os quais os da França e da Suécia. Foram também aprovadas algumas compensações territoriais, e, no plano religioso, para além do culto católico, foram reconhecidos o calvinista e o luterano, sendo à Paz de Augsburgo acrescentada uma recomendação de tolerância quanto ao culto diferente do dos príncipes, seguido pelos seus súbditos[694].

As três tentativas de restauração do Império Romano, impulsionadas por Justiniano I, Carlos Magno e Otão I, tinham fracassado, dando lugar a uma Europa de Estados, que, recusando uma autoridade religiosa ecuménica e um poder imperial redutor da soberania dos monarcas, anuncia sofisticamente, pretender construir a paz.

4.6 A Europa após a Paz de Westfália

Quando são firmados os Tratados de Westefália, a Europa já há muito tinha conhecimento da forma do mundo, através da viagem de circum-navegação organizada pela Espanha, iniciada por Fernão de Magalhães em 1519, ano em que Carlos V, ascende a imperador do Sacro Império Romano-Germânico.

A expansão territorial de alguns Estados europeus fazia-se através da conquista de novos espaços recém descobertos nos continentes africano e americano sendo a sua fixação regulada pelo Papa, considerado o soberano espiritual e temporal do Mundo.

---

[694] Cfr. Grimberg, Carl, *História Universal, As lutas europeias nos séculos XVI--XVII*, Ob. Cit., 1968, Vol. 11, pp. 189/191 e Pirenne, Jacques, *As Grandes Correntes da História Universal...*, Ob. Cit., Vol. II, pp. 538/545

A supremacia do Papa e do Imperador, e a sua exortação ao domínio pela força dos povos pagãos, não era porém aceite por grandes pensadores como o teólogo Francisco de Vitória (1483-1546), catedrático em Salamanca, onde publicou numerosas lições, nelas concebendo uma ideia de comunidade internacional baseada no direito das gentes (*ius gentium*), que supera a ideia da exclusividade de uma sociedade formada por povos cristãos: "A esta comunidade pertenciam, portanto, também os povos pagãos que, como os cristãos, dispunham de autoridade temporal e civil legítima e eram verdadeiros senhores das suas terras. Não era lícito, pois, por contrário ao Direito natural, que os Príncipes cristãos lhes fizessem a guerra para os forçar à conversão."[695]

Outros pensadores, na esteira de Vitória, foram contribuindo para a formação do direito internacional, destacando-se o holandês Hugo Grócio, que, confirmando a autonomia laica dos Estados avançada por Maquiavel, como referimos, escreve também uma obra de direito internacional marítimo denominada *De Jure Predœ Comentarius*, inédita até 1858, da qual foi publicada uma parte, em 1609, com o título *De Mare Liberum, sive de Jure quod Batavis competit ad Indicana Commercio, Dissertatio*, com objectivos práticos. A reivindicação portuguesa da navegação exclusiva para as terras do Oriente e no comércio com os seus povos, com base na prioridade das suas descobertas, na ocupação dos espaços e na doação pontifícia, caía assim por base: "O principal mérito de Grócio reside em ter criado um sistema de direitos e de obrigações jurídicas, aplicáveis às relações dos Estados, sob a protecção e sanção do direito natural, num tempo em que tinham desaparecido a unidade da Europa e a salvaguarda religiosa duma moral universal."[696]

O século XVI é pois um marco na História da Europa, que começa a compreender que o seu semi-continente é uma pequena parcela de um vasto Mundo, e que os seus valores político-religiosos dificilmente adquirem uma aceitação ecuménica: "Existe, desde o século XVI, um sistema público internacional em escala mundial, mas que só comporta poucos membros: (...) O espaço mundial é um campo aberto às ambições das nações que sabem organizar navegações à grande distância e dispõem

---

695 Silva Cunha, Joaquim da e Vale Pereira, Maria da Assunção do, *Manual de Direito Internacional Público*, Ob. Cit., p. 182.

696 Gettell, Raymond G., *História das Ideias Políticas*, Ob. Cit., p. 224; vide tb. Silva Cunha, Joaquim da e Vale Pereira, Maria da Assunção, *Manual de Direito Internacional Público*, Ob. Cit., pp. 183/188.

de exércitos modernos, equipados de armas de fogo e artilharia, e não um mosaico de Estados independentes e iguais."[697]

De facto, os tratados internacionais e as teorias pacifistas nunca sustaram a constante luta entre os Estados europeus para alargarem os seus territórios, não só circunvizinhos, mas também coloniais. A Espanha, inconformada com as decisões de Westefália, que punham em causa a sua hegemonia política na Europa e que moderavam a intransigente perseguição que movia aos protestantes, aproveitou os problemas internos da França, durante a menoridade de Luís XIV de Bourbon (1638-1715), que ficaram conhecidos como a Fronda, para neles intervir "manu militari", ameaçando a integridade territorial francesa. Aliando-se à Commonwealth britânica, onde Cromwell era o Lord Protector, a França conseguiu porém derrotar a Espanha, obrigando Filipe IV de Habsburgo (1605-1665), monarca profundamente católico, a aceitar o Tratado dos Pirenéus (1659), o qual significou o termo da sua preponderância: "Quando Mazarino morreu, em 1661, Luís XIV possuía na Europa uma supremacia incontestável e, dentro do país, um poder absoluto doravante incontestado. A França parecia entrar numa era de grandeza e de paz."[698]

A França, durante o reinado de Luís XIV, entrou num período de grandeza, mas, em 1667, a pretexto de incumprimento do dote e da "devolução" dos direitos de sua esposa Maria Teresa, filha do primeiro casamento de Filipe IV de Espanha, nos territórios dos Países Baixos espanhóis e no Franco-Condado, invadiu-os militarmente. A Holanda, a Inglaterra e a Suécia, aliaram-se na tentativa de evitar a hegemonia francesa na Europa, conseguindo no ano seguinte obter a paz de Aix-la-Chapelle, mas sem a devolução do Franco-Condado.

Pouco depois, na sequência da política comercial mercantilista das principais potências marítimas, a Inglaterra e a Holanda prejudicar a França, esta decide limitar as suas importações e impedir o transporte dos produtos franceses pela marinha holandesa. A França, pactuando com a Inglaterra absolutista de Carlos II, dado o agravamento das relações com a Holanda invade este país em 1672, mas as alianças que se firmaram, colocando Leopoldo I, imperador do Sacro Império Romano Germânico, a liderar uma coligação de Estados, lançaram de novo a Europa num conflito generalizado: "A coligação continental nada podia fazer contra a 'entente'

---

697 Claval, Paul, *Espaço e Poder*, Rio de Janeiro, Zahar Ed., p. 211.

698 Pirenne, Jacques, *As Grandes Correntes da História Universal*, Ob. Cit., Vol. III, p. 9; acerca da Fronda vide tb. *Idem*, pp. 3/7.

da França e da Inglaterra, que tinha a Leste o apoio da Turquia. Em terra, a França fazia frente, em todos os teatros de guerra aos coligados. No mar, a esquadra francesa bloqueava a Holanda, e os barcos ingleses entregavam-se contra ela a uma ruinosa guerra de corso, ao mesmo tempo que o exército otomano paralisava o exército imperial, invadindo a Hungria, então em plena revolta contra a política absolutista de Leopoldo I."[699]

A política absolutista de Carlos II e o seu apoio aos católicos provocou porém uma pressão do parlamento burguês contra os "papistas" e uma condenação da guerra contra a Holanda calvinista, o que obrigou à assinatura da paz, em 1674. A Holanda, liberta da Inglaterra e apoiada por Frederico Guilherme (1657-1713), eleitor do Brandeburgo,[700] passou a constituir um perigo para a França, a qual perdera o apoio da Turquia que enfrentava uma desesperada resistência da Polónia, à sua expansão.

A França aceitou assim a paz de Nimegue (Nijmegen), cidade holandesa, onde foram celebrados tratados com a Holanda, com a Espanha e com o imperador Leopoldo I: "Os tratados de 1678-79 fizeram de Luís XIV o herói da Europa, grande homem de guerra e conquistador. Pessoalmente, o Rei-Sol não estava satisfeito, pelo contrário."[701]

Descontente com a demarcação territorial da França, definida pelos tratados de Nimegue, a qual lhe concedia todavia o Franco-Condado, Luís XIV prossegue uma política expansionista, cujo objectivo era o de atingir os "limites naturais" da França, até ao Reno, anexando o Luxemburgo, o Sarre, Estrasburgo e parte da Alsácia.

A expansão da França, com evidentes objectivos imperialistas, inquietou vários países da Europa que formaram uma coligação contra Luís XIV, liderada pelo imperador Leopoldo I. A Holanda, a Espanha, a Inglaterra, a Saboia e grande parte dos príncipes alemães, unidos na Liga de Augsburgo, combateram durante nove anos os exércitos franceses, impelindo a França, esgotada financeiramente a assinar, em 1697, o tratado de Ryswick pelo qual foi obrigada a abandonar as conquistas feitas.

O falecimento em 1700, de Carlos II de Espanha, sem herdeiros ao seu trono, provocou de novo uma tensão política na Europa, em virtude deste monarca ter escolhido para o suceder, o neto de Luís XIV, Filipe de

---

[699] Pirenne, Jacques, *As Grandes Correntes da História Universal*, Ob. Cit., Vol. III, p. 47.

[700] Frederico Guilherme, intitulado Frederico I, foi o primeiro rei da Prússia, a partir de 1701.

[701] Grimberg, Carl, *História Universal*, Ob. Cit., 1968, Vol. 12, pp. 113/114.

Bourbon, duque de Anjou, o que conduzia à criação de um grande bloco territorial, não só na Europa mas também nos domínios ultramarinos.

Em Inglaterra, onde a Revolução de 1688 tinha colocado no seu trono Guilherme III de Orange, "stathouder" da Holanda protestante, casado com Maria, filha do monarca deposto, Jaime II, ferveroso católico absolutista, a luta pelo poder mantém-se pela acção de Luís XIV, que invade os Países Baixos. Concretizada a ameaça imperialista da França, a Holanda, a Inglaterra, o imperador e quase todos os príncipes alemães declaram guerra àquele país em 1701, apoiando a candidatura ao trono de Espanha do arquiduque Carlos de Habsburgo, filho de Leopoldo I: "Em 1701, tratava-se de saber se, aceitando a herança de Carlos II, os Bourbons de França, passando a ser os sucessores dos Habsburgos, estenderiam o seu poder sobre a Espanha, a Bélgica, a Itália e o império colonial da Espanha, obtendo assim o domínio, não só da Europa, mas dos oceanos, e por consequência do mundo."[702]

A Guerra da Sucessão de Espanha, desgastante e cruel prolongou-se por mais de uma década, tendo abrandado em 1711, data em que Carlos de Habsburgo, por morte de seu irmão José I, foi proclamado imperador. A Inglaterra e a Holanda, receosas de que esta situação refizesse territorialmente o império de Carlos V, desistiram da contenda no ano seguinte, o que conduziu à assinatura do tratado de Utrecht, em 1713, o qual obrigava Filipe V de Bourbon a renunciar à coroa da França, sendo proclamado apenas rei de Espanha. A guerra, continuada pelo imperador, manteve-se porém até ao tratado de Rastadt, de 1714, que lhe entregou os Países Baixos a as possessões italianas da Espanha: "A política de imperialismo dinástico, como a concebera o rei de Espanha Filipe III, e após ele Luís XIV, estava definitivamente condenada. (...) O Santo Império deixava definitivamente de existir. Daí em diante, sobreviveria apenas como arcaísmo, até ao momento em que Napoleão o faria desaparecer de uma vez para sempre."[703]

Envolvendo numerosos países da Europa, a Guerra da Sucessão da Espanha, promoveu também a ascensão do eleitorado de Brandeburgo a Estado, quer pela centralização do poder político levada a cabo por Frederico Guilherme, o Grande Eleitor, que atraiu ao seu país os huguenotes

---

[702] Pirenne, Jacques, *As Grandes Correntes da História Universal*, Ob. Cit., Vol. III, p. 78.

[703] Pirenne, Jacques, *As Grandes Correntes da História Universal*, Ob. Cit., Vol. III, p. 87.

expulsos da França pela revogação do Edicto de Nantes (1685), quer pelo apoio militar prestado pelo seu filho ao imperador, que o intitulou rei da Prússia, com o nome de Frederico I (1657-1713). A Prússia, que se desenvolveu pela política económica e militar conduzida pelos seus monarcas, aproveitou o falecimento do imperador Carlos VI, em 1740, para invadir a Silésia, enquanto os exércitos da Saxónia e da Baviera atacavam a Boémia e a Áustria. Começava assim a Guerra da Sucessão da Áustria, onde interveio a França a favor da Prússia, onde reinava Frederico II, o Grande (1712-1786) e a Holanda, a Inglaterra e a Hungria, em defesa da Áustria, onde imperava Maria Teresa (1717-1780), filha de Carlos VI.

A paz de Aix-la-Chapelle, conseguida em 1748, evidenciou o poder político-militar da Prússia, que manteve a posse da Silésia, passando a constituir um Estado que pela capacidade das suas forças armadas, viria a constituir uma nova força numa Europa dividida – o imperialismo alemão.

A reconstrução da unidade imperial europeia através do poder do Sacro Império Romano Germânico deixava progressivamente de constituir um projecto político viável, situação que se agrava com a deslocação do conflito entre os Estados europeus que pretendem afirmar a sua hegemonia, para os seus vastos espaços coloniais.

A rivalidade económica e colonial entre a Inglaterra e a França, no século XVIII, principalmente na América e na Índia, procurou ser contida pelas decisões de Aix-la Chapelle de renúncia às conquistas coloniais, mas, a partir de 1750 intensificaram-se os ataques dos ingleses às colónias francesas, nomeadamente contra o Canadá, que culminaram numa acesa luta nas margens do rio Ohio, a qual conduziu à declaração de Guerra de Luís XV da França, à Inglaterra, em 1756.

Na Guerra dos Sete Anos, que foi uma continuação da Guerra da Sucessão da Áustria, a Prússia aliou-se à Inglaterra, o que enfraqueceu muito a posição da França, que conseguiu o apoio da Áustria e da Rússia, país que se ocidentalizara a partir de Pedro o Grande (1672-1725). Combatendo nas colónias, no mar e no continente, a França em dificuldades, conseguiu envolver a Espanha e Nápoles na contenda, apelando em 1761 à solidariedade familiar dos Bourbons, mas a Inglaterra, com o apoio dos colonos americanos, ocupara-lhe já parte dos territórios coloniais, como Quebeque e Montreal. A paz foi firmada pelo tratado de Paris, em 1763, o qual significou a redução drástica do império colonial francês em benefício do império mundial inglês. No continente europeu, a França desprestigiada pela derrota sofrida, viu-se substituída pela Prússia como potência hegemónica: "A Inglaterra, tornando-se verdadeira potência mundial, ficava com o domínio indiscutível dos mares. E, no continente, o centro de gravidade deslocava-se para Leste."[704]

Numa França em declínio, feudal e atrasada tecnologicamente, surge em 1789 uma revolução pequeno-burguesa, que arrasta todo o terceiro estado na contestação dos privilégios fiscais da nobreza e do clero e das suas prerrogativas judiciárias, bem como do seu acesso exclusivo à área do Poder.

Esta revolução que inicialmente surgiu como um problema nacional, mas que em breve envolveu toda a Europa absolutista, pelas suas afirmações de soberania nacional que punham em causa a legitimidade teocrática dos monarcas, evoluiu também, além das múltiplas consequências que não cabe aqui referir, para uma tentativa de formação de um Estado hegemónico europeu.

Aberto o conflito entre Luís XVI e a população de Paris atormentada pela fome, pela recusa do monarca em sancionar a *Declaração dos Direitos do Homem e do Cidadão*, o palácio de Versailles foi invadido em 5 de Outubro de 1789 e a família real aprisionada e conduzida ao palácio das Tulherias, na capital. Esta situação humilhante, impeliu a família real a tentar fugir pelo norte, com o apoio do comandante de Metz, sendo porém reconhecida no percurso e aprisionada em Varennes, em 22 de Junho de 1791.

Este episódio, que agravou a situação perigosa em que encontrava o monarca "traidor", preocupou o rei da Prússia, Frederico Guilherme II e o imperador Leopoldo II, irmão da rainha Maria Antonieta, que reunidos numa conferência em Pillnitz afirmaram "encarar os meios mais eficazes para intervir na França".

Estava iniciado um longo conflito entre a França revolucionária e a Europa absolutista, que, paradoxalmente, no primeiro confronto entre as tropas revolucionárias mal treinadas e equipadas perante as forças armadas profissionais prussianas e austríacas, bem armadas e disciplinadas, venceram as primeiras, animadas pela defesa da "Pátria em perigo".

As vitórias das tropas francesas, comandadas por Charles François Dumouriez, contra as prussianas, em Valmy, a 20 de Setembro de 1792 e contra as austríacas, em Jemappes, a 6 de Novembro do mesmo ano, permitindo-lhe dominar a Bélgica, convenceram os revolucionários de que o seu exército, formado por entusiastas voluntários nacionalistas, se podia opor a qualquer força armada.

---

[704] Pirenne, Jacques, *As Grandes Correntes da História Universal*, Ob. Cit., Vol. III, p. 253.

A abolição da realeza e a proclamação da República, por uma Convenção Nacional, dotada de poderes constituintes, em 25 de Setembro de 1792, alarmaram as monarquias europeias, confrontadas com a força da Revolução e com a sua previsível propagação a outros países.

Em Dezembro seguinte, por pressão dos montanheses, partido extremista popular, Luís XVI, preso com a sua família desde Agosto, sendo acusado de actos de traição, foi condenado à morte e executado, a 31 de Janeiro de 1793. Paralelamente o exército francês, iniciara uma campanha de anexações com o pretexto de levar a liberdade aos povos, contra os "tiranos", e de estender a França até aos seus limites naturais – o Reno e os Alpes.

A necessidade de travar a Revolução Francesa, actuação sustentada pela Inglaterra, promoveu em Março de 1793 a formação de uma aliança ofensiva deste país com a Áustria, a Prússia, a Sardenha, a Holanda e a Espanha – *1.ª Coligação* – o que não impediu a execução de Maria Antonieta, em 17 de Outubro desse ano.

A Revolução alterara porém profundamente a arte da guerra, começando pelo recrutamento de voluntários e alterando a táctica militar, que abandona a imobilidade das linhas de fogo, para introduzir novas formações de batalha, que permitam o aproveitamento do terreno bem como o movimento.

Na guerra contra as Nações coligadas, distingiu-se Napoleão Bonaparte (1769-1821), militar corso, muito jovem, que se apoderou da Lombardia e de Milão, obrigando os Estados Pontifícios a capitularem. Pretendendo marchar contra Viena, foi sustado pelo imperador Francisco II (1768-1835), que, pelo tratado de Campo Formio firmado em 17 de Outubro de 1797, cedeu à França os territórios austríacos da Bélgica e da Lombardia.

Napoleão, dirigindo-se aos seus homens, incentivava-lhes os brios, convencendo-os a arriscar a vida para a obtenção de honras, glória e riqueza. Mantendo a unidade do comando e aproveitando bem o tempo, a sua actuação ajustava-se às circunstâncias, às forças do inimigo e aos meios de que dispunha, visionando a guerra como uma forma de aquisição de Poder: "A finalidade não é unicamente militar; é, antes de mais, política: é a batalha decisiva a curto prazo. Foi sempre essa a preocupação dominante de Bonaparte, e visava, por uma exploração imediata da vitória, o enfraquecimento do adversário, que Clausewitz designará como o objectivo por excelência da guerra."[705]

[705] Schneider, Fernand, *História das Doutrinas Militares*, Amadora, Livr. Bertrand, 1975, p. 48.

Com o objectivo de enfraquecer economicamente a Inglaterra, Napoleão, que renunciara a um projecto de invadir as Ilhas Britânicas, deslocou o teatro de operações para o Egipto, base de apoio para o domínio da Índia, ocupando o Cairo, mas no mar, o almirante Nelson derrotou-lhe a armada em Abukir (Agosto de 1798), isolando as tropas francesas no Oriente. Atacado pelos turcos, e incapaz de se apoderar da fortaleza de São João de Acre, na posse de uma guarnição britânica, Napoleão regressou ao Egipto onde teve conhecimento de que a Áustria, a Inglaterra, a Rússia e a Turquia tinham formado contra a França uma *2.ª Coligação* (1799).

Entretanto, em França, as suas forças armadas eram batidos pelos exércitos da segunda coligação, e no plano político-administrativo desenhava-se uma crise de indisciplina que atingia a vida económica, situação que Napoleão, regressado a Paris, aproveitou habilmente desencadeando o golpe de Estado de 18 do Brumário do Ano VIII, (9 de Novembro de 1799) que o colocou no Poder – o Consulado – onde desempenhou o cargo de *Primeiro-Cônsul*.

Detentor de um poder político-militar, Napoleão continuou a luta contra as forças da coligação, obtendo em 1800 uma vitória em Marengo, que obrigou o imperador austríaco a evacuar o Norte de Itália. A aliança da Turquia com a Rússia e a ameaça da Inglaterra cortava-lhe todavia as suas ambições imperialistas através do Mediterrâneo oriental, decidindo assim firmar com Francisco II o tratado de Luneville, em 1801, que lhe garantiu a posse da margem esquerda do Reno e o domínio da maior parte da Itália.

Ponderando as vantagens e os inconvenientes da continuação da guerra contra a França, a Inglaterra decidiu negociar a paz fazendo cedências que se concretizaram no tratado de Amiens, de Março de 1802, o qual muito beneficiou Napoleão na sua caminhada para o poder imperial: "Os preliminares de Londres constituíam total inversão da política da Inglaterra. Pela primeira vez em toda a sua história, aceitava a ocupação da Bélgica pela França, que se instalara em Antuérpia. Jamais a monarquia francesa alcançara sucesso que se comparasse a este. Era o reconhecimento pela Inglaterra da hegemonia francesa sobre toda a Europa ocidental."[706]

Através de um plebiscito realizado em Maio do mesmo ano é conferido a Napoleão o consulado vitalício e em Agosto, o Senado votando o Senatusconsulto do Ano X, reserva ao Primeiro Cônsul o direito de designar o seu sucessor.

---

[706] Pirenne, Jacques, *As Grandes Correntes da História Universal*, Ob. Cit., Vol. IV, 1952, p. 121.

A Europa pós-Amiens apresentava um novo equilíbrio que se supunha estável: "o Ocidente unia-se sob a supremacia francesa; o Leste unificava-se sob o absolutismo do czar; a Europa central, reagrupando-se em Estados monárquicos, parecia orientar-se igualmente para uma unidade que se faria, quer em volta da Áustria, quer em volta da Prússia."[707]

Governando como um monarca, Napoleão impulsiona porém uma política colonial na Luisiana, nas Antilhas e na Índia, e uma política marítima mediterrânea, negociando tratados com o regente de Tripoli e com o bey de Tunes, colocando uma esquadra em Argel e enviando missões diplomáticas ao Egipto, à Tripolitânia e à Síria.

Esta política, bem como a sua intervenção na Holanda, na Suíça e na Sardenha provocou a apreensão da Inglaterra, que pressionou a França a evacuar esses países e a pagar uma indemnização ao rei da Sardenha. Perante a recusa de Napoleão em satisfazer essas exigências, o governo britânico mandou apreender de surpresa, em Maio de 1803, 1.200 navios franceses e batavos, o que confirmou a sua conhecida soberania em todos os mares: "A ideia de império universal surge frequentemente. Aos olhos de Napoleão, que possuía uma certa cultura clássica, sobretudo latina, ela invocava o Império Romano."[708]

Napoleão compreendeu que, para concretizar os seus sonhos imperialistas necessitava de isolar a Inglaterra, e que para tal precisava do apoio do Império russo, de dimensões incomensuráveis, submetendo assim o continente europeu a uma hegemonia francesa incontestável.

Aproveitando uma conspiração dos realistas franceses contra a sua pessoa, ocorrida em Março de 1804, Napoleão mandou prender ilegalmente Louis Antoine Bourbon Condé, duque de Enghien, exilado no Grão-ducado de Baden, alheio à conjura, fê-lo julgar por uma comissão militar e fuzilar nos fossos do castelo de Vincennes. Em Maio seguinte, através de um Senatusconsulto do Ano XII, Napoleão adquire a dignidade hereditária de Imperador dos Franceses, estabelecendo assim uma monarquia cesarista, paradoxalmente sob a forma constitucional de República.

Os acontecimentos em França, a sua influência na Itália, na Holanda, na Suíça e em grande parte da Alemanha, bem como a sua aliança com a Espanha, impulsionaram em 1805 a formação da união da Inglaterra com a Áustria e a Rússia – *3.ª Coligação* – para a combaterem.

---

707 Pirenne, Jacques, *As Grandes Correntes da História Universal*, Ob. Cit., Vol. IV, p. 131.

708 Duroselle, Jean-Baptiste, *História da Europa*, Ob. Cit., p. 275

Napoleão concebe um plano de ataque à Inglaterra, procurando afastar a esquadra britânica do canal da Mancha para poder invadir as ilhas britânicas com tropas concentradas no Champ de Boulogne, protegendo-as com a esquadra franco-espanhola. O plano napoleónico porém não resultou, já que o almirante Nelson, rumando a Gibraltar surpreendeu a esquadra inimiga perto de Cádiz, desbaratando-a junto ao cabo de Trafalgar, em 21 de Outubro de 1805.

Obrigado a desistir da invasão da Inglaterra, Napoleão obteve porém importantes sucessos no campo de batalha, derrotando os austríacos em Ulm e ocupando Viena, onde se instalou. Em 2 de Dezembro bateu o exército austro-russo em Austerlitz na chamada batalha dos três imperadores, vitória que conduziu à assinatura da paz, em Presburgo, a 26 de Dezembro de 1805. A França passava a dominar vastos territórios na Itália e na Alemanha, o que permitiu a Napoleão distribuir as coroas dos reinos subjugados por diversos membros da sua família, e Francisco II viu-se obrigado em Agosto de 1806 a abdicar do título de imperador do Sacro Império Romano-Germânico: "O resultado da terceira coligação foi dar à Inglaterra o domínio dos mares e a Napoleão o do continente. (...) Substituindo a sua autoridade àquela de que pretendera usufruir outrora o imperador do Santo Império, (Napoleão) arrogou-se o direito de dispor dos territórios e das coroas da Europa inteira."[709]

A "unidade europeia" pós-1806 apresenta porém inultrapassáveis problemas que irão conduzir à sua desunião. As dinastias destronadas e os estados privilegiados, a nobreza e o clero, desprestigiados, violentados, e desapossados dos seus bens, não podiam tolerar a ascensão de uma nova "nobreza" de função, uma nova classe de notáveis escolhida pelos seus méritos, talentos e virtudes, aferidos pelos valores da revolução burguesa. O próprio povo dos países ocupados pela França, que aplaudira a sua revolução e sonhara com uma sociedade de iguais, maltratado, espoliado, violado e assassinado pelos soldados de Napoleão, não o via obviamente, como o "libertador" dos "tiranos" absolutos, como ele propalava: "Trata-se, desta vez, de uma verdadeira confederação, sob a sua direcção pessoal, e esta confederação assenta, contudo, num novo dado: os laços familiares."[710]

A Inglaterra procura todavia manter a sua política externa através da via diplomática, mas a Prússia, pretendendo terminar com a interferência

---

709 Pirenne, Jacques, *As Grandes Correntes da História Universal*, Ob. Cit., Vol. IV, pp. 144/145.

710 Duroselle, Jean-Baptiste, *História da Europa*, Ob. Cit., p. 273.

francesa na Alemanha, pressionou a formação de uma *4.ª Coligação*, em Outubro de 1806, para continuar a guerra. Napoleão também a desejava, como podemos ver pelas suas próprias palavras: «Mon pouvoir tient à ma gloire, et ma gloire aux victoires que j'ai remportées. Ma puissance tomberait, si je ne lui donnais pour base encore de la gloire et des victoires nouvelles. La conquête m'a fait ce que je suis; la conquête seule peut me maintenir. (*A Bourrienne.*) (...) Entre les Etats, entre les Nations, il n'y a pas de paix, il n'y a que des trêves. (*Au Conseil d'Etat; 1806; Molé.*)»[711]

A Prússia foi destroçada em Iena, em Outubro de 1806, e humilhada com a sequente ocupação de Berlim, e na campanha da Polónia, Napoleão perseguiu os russos nesse frígido território, infligindo-lhes em Junho de 1807, a pesada derrota de Frieland.

O termo das hostilidades foi pactuado em Tilsit entre Napoleão e o czar Alexandre I, em Julho de 1807, adquirindo a França os territórios prussianos a Oeste do Elba, que deram origem ao reino da Vestefália, e os da Polónia, que passaram a constituir o grão-ducado de Varsóvia. Secretamente os dois imperadores, dado o desmoronamento da Prússia, aliaram-se contra a Inglaterra e encaram a possibilidade de partilharem o império turco, a braços com uma crise política interna.

Considerando poder fazer um cerco económico à Inglaterra, uma vez que o seu império dominava a Europa central, Napoleão decretara em Berlim, a 21 de Novembro de 1806, um Bloqueio Continental que colocava as ilhas britânicas em *Estado de Sítio*, declarando boa presa toda a mercadoria britânica e proibindo a atracação de qualquer navio que tivesse tocado num porto inglês. Em 17 de Dezembro, pelo decreto de Milão, declarava boa presa todo o navio que tivesse pago imposto ao tesouro britânico ou recebido a visita de um navio inglês.

Para alcançar os seus objectivos no Norte, Napoleão ocupou a Pomerânia sueca e cidades da Liga Hanseática, e para vigiar o Mediterrâneo anexou o reino da Etrúria. Entrando em conflito com o Papa Pio VII, por este se recusar a aderir ao bloqueio, ocupou-lhe em 1808 os Estados Pontifícios. Aproveitando uma desavença havida entre Carlos IV de Espanha e seu filho Fernando, Napoleão atraiu-os a Baiona, aprisionando-os e obrigando-os a renunciar ao trono espanhol, que entregou ao seu irmão José, atitude que deu início, em Maio de 1808, à Guerra Peninsular (ou da Independência).

Portugal, ocupado em 1807 pelo incumprimento do Bloqueio Continental, foi auxiliado por um corpo expedicionário inglês a expulsar os

---

[711] Napoléon, *Vues Politiques*, Rio de Janeiro, Americ = Edit., s/d., pp. 300/301.

invasores franceses, comandados pelo general Junot, que, derrotados, se retiraram por mar em Setembro de 1808.

O levantamento espanhol e português contra o exército francês, que cometeu na Península Ibérica as mais espantosas atrocidades a que não escaparam as crianças, assassinatos, violações, saques e destruições de alfaias agrícolas que arrasaram a sua economia, impeliu a Áustria, em Março de 1809, a aliar-se à Inglaterra – *5.ª Coligação* – para combater Napoleão. Este, retirando parte das suas tropas de Espanha, derrotou de novo os austríacos em Wagran, em Junho de 1809. A paz foi assinada em Viena, em Outubro de 1809, o que lhe permitiu aumentar o seu Império com territórios a Oeste do mar Adriático, que constituíram as Províncias Ilíricas.

Incapaz de defender a Áustria, o imperador Francisco I, aceita aliar-se à França combinando o casamento de sua filha primogénita Maria Luísa com Napoleão, que havia tentado sem êxito desposar a irmã do czar Alexandre I e que viu assim recusado o seu esboçado plano de condomínio franco-russo de partilha do mundo, a que aspirava desde a sua elevação a imperador dos franceses[712].

O casamento de Napoleão com Maria Luísa, realizado em Abril de 1810 na cidade de Paris com a assistência de numerosos monarcas e de altos dignatários da Igreja significou a instauração de uma nova ordem europeia, num Império que atingiu o seu apogeu de extensão territorial, e que, incluindo Estados dependentes e vassalos, abrangia quase toda a Europa, com exclusão de Portugal, da Inglaterra e Irlanda, Suécia, Sardenha, Sicília e dos Impérios Russo e Otomano: "Em todos os países anexados – (...) – as instituições nacionais eram substituídas pelas leis francesas e pelo Código Civil, tornando-se o francês a língua oficial. (...) O antigo regime fora aí abolido. As instituições francesas, nascidas da Revolução, e transformadas pela autoridade do imperador, eram introduzidas ao mesmo tempo que a igualdade civil. (...) O Império francês não foi pois unicamente uma construção artificial, mantida por Napoleão somente pela força das armas. Se pôde ser realizado, foi porque a evolução histórica o tornava possível."[713]

---

[712] Francisco I, imperador da Áustria desde 1805, data da formação da Confederação do Reno, foi o último imperador do Sacro Império Romano-Germânico, como Francisco II, título de que abdicou em 1806, quando Napoleão extinguiu este império.

[713] Pirenne, Jacques, *As Grandes Correntes da História Universal*, Ob. Cit., Vol. IV, p. 151.

O império napoleónico, cuja amplitude territorial mais se aproximou do Império Romano do Ocidente, apenas durou quatro anos. As tropas francesas após a derrota sofrida em Portugal tentaram de novo a invasão em Janeiro de 1809, sob o comando do general Soult, conquistando e saqueando a cidade do Porto donde retiraram em Maio para evitarem um recontro com as tropas anglo-lusas reorganizadas pelo general Beresford, nomeado marechal general do exército português.

O incumprimento do Bloqueio Continental pelo czar Alexandre I, bem como as anteriores divergências, que referimos, impeliram Napoleão a decidir a invasão da Rússia, atravessando para tal o rio Niémen em Junho de 1812. Progredindo em regiões com os campos e aldeias queimados pelo exército russo, Napoleão conseguiu atingir Moscovo, também incendiado, ficando isolado nas estepes geladas, sem mantimentos suficientes, situação que o obrigou a sofrer, no inverno, uma dantesca retirada: "O aniquilamento do exército francês provocou imediatamente a sublevação da Europa. (...) Napoleão abandonou as tropas ao seu destino e voltou a toda a pressa a Paris."[714]

Entretanto, em Julho de 1810, Napoleão enviara à Península Ibérica um corpo de exército, comandado pelo general Massena, trazendo o general Junot sob as suas ordens, com o objectivo de ocupar Portugal. Previamente, Sir Arthur Wellesley, feito duque de Wellington, comandante das tropas anglo-lusas, havia mandado construir um campo entrincheirado, as chamadas Linhas de Torres Vedras, que Massena constatou serem inexpugnáveis. Não tendo também obtido grandes êxitos nos recontros havidos e sem mantimentos suficientes para se manter, bateu em retirada em finais desse ano, sendo perseguido pelo exército anglo-luso em Espanha no ano seguinte por Wellington, que após algumas conquistas, como Ciudad Rodrigo e Badajoz, dada a concentração de forças napoleónicas retirou temporariamente para Portugal[715].

O conhecimento do desastre militar francês na campanha da Rússia, promoveu em 1813 uma *6.ª Coligação*, constituída pela Inglaterra, Prússia e Rússia, a que se associaram depois a Áustria e a Suécia, para combaterem a França.

---

[714] Pirenne, Jacques, *As Grandes Correntes da História Universal*, Ob. Cit., Vol. IV, p. 176.

[715] Cfr. Peres, Damião, *História de Portugal*, Barcelos, Portucalense Ed., Vol. VI, MCMXXXIV, pp. 349/353.

Após algumas resistências e vitórias de Napoleão na Saxónia, a guerra alastrara para vários pontos do Império, travando-se em Outubro de 1813 a Batalha das Nações, em Leipzig, que já referimos, entre as forças coligadas e as forças francesas, a qual decidiu o fim do Império francês. No Sul, na primavera de 1813, as tropas anglo-lusas comandadas por Wellington, reforçadas com unidades espanholas, atravessam a Espanha e entram em França: "Em 11 de Abril de 1814 conquistava Toulouse, então defendida por Soult. Pouco antes, Bordeus acolhera voluntariamente o exército de Beresford (12 de Março de 1814)."[716]

Em 6 de Abril de 1814 Napoleão assinara a sua abdicação e três dias antes já o Senado decidira e decretara que: "*Napoléon Bonaparte* est déchu du trône, et le droit d'hérédité établi dans sa famille est aboli; Le peuple français et l'armée sont déliés du serment de fidélité envers *Napoléon Bonaparte;* Le présent décret sera transmis par une message au Gouvernement provisoire de la France, envoyé de suite à tous les départements et aux armées, et proclamé incessamment dans tous les quartiers de la capitale.»[717]

4.6.1 *A auto-destruição da Europa*

O fim da guerra na Europa, e a queda de Napoleão, foram confirmados a 30 de Maio de 1814, pelo Tratado de Paris, que atraiu à capital francesa a quase totalidade dos príncipes europeus, obviamente interessados em seguir o rumo dos acontecimentos.

Os Estados vencedores pretendiam restaurar a ordem europeia com base na legalidade monárquica e definir uma ordem jurídica internacional onde o equilíbrio de forças dos Estados fosse complementado por uma direcção das grandes potências. Para tal foi decidido reunir em Viena um Congresso, que após alguns adiamentos, foi iniciando as suas tarefas a partir do Outono de 1814, as quais terminaram em 9 de Junho de 1815.

Napoleão, com residência fixada na Ilha de Elba, havia-se evadido em 20 de Março de 1815 para retomar o Poder, mas vencido novamente na batalha de Waterloo, travada a 18 de Junho contra as forças da *7.ª Coli-*

[716] Peres, Damião, *História de Portugal*, Ob. Cit., Vol. VI, p. 353.

[717] Cfr. Duguit, Léon et Monnier, Henry, *Les Constitutions et les principales lois politiques de la France depuis 1789*, Ob. Cit., pp. 177/179.

gação, composta pela Inglaterra, Áustria, Prússia e Rússia, comandadas pelo duque de Wellington, foi preso a 8 de Julho e exilado na Ilha de Santa Helena, onde veio a falecer.

Libertos definitivamente de Napoleão, as monarcas das grandes potências europeias, "Os Quatro Grandes", procuraram definir o rumo político da Europa através de várias iniciativas, como o estabelecimento da Santa Aliança, em 26 de Setembro de 1815, feita em nome da Santíssima e Indivisível Trindade entre Alexandre I da Rússia, ortodoxo, Francisco II da Áustria, católico e Frederico Guilherme III da Prússia, luterano, a que aderiram depois os reis da França e da Espanha, para defesa do absolutismo, combatendo o liberalismo e o nacionalismo.

No Congresso de Troppau, reunido por Metternich, canceler da Áustria, na Silésia, de 23 de Outubro a 17 de Dezembro de 1820, decidiu-se a intervenção contra o movimento liberal e o não reconhecimento dos governos nascidos de movimentos revolucionários, onde a autoridade legítima tivesse sido deposta.

A ideia de "soberania nacional" difundida pela Revolução Francesa, conducente à estruturação política dos povos com afinidades culturais e tradições históricas comuns e à recusa da legitimidade teocrática das dinastias hereditárias, não permitiu todavia o completo retorno à Europa absolutista.

O Movimento das Nacionalidades, que já referimos, intensifica-se com as decisões de Viena, que lhe são desfavoráveis, promovendo importantes alterações na carta política da Europa até ao deflagrar do grande conflito – a Grande Guerra de 1914-1918 – para o qual, aliás, a tensão conflituosa existente nos Balcãs também contribuiu. A Grécia consegue o reconhecimento formal da sua independência pelo tratado de Andrinopla de 1829; a Bélgica separa-se da Holanda em 1830; a Hungria consegue a instauração de uma monarquia dualista com a Áustria através do Convénio (*Ausgleich*) de 1867; o Montenegro, a Roménia, a Sérvia e a Bulgária, após o termo da guerra turco-russa, obtêm a sua independência nas decisões de Congresso de Berlim de 1878, embora esta última tivesse ficado formalmente como Estado vassalo da Sublime Porta (Império Otomano); a Itália concretiza a sua unificação em 1870 e a Alemanha congrega os seus numerosos Estados num Império, erigido em 1871, após ter derrotado a França na guerra franco-prussiana.

A Europa dos soberanos absolutos, que a Santa Aliança pretendeu perpetuar, foi-se transformando numa Europa de monarquias constitucionais, mas os conflitos, motivados pelas suas aspirações de alargamento territorial, de hegemonia ou proeminência no continente europeu não deixaram de existir.

A vitória germânica na guerra franco-prussiana, liquidando o Segundo Império francês, em fase de desenvolvimento industrial, cercando Paris e anexando-lhe a Alsácia-Lorena, agravara a contenção existente entre as duas grandes potências. A Alemanha, fortalecida pela sua unificação, desenvolveu-se economicamente em pouco tempo, rivalizando com a Inglaterra, a França, a Áustria-Hungria e mesmo com a Rússia que também se industrializava.

Adivinha-se novo conflito na Europa, o que impele a Alemanha a aliar-se com a Áustria (1879) e com a Itália (1882), criando em 1912 a *Tríplice Aliança.* A França, aliada da Rússia desde 1893, aproximou-se da Inglaterra, o que conduziu a um acordo entre as três potências em 1907 – a *Tríplice "Entente"*.

A rivalidade entre estas potências, o desejo de domínio dos Balcãs pela Áustria e pela Rússia e a questão da Alsácia-Lorena, podem ser apresentadas como os motivos mais evidentes do desencadear da Grande Guerra de 1914-1918, cuja análise se afasta do objecto do nosso estudo.

A dimensão do conflito europeu foi espantosa, envolvendo numerosos Estados. Combateram por um lado: a Alemanha, a Áustria-Hungria, a Turquia e a Bulgária. Pelo outro: a França, a Rússia, a Sérvia, o Montenegro, a Bélgica, o Luxemburgo, a Inglaterra, o Japão, a Itália, a Roménia, Portugal, os Estados Unidos da América, a Grécia, o Brasil, a China, a Guatemala, a Nicarágua, o Haiti, e as Honduras, que foram os vencedores.

O equilíbrio entre as forças contendoras rompe-se a partir da intervenção norte-americana, em 1917: "A 11 de Novembro de 1918, dia do armistício, os americanos que combatem na Europa ascendem a mais de dois milhões. A história da entrada dos americanos na guerra, mostra bem que os Estados Unidos, o gigantesco prolongamento da Europa, graças à emigração, não entraram na guerra pela Europa. Quase poderia afirmar-se: 'muito pelo contrário'."[718]

Na verdade, a supremacia militar e económica dos Estados Unidos da América, afastada da Europa pelo Oceano Atlântico, surgia agora dramaticamente no velho continente, berço da cultura clássica, que se auto-destruíra, perdendo na luta cerca de treze milhões de homens: "À desordem demográfica acrescentou-se a desordem económica. Em 1914 a Europa

[718] Duroselle, Jean-Baptiste, *História da Europa*, Ob. Cit., p. 353.

dominava ainda a economia mundial. Em 1919 os créditos europeus fora da Europa deram lugar a dívidas consideráveis. A maior parte dos investimentos europeus na América do Norte e na do Sul tinham desaparecido para financiar a guerra. Em 1914, apesar do seu poderio industrial, os Estados Unidos não eram verdadeiramente uma potência mundial. Em 1919 já o eram, embora não se tivessem dado inteiramente conta disso."[719]

O termo da guerra deu lugar aos habituais tratados de paz que foram impostos pelos vencedores aos vencidos, sendo de referir a extinção dos Impérios Otomano e Austríaco, resolução que balcanizou a Europa Central, e o Tratado de Versailles de 28 de Junho de 1919 que penalizou duramente a Alemanha no plano territorial, colonial, militar, financeiro e aduaneiro, provocando uma recessão económica e uma inflação galopante naquele país.

Fora também instituída a Sociedade das Nações, a 28 de Abril, organização que pretendia evitar futuros conflitos armados e cujos estatutos foram incorporados no Tratado de Versailles: "A Sociedade das Nações? Foi, de imediato, condenada à morte pela recusa do Senado americano quanto a aprovar os tratados. Em sete grandes potências mundiais, três não lhe estavam ligadas: Estados Unidos, URSS e Alemanha. (...) Além disso, em nenhum dos conflitos que surgirão a Sociedade das Nações se atreverá a actuar de forma eficaz."[720]

A agitação social e a instabilidade política começaram a manifestarse na Alemanha, quando se soube que a guerra estava perdida e que o imperador Guilherme II tivera de se refugiar na Holanda, em Novembro de 1918.

Após a ascensão de Adolf Hitler ao Poder, processo a que já aludimos, o *führer* fortalece o seu exército (*Reichswehr*) desprezando as limitações de efectivos impostas pelo Tratado de Versailles afirmando que a Alemanha teria de ser uma potência mundial ou deixaria de existir – *Deutschland muss entweder Welmacht oder überhaupt nicht sein.*

Sentindo-se forte, Hitler, que nascera na Áustria, planeia a união da sua pátria com a Alemanha, possibilidade que era aceite por muitos austríacos após o desmembramento do Império Austro-Húngaro. Contrariando a oposição das grandes potências europeias à formação desse grande Estado germânico, o exército alemão anexa a Áustria (*Anschluß*), a 13 de Março de 1938. Em Março do ano seguinte a Alemanha estabelece

719 Dreyfus, F. - G. et alii, *História Geral da Europa III*, Ob. Cit., p. 373.

720 Duroselle, Jean-Baptiste, *História da Europa*, Ob. Cit., p. 357.

um protectorado na Boémia e Morávia, destruindo a Checoslováquia pela entrega da Ruténia à Hungria e pela proclamação da independência da Eslováquia. Em 22 do mesmo mês o *führer* impõe à Lituânia a cedência do porto de Memel.

Torna-se evidente, que a Alemanha pretende ampliar o seu território, baseando essa expansão nas concepções geopolíticas do general Karl Haushofer, que defendera uma concepção físico-natural de Nação, a qual justificava a conquista do seu Espaço Vital (*Lebensraum*).

Perante uma Europa indiferente e, de certo modo colaboradora com a nova Alemanha[721], Hitler exige da Polónia a entrega do porto de Danzig, bem como o acesso à Prússia Oriental através dos terrenos polacos circundantes, que dividiam o território alemão. A recusa da Polónia a estas exigências, apoiada pela França e pela Inglaterra, não travou todavia os intentos expansionistas de Hitler, que, a 23 de Agosto de 1939 assina com a Rússia um significativo pacto de não-agressão. Com efeito, a 1 de Setembro seguinte, as tropas alemãs invadiram a Polónia, provocando o início da Segunda Guerra Mundial, dois dias depois, pela declaração de guerra da França e da Inglaterra ao Terceiro Reich.

Iniciada a guerra, verificou-se que o exército alemão estava há muito preparado no plano estratégico para actuar na frente operacional, tendo os seus generais reflectido acerca da derrota sofrida na Grande Guerra, denominada a "guerra das trincheiras", onde a sua Infantaria tinha sido esmagada pelos novos carros blindados do inimigo.

O exército de Hitler possuía agora dez divisões blindadas (*Panzer*) dotadas de armas automáticas da mais moderna tecnologia, podendo conjugar no ataque, esses chamados "tanques" com uma Infantaria dotada de carros ligeiros e motorizadas para se deslocar com rapidez, e ainda fazer um fogo de preparação, não só de artilharia pesada mas também vindo do ar, com os seus aviões *stuka*, de bombardeamento de precisão em voo picado.

O avanço da Infantaria/Carros[722] não aguarda, como outrora, o termo do fogo de preparação, muito demorado, aproveitando a peonagem as crateras dos bombardeamentos intencionalmente encurtados, para se abrigar, sem cavar trincheiras, e atingir o contacto com o inimigo apanhado de sur-

---

[721] A 18 de Junho de 1935, a Alemanha obteve da Inglaterra autorização de construir navios de guerra até 35% da tonelagem existente naquele país, o que violava as prescrições limitativas do Tratado de Versailles.

[722] Em Portugal, os carros blindados (*Panzer*) foram entregues à Cavalaria.

presa: "E os autores alemães calculam logo a seguir à assinatura do Tratado de Versalhes que, na próxima guerra, em que o tempo será favorável para os franco-britânicos, dotados de um *hinterland* mundial, que só uma vitória rápida e brutal pode salvar a Alemanha."[723]

A guerra-relâmpago (*blitz-krieg*) produziu um efeito devastador numa Europa dividida, sem forças armadas capazes de combater a Alemanha nazi, aliada à Itália fascista, desde 1936. A Polónia foi facilmente dominada a Ocidente pelo exército alemão, sendo ocupada a Oriente por tropas da União Soviética, que igualmente pretendia ampliar o seu vasto território. Em Novembro de 1939, as tropas russas invadem a Finlândia, para lhe ocupar o istmo da Carélia, após a recusa desse país em lhe ceder essa passagem para o mar Báltico. Esse pretexto em breve se revela ser um "pacto leonino", uma vez que em 3 de Agosto de 1940 a União Soviética anexa também os três Estados Bálticos.

Entretanto a Alemanha, para se apropriar do ferro escandinavo, ataca em Abril de 1940 a Dinamarca e a Noruega, vencendo-as. Em 10 de Maio seguinte o exército germânico inicia um ataque à Holanda, à Bélgica e à França, ocupando os dois pequenos países respectivamente a 15 e a 21 do mesmo mês. A França, defendida pela Linha Maginot, extensa fortificação construída de 1929 a 1940 das Ardenas à Suiça, no Norte, e dos Alpes ao Mediterrâneo, no Sul, considerada "inexpugnável", assiste à sua ultrapassagem pelas tropas alemãs, a 6 de Junho, as quais envolvem as forças defensivas francesas na Alsácia, e entram em Paris a 14 do mesmo mês.

Vencido o seu ancestral inimigo continental, Hitler ocupa-lhe a metade norte do território, após a negociação de um armistício com o marechal Pétain, o herói da Grande Guerra, o qual desloca o governo francês para Vichy, vendo-se agora obrigado a colaborar com a Alemanha.

Em 8 de Agosto de 1940, Hitler inicia um ataque aéreo às Grã-Bretanha, mas a *Royal Air Force* apresenta uma capacidade bélica superior à sua *Luftwafe*, o que impele o *führer* a tentar isolar a Inglaterra do seu Império, começando por lhe ocupar a zona do Suez.

Deslocada a guerra para o mar tornou-se necessário a Hitler firmar uma aliança com o Japão, potência imperialista que dominava o Oceano Pacífico, e com a qual já tinha celebrado, a 25 de Novembro de 1936, um Pacto anti-Komintern, de luta contra o comunismo. Em 27 de Setembro de 1940, a Alemanha, a Itália e o Japão assinam um Pacto Tripartido, que vai alastrar o conflito europeu a todas as partes do mundo.

---

[723] Schneider, Fernand, *História das Doutrinas Militares*, Ob. Cit., p. 125.

Entretanto, a Itália que pretendia secundar a Alemanha na sua política de sujeição dos Estados limítrofes, ocupara a Albânia em 7 de abril de 1939, e em Outubro de 1940 decide invadir a Grécia, sem sucesso, em virtude do terreno montanhoso grego, o que obriga o *führer* a intervir militarmente, sem conhecer os objectivos do *duce*: «L'Anné 1941 fut, militairement, la plus lourde d'erreurs. Au lieu de concentrer ses forces sur la défense de la Méditerranée, le *Duce* les dispersa, en intervenant successivement en Yougoslavie (avril), en Russie (juin) et en déclarant la guerre aux Etats-Unis (décembre). Sur tous les fronts, les Italiens subirent des échecs et eurent l'humiliation de se voir relayés par les Allemands, qui prirent l'initiative des opérations.»[724]

A Itália vai-se apagando no monstruoso plano de Adolf Hitler, de submissão de todos os povos da Europa à raça ariana incentivado pelos trabalhos de Alfred Rosenberg (1893-1946), ideólogo de etnia germânica nascido na Estónia, um dos primeiros militantes do Partido Alemão dos Trabalhadores, depois Partido Nacional-Socialista Alemão dos Trabalhadores, inscrito em Janeiro de 1919, antes de Hitler, que se integrou em Outubro desse ano: "Em 1930, Rosenberg publicou *O Mito do século XX*. A *Weltanschauung* nacional-socialista estava formada. O seu objectivo era estabelecer a ditadura pela violência, os mesmo pelo terror, se fosse necessário; mas a ditadura que tem em vista não é a do proletariado, é a duma raça implacável e agressiva, encarnada num *Führer*."[725]

A Europa continental vai sendo conquistada ou dominada por Hitler, uma vez que só a Inglaterra se apresentava como o país que podia ainda enfrentar a Alemanha. A Bulgária é obrigada a colaborar com o nazismo em Março de 1941. Em Abril caía a Jugoslávia, defendida por tropas inglesas obrigadas a retirar, e no mês seguinte, a Grécia e a ilha de Creta: "No centro, a 'Grande Alemanha', com perto de 100 milhões de habitantes, vai da Alsácia-Lorena e do Luxemburgo, a oeste, até Memel, a leste, de Schleswig, a norte, à Eslovénia, a sul (e, muito em breve, de facto, até Trieste, no Adriático). Hitler somente anexou aí os territórios onde se fala alemão, com uma curiosa excepção dos Eslovenos, que encara como Germanos, que os infortúnios da História levaram a perder a língua."[726]

---

[724] Guichonnet, Paul, *Moussolini et le Fascisme*, Paris, P.U.F., 7.e Ed., 1968, pp. 116/117.

[725] Pirenne, Jacques, *As Grandes Correntes da História Universal*, Ob. Cit., Vol. VI, p. 530.

[726] Duroselle, Jean-Baptiste, *História da Europa*, Ob. Cit., p. 373.

A "Europa Nova" integrava os Protectorados, Estados directamente submetidos ao *Reich*, governados por altas personalidades nazis, como a Boémia-Morávia, a Polónia e a Ucrânia que representava a área de expansão para leste, na conquista do espaço vital (*lebensraum*): "Também directamente submissos, mas sob a autoridade dos militares, estão os 'territórios ocupados', Noruega, Dinamarca, Países Baixos, Bélgica, zona ocupada da França, Jugoslávia, com excepção da parte italiana, e Grécia (com a mesma reserva). A autoridade suprema é o *Militärbefehlshaber* (comandante militar). (...) A última categoria de país submetido é constituída pelos Aliados que, na realidade se tornam globalmente satélites. O sinal da aliança reside na adesão ao pacto tripartido de 17 de Setembro de 1940 (Alemanha, Itália, Japão), que previa a constituição de 'uma nova ordem europeia'. Aderem-lhe a Hungria, a Eslováquia e a Roménia em 1940 e Bulgária e a Croácia, em 1941. A Espanha contenta-se em prometer a sua adesão."[727]

Com a Europa continental dominada, Hitler, denunciando o Pacto Germano-Soviético de não-agressão de 1939, ordena a 22 de Junho de 1941 a invasão da Rússia, certamente por motivos de aumento do seu Poder, a consolidar com a conquista do coração do mundo (*heartland*), embora não o confesse: "Numa carta dirigida a Mussolini, o *Führer* acrescentou ao motivo fundamental alegado para a operação (eliminar o aliado potencial da Grã-Bretanha) uma razão de oportunidade: qualquer prazo suplementar aumentava a capacidade militar soviética. (...) Ainda em Fevereiro de 1945, tentaria desfazer a meada da sua decisão: 'O tempo trabalhava contra nós... durante as últimas semanas eu estava obcecado pelo medo que Estaline pudesse antecipar-se'."[728]

A campanha da Rússia marcou o início da derrocada do Terceiro Reich, em dificuldades também com a Resistência francesa, incentivada pelo general Charles De Gaulle. O exército vermelho, dotado de efectivos superiores aos que Hitler esperava, enfrentou a *wehrmacht* com coragem e determinação de resistir, travando a avançada germânica. A chegada do Inverno de 1941 enfraqueceu o exército alemão que tinha cercado Leninegrado e se encontrava às portas de Moscovo. Na Primavera de 1942, Hitler decidiu criar uma segunda frente no Cáucaso, ordenando em Setembro um ataque a Leninegrado, onde a *wehrmacht* encontrou uma resistência tenaz

727 Duroselle, Jean-Baptiste, *Idem*, Ibidem.

728 Santamaria, Yves, *1939, O Pacto Germano-Soviético*, Mem Martins, Ed. Inquérito, 1999, p. 88.

que não lhes permitiu avançar: "Durante cinco meses, desenrolou-se aí uma luta terrível. O exército alemão perdia terreno. Reforços soviéticos ameaçavam cercá-lo. O general Paulus, consciente do perigo que ameaçava o seu exército, quis bater em retirada, mas Hitler opôs-se formalmente. Os combates continuaram durante todo o Inverno, até que, por fim, cercado, o exército alemão capitulou, em 3 de Fevereiro de 1943. A vitória russa teve imensa repercussão. Um exército alemão de um milhão de homens fora destruído ou capturado."[729]

Entretanto o Japão, que prosseguia uma política imperialista no continente asiático, empreende em Junho de 1940 uma gigantesca tarefa militar e económica de edificação de uma *Esfera de Co-Prosperidade da Ásia Oriental*, onde impõe os seus produtos manufacturados, prejudicando as indústrias europeias com o mercado estabelecido nessa zona. Essa política de potência hegemónica asiática, sancionada pelo Pacto Tripartido de 1940, foi favorecida também pela realização de um acordo entre a União Soviética e Japão: "Moscovo desejava evitar a guerra com o Japão. (...) Para se garantir, nesta eventualidade, contra uma aliança germano-japonesa que obrigasse a URSS a defender-se ao mesmo tempo na Europa e na Ásia, Moscovo propôs a Tóquio um Pacto de amizade e não-agressão. Matsuoka, de regresso de uma viagem a Berlim, assinou-o, em 13 de Abril de 1941, por três anos."[730]

O desenvolvimento industrial e económico do Japão, acompanhado de uma modernização tecnológica das suas Forças Armadas, com efectivos desmesurados, começa a preocupar os Estados Unidos da América, país que lhe fornecia petróleo e material de guerra. Pretendendo pressionar o Japão, a evacuar as suas tropas da China e da Indochina, o Governo americano decide então reduzir-lhe os fornecimentos bélicos e, em Junho de 1941, os produtos petrolíferos.

O Japão reage a estes embargos bombardeando inesperadamente a base marítima dos Estados Unidos da América em Pearl Harbour, no Hawai, a 7 de Dezembro desse ano, obrigando assim aquela grande potência a intervir na Segunda Guerra Mundial.

A actuação militar dos Estados Unidos da América, dotados de uma capacidade industrial capaz de ombrear com a tecnologia alemã, foi fun-

[729] Pirenne, Jacques, *As Grandes Correntes da História Universal*, Ob. Cit., Vol. VII, 1962, p. 90.

[730] Pirenne, Jacques, *As Grandes Correntes da História Universal*, Ob. Cit., Vol. VIII, 1962, p. 67.

damental para dominar o Japão, onde uma cultura militar fanática constituía, tal como o racismo germânico, um perigo para a humanidade.

A aliança dos Estados Unidos com a Inglaterra e com a URSS permitiu a capitulação incondicional do Terceiro Reich em 8 de Maio de 1945.

Numa Europa em ruínas, que se auto-destruíra num conflito que causara dezenas de milhões de vítimas em combates, bombardeamentos, genocídios em campos de concentração e em transferências de populações, que causara a destruição de numerosas cidades, fábricas, vias de comunicação e empreendimentos agrícolas, o plano imperialista hitleriano de uma "Europa Nova" dominada pela raça ariana, ruía com estrondo, passando a constituir um pesadelo jamais esquecido pelas gerações vindouras: "Pior ainda do que a Europa de Napoleão, a Europa de Hitler era inaceitável. (...) Dona do mundo, mais rica, mais forte, mais desenvolvida cientificamente do que os outros povos, a Europa destruiu-se a ela própria, entre 1914 e 1945, (...) Alguns falam de uma 'guerra de trinta anos', como o general De Gaulle ou Winston Churchill. Este período de trinta anos é talvez o mais triste da História europeia."[731]

4.7 **Os apologistas de uma Europa Unida**

A Europa, parcela do continente euro-asiático, com fronteiras políticas temporárias e com fronteiras físicas convencionais, tem, não obstante, originado muitos sonhos de união fraterna das suas diversas Nações.

A palavra "Europa" terá surgido na mitologia grega, denominando uma filha de Fénix, ou melhor, sua irmã, filha portanto de Agenor, rei da Síria (futura Fenícia) e de Teléfassa, conforme nos refere Homero na *Ilíada* (XIV, 321-323), poema presumivelmente do século IX a.C., ou como filha de Oceano e de Tétis na *Teogonia* (357) de Hesíodo, escrita no século VIII a.C..

Heródoto considera nas suas *Histórias* do século V a.C. (VII, 185), que: "O mais curioso é que a tíria Europa seja asiática de nascença, e que jamais tenha vindo a esta terra que os gregos denominam actualmente Europa".

Mais recentemente, o poeta romano Publius Ovidius Naso (Ovídio) (43 a.C. – 17 d.C.) nas *Metamorfoses* (II, 848 e ss.), extensa obra mítica

---

731 Duroselle, Jean-Baptiste, *História da Europa*, Ob. Cit., pp. 380/381.

dedicada ao tema "transformação", arquitecta uma curiosa lenda conhecida como *O Rapto de Europa*: Transformado em touro, Zeus raptou a bela princesa Europa, montada no seu dorso e nadou para ilha de Creta, onde assumiu a forma humana, unindo-se a ela.

O vocábulo mítico "Europa", tem todavia inicialmente uma aplicação muito reduzida, sendo utilizado pelo poeta trágico grego Eurípedes (480--406 a.C.) na peça *As Troianas*, de 415 a.C., para opor a Europa, a terra dos gregos, à Ásia, a terra dos troianos. Após a partilha do Império de Alexandre, em 280 a.C., a Europa designou o território a Oeste do estreito de Bósforo e do rio Dão, submetido ao poder macedónico.

No período do Império de Carlos Magno, apelidado o "pai da Europa", este termo teve algum uso, desaparecendo com a fragmentação desse Império. Nos séculos XI e XII, com o surgimento das Universidades medievais, os alunos tomam consciência da sua identidade europeia e cristã, promovida pelo uso generalizado do latim.

Os monarcas dos Estados europeus nascidos da queda e fragmentação do Império Romano do Ocidente, estão porém mais preocupados com a independência do seu Poder, afirmando que dentro dos seus reinos possuem a "plenitudo potestatis", do que com a "renovatio imperii" iniciada por Carlos Magno.

A ideia de uma Europa unida contra a ameaça islâmica é apresentada pelo advogado de um bailio da Normandia, Pierre Dubois (1250-1320), antigo aluno de São Tomás de Aquino, legista de Filipe o Belo, num trabalho intitulado *De recuperatione Terræ Sanctæ*, publicado em 1306. Sendo anti-papista, como o seu rei, Dubois, que igualmente recusa a supremacia imperial, apresenta, para além do tema central, uma nova organização política e social da Europa, uma espécie de confederação de Estados cristãos, iguais, dirigida por um concílio de príncipes, apoiado por uma corte composta de personalidades laicas e eclesiásticas, dotada de capacidade arbitral. A sua proposta, que é acompanhada de medidas concretas, como o embargo comercial aos Estados desobedientes, o ensino de línguas vivas e a educação das mulheres, em breve caiu no esquecimento.

Cerca de século e meio depois, o jovem rei da Boémia, Georg Podiebrad (1420-1471), aconselhado pelo negociante francês Antoine Marini, apresenta um projecto constitucional endereçado aos principais príncipes da época, começando pelo rei de França, que, para além de se apresentar como um «Traité d'alliance et confédération entre de Roi Louis XI, Georges Roi de Bhoême et la Seigneurie de Venice pour résister au Turc», tem objectivos mais vastos.

O projecto de Podiebrad, de 1464, apresenta-se como um pacto federativo europeu, independente do Papa e do Imperador, que se baseia no princípio não-agressivo entre os Estados cristãos, criando assim um forte poder ofensivo contra os infiéis. A sua estrutura político-administrativa compunha-se de uma Dieta ou Assembleia de príncipes ou plenipotenciários com um mandato quinquenal, um Tribunal Europeu ou Consistório, um exército comum mantido em situação de guerra, um corpo de funcionários e um orçamento comum pago em parte por dízimas eclesisásticas.

A Dieta deveria reunir-se em sede móvel, tendo cada reino um voto, e tomar as suas decisões por maioria. Condenada pelo Papa e rejeitada por Luís XI, por considerar que todos os boémios eram "hussitas", a projectada assembleia nunca chegou a reunir-se.

A iniciativa de Podiebrad, que lhe valeu a excomunhão papal e a consequente perda da coroa da Boémia, evidenciou então a prioridade dos interesses imediatos do Poder nacional sobre outros objectivos mais vastos: "O rei da Hungria, Matias Corvino, sem se preocupar em defender o seu reino contra o exército otomano, aproveitou-se da crise checa: invadiu a Boémia e, com o apoio da nobreza católica, fez-se coroar rei da Boémia (1469)".[732]

Na constante luta político-militar dos grandes Estados europeus pela tentativa de afirmação da sua hegemonia, a ideia de uma "Europa Unida", para evitar o avanço dos muçulmanos ou dos turcos não teve continuidade.

O século XVI foi marcado por longas lutas entre a França, dividida em católicos e protestantes, que se digladiavam, e o Sacro Império Romano, como já referimos. A ideia do imperador Carlos V, de reunir toda a cristandade numa grande cruzada contra os infiéis, gorara-se também após a formação em 1530 da *Liga de Smalkalde* que uniu os príncipes protestantes alemães. Para combater o Imperador, Francisco I de França (o Galo indigno)[733] não hesitou em se colocar ao lado dos príncipes protes-

---

[732] Pirenne, Jacques, *As Grandes Correntes da História Universal*, Ob. Cit., Vol. II, p. 251; Cfr. Moreira, Adriano, *A Europa em Formação*, Ob. Cit., pp. 47/48 e *Teoria das Relações Internacionais*, Ob. Cit., pp. 96/97; Maltez, José Adelino, *Princípios de Ciência Política, Introdução à Teoria Política*, Instituto Superior de Ciências Sociais e Políticas, 1996, pp. 471/473.

[733] Vide Luís de Camões, *Os Lusíadas*, VII, 6, que assim o apelida, condenando a aliança do rei "cristianíssimo" com o sultão da Turquia.

tantes e em fazer uma aliança com os turcos, perigosos vizinhos do decadente Império: «Pendant quarante ans (1519-1559) une longue lutte, seulement coupée de trêves (...) va opposer pour l'essentiel la France à l'Empire. (...) Mais d'autres facteurs sont entrés en jeu: la rivalité personnelle entre François Ier et Charles Quint, éclatante lors de l'élection impériale de 1519, dans laquelle intervint parfois Henri VIII; la nostalgie de la Bourgogne par Charles Quint; surtout peut-être les occasions que donnent à la France la Réforme, qui divise l'Allemagne, et la poussée turque.»[734]

No século seguinte desenvolve-se o comércio mundial, mas as políticas mercantilistas, essencialmente proteccionistas, bem como as barreiras aduaneiras dentro dos Estados, dificultavam a circulação das mercadorias, gerando conflitos senhoriais e competições económicas nacionais: "Portanto, a prosperidade de um Estado só podia construir-se à custa dos vizinhos; Colbert convidava a França e incitava o seu soberano a esta 'guerra do dinheiro'. Este pessimismo económico, que recusa acreditar na possibilidade de um progresso de conjunto, e esta concepção estática do comércio mundial constituem talvez o aspecto mais curioso do colbertismo. (...) Em Inglaterra, ainda mais do que em França, o mercantilismo é uma criação contínua, empírica e nacional. (...) A luta que os marinheiros e corsários de Isabel I travavam contra as armadas e colónias de Filipe II era simultaneamente uma empresa religiosa, nacional e mercantil e, um século mais tarde, a ofensiva comercial contra a França de Luís XIV inscrevia-se também num plano mais geral de defesa protestante."[735]

É nesta conjuntura que, o apelo à paz para a promoção da prosperidade económica surge na obra de Emeric Crucé (1575-1648), frade e professor de matemática num colégio de Paris, denominada *Nouveau Cynée ou Discours d'Etat*, um ensaio «*sur les occasions et moyens d'établir une paix générale et la liberté du commerce par tout de monde*», publicada em 1623.

Crucé evoca o sensato embaixador de Pirro (318 a.C. – 272 a.C.), rei do Épiro, Cynée (ou Cinea) que aconselhara o monarca a abandonar os seus desejos de conquistas e de guerras, e a negociar a paz com os romanos, para intitular o seu livro.

---

[734] Bennassar, Bartolomé e Jacquart, Jean, *Le XVIe Siècle*, Paris, Armand Colin, 4e Ed., 1980, p. 242.

[735] Deyon, Pierre, *O Mercantilismo*, Lisboa, Gradiva Pub., 1983, pp. 34 e 39.

Afirmando-se pacifista, Crucé considera o comércio como um instrumento de paz que pode ultrapassar as diferenças de religião, unindo "Turcos, Persas, Franceses e Espanhóis, Judeus ou Maometanos". O seu projecto pretende portanto abranger toda a ecúmena, sendo enviado a Luís XIII para que o monarca francês promova, "com todos os soberanos cristãos e da China, Japão, Pérsia, Etiópia, etc., uma organização destinada a preservar a paz no mundo." Para a execução deste projecto sugere a criação de uma liga de Estados composta de um Senado permanente de embaixadores e de uma Assembleia de príncipes a reunir periodicamente ou em caso de conflito, sob a presidência do Papa. Este defensor de uma pacífica ordem internacional, propõe ainda a livre circulação de pessoas e bens, uma moeda comum e uma unificação de pesos e medidas, condenando aqueles que pensam que «Dieu se servirait d'eux pour exterminer une puissance qu'ils appelaient injuste et tyrannique.».[736]

Um outro projecto setencentista de "Europa Unida" que evidencia todavia o desejo de hegemonia da França contrariando o imperialismo universal da Áustria dos Habsburgos proclamado desde a ascensão de Carlos V a Imperador, como referimos, é atribuído a Henrique IV, assassinado em 1610. Este projecto denominado *Grand Dessein* deve ter sido elaborado pelo seu primeiro ministro, Maximiliano de Béthune, duque de Sully (1560-1641), que o desenvolve nas *Mémoires des sages et royales Œconomies d'Etat, domestiques, politiques, et militaires d'Henry le Grand, l'Exemplaire des Roys, le Prince des Vertus, des Armes et des Loix, et Père en effet de ses peuples de France*, publicadas em 1632.

Segundo este projecto de "união europeia", a Espanha deveria ser reduzida ao seu território ibérico e a Áustria deveria ser desmembrada, passando a Europa a ser constituída por 15 Estados de poder semelhante: seis monarquias hereditárias (França, Espanha, Grã-Bretanha, Dinamarca, Suécia e Lombardia); cinco monarquias electivas (Império germânico, Papado, Polónia, Hungria e Boémia) e quatro repúblicas (Veneza, Suíça, Bélgica e Itália), que formariam uma confederação – a *Cristianíssima República*.

---

736 Cfr. Moreira, Adriano, *A Europa em Formação*, Ob. Cit., pp. 48/49 e *Teoria das Relações Internacionais*, Ob. Cit., pp. 97/98; Maltez, José Adelino, *Princípios de Ciência Política*, Ob. Cit., p. 475.

Esta confederação europeia, onde apenas seriam admitidas três confissões, a católica, a luterana e a calvinista, seria dirigida por um Cristianíssimo Conselho (*Conseil très Chrétien*) composto de 60 membros, 4 por cada Estado, de renovação trienal, com sede móvel, que dirimia todas as questões, podendo recorrer a fundos comuns e a forças armadas cosmopolitas.[737]

Um interessante contributo para a organização de uma Europa Unida teve origem na obra do inglês William Penn (1644-1718), fundador do Estado da Pensilvânia (*Commonwealth of Pennsylvania*), cuja Constituição inspirou a Constituição dos Estados Unidos da América: "William Penn, quaker, curioso misto de misticismo e de espírito empreendedor, trocou em 1682, um crédito de 12.000 libras esterlinas por uma carta de Carlos II Stuart, que fez dele o maior proprietário de terras virgens do universo. Em vez de barricar o seu domicílio, resolveu abri-lo. Em vez de o reservar a um credo ou a uma seita, como os católicos de Maryland ou os puritanos de Nova Inglaterra, chamou os perseguidos de todos os credos e de todas as seitas, todos os que procuravam ao mesmo tempo a liberdade e a paz. Prefigurou na sua Pensilvânia a política de imigração e de povoamento que os Estados Unidos haviam de adoptar no século XIX."[738]

Penn, que prosseguiu os seus estudos em França e na Itália por ter sido expulso de Oxford por inconformismo religioso, publicou em 1693 o *Essay towards the present and future peace in Europe by the establishment of an European Diet, Parliament or Estates.*

No seu Ensaio, Penn considera a paz como uma condição necessária para o desenvolvimento da agricultura, do comércio, da educação e das ciências e técnicas.

A Dieta seria uma assembleia de 90 representantes dos 24 Estados-membros, com lugares distribuídos proporcionalmente à dimensão demográfica e económica destes: o Império teria 12 delegados; a França, a Turquia, a Rússia e a Espanha, 10; a Inglaterra, 6; a Polónia, a Suécia e as Províncias Unidas (Holanda), 4; Portugal e Veneza, 3, etc. A presidência seria rotativa e as decisões colegiais deveriam ser tomadas por uma maioria de três quartos, sendo as principais, respeitantes ao desarmamento pro-

[737] Cfr. Moreira, Adriano, *A Europa em Formação*, Ob. Cit., p. 49 e *Teoria das Relações Internacionais*, Ob. Cit., p. 98; Maltez, José Adelino, *Princípios de Ciência Política*, Ob. Cit., pp. 473/474.

[738] Cartier, Raymond, *As 48 Américas*, Lisboa, Ed. Aster, MCMLVI, p. 336.

gressivo dos Estados, se necessário com a intervenção de forças armadas europeias[739].

Um outro contributo para uma união dos Estados europeus, surge na mesma época com a acção e escritos do pensador luterano alemão Gottfried Wilhelm Leibniz, cuja teoria da *harmonia preestabelecida* já sumariámos: "Matemático, físico, psicólogo, lógico, metafísico, historiador, jurista, filólogo, diplomata, teólogo, moralista, Leibniz (1646-1716) é um espírito verdadeiramente universal. Quis exercer uma acção política e esforçou-se por converter às suas ideias Luís XIV, o rei da Suécia Carlos XII e, finalmente, Pedro, o Grande, com o qual se encontrou por três vezes, em 1711, 1712 e 1716, no momento em que este pensou em se tornar 'o Sólon da Rússia'".[740]

Leibniz transpõe para a política, através da conciliação e da unidade dos povos, a harmonia do mundo que considera ser a suprema verdade metafísica, propondo em 1670 um projecto para o eleitor de Mayence am Rhein (Mogúncia), a pedido do barão de Boinebourg, intitulado *Memória sobre a Consolidação do Império: Reflexões acerca dos Meios de Estabelecer sobre Uma Base Sólida, nas Circunstâncias Presentes, a Segurança Pública, Interior e Exterior, e a Situação Actual do Império*, cujo objectivo último era o de criar uma espécie de federação dos Estados alemães.

O seu nacionalismo constitui todavia apenas um meio de se poder atingir um humanismo cosmopolita, que considera ser a vontade de Deus: "Obcecado pela preocupação de contribuir para a unificação humana, Leibniz medita sobre a unidade fundamental das línguas e dirige os seus votos no sentido de uma organização internacional que possa garantir a paz da Europa e a expansão da cristandade; (...) Preocupa-se em realizar a união das igrejas com mais fervor ainda do que o que dedica à paz política; (...)"[741]

Cônscio de que a necessidade da sua acção política e religiosa para concretizar as suas aspirações universalistas, colidia com a perfeição da obra de Deus, que age "da maneira mais desejável", Leibniz no seu *Discurso de Metafísica*, escrito em 1686, afirma que "QUE O AMOR DE

739 Cfr. Moreira, Adriano, *A Europa em Formação*, Ob. Cit., Ibidem e *Teoria das Relações Internacionais*, Ob. Cit., Ibidem; Maltez, José Adelino, *Pincípios de Ciência Política*, Ob. Cit., pp. 481/482.

740 Touchard, Jean (Dir.), *História das Ideias Políticas*, Pub. Europa-América, s/d., Vol. 4, p. 26.

741 Touchard, Jean (Dir.), *História das Ideias Políticas*, Ob. Cit., Vol. 4, pp. 27/28.

DEUS EXIGE UMA INTEIRA SATISFAÇÃO E AQUIESCÊNCIA NO QUE SE REFERE AO QUE ELE FAZ, SEM QUE SEJA NECESSÁRIO POR ISSO SER QUIETISTA", explicitando: "Entendo esta aquiescência quanto ao passado, porque, quanto ao futuro, é necessário não ser quietista nem esperar ridiculamente de braços cruzados o que Deus fará, segundo o sofisma que os Antigos chamavam, *a razão preguiçosa*, mas é necessário agir segundo a vontade presuntiva de Deus, tanto quanto possamos ajuizá-la, cabendo-nos com todo o nosso poder contribuir para o bem geral e particularmente para o ornamento e a perfeição daquilo que nos toca ou do que está nos está próximo e por assim dizer ao alcance."[742]

No prosseguimento dos seus intentos universalistas, Leibniz publica sob o pseudónimo de Cæsarinus Fursteneríus, em 1677, um tratado do direito de supremacia e de embaixada dos eleitores e príncipes alemães, *De jure suprematus et legationis electorum et principum Germaniæ*, onde sugere a formação de um colégio universal, religioso e político sob a autoridade conjunta do Papa e do Imperador, embora este último dotado apenas de competência arbitral. Considerando as principais potências expansionistas da Europa, evangelizadoras do mundo, Leibniz atribui à França essa missão em África; à Suécia e à Polónia, na Sibéria e na Táurida (Crimeia); à Inglaterra e à Dinamarca, na América do Norte; à Espanha, na América do Sul, e às Províncias Unidas, nas Índias Orientais.[743]

O pensamento político de Leibniz apresenta-se assim associado a uma espiritualidade animada pela fé cristã que identifica com a verdade ecuménica, diferenciando assim as "almas vulgares" dos "espíritos", uma vez "que as almas, em geral, são espelhos vivos ou imagens do universo das criaturas, mas que os espíritos são ainda imagens da própria divindade ou do próprio autor da Natureza e são capazes de conhecer o sistema do

---

[742] Leibniz, *Obras Escolhidas*, Lisboa, Livr. Horizonte, s/d., pp. 39/40. Esta obra polémica, sem título, denominada *Discurso da Metafísica* pelos seus editores, aproveitando as próprias palavras de Leibniz que diz ao landegrave local ter feito "um pequeno discurso de Metafísica", só foi publicada mais de dois séculos mais tarde em Hanovre, em 1846.

[743] Cfr. Moreira, Adriano, *Teoria das Relações Internacionais*, Ob. Cit., pp. 98/99; Maltez, José Adelino, *Princípios de Ciência Política*, Ob. Cit., pp. 482/485. Descrente da obtenção de uma harmonia no mundo através do projecto de Leibniz, cujas concepções económicas são autoritárias e proteccionistas, François Perroux faz o seguinte comentário: «Project grandiose et contradictoire. Après partage, conflit des blocs». (*L'Europe sans rivages*, Paris, Presses Universitaires de France, 1954, p. 35)

Universo e de o imitar nalguma coisa por amostras arquitectónicas, sendo cada espírito como uma pequena divindade no seu departamento."[744]

O filósofo alemão regressa assim à ideia de uma *Respublica Christiana*, uma vez que considera que os espíritos podem entrar "numa espécie de sociedade com Deus", concluindo que "a reunião de todos os espíritos deve compor a Cidade de Deus, isto é o mais perfeito estado que seja possível sob o mais perfeito dos monarcas. Esta cidade de Deus, esta monarquia verdadeiramente universal, é um mundo moral, no mundo natural, e o que há de mais elevado e mais divino nas obras de Deus. (...) Esta harmonia faz que as coisas conduzam à graça pelas vias da Natureza e que este globo, por exemplo, deva ser destruído e reparado pelas vias naturais nos momentos em que o exige o governo dos espíritos para castigo de uns e a recompensa dos outros."[745]

Um outro projectista de uma nova organização dos Estados europeus e da sociedade é o político e economista inglês, John Bellers (1654-1725), quaker e amigo de William Penn, autor de numerosos trabalhos de economia que se situam na esteira do comunismo agrário dos *diggers*, dispersos por Cromwell em 1650.

Tendo objectivos mais vastos, Bellers pretende estabelecer, através de subscrições ou acções, comunidades autárquicas de cerca de trezentas pessoas, os *colégios industriais*, destinados não só a eliminar a miséria, mas também a promover a formação profissional e intelectual dos trabalhadores. O seu projecto, exposto num livro intitulado *Proposals for Raising a College of Industry of all useful Trades and Husbandry, with Profit for the Rich, A Plentiful Living for the Poor, and A Good Education for Youth. Which will be Advantage to the Government, by the Increase of the People and their Riches*, publicado em Londres, em 1696, incluía o pagamento de réditos aos accionistas, mas este sistema produtivo, de tipo cooperativo, que inspirou Robert Owen, ameaçava o sistema capitalista[746].

Em 1710, Bellers elabora um outro projecto que propõe a criação de uma união de Estados europeus, quando a expansão da França de Luís

---

[744] Leibniz, *Obras Escolhidas, "Princípios de Filosofia ou Monadologia – 1714"*, Ob. Cit., § 83, p. 177.

[745] Leibniz, *Obras Escolhidas, "Princípios de Filosofia ou Monadologia – 1714"*, Ob. Cit., §§ 84, 85, 86 e 88, pp. 177/178.

[746] Cfr. Whittaker, Edmund, *História del Pensamiento Economico*, Ob. Cit., pp. 285/286 e Denis, Henri, *História do Pensamento Económico,* Lisboa, Livros Horizonte, 1976, p. 373.

XIV turbava novamente o equilíbrio da Europa, enfrentando os seus principais Estados na Guerra da Sucessão de Espanha (1701-1714) como já referimos. A França, depois de ser obrigada a assinar a paz, deveria ser submetida ao *statu quo* criado pelo futuro tratado, inalterável, que apresenta com um extenso título: *Some Reasons for an European State proposed to the Powers of Europe*, by an *universal guarantee* and *an Annual Congress, Senate* or *Parliament*, To settle any Disputes about the Bounds and Rights of Princes and States hereafter. With an abstract of a scheme formed by King Henry the Fourth of France, upon the same subject. And Also A Proposal for a *General Council or Convocation of all different Religious Persuasions in Christendom...*

Nos termos deste tratado, a Europa deveria ser dividida numa centena de cantões províncias ou distritos de tamanho semelhante, enviando cada Estado um membro por cantão ao Parlamento de Estados, ou seja, cada Estado seria representado proporcionalmente à amplidão do seu território e população. Cada cantão forneceria à Liga dos Estados, mil soldados, navios ou dinheiro: «La procédure d'arbitrage obligatoire serait à peu près la même que celle de Penn.»[747] Comentando a exclusão dos "muscovitas" e turcos no Projecto de Henrique IV de França, Bellers afirma que: "*The Muscovites are Christians, and the Mahometans men*, and have the same faculties and reason as other men, they only want the same opportunities and applications of their understandings to be the same men: (...)".

No ano de 1713, em que se firmou o tratado de Utrecht, pelo qual Filipe V de Bourbon renunciou à coroa da França, um dos plenipotenciários franceses à conferência de paz que o precedeu, Charles-Irénée Castel, Abade de Saint-Pierre (1658-1743), publica em dois volumes um *Projet pour rendre la paix perpétuelle en Europe* e num terceiro um *Projet pour rendre la paix perpétuelle entre souverains chrétiens*, sumulados num *Epítome* de 1729 do próprio autor, dedicado a Luís XIV, onde refere a sua inspiração no *Grand Dessein* do *roi inventé*, Henrique IV.

Pretendendo evitar a luta dos grandes Estados pela hegemonia europeia, o Abade de Saint-Pierre propõe a construção de uma confederação ou "Société européenne", alega: "Penso que, se as dezoito soberanias da Europa, para conservar-se na forma da governação presente, para evitar as guerras entre elas e para procurar-se todas as vantagens de um comércio perpétuo de Nação a Nação, quiserem ratificar um tratado de união e um

[747] Duroselle, Jean-Baptiste, *L'Europe, Histoire de ses Peuples*, Paris, Hachette, 2004, p. 357.

congresso perpétuo mais ou menos sob o modelo das sete soberanias da Holanda, ou das três soberanias dos suíços ou das soberanias da Alemanha, penso, digo eu, que as mais débeis teriam a segurança suficiente de que o grande poderio das mais fortes não poderia causar-lhes mal, de que cada uma guardaria longamente as promessas recíprocas, de que o comércio nunca seria interrompido e de que as questões futuras se resolveriam sem guerra mediante o caminho de arbitragem."[748]

Os soberanos da confederação, em aliança enviariam plenipotenciários a um "Congresso ou Senado perpétuo" com poderes legislativos e judiciais, dotado de verbas fixadas na proporção das rendas dos seus Estados. As decisões fundamentais do Senado, inicialmente estabelecidas, só poderiam ser alteradas por unanimidade dos Estados membros, bem como qualquer modificação das fronteiras existentes. As demais decisões seriam tomadas por maioria e ratificadas por uma maioria de dois terços. Os Estados com uma população não inferior a um milhão e duzentos mil súbditos teriam um igual número de votos, tendo os mais pequenos de se unir para obterem o "quorum" fixado.

Os territórios dos Estados membros eram fixados para sempre e a sua vida mercantil seria regulada por Câmaras de Comércio com capacidade para dirimir as questões que surgissem. Os problemas das religiões eram encarados pelo Abade de Saint-Pierre numa perspectiva de tolerância ecuménica. As forças armadas estaduais, em tempo de paz, não poderiam ultrapassar os seis mil homens, mas em tempo de guerra, declarada apenas como sanção militar, o Senado, com sede rotativa em Estrasburgo e Dijon, designaria um generalíssimo para comandar uma força de perto de quinhentos mil homens, sendo recrutados cerca de vinte e quatro mil por cada Estado membro.

Este Projecto de "paz perpétua" foi considerado utópico por Leibniz cuja divisa lhe pareceu análoga à da "paz dos cemitérios": *"Lembra-me a divisa de um cemitério: Pax perpetua; porque os mortos não se batem, mas os vivos têm outro humor, e os mais poderosos não respeitam os tribunais"*.[749] O pacifismo não era, nesta época o melhor meio para a solução dos problemas políticos, como podemos ver pelos factos – o desencadear da Guerra da Sucessão da Polónia pela morte de Augusto II (1760-1733) pouco depois da "Paz de Utrecht", que envolveu a França, aliada à Espanha e à Sardenha, contra a Rússia e a Áustria e perdurou até

[748] Apud Moreira, Adriano, *Teoria das Relações Internacionais*, Ob. Cit., p. 99.
[749] Apud Maltez, José Adelino, *Princípios de Ciência Política*, Ob. Cit., p. 469.

1738 – e pelas ideias – a frase extraída do testamento de Frederico II da Prússia, em 1768: «Il n'est aucun grand prince qui ne s'attache à l'idée d'étendre sa puissance».[750]

O Projecto do Abade de Saint-Pierre teve todavia grande divulgação, provocando a leitura de Rousseau desse *fatras* (miscelânia, mixórdia), que os seus amigos lhe pediram para resumir. O filósofo genebrino publica então em 1761, numas quarenta páginas, um *Extrait du Projet de Paix Perpétuelle de l'Abbé de Saint-Pierre*, obra sobre a qual decide depois fazer uma apreciação que publica em 1782, intitulada *Jugement sur le Projet de Paix Perpetuélle de l'Abbé de Saint-Pierre*.

Rousseau, afirma que se os soberanos europeus não fossem egoístas e ambiciosos, seria possível o estabelecimento de uma *République Européenne*, proposta pelo Abade de Saint-Pierre. Os seus interesses pessoais colidem porém com o interesse geral, com a vontade da maioria, o que inviabiliza qualquer projecto que não admita o uso da força, tal como acontece em qualquer revolução. A "paz perpétua" seria possível se os soberanos aceitassem a organização proposta pelo Abade, e seria útil para eles se conhecessem os seus verdadeiros interesses, mas os homens não são "bons, generosos, desinteressados e amando o bem público por humanidade; (...) são: injustos, ávidos e preferindo a tudo o seu interesse."

Mau grado a sua apreciação hobbesiana do homem social, não considera o Projecto do Abade quimérico, uma vez que existem o Sacro Império, a Suíça e as Províncias Unidas, confederações modernas com objectivos muito mais vastos do que as anfictionias gregas, meramente defensivas. Para além deste modelo federativo, Rousseau diz que para se criar uma união europeia haveria "outras tácticas, mas não menos reais, formadas pela analogia dos costumes, dos interesses mútuos, por uma religião e um direito das gentes comum, pelo comércio, artes e ciências, enfim pela multiplicidade de relações de todo o género."[751]

Um dos mais relevantes contributos, em finais do século XVIII, da ideia de uma união de Estados, uma "Sociedade de Nações" para garantia de uma "paz perpétua", foi o de Emmanuel Kant, que também faz referências ao Projecto de Saint-Pierre e aos comentários de Rousseau.

Em 1784, Kant publica na *Berlinische Monatschrift* um pequeno ensaio denominado *Ideen zu einer Geschichte der Menschheit in Weltbür-*

---

[750] Duroselle, Jean-Baptiste, *L'Europe, Histoire de ses Peuples*, Ob. Cit., p. 358.

[751] Cfr. Maltez, José Adelino, *Princípios de Ciência Política*, Ob. Cit., pp. 487/490 e Duroselle, Jean-Baptiste, *L'Europe, Histoire de ses Peuples*, Ob. Cit., p. 358.

gerlicher Absicht (*A Ideia de uma História Universal de um Ponto de Vista Cosmopolita*), onde afirma que "O essencial problema da espécie humana, a cuja solução a natureza força o homem, é o estabelecimento de uma *sociedade civil*, que administre o direito de uma forma universal", uma vez que só nessa sociedade é que o homem pode atingir o seu pleno desenvolvimento. Kant pondera acerca da dificuldade da obtenção desse objectivo, uma vez que a chefia dessa república universal (*weltrepublic*) tem de ser humana, ou seja tortuosa, e portanto nada faz completamente direito: «La nature nous oblige à ne pas chercher autre chose qu'à nous approcher de cette idée.»[752]

A execução desta ideia, ou seja, o estabelecimento de uma constituição civil perfeita, a derradeira obra da espécie humana, estará dependente do estabelecimento de relações regulares entre Estados. A natureza utilizou a incompatibilidade entre os homens e entre os Estados, conducente a guerras e destruições, para lhes fazer compreender a necessidade de ultrapassarem, pouco a pouco, os seus sentimentos conflituosos e a organizarem racionalmente uma Sociedade de Nações (*Fœdus Amphyctionum*), uma força unida com leis fundadas num acordo de vontades: «Un jour enfin, (...) un état de choses s'établira qui, telle une communauté civile universelle, pourra se maintenir par lui-même comme un automate.»[753]

A eclosão da Revolução Francesa entusiasmou Kant, então professor da Universidade de Königsberg, na Prússia, defensor de uma filosofia da liberdade, agnóstica, que atraiu contra si a indignação do governo prussiano. Em Outubro de 1795, poucos meses depois do tratado secretamente negociado entre a Prússia e a França, conducente à chamada *Paz de Basileia* (*Bâle*), Kant, convencido de que a República francesa caminhava para a paz, nunca obtida pelos soberanos absolutistas, teocráticos, publica o opúsculo denominado *Zum ewigen Frieden – Ein philosophischer Entwurf* (*A Paz Perpétua – Um projecto Filosófico*), assunto a que antes aludira: «Si romanesque que puisse paraître cette idée, et bien qu'elle ait été rendue ridicule chez un Abbé de Saint-Pierre ou un Rousseau (peut-être parce qu'ils en croyant la réalisation toute proche), telle est pourtant l'issue inévitable de la misère où les hommes se plongent uns les autres, (...).»[754]

---

[752] Kant, Emmanuel, *Opuscules sur l'Histoire*, Ob. Cit., p. 78; vide tb. pp. 76/77.

[753] Kant, Emmanuel, *Opuscules sur l'Histoire*, Ob. Cit., pp. 78/80.

[754] Kant, Emmanuel, *Opuscules sur l'Histoire*, Ob. Cit., Ibidem. O Tratado de Basileia, verdadeiro simulacro de paz, evidenciava a política anti-austríaca da França, que prometia à Prússia compensações territoriais na margem direita do Reno, reconhecendo-lhe uma espécie de protectorado sobre o Norte da Alemanha, em troca da cedência à República

A publicação da *Paz Perpétua* de Kant, coincide com a terceira partilha da Polónia, entre a Rússia, Áustria e Prússia, esta última liberta da guerra com a França pelo Tratado de Basileia, após esmagada a derradeira resistência dos nacionalistas polacos. Também a França beneficiou deste tratado, ao anexar a Bélgica, separada das Províncias Unidas por decisão da Convenção. O filósofo alemão não ignorava certamente o Tratado de Basileia, uma vez que começa por afirmar nos seus "Artigos preliminares de uma paz perpétua entre as nações" que, *" 1.°) Não deve considerar-se válido um tratado de paz que se tenha ajustado com a reserva mental de certos motivos capazes de provocar, no futuro, outra guerra."*[755]

Kant recusa também a concepção patrimonial de soberania, afirmando que o Estado "É uma sociedade de homens, na qual ninguém, senão ela própria pode mandar e dispor", pelo que, *" 2.°) Nenhum Estado independente – pequeno ou grande – poderá ser adquirido por outro por meio de herança, troca, compra ou doação"*. Afirma também que as forças armadas, sempre dispostas a combater, constituem uma ameaça de guerra, representam um "pesadelo de gastos militares" e implicam "um uso do homem como mera máquina nas mãos de outro – o Estado", pelo que, sendo essa situação "incompatível com os direitos da Humanidade", conclui que, *"3.°) Os exércitos permanentes* – miles perpetuus – *devem desaparecer por completo com o tempo"*.[756]

Nos "Artigos definitivos da paz perpétua entre os Estados", Kant considera que, *"1.° A constituição política deve ser republicana em todos os Estados."*, uma vez que se fundamenta no "princípio da liberdade, como homens", no "princípio da dependência de uma legislação comum, como súbditos" e no "princípio da igualdade de todos, como cidadãos", e porque "é a única constituição que nasce da ideia do contrato originário, sobre que deve basear-se toda a legislação de um povo", o que favorece a paz perpétua, já que, "na constituição republicana não pode dispensar-se o consentimento dos cidadãos para declarar a guerra."

Uma união dos Estados, formando uma nova espécie de constituição, "semelhante à constituição política, que garanta o direito de cada um" é proposta por Kant, por considerar que, *"2.° O direito dos povos deve*

---

da margem esquerda desse rio: "A República realizava assim a grande ambição de Luís XIV: o Reno era doravante a fronteira da França." (Cfr. Pirenne, Jacques, *As Grandes Correntes da História Universal*, Ob. Cit., Vol. IV, pp. 78/79)

[755] Kant, *A Paz Perpétua, (Ensaio Filosófico)*, Porto, Livr. Educação Nacional, 1941, p. 7. A Polónia desaparece do mapa da Europa, como país independente, durante 123 anos.

[756] Kant, *A Paz Perpétua, ...*, Ob. Cit., pp. 8/11.

basear-se numa federação de Estados livres.": "Isto seria uma sociedade de nações, que, sem dúvida, não deveria ser um Estado de nações, senão haveria uma contradição". O filósofo recusa um Estado Federal que aglutine outros Estados, uma vez que com a sua reunião os seus povos passariam e ser um só povo: "(...) de facto temos de considerar aqui o direito dos povos, em relação uns aos outros, precisamente no facto de formarem diferentes Estados e não devem fundir-se num só." A solução adoptada pela constituição dos Estados Unidos da América, onde todos os Estados estão submetidos a um poder federal superior, é portanto repudiada por Kant, que afirma: "Tem, pois, que estabelecer-se uma federação de tipo especial, que poderá chamar-se federação de paz – *fœdus pacificus* – e que se distinguirá do tratado de paz, em que este acaba com uma guerra e aquela porá termo a todas as guerras. Esta federação não se propõe obter nenhum poder do Estado, mas simplesmente manter e assegurar a liberdade de um Estado em si mesmo, e também a dos outros Estados federados, sem que estes tenham de submeter-se por isso – como os indivíduos no estado de natureza – a leis políticas e a uma coacção legal."[757]

Kant admite a possibilidade dessa federação de paz que propõe, se estender "pouco a pouco a todos os Estados, e conduza, em último termo, à paz perpétua". Visiona também que, caso "um povo poderoso e ilustrado se constitua em república, que por natural tendência há-de inclinar-se para a ideia da paz perpétua, será esse povo um centro de possível união federativa de outros Estados, que se juntarão com ele para afirmar a paz entre si, conforme a ideia do direito de povos, e a federação ir-se-à, pouco a pouco, estendendo, mediante adesões semelhantes, até compreender em si todos os povos."[758]

Na actual situação de independência dos Estados, Kant propõe que, *"3.°) O direito de cidadania mundial (cosmopolita) deve limitar-se às condições de uma hospitalidade universal."* O estrangeiro chegado ao território de outro Estado, deve ser respeitado, caso se mantenha pacífico, tendo direito a apresentar-se numa sociedade: "Funda-se este direito na posse comum da superfície da terra; os homens não podem disseminar-se até ao infinito pelo globo, cuja superfície é limitada, e, portanto, devem tolerar mutuamente a sua presença, já que originariamente ninguém tem mais direito do que outro de estar em determinado lugar do planeta".[759]

---

[757] Kant, *A Paz Perpétua, ...*, Ob. Cit., pp. 26/27 e 30/31.

[758] Kant, *A Paz Perpétua, ...*, Ob. Cit., pp. 31/32.

[759] Kant, *A Paz Perpétua, ...*, Ob. Cit., pp. 34/35.

Nas suas considerações acerca da aceitação do *Projecto Filosófico*, Kant afirma que, "A filosofia está muito longe de ter a consideração que merece. Diz-se, por exemplo, que a filosofia é a serva da teologia. (...) Não há que esperar que os reis se tornem filósofos, nem que os filósofos sejam reis. Nem tampouco que desejá-lo: a posse da força prejudica inevitavelmente o livre exercício da razão." Noutro passo das suas reflexões, o filósofo alemão conclui que, "A verdadeira política não pode dar um passo sem previamente ter prestado preito de homenagem à moral. (...) O direito dos homens há-de ser mantido como coisa sagrada, por muitos sacrifícios que custe ao poder dominador. (...) Toda a política deve inclinar-se perante o direito; mas pode também abrigar a esperança de que, ainda que lentamente, chegará um dia em que brilhe com inalterável esplendor."[760]

4.7.1 *A "Europa Unida" pós Viena (1815)*

Quatro anos após a publicação da *Paz Perpétua* de Kant, Napoleão Bonaparte inicia a sua carreira política, como cônsul, conseguida pelo golpe de Estado de 9 de Novembro de 1799 (18 Brumário), apoiado pelas forças militares onde se evidenciara pela sua genialidade de estratego e de condutor de homens. A Europa foi então ensanguentada por uma "guerra perpétua" resultante do inconformismo dos soberanos absolutos europeus perante as ambições do cônsul que colocou na sua cabeça a coroa imperial da França e que tentou em seguida elevá-la a potência hegemónica europeia.

A utopia da paz, nunca abandonada, logo regressou após a queda de Napoleão, firmada em 1814, numa Europa destroçada que decidiu reunir no Outono desse ano o Congresso em Viena, onde a faustosa hospitalidade dos Habsburgos, as suas recepções e festividades, bem como os "Cem Dias" de Napoleão, foram adiando as grandes resoluções de restauração do absolutismo. Em Outubro de 1814, antes do começo oficial das negociações, o conde de Saint-Simon, cujas principais ideias políticas já referimos, em colaboração com o seu secretário, o historiador Jacques-Nicolas Augustin Thierry (1795-1856), publica um ensaio denominado *De la réorganisation de la société européenne, ou De la nécessité et les moyens de rassembler les peuples de l'Europe en un seul corps politique en conservant à chacun son indépendance nationale.*

---

[760] Kant, *A Paz Perpétua*, ..., Ob. Cit., pp. 55 e 77.

Tendo sido um grande admirador de Napoleão, Saint-Simon fica desiludido com a sua obstinada acção bélica, quando, em sua opinião, o imperador devia reconciliar-se com a Inglaterra. Pensa nas vantagens que teria a Europa na criação dum Parlamento Franco-Britânico, onde os ingleses poderiam ter dois terços dos assentos, dada a sua experiência parlamentar e industrial, o que favoreceria um progressivo livre-cambismo europeu. Não tendo conseguido concretizar estes sonhos, Saint-Simon volta-se para o czar Alexandre I, a quem envia o seu ensaio publicado em 1814 e aconselha Luís XVIII a industrializar a monarquia francesa restaurada[761].

Inspirado nas instituições políticas britânicas, Saint-Simon propõe a criação de um Parlamento Europeu bicameral, com um monarca, que poderia ser o rei de Inglaterra, apoiado por um Primeiro Ministro, um matemático, com competência para o exercício de actos de interesse geral, como a criação de infra-estruturas, a educação e os impostos comuns. A Câmara dos Pares, eleitos pelo rei, dirimiria os conflitos políticos e impediria os abusos, evitando o deslize quer para o despotismo, quer para o populismo. A Câmara dos Comuns ou Deputados, o principal órgão do governo parlamentar, deveria apelar a um sentimento de patriotismo europeu, uma vez que "não pode haver acção sem uma vontade comum a todos os seus membros": «C'est l'institution qui forme les hommes, disait Montesquieu: ainsi, ce penchant qui fait sortir le patriotisme hors des bornes de la patrie, cette habitude de considérer les intérêts de l'Europe, au lieu des intérêts nationaux, sera, pour ceux qui doivent former le Parlement européen, un fruit nécessaire à son établissement.» (Livr. 2, Chap. 2)

A Câmara dos Comuns deveria somar cerca de duzentos e quarenta deputados, uma vez que Saint-Simon estimava a população da Europa em sessenta milhões de homens, que soubessem ler e escrever, e que, cada milhão lhe deveria enviar uma deputação, composta de um negociante, um sábio, um administrador e um magistrado. As suas eleições deveriam ser corporativas e o seu mandato seria de dez anos. Para se gozar de capacidade eleitoral passiva, seria necessário possuir pelo menos, vinte e cinco mil francos de rendimentos agrários. Saint-Simon considera todavia, que, embora seja a propriedade que promove a estabilidade do governo, as "luzes" devem-lhe estar também associadas, pelo que devem ser também chamados a desempenhar funções políticas os não-proprietários, sem criar contudo um antagonismo entre a propriedade e o talento: «Ainsi, à chaque

---

761 Cfr. Droz, Jacques, *História Geral do Socialismo*, Ob. Cit., Vol. 2, p. 461.

nouvelle élection, vingt membres choisis parmi les plus distingués des savants, négociants, magistrats, ou administrateurs non-propriétaires, devront être admis à la chambre des communes du parlement européen, et dotés de vingt-cinq mille francs de rentes en fonds de terres.» (Livr. 2, Chap. 2)[762]

O projecto de união europeia de Saint-Simon, que não conseguiu sensibilizar os detentores do Poder após a queda de Napoleão, foi secundado pela obra do filósofo alemão, Karl Christian Friedrich Krause (1781--1832), intitulada *Entwurf eines europäischen Saatenbundes als basis des allgemainen Friedens (Projecto de Confederação europeia com base numa Paz geral)*, publicada na mesma data.

Tendo sido discípulo de Fichte e de Schelling na Universidade de Jena, e assistido ao entusiasmo e consagração académica das concepções teológicas e politológicas de Hegel, as quais recusa, Krause constrói a sua filosofia a partir de Kant. Ao panteísmo hegeliano, que identifica Deus com a natureza da Sua vontade, ou seja, que *Deus está em Tudo*, o que o conduz à afirmação de que, "o que é racional é real, e o que é real é racional", Krause opõe o panenteísmo (etimológicamente *Tudo* está *em Deus*) o que significa que o Mundo não se confunde com Deus, como afirma o panteísmo. Deus é imanente e transcendente, mas não simultaneamente, já que Deus está acima do Mundo, é algo mais, e estará presente, pela sua omnipotência, onde quiser estar presente, certamente no bem.

À entronização e deificação do Estado propugnada por Hegel, instituição onde "só como membro é que o indivíduo tem objectividade, verdade e moralidade", Krause opõe uma visão organicista do indivíduo no todo social, universal, em mutação, que existe em Deus (*panenteísmo*), mas que é distinto Dele: "Como projecções sucessivas da vida universal, sujeitas à lei cósmica da passagem da unidade à variedade e desta a uma nova unidade, entre o indivíduo e a sociedade não pode haver irredutível oposição, mas só simples desnivelamentos transitórios, produto de sucessivas desintegrações e reintegrações. Ora, sendo o Estado o órgão do Direito encarregado de promover as condições para a realização do fim

---

[762] Saint-Simon, Claude-Henri de, et Thierry, Augustin, *De la réorganisation de la société européenne ou De la nécessité et des moyens de rassembler les peuples de l'Europe en un seul corps politique, en conservant à chacun son indépendance nationale*, Livre 2, chapitres 1 et 2, Paris, A. Égron, 1814, in http://expositions.bnf.fr/utopie/cabinets/extra/antho/19/2.htm. Vide tb. Maltez, José Adelino, *Princípios de Ciência Política*, Ob. Cit., pp. 508/509 e Duroselle, Jean-Baptiste, *L'Europe, Histoire de ses peuples*, Ob. Cit., pp. 472/474.

último do homem, o bem, ele não pode alterar esta ordem natural das coisas; antes deve limitar-se a traduzi-la e a promovê-la. A missão do Estado é zelar pela realização histórica dos diferentes fins humanos, sem sacrificar nem o indivíduo à sociedade nem esta àquele."[763]

O krausismo apresenta também uma crença na dissolução das contradições do universo, pela unidade dos contrários, obra de Deus, conducente a um desenvolvimento integral da humanidade, o que secundariza os Estados nacionais e as Igrejas, que apenas cumprem e expandem o Direito e a Moral. A sua visão organicista da sociedade é portanto concordante com a prioridade que atribui às sociedades naturais de finalidade universal, como a família e a nação, cuja federação voluntária e progressiva, terminaria por realizar o sonho de união e de desenvolvimento económico da humanidade, cujo primeiro passo, propõe no seu *Projecto de Confederação europeia*[764].

O Congresso de Viena, indiferente aos "anseios de paz" ou ao desejo de "união futura da humanidade" dos pensadores oitocentistas, divulgava todavia intencionais máximas de apaziguamento dos povos, como "reconstrução da ordem social", "regeneração do sistema político", etc., que ocultavam o objectivo primordial dos vencedores, que era o da partilha dos territórios do vencido: "O estado de espírito dos homens de 1815, o sentimento de lassidão que experimentaram, logo depois de uma crise internacional que durou mais de vinte anos e que abalou tão profundamente os alicerces políticos e sociais da Europa, o desejo de evitar o retorno de semelhantes acontecimentos, eis, sem dúvida, o que explica a publicação dos primeiros 'ensaios' sobre a reorganização da sociedade europeia – os de Henri de Saint-Simon e de Karl Krause – e a criação, nos Estados Unidos e na Inglaterra, das associações pacifistas iniciais."[765]

---

763 Apud Valle de Figueiredo, José, *"Krausismo"*, in *Polis, Enciplopédia da Sociedade e do Estado*, Ob. Cit., Vol. 3, p. 952.

764 O krausismo, como corrente de pensamento, não só filosófico e intelectual mas também político, teve notória importância na Alemanha, Bélgica, Holanda e particularmente em Espanha e Portugal na segunda metade do século XIX: "Podemos resumir a três as teses essenciais do Krausismo nacional: 1.ª tese de metafísica especulativa, relativa à posição do Homem no cosmos e às suas relações com o Ser absoluto; 2.ª tese de Direito natural, relativa ao princípio e fim do Direito; 3.ª tese económico-social, relativa à organização da sociedade, especialmente nas relações entre o capital e o trabalho." (Cfr. Valle de Figueiredo, José, *"Krausismo"*, in *Polis, Enciclopédia da Sociedade e do Estado*, Ob. Cit., Vol. 3, pp. 952/958)

765 Renouvin, Pierre e Duroselle, Jean-Pierre, *Introdução à História das Relações Internacionais*, São Paulo, Difusão Europeia do Livro, 1967, p. 279.

A "Santa Aliança" dos soberanos absolutos não conseguira todavia apagar a ideologia liberal, que a burguesia revolucionária francesa difundira, independentemente da acção militar de Napoleão. Na Alemanha, formalmente reaccionária, o ducado de Saxe-Weimar-Eisenach é o primeiro Estado que promulga, uma Constituição liberal, em 5 de Maio de 1816, «avec la garantie fédérale de la Confédération germanique», diploma que serviu de modelo aos diplomas constitucionais de numerosos Estados. Este exemplo é seguido pela Baviera, a 26 de Maio de 1818, pelo Bade, a 22 de Agosto de 1818 e pelo Würtemberg, a 25 de Setembro de 1919, alastrando a todo o Sul da Alemanha, a despeito das tentativas do príncipe Klemens Lothar Wenzel von Metternich (1773-1859), chanceler da Áustria, de obrigar esses soberanos a renunciar à sua adesão ao constitucionalismo.

Em 1818, a Prússia aboliu as suas alfândegas internas, libertando de direitos a entrada da maioria das matérias-primas, decisão que foi secundada em 1834 pelo *Zollverein*, liga aduaneira de Estados que preparou a unificação económica do Norte da Alemanha cuja prosperidade evidenciou o arcaísmo económico resultante da fragmentação política: "Na Prússia renana, o Código Civil francês fora mantido em vigor, para corresponder aos desejos das populações; em Bonn fora criada uma universidade, e o governo tomara medidas destinadas a proteger as indústrias criadas sob o regime francês."[766]

Estava portanto iniciada uma acesa contenda entre absolutismo e liberalismo, que se disputa no plano político-militar, embora as suas principais forças sociais fossem a nobreza de sangue, defendendo o primeiro, e a burguesia e as "nobrezas de função", pretendendo instituir o segundo.

Em 1820, eclodem revoluções liberais em Espanha, Nápoles e Portugal, e no ano seguinte, em Turim, cujo objectivo imediato é a reposição da Constituição de Cádis de 1812, ou de diplomas similares. Para além das lutas civis internas que essa pretensão provocou, Metternich, "o grande campeão do absolutismo", logo convocou o Congresso de Troppau, onde compareceram o czar da Rússia e o imperador da Áustria, bem como os representantes da Prússia, da França e da Inglaterra, para serem tomadas medidas contra os insurrectos. A recusa da Inglaterra e da França em intervir pela força na vida política interna dos outros Estados, impeliram Metternich a acordar secretamente com a Rússia e a Prússia, no Congresso

---

[766] Cfr. Dareste, F. R., *Les Constitutions Modernes*, Ob. Cit., Tomo I, pp. 283, 181, 263 e 226 e Pirenne, Jacques, *As Grandes Correntes da História Universal*, Ob. Cit., Vol. IV, pp. 337/338.

de Laybach, reunido em Janeiro de 1821, a persistência nos seus intentos, o que foi também aceite posteriormente pela França, onde um governo reaccionários havia conquistado o Poder[767].

A decisão do Congresso de Laybach, de intervenção militar nos países que aderissem ao liberalismo, voltou aterrorizar e a ensanguentar o Sul da Europa, onde não obstante as perseguições e encarceramentos efectuados, os apologistas de uma Europa Unida, não desistiram de persistir nos seus projectos de paz.

Em França, no período da Restauração da dinastia que se seguiu à queda de Napoleão, a morte em 1824 de Luís XVIII, irmão de Luís XVI, colocou no trono de França, Carlos X, outro seu irmão mais novo, inimigo declarado do constitucionalismo revolucionário[768].

Luís XVIII, ao ser chamado ao trono da França em 1814, tolerara outorgar-lhe uma Carta Constitucional no "livre exercício da autoridade real" que lhe era conferida pela divina Providência, mas Carlos X, rodeado de ultra-realistas da nobreza e do clero, foi caminhando para a restauração do absolutismo, assinando em 25 de Julho de 1830 as *ordonnaces* que dissolveram a Câmara dos Deputados, estabeleceram o sufrágio censitário baseado na contribuição fundiária e suprimiram a liberdade de imprensa.

Estas decisões que provocaram a Revolução de Julho de 1830, obrigando Carlos X a fugir da França, após três dias de combate, revelaram uma efémera aliança da burguesia com as massas populares, onde se destacou o operariado, no combate ao absolutismo.

A *Revolução de Julho* deu origem à quebra da sucessão dinástica, por ter sido oferecido o trono de França, a Luís Filipe de Orléans (1773-1850), filho de Luís Filipe José, duque de Orléans, cognominado "Philippe Égalité", por ter aderido à Revolução Francesa e votado a condenação à morte do rei, quando deputado da Convenção[769].

---

[767] Cfr. Pirenne, Jacques, *As Grandes Correntes da História Universal*, Ob. Cit., Vol. IV, pp. 339/341 e Orsi, Pietro, *Historia de Italia*, Barcelona-Buenos Aires, Ed. Labor, 2.ª Ed, 1935, pp. 296/300.

[768] Luís XVII, filho de Luís XVI, herdeiro do Trono, maltratado na prisão durante a Revolução Francesa, apenas viveu dez anos (1785-1795), sendo considerado rei titular da França.

[769] Cfr. Ribeiro dos Santos, António Pedro, *Movimentos Laborais e Constituição Económica*, Ob. Cit., pp. 149/150. "Philippe Égalité", embora aderente à Revolução, foi encarcerado e guilhotinado em 6 de Novembro de 1793, em virtude da deserção do seu filho mais velho, o duque de Chartres, juntamente com o general Charles Dumoriez, o herói de Valmy, que, não obstante, tentou restaurar a monarquia.

Foi nesta conjuntura que, Giuseppe Mazzini (1805-1872), jurista italiano, suspeito de pertencer à Carbonária, funda em 1830 a sociedade secreta *Jovem Itália (Giovine Italia)* que aglutina patriotas da península itálica e exilados políticos em vários locais, cujo objectivo imediato é a libertação da Itália do jugo austríaco e do poder temporal do Papa, a unificação do país, o instituição da República, da democracia e da consequente libertação dos povos da opressão política.

O entusiasmo sentido pela situação orleanista em França precipita a revolução liberal de 1831 em Bolonha, supostamente apoiada pelo duque de Módena que pretendia ser rei de Itália, e na esperança do cumprimento do princípio da não intervenção estrangeira proclamado na nova monarquia francesa: "(...) pero el nuevo rey de Francia para hacerse reconocer como tal por los monarcas absolutos de Europa, descubrió a Austria la trama de la conspiração italiana, (...)"[770]

A implantação de uma *Federação das Províncias Italianas Unidas*, que perdurou de 26 de Fevereiro a 26 de Março de 1831, derrubada pelas tropas austríacas, precipitou uma dura repressão sobre os liberais revoltosos, que sofreram condenações capitais ou conseguiram fugir, como Mazzini, que se refugiou em Marselha[771]. Num manifesto da *Jovem Itália*, emitido nesta cidade, em 1831, Mazzini considerava que a constituição de unidades nacionais, era "o presságio da grande Federação Europeia que deve unir numa só associação todas as famílias do antigo mundo. A federação dos povos livres apagará a divisão dos Estados, querida, fomentada pelos déspotas, e deste modo desaparecerão as rivalidades de raças e se consolidarão as nacionalidades tais como as querem o direito e as necessidades locais".[772]

As perseguições movidas aos mazzinianos pelo governo do Piemonte, impeliram Mazzini a organizar um ataque àquele país: "(...) al principio de 1834 un centenar de insurrectos penetraron en Saboya, pero fueron obligados a retirarse, y aunque Mazzini promovió otras alteraciones contra varios Gobiernos italianos, fracasaron todas".[773]

Novamente exilado, Mazzini funda em Berna, a 15 de Abril desse ano, a *Jovem Europa*, movimento que pretendia congregar todas as acções

---

770 Orsi, Pietro, *Historia de Italia*, Ob. Cit., pp. 300/301.

771 Cfr. Orsi, Pietro, *Historia de Italia*, Ob. Cit., pp. 301/305.

772 Voyenne, Bernard, *Histoire de l'Idée Européenne*, Paris, Payot, 1964, p. 126, apud Maltez, José Adelino, *Princípios de Ciência Política*, Ob. Cit., p. 510.

773 Orsi, Pietro, *Historia de Italia*, Ob. Cit., p. 304.

revolucionárias liberais com o objectivo de instituir uma teocracia republicana, centralizada, onde os antigos países não seriam mais do que departamentos da Europa, com a capital em Paris: «C'est un pacte de fraternité signé par diverses associations allemande, polonaise, italienne, suisse, française, autrichienne. Elles se réuniront sous la forma de la *Congrega* de la Jeune Europa. Mais Mazzini va plus loin: il pense à une sorte de fédération de républiques européennes qui seraient au nombre de quatorze.»[774].

Na sua luta pela unificação italiana e pela futura união europeia, Mazzini animado de um sentimento religioso e democrático donde extraía a fórmula *"Deus e Povo"*, pretende superar o utilitarismo inglês, por uma concepção ética da existência e o individualismo francês, pela formação da personalidade na vida colectiva: "Mas é em demasia vaga e indefinida a sua definição de *Deus*, e de *povo*. Que Deus? Que povo? (...) Queria a acção, mas fazia-a consistir na insurreição, pensando chegar à democracia pelo caminho da demagogia. (...)"[775]

Entretanto em França, a Monarquia de Julho aparentemente estável, não conseguiu satisfazer os anseios do proletariado que ia crescendo em virtude do desenvolvimento industrial promovido pela burguesia: "Luiz Filipe, erguido ao throno em 1830 como barreira contra a républica, lograra suspendel-a por dezoito anos; e n'esses dezoito annos conseguira sarar as chagas que toda a revolução produz; (...) E no entanto o governo de Luiz Filipe não o consolidava o correr dos annos; que muito! se não possuia mais alicerce que a revolução! De modo que todos aquelles que da revolução não tinham lucrado, almejavam por outra; e os desherdados d'essa implorariam por uma terceira."[776]

A revolução eclode violenta, em Paris, a 22 de Fevereiro de 1848, a pretexto da proibição pelas autoridades de mais um "banquete reformista" de cem mil convidados, onde era habitual pregar-se o socialismo. Nas ruas levantam-se barricadas onde o operariado luta ao lado da burguesia progressista, obrigando Luís Filipe a abdicar e a fugir, permitindo assim a proclamação da Segunda República Francesa, no dia seguinte.

Constituído um Governo provisório socialista, a Segunda República Francesa elege a 23 de Abril, uma Assembleia Nacional Constituinte, de

[774] Duroselle, Jean-Baptiste, *L'Europe, Histoire de ses peuples*, Ob. Cit., p. 489; vide tb. Maltez, José Adelino, *Princípios de Ciência Política*, Ob. Cit., pp. 510/511.

[775] Cantu, Cesar, *Os Ultimos Trinta Annos (1848 a 1878)*, Lisboa, Ed. Francisco Arthur da Silva, 1880, p. 269.

[776] Cantu, Cesar, *Os Ultimos Trinta Annos (1848-1878)*, Ob. Cit., pp. 5/6.

que foi presidente Philippe Buchez, o fundador da *Charbonnerie* (Carbonária francesa) juntamente com Saint-Armand Bazard, mas os resultados eleitorais, ocasionando uma maioria realista, dividida em legitimistas e orleanistas, só permitiram a inclusão na Constituição de 4 de Novembro de 1848 de normas moderadamente socialistas, redigidas por uma "Comissão Constitucional", eleita em 17 de Maio, presidida pelo constitucionalista Louis Marie de la Haye, visconde de Cormenin (1788-1868)[777].

A Revolução de 1848, adquire não obstante uma projecção europeia, uma vez que, nesta república, o Estado ultrapassa a sua actividade meramente política, para se ocupar de assuntos económicos e sociais. A "soberania nacional" proclamada pela Revolução Francesa como mera legitimação democrática do Poder, passa agora a ser entendida num sentido mais amplo, dando lugar a que esta nova concepção de soberania precipitasse movimentos revolucionários de unificação e independência nacional num período que foi apelidado de *Primavera dos Povos.*

Na Alemanha, logo a 27 de Fevereiro de 1848, os liberais do grão-ducado de Baden reclamam a liberdade religiosa, a abolição dos últimos vestígios feudais, reformas financeiras, a liberdade de imprensa, a criação de uma guarda nacional, a responsabilização ministerial e a convocação de um parlamento. O movimento, que se impõe sem resistência, embora sem um programa de governo definido, estende-se a todo o Sul da Alemanha provocando uma grande onda de entusiasmo: "Possuía uma única palavra de ordem: realizar a unidade da Alemanha pelo estabelecimento do regime constitucional."[778]

Na Áustria, a agitação social provocada por estes acontecimentos foi crescendo até se transformar em revolta liberal, a 12 de Março: "O Conselho de Estado concedeu a liberdade de imprensa e a constituição de uma guarda burguesa; ao mesmo tempo, Metternich, vendo toda a sua obra comprometida, e tendo passado a ser considerado personagem perigosa, pedia a demissão."[779]

---

777 Cfr. Godechot, Jacques, *Les Constitutions de Francee depuis 1789*, Ob. Cit., maxime pp. 254/260. A *Charbonnerie*, sociedade secreta, atraiu personalidades como o historiador Augustin Thierry, o filósofo da Sorbonne, Victor Cousin (1792-1867) e o socialista Louis-August Blanqui (1805-1881), entre outros, embora nem todos fossem republicanos.

778 Cfr. Pirenne, Jacques, *As Grandes Correntes da História Universal*, Ob. Cit., Vol. V, pp. 119/120.

779 Cfr. Pirenne, Jacques, *As Grandes Correntes da História Universal*, Ob. Cit., Vol. V, pp. 120/121.

A queda de Metternich, significando o termo da "Santa Aliança", incentivou os povos oprimidos pelo absolutismo ou subjugados por monarcas estrangeiros a organizarem revoltas contra essas situações. Na Boémia, uma assembleia popular reunida em Praga, enviou uma petição a Viena pedindo a abolição dos direitos feudais, a criação de uma guarda nacional e a união com a Morávia e a Silésia, o que lhe foi concedido. Pouco depois, o movimento checo evoluiu num sentido nacionalista, pedindo ao imperador um governo com autonomia legislativa, o que também lhe foi concedido a 8 de Abril, dadas as dificuldades criadas ao governo de Viena por uma insurreição nacionalista que eclodira na Itália. O levantamento checo seria todavia reprimido pelas tropas austríacas, em 17 de Junho.

Na Hungria, a 3 de Março, foi enviada uma petição ao governo austríaco para a formação de um governo nacional. A Câmara dos Deputados, entretanto procedia a uma reforma fiscal e à supressão dos encargos feudais, o que foi aceite pelo governo de Viena: "A 30 de Março, a Hungria tornava-se um Estado independente e soberano, com um ministério responsável."[780]

Na Itália, a ascensão ao papado do cardeal Juan María Ferretti (1792--1879) em 1846, com o nome de Pio IX, esperançou os patriotas, ou novos guelfos, inimigos do imperador, de que havia surgido um restaurador da liberdade perdida. Em Janeiro de 1848 uma sublevação em Palermo conseguiu expulsar os austríacos e formar um governo provisório. A agitação social atingiu também Nápoles, obrigando a promessas de liberalização no Reino das Duas Sicílias. Na Toscana e nos Estados Pontifícios a outorga de Constituições tornou-se necessária face ao ambiente de reivindicação liberal.

No reino Lombardo-Veneziano, submetido ao domínio austríaco, os patriotas liberais italianos foram presos em Milão e Veneza, sendo alguns assassinados pela polícia. Ao ser conhecida a queda de Luís Filipe e a fuga de Metternich, a população de Veneza conseguiu organizar uma guarda civil, expulsar os austríacos e proclamar a República, em 22 de Março de 1848. A 18 de Março, Milão havia-se também revoltado e obrigado a guarnição austríaca a fugir da cidade, tendo-se também verificado em seguida revoltas noutras cidades desse reino.

Carlos Alberto I (1798-1849), rei da Sardenha e regente do Piemonte, apoiou o movimento italiano, proclamando: "Los destinos de Italia madu-

---

780 Cfr. Pirenne, Jacques, *Idem*, Vol. V, Ibidem.

ran; la más feliz de las suertes aguarda a los intrépidos defensores de los derechos conculcados. Por amor a la raza, por comprensión de los tiempos y por comunidad de aspiraciones, Nos nos asociamos los primeros a la admoración ánime que toda Italia os tributa. Nuestras armas, reconcentradas ya cerca de vuestra frontera cuando anticipástes la libertación de la gloriosa Milán, vienen ahora a brindaros para ulteriores pruebas aquella ayuda que el hemano espera del hermano y el amigo del amigo."[781]

Após alguns êxitos iniciais dos movimentos patrióticos de libertação e de luta contra o absolutismo, a força das armas austríacas voltou a dominar os checos, os húngaros e os italianos, obrigados a assinar, a 6 de Agosto de 1849 a "Paz de Milão", a qual significou apenas uma trégua na luta constante que ensanguentou novamente a "Europa dos povos", em mudança.

A reorganização da sociedade e do Poder na Europa apresentam neste período, que tem início em 1830, várias propostas que ultrapassam o nacionalismo e o liberalismo, sendo possível distinguir algumas correntes, que por vezes se emparelham, sem perderem as suas características fundamentais: "uma corrente religiosa, cujos promotores foram quakers americanos e ingleses não-conformistas; uma corrente mazziniana, fortemente marcada por uma ideologia republicana; uma corrente animada pelo pensamento dos economistas partidários da liberdade do comércio internacional. (...) por fim, a concepção de uma nova organização das relações entre os Estados, isto é, de uma limitação das soberanias, nos quadros de um sistema confederativo, preconizado ao mesmo tempo por socialistas – Saint-Simon e Victor Considerant – por Philippe Marchand, pacifista 'humanitário' – pelos pacifistas 'religiosos' William Ladd e seus discípulos europeus – e pelos mazzinianos. Esta organização poderia ser mundial; na pior das hipóteses, deveria ser europeia."[782]

Em 1831, o pensador católico Philippe Buchez funda em Paris o jornal *L'Européen*, «pour la propagation de son socialisme chrétien et de l'idée d'une fédération européenne.»[783]

O socialista utópico Victor Prosper Considérant, anuncia sem hesitação, «l'unité fédérative des races européennes et, par une conséquence iné-

781 Apud Orsi, Pietro, *Historia de Italia*, Ob. Cit., pp. 310/311; vide tb. pp. 306/320.

782 Renouvin, Pierre e Duroselle, Jean-Baptiste, *Introdução à História das Relações Internacionais*, Ob. Cit., pp. 279/280.

783 Voyenne, Bernard, *Petite Histoire de l'Idée Européenne*, Paris, Campagne Européenne de la Jeunesse Éd., 1954, p. 122.

vitable, l'établissement définitif de l'harmonieuse unité du monde.» Mais tarde, no seu livro *La dernière guerre et la paix définitive en Europe*, publicado em 1850, explica que a Europa federativa teria a forma de um grande Estado unitário e centralizado, que não deixaria de respeitar «le droit des nationalités».[784]

A contradição entre o Estado unitário e o respeito pelo direito das nacionalidades só existiria, no plano teórico, situação que o processo histórico ultrapassaria, como sempre acontecera noutras sínteses julgadas impossíveis, afirma outro socialista utópico, Constantin Pecqueur: «L'association européenne, l'association universelle même, n'est point un rêve à jamais insensé. Le rêve c'est de vouloir la proclamer solennellement et comme *a priori*. Les penseurs oublient qu'ils ne sont que les éclaireurs de l'humanité... (...) Pourquoi les alliances actuelles des gouvernements européens ne pourraient-elles pas être considérées comme une institution tutélaire qui germe et s'essaye ? Pourquoi n'y verrait-on pas l'origine du futur tribunal, du futur congrès pacifique des nations européennes, de l'union fédérative des Etats d'Europe dont on pourrait voir l'analogue dans l'union des vingt-cinq Etats de l'Amérique du Nord ?»[785]

O socialista saint-simoniano Pierre Leroux num artigo do jornal *Le Globe* (24 de Novembro de 1827) intitulado *De l'Union européenne*, condena o expansionismo militar da Revolução Francesa, criador de aristocracias, domínio e servidão, propondo a adopção de um sistema económico livre-cambista, europeu: «Si la liberté du commerce doit s'établir dans toute l'Europe, les grandes nations n'auront, sous le rapport de la richesse, aucun avantage sur les petites. L'économie politique se prépare une monarchie universelle plus durable que celle que Charles-Quint et Napoléon voulurent inutilement fonder sur la violence. Décentraliser les Empires, établir dans chaque province, dans chaque ville, une activité propre et, en même temps, faire tomber les barrières qui séparent les nations, voilà à qui tendent la liberté, la science et l'industrie.»[786]

O sonho romântico de paz e de fraternidade dos povos, gerado pelo período revolucionário de 1848/49, embora sufocado pela força das armas imperiais, não se desvaneceu, dando lugar à reunião de Congressos da Paz

---

[784] Voyenne, Bernard, *Petite Histoire de l'Idée Européenne*, Ob. Cit., Ibidem.

[785] Apud Voyenne, Bernard, *Petite Histoire de l'Idée Européenne*, Ob. Cit., pp. 122/123.

[786] Apud Voyenne, Bernard, *Petite Histoire de l'Idée Européenne*, Ob. Cit., pp. 123/124.

que se realizaram em Bruxelas (1848), em Paris (1849), em Frankfurt (1850), entre outros, cuja iniciativa se ficou a dever ao pacifista protestante norte-americano Elihu Burritt (1810-1879) que propôs a elaboração de uma *Constituição da Europa* por uma assembleia internacional, cujo processo constituinte levantou acesa polémica: "Elihu Burritt não propôs, em seu relatório ao Congresso da Paz, reunido em Paris em 1849, que a assembleia internacional fôsse recrutada por via electiva; preferiu deixar a designação de seus membros a cargo das assembleias legislativas dos Estados."[787]

Discute-se a ratificação pelos governos das decisões da assembleia internacional e a criação de um *poder executivo* confiado a um conselho eleito pela assembleia e a um presidente eleito pelo conselho, medidas a que se opõem aqueles que invocam a necessidade de respeitar as soberanias nacionais, por se inspirarem na solução da Confederação de Estados. Em Bruxelas, o jornalista e ex-deputado orleanista, defensor da igualdade civil das mulheres, Emile Girardin (1806-1881) sugere a instituição de um congresso de plenipotenciários, que receberiam dos seus governos um mandato imperativo[788].

No Congresso da Paz em Paris, o poeta, novelista e dramaturgo Victor Marie Hugo (1802-1885) faz um apaixonado discurso em prol dos Estados Unidos da Europa, afirmando que, "Um dia chegará em que vós, França, vós, Rússia, vós, Inglaterra, vós Alemanha, vós todas, nações do continente, sem perder as vossas qualidades distintas e a vossa gloriosa individualidade, se fundirão estreitamente numa unidade superior para constituir a fraternidade europeia, (...) Um dia virá onde se verão estes dois imensos grupos, os Estados Unidos da América, os Estados Unidos da Europa, colocados face a face, dando a mão sobre os mares, trocando os seus produtos, o seu comércio, a sua indústria, as suas artes, os seus génios, explorando o globo, colonizando os desertos, melhorando a criação sob o olhar do Criador."[789]

Auguste Comte publicara também em Paris, no ano anterior, um livro com o sugestivo título *République occidentale, Ordre et progrès. Discours sur l'ensemble du positivisme, ou exposition sommaire de la doctrine phi-*

---

787 Renouvin, Pierre e Duroselle, Jean-Baptiste, *Introdução à História das Relações Internacionais*, Ob. Cit., p. 289.

788 Cfr. Renouvin, Pierre e Doroselle, Jean-Baptiste, *Introdução à História das Relações Internacionais*, Ob. Cit., p. 290.

789 Cfr. Duroselle, Jean-Baptiste, *l'Europe et ses Peuples*, Ob. Cit., pp. 490/491.

losophique et sociale propre à la grande république occidentale composée de cinq populations avancées, française, italienne, germanique, britannique et espagnole, toujours solidaires depuis Charlemagne. Na sua intervenção no Congresso de Paris, Comte amplia o número de países a compor a República Ocidental, visiona o advento da paz pela via diplomática e propõe uma moeda europeia. Alguns meses depois do golpe de Estado de Dezembro de 1851, preparado por Carlos Luís Napoleão Bonaparte (1808-1873), que iria fazer regressar a França ao imperialismo, Auguste Comte publica, não obstante, o *Catéchisme Positiviste*, onde, baseado na "fórmula sagrada" do positivismo (*l'Amour pour principe, l'Ordre pour base, et Progrès pour but*), tece várias considerações acerca da sua sonhada República Ocidental.

Considerando que "o sentimento nacional se torna um verdadeiro intermediário entre o afecto doméstico e o amor universal", Comte propõe a abolição das "agregações fictícias, no futuro desprovidas de verdadeiros motivos", uma vez criada a paz ocidental: «Dans l'ordre final, les États occidentaux n'auront pas une étendue normale supérieure à celle que nous offrent maintenant la Toscane, la Belgique, la Hollande, et bientôt la Sicile, la Sardaigne, etc. (...) Avant la fin du XIXe siècle, la République française se trouvera librement décomposé en dix-sept républiques indépendantes, formées chacune de cinq départements actuels. (...) Une semblable décomposition s'opérant dans tous les États trop vastes, le Portugal et l'Irlande, si nulle division n'y surgit, formeront, au début du siècle suivant, les plus grandes républiques de l'Occident.»[790]

Os governos especiais das futuras repúblicas devem intervir apenas para facilitar a universalidade das moedas, das medidas, etc., e a sua ligação, no Ocidente "regenerado", será apenas realizada pela mesma educação, costumes uniformes e festividades comuns: «En un mot, leur union sera religieuse, et non politique».

Assim, influenciada e orientada pelos sacerdotes positivistas, após a decomposição dos Estados actuais, "a grande República Ocidental encontrar-se-á dividida em sessenta repúblicas independentes que não terão de verdadeiramente comum senão o seu regime espiritual", prevê Comte: «Il n'y surgira jamais d'autorité temporelle susceptible de commander partout, comme le vain empereur du moyen âge, qui n'y fut, envers le système catholique, qu'un débris perturbateur, empiriquement émané de l'ordre

[790] Comte, Auguste, *Catéchisme Positiviste*, Paris, P. Laffitte, 3e Éd., 1890, pp. 303/304.

romain. Toutes les opérations collectives, d'ailleurs purement temporaires, y seront toujours conduites d'après le concert passager des triumvirats correspondants.»[791]

Indiferentes aos projectos dos pacifistas, os políticos continuam a accionar os seus exércitos para atingirem objectivos políticos, seguindo os conselhos de Carl von Clausewitz (1780-1831),[792] mantendo-se os conflitos na Europa, de que são exemplo a intervenção da França na unificação italiana em 1859, a conquista de Nápoles por Giuseppe Garibaldi (1807--1882), em 1860, a Guerra dos ducados da Áustria e da Prússia contra a Dinamarca, em 1864, a Guerra Franco-Prussiana de 1870 a 1871, a anexação dos Estados Pontifícios pelo Piemonte em 1870, entre outros.

Em França, o regresso ao imperialismo bonapartista propicia a Napoleão III a tentativa de dar continuidade à política de seu tio, no sentido de realizar a união europeia sob a hegemonia francesa. O novo imperador relembra o livro que escrevera em 1839, com o título *Les Idées napoléoniennes*, onde comenta: «La politique de l'empereur consistait à fonder une association européenne solide en faisant reposer son système sur des nationalités complètes et sur des intérêts généraux satisfaits. Pour cimenter l'association européenne, l'empereur, (...) eût fait adopter un Code européen, une Cour de Cassation Européenne redressant pour tous les erreurs, (...) L'uniformité des monnaies, des poids, des mesures, l'uniformité de la législation eussent été obtenues par sa puissante intervention.»[793]

A 23 de Janeiro de 1860, Napoleão III assina um tratado de livre--câmbio com a Inglaterra, destinado a abolir as taxas aduaneiras sobre as matérias-primas e a maioria dos produtos alimentares. Em 23 de Dezembro de 1865, o imperador integra a França numa *União Monetária Latina*, juntamente com a Bélgica, a Itália e a Suíça, à qual aderiu a Grécia em 1868, convenção que procurava harmonizar as suas moedas e perdurou até 1927, sem todavia criar uma nova unidade monetária[794].

Para concretizar os seus sonhos de unidade europeia, Napoleão III invoca a *paz*, mas os acontecimentos políticos do seu tempo obrigam-no a

---

[791] Comte, Auguste, *Catéchisme Positiviste*, Ob. Cit., pp. 320/321.

[792] Causewitz, Carl von, *Da Guerra (Vom Kriege)*, Pub. Europa-América, 1.ª Ed., 1832, s/d., onde conclui: "Nós, pelo contrário, afirmamos que a guerra nada mais é que a continuação das relações políticas, com uma mistura de outros meios (p. 300)."

[793] Cfr. Voyenne, Bernard, *Petite Histoire de l'Idée Européenne*, Ob. Cit., p. 127.

[794] Vide Niederer, Albert, *l'Union Monétaire Latine*, Hilterfingen, HMZ, 1976 e Leconte, Jean-Marc, *Le bréviaire des monnaies de l'Union Latine 1865-1926*, Paris, Cressida, 1995.

fazer a *guerra*, onde termina por ser vencido e apeado do Poder: "Sonhava uma alliança da raça latina, em que entrassem a Hespanha, o Mexico, os Principados danubianos, a confederação italiana; o seu ideal era antes uma grande confederação europêa, com a livre permuta, com uma capital unica, exposições universaes, e um congresso onde se podesse obter o desarmamento, e conciliar todas as divergencias."[795]

Após o início da Guerra Franco-Prussiana, em resposta à carta de M. Strauss a Ernest Renan, datada de 18 de Agosto de 1870, o historiador nacionalista francês, perante a ameaça germânica de alteração das actuais fronteiras, que provocaria "vinganças sem fim", propõe a sua estabilização, afirmando: «Que l'Europe fasse cela, et elle aura posé pour l'avenir le germe de la plus féconde institution, je veux dire d'une autorité centrale, sorte de congrès des États-Unis d'Europe, jugeant les nations, s'imposant à elles, et corrigeant le principe des nationalités par le principe de fédération. (...) il serait bon qu'une sorte de coalition permanente et préventive se formât pour le maintien des grands intérêts communs, qui sont après tout ceux de la raison et de la civilisation.»[796]

Terminada a guerra, Renan escreve novamente à mesma pessoa, em 15 de Setembro de 1871, esmagado pela derrota da França, afirmando que, "a sociedade humana é um edifício de vários andares, onde deve reinar a doçura, a bondade, não a igualdade.": «Mais les nations européennes telles que les a faites l'histoire sont les pairs d'un grand sénat où chaque membre est inviolable. L'Europe est une confédération d'États réunis par l'idée commune de la civilisation. L'individualité de chaque nation est constituée sans doute par la race, la langue, l'histoire, la religion, mais aussi par quelque chose de beaucoup plus tangible, par le consentement actuel, par la volonté qu'ont les différentes provinces d'un État de vivre ensemble.»[797]

Entretanto, na sequência dos referidos Congressos da Paz, são apresentadas várias propostas de organização de uma futura Comunidade Europeia, tendo o jurista suíço-alemão Johann Kaspar Bluntschli (1808-1881), redigido uma proposta de reunião de duas assembleias, uma designada pelas assembleias legislativas dos Estados (Senado) e outra formada

---

[795] Cantu, Cesar, *Os Ultimos Trinta Annos (1848-1878)*, Ob. Cit., p. 102.

[796] Renan, Ernest, *La Réforme intellectuel et morale*, Ob. Cit., pp. 182/183; Voyenne, Bernard, *Petite Histoire de l'Idée Européenne*, Ob. Cit., p. 149.

[797] Renan, Ernest, *La Réforme intellectuel et morale*, Ob. Cit., p. 197; Duroselle, Jean-Baptiste, *l'Europe, Histoire de ses Peuples*, Ob. Cit., p. 515.

pelos representantes dos Governos (Conselho Federal), dotada de poderes de resolução de questões de "grande política", como a ameaça à paz ou à independência dos Estados. O Senado daria execução às decisões de ambas as assembleias. Bluntschli publica a sua proposta, *Die Organisation des europaïchen Staatsvereins (A Organização da União dos Estados europeus)*, em 1878, na revista *Gegenwart*, onde explicita que não se deve ir além de um organismo supra-nacional, porque, «les États européens se considèrent comme des personnes souveraines. On ne peut donc aller, au-delà de la coopération, de la collaboration.»

A ideia de uma *Constituição Europeia*, é também considerada irrealizável por Bluntschli pela sua incompatibilidade com as soberanias dos Estados a incorporar[798].

O entusiasmo pela união política dos Estados europeus, é contudo evidente pelo surgimento de numerosos projectos para a sua realização, na segunda metade do século XIX.

Friedrich Nietzsche, o controverso filósofo alemão, também acredita que os grandes homens da sua época, desejam a Europa Unida: «Pour tous les esprits les plus profonds et les plus vastes de ce siècle c'était là le travail entier et authentique de leur âme, préparer cette nouvelle synthèse et ouvrir le chemin à titre d'essai pour 'l'Européen' du futur: aux heures de faiblesse seulement, ou quand ils se faisaient vieux, ils retombaient dans les frontières étroites de leurs 'patries' –, alors ils étaient 'patriotes'».[799]

A economia dos Estados da Europa tornar-se-á em breve insustentável face ao poderio sem controlo do grande comércio e das grandes transacções mundiais, actualmente nas mãos da Inglaterra, que terá de ceder perante a pressão armada dos *homines novi* dos países concorrentes, afirma Nietzsche: «Bref: ici comme pour d'autres enjeux, le prochain siècle va trouver son chemin sur les pas de Napoléon, le premier des hommes des temps nouveaux à montrer la voie.»[800]

As guerras nacionais e a formação dos novos "impérios" têm impedido o que é necessário e se prepara de uma forma lenta e hesitante – a *Europa Una*: "Graças à mórbida alienação que a loucura da nacionali-

---

798 Cfr. Renouvin, Pierre e Duroselle, Jean-Baptiste, *Introdução à História das Relações Internacionais*, Ob. Cit., p. 290 e Duroselle, Jean-Baptiste, *l'Europe, Histoire de ses peuples*, Ob. Cit., p. 512.

799 Nietzsche, *Pensées sur les chers Européens (Gedanken über die lieber Europäer)*, 1885, apud Faye, Jean-Pierre, *L'Europe une*, Éd. Gallimard, 1992, p. 229.

800 Nietzsche, *Pensées sur les chers Européens*, ... apud Faye, Jean-Pierre, *L'Europe une*, Ob. Cit., p. 230.

dade produziu e continua a produzir entre os povos da Europa, graças igualmente à miopia e precipitação dos políticos que com a sua ajuda estão hoje no topo e não fazem a menor ideia até que ponto a política de desintegração que seguem tem necessariamente que ser apenas um interlúdio – graças a tudo isto, e a muito mais que não pode hoje ser mencionado, os sinais mais evidentes estão hoje a ser desprezados ou arbitrários e falsamente interpretados de que a *Europa quer ser una*."[801]

A política europeia continuava porém a sua marcha, conduzida pelos chefes dos Estados e seus políticos, indiferente aos projectos de paz e de união europeia apresentados por filósofos, juristas, economistas, historiadores, clérigos, escritores, numa palavra, por intelectuais que não conseguiam ser ouvidos pelos detentores do Poder.

Em finais do século XIX, o equilíbrio geopolítico europeu definido pelas decisões do Congresso de Viena, em 9 de Junho de 1815, estabelecia que a *Inglaterra* reforçasse a sua supremacia marítima pela aquisição de ilhas; que a *Rússia* dominasse a Europa oriental; que a *Áustria-Hungria* dominasse a Europa central e uma parte da Itália; que a *Prússia* obtivesse garantias territoriais; que a *França* fosse contida nas suas fronteiras pela criação de Estados-tampões, (Reino dos Países Baixos, Confederação Helvética, Reino da Sardenha) destinados a impedir qualquer tentativa de expansão, estava completamente ultrapassado pelas acções político-militares realizadas ao longo desse século: "A geopolítica da França na Europa assenta em três ideias: atrair ou reter a Grã-Bretanha, que começa sempre por olhar para o largo; dispor de aliados de infortúnio, que, no dia em que a guerra com a Alemanha se desencadear, obrigarão esta última a bater-se em duas frentes; por último, se as circunstâncias o permitirem, enfraquecer o mais possível a Alemanha."[802]

O desejo de hegemonia na Europa, mais ou menos disfarçado destas grandes potências, deu assim lugar ao desencadeamento da Grande Guerra de 1914-1918, que, dramaticamente, evidenciou a dificuldade, ou mesmo, a impossibilidade da manutenção da paz, condição indispensável para a construção de uma Europa Unida.

---

[801] Nietzsche, Friedrich, *Além do Bem e do Mal (Jenseit von Gut und Böse)*, 1886, § 256.

[802] Moreau Defarges, Philippe, *Introdução à Geopolítica*, Lisboa, Gradiva, 2003, p. 159.

4.7.2 *A Europa Desunida pós Versailles (1919)*

Para além das grandes destruições humanas e materiais que a Grande Guerra provocou, a Europa passou a ser vista pelos Estados Unidos da América como um continente desunido e conflituoso, evidenciando a perda da sua supremacia arbitral no concerto das Nações, que passava assim para o "Novo Mundo": "Meu sonho é que, quando o mundo conhecer melhor a América... se voltará para ela, por força de suas inspirações morais, que se acham na base da liberdade; que o mundo não tema, nunca, a América, senão quando sentir-se metido em algum empreendimento incompatível com os direitos da humanidade; que a América apareça em plena luz, quando souberem que ela coloca os direitos do homem acima de todos os demais direitos; e que a sua bandeira seja, não somente a da América, mas a da humanidade inteira."[803]

O presidente Woodrow Wilson, dias após o assassinato do arquiduque Francisco Fernando, herdeiro do trono da Áustria-Hungria, acto funesto que desencadeou o grande conflito europeu, que se tornou mundial, define com clareza a posição dos Estados Unidos da América, no Mundo. Antes dos Estados Unidos entrarem na guerra, Wilson, num discurso proferido em 22 de Janeiro de 1917, não se queda na defesa de direitos sem força, concebendo esta, "tão maior do que a de qualquer nação comprometida em qualquer aliança... que nenhuma nação, nenhuma eventual combinação de nações, poderiam enfrentá-la, ou resistir-lhe."[804]

A reconciliação dos Estados beligerantes e a necessidade da unificação europeia, voltaram contudo a ser sentidas alguns anos mais tarde por alguns intelectuais, como o político francês Joseph Marie Auguste Caillaux (1863-1944), que foi Presidente do Conselho de ministros, de Junho de 1911 a Janeiro de 1912, tendo sido acusado de pacifista por se ter oposto, no ano seguinte, à extensão da conscrição. Como membro do Partido Radical, opôs-se ao envolvimento da França na Grande Guerra, terminando por ser preso, acusado de traição à pátria. Nos livros que publicou, *Mes prisons*, em 1920 e *Oú va la France? où va l'Europe*, em 1922,

---

803 *Woodrow Wilson and World Settlement*, t. I, p. 18, discurso de 4 de Julho de 1914, apud Renouvin, Pierre e Duroselle, Jean-Baptiste, *Introdução à História das Relações Internacionais*, Ob. Cit., pp. 363/364.

804 *Why we are at War, Message to Congress*, Jan-Abr. 1917, pp. 7/8, apud Renouvin, Pierre e Duroselle, Jean-Baptiste, *Introdução à História das Relações Internacionais*, Ob. Cit., pp. 262/263.

Cailloux concebe uma Europa baseada numa solidariedade económica e financeira e no livre-cambismo, que não compreende a Grã-Bretanha, com a sua Commonwealth e a África como base, que considera formar outra parte do planeta: «C'est ainsi que M. Caillaux déclarait dans une interview au *Capital* (journal économique dont le prestige était considérable): *'J'ai la conviction que le dilemme 's'unir ou disparaître' est inexorable pour l'Europe'*.»[805]

Opinião semelhante tem o conde Richard Coudenhove-Kalergi (1894--1972), aristocrata austro-húngaro, que, em 1922, envia uma mensagem a diversos jornais europeus onde propõe a organização de uma *União Pan-Europeia*. No ano seguinte funda em Viena um *Movimento Pan-europeu* e publica um livro intitulado *Pan-Europa*, onde afirma que a Europa, politicamente definida, não existe. Esta parte do mundo inclui Nações e Estados num caos, num barril de pólvora de conflitos internacionais, numa arena de futuros conflitos, sendo o principal obstáculo à formação dos Estados Unidos da Europa, a rivalidade milenar entre a Alemanha e a França.

A Europa, em sua opinião, possuía grandes reservas de vitalidade que não se manifestavam, pela inadequação do seu sistema político ao desenvolvimento industrial e financeiro: «Ce ne sont pas les peuples qui sont atteints de sénilité, c'est leur système politique. La transformation radicale de ce système peut et doit amener la guérison de ce continent.»[806]

Para concretizar o seu projecto, Coudenhove-Kalergi pensava que, tal como nos Estados Unidos da América, os parlamentos dos Estados deviam consentir, democraticamente, uma redução necessária de soberania. Confiava na sua obra, com o apoio dos meios de comunicação de secções instaladas em diversos países, para formar a opinião pública, o que teve algum sucesso, sobretudo no centro da Europa[807].

Em Junho de 1924, Coudenhove-Kalergi envia uma *Carta Aberta aos Parlamentares Franceses*, demonstrando que a Europa se devia unificar para poder fazer face a três grandes blocos: a URSS, o Império Britânico e os Estados Unidos da América: «Il proposait un 'programme paneuropéen'. 'Alliance politique, économique et militaire, traités d'arbi-

---

805 Apud Voyenne, Bernard, *Petite Histoire de l'Idée Européenne*, Ob. Cit., p. 170.

806 Cfr. Voyenne, Bernard, *Petite Histoire de l'Idée Européenne*, Ob. Cit., p. 163.

807 Cfr. Voyenne, Bernard, *Petite Histoire de l'Idée Européenne*, Ob. Cit., pp. 162/ /163; vide tb. Renouvin, Pierre e Duroselle, Jean-Baptiste, *Introdução à História das Relações Internacionais*, Ob. Cit., p. 117.

trage et de garantie entre tous les États démocratiques du continent; entente avec l'Angleterre et l'Amérique; paix avec la Russie et l'Extrême--Orient'.»[808]

Em 1926, Coudenhouve-Kalergi impulsiona o convite das mais proeminentes individualidades políticas europeias para participarem no Primeiro Congresso Pan-Europeu, que teve lugar em Viena, de 3 a 6 de Outubro: «En octobre 1926, un premier Congrès paneuropéen se réunit à Vienne. En 1927, Briand en devint le seul président d'honneur. Parmi les membres les plus notoires: Herriot, Painlevé, Albert Thomas, Léon Blum, Édouard Daladier, Paul-Boncour du côté français; Noël Baker du côté britannique; Schacht, Wirth du côté allemand, les grecs Venizélos et Zaïmis, etc.».[809]

No ano anterior, em 29 de Janeiro, o Presidente do Conselho da França, e ministro dos Negócios Estrangeiros, cumulativamente, Édouard Herriot (1872-1957), proclamou na Assembleia Nacional de Paris que desejava ver a Europa Unida: «Quelques années plus tard il allait prouver que la question lui tenait toujours à cœur, en le consacrant un livre chaleureux et documenté: *'Europe'*».[810]

Nesse livro, publicado em 1930, com uma tradução inglesa intitulada *The United States of Europe*, Herriot considera que o entendimento europeu só se pode fazer no enquadramento legal da Sociedade das Nações, marcando uma fase do seu desenvolvimento.

Esse entendimento, tem de ter em conta os alinhamentos políticos nacionais e internacionais, devendo estar aberto a todas as nações da Europa, que estejam dispostas a aderir. A defesa do mercado europeu é um objectivo a alcançar através de leis de evolução económica conseguida com concentrações industriais. Herriot considera natural a admissão da Grã-Bretanha, que tem interesses europeus e mundiais, mas só admite a representação de todas as nações em termos de absoluta igualdade. Quanto à organização dos Estados da Europa, Herriot não vai além da realização periódica de conferências, com um secretariado permanente. Visiona ainda uma futura supressão de tarifas aduaneiras, a criação de uma instituição europeia de crédito e a criação de um sistema de arbitragem, desarmamento e segurança.

---

[808] Cfr. Duroselle, Jean-Baptiste, *l'Europe, Histoire de ses peuples*, Ob. Cit., pp. 530/531, Moreira, Adriano, *A Europa em Formação*, Ob. Cit., p. 130 e Maltez, José Adelino, *Princípios de Ciência Política*, Ob. Cit., pp. 529/530.

[809] Duroselle, Jean-Baptiste, *l'Europe, Histoire de ses peuples*, Ob. Cit., p. 532.

[810] Cfr. Voyenne, Bernard, *Petite Histoire de l'Idée Européenne*, Ob. Cit., p. 164.

A ideia de uma união europeia, neste período, é apropriada por numerosos autores, (filósofos, juristas, economistas, historiadores, escritores, etc.) com diversas cambiantes mais ou menos federativas, que evidenciam o desejo da sua concretização[811].

Neste entusiasmo europeísta, destaca-se o jurista francês Aristide Briand (1862-1932), ministro dos Negócios Estrangeiros da França em 1925, que, renunciando ao recebimento das quantias para pagamento pela Alemanha das reparações de guerra, previstas pelo Tratado de Versailles, envereda por uma política de reaproximação dos dois países, necessária à manutenção da paz na Europa. Na conferência de Locarno, que reuniu delegados da Alemanha (Gustav Stresemann), Bélgica (Émile Vandervelde), Itália (Benito Mussolini), França (Aristide Briand), Grã-Bretanha (Austen Chamberlain), Polónia (Alexander Skrzynski) e Checoslováquia (Édouard Benes), Briand consegue concretizar essa política, pela assinatura do Tratado de 16 de Outubro de 1925, pelo qual as cinco primeiras potências garantiram as fronteiras ocidentais da Alemanha, sendo estabelecido também um pacto de assistência mútua. Aristide Briand, mais tarde apelidado, o "peregrino da paz", obteve em Dezembro desse ano, juntamente com Gustav Stresemann (1878-1929) o Prémio Nobel da Paz.

No prosseguimento da sua política europeísta, Briand, numa conferência de imprensa realizada em Julho de 1929, anuncia a intenção de se empenhar num projecto de união europeia a apresentar à Sociedade das Nações. Ascendendo em seguida às funções de Presidente do Conselho de ministros, Briand incluí na sua declaração o intento de «faire les Etats-Unis d'Europe».

Com efeito, em 7 de Setembro de 1929, na Assembleia geral da Sociedade das Nações, Briand toma a palavra para apresentar o seu projecto, mas prudentemente, sob a forma de um "laço federal": «Cette idée, qui est née il y a bien des années, qui a hanté l'imagination des philosophes et des poètes, (...) cette idée a progressé dans les esprits par sa valeur propre. (...) Je pense qu'entre des peuples qui sont géographiquement groupés comme les peuples l'Europe, il doit exister une sorte de lien fédéral (...). C'est ce lien que je voudrais m'efforcer d'établir. Evidement l'association agira surtout dans le domaine économique. C'est la question la plus pressante. Je crois que l'on peut y obtenir des succès. Mais je suis

---

[811] Cfr. Voyenne, Bernard, *Petite Histoire de l'Idée Européenne*, Ob. Cit., pp. 164/165, Duroselle, Jean-Baptiste, *l'Europe, Histoire de ses peuples*, Ob. Cit., pp. 550/552 e Maltez, José Adelino, *Princípios de Ciência Política*, Ob. Cit., pp. 531/534.

sûr aussi qu'au point de vue politique, au point de vue social, le lien fédéral, sans toucher à la souveraineté d'aucune des nations qui pourraient faire partie d'une telle association, peut être bienfaisant.»[812]

A intenção de se construir uma associação ou federação de Estados europeus, partindo de um governante, causou grande agitação nos vinte e seis delegados presentes na Assembleia, que encarregaram Briand de redigir um *memorando* sobre a questão da unidade europeia para servir de base a uma consulta geral aos governantes. O *Memorando de Briand*, em 1 de Maio de 1930, acentua a necessidade de cooperação política entre os Estados membros, evocando o «sentiment très précis d'une responsabilité collective en face du danger qui menace la paix européenne, au point de vue politique aussi bien qu'économique et social», garantindo que a igualdade de direitos e a soberania dos Estados se manteria integral[813]. Em 17 de Maio, o *memorando* lembra que esta nova instituição europeia se inscreve no quadro da Sociedade das Nações, e que virá a ser composta de uma Conferência Europeia, órgão representativo, que reunirá todos os representantes dos governos dos Estados membros da Sociedade das Nações, de uma Comissão política, órgão executivo compreendendo alguns membros, e por fim, de um Secretariado. Um dos seus principais objectivos consistia no estabelecimento de um «marché commun» para a elevação do nível do bem-estar humano nos territórios da «Communauté Européenne».

As respostas recebidas às propostas de Briand, no Verão de 1830, evidenciaram o alheamento da maioria dos governos nacionais à ideia da organização de uma unidade europeia. A atitude geral, com poucas excepções, foi a de uma delicada recusa, remetendo o tema para uma sessão na Sociedade das Nações, a realizar em 11 de Setembro, onde se considerou que uma Comunidade Europeia comprometeria a universalidade da Sociedade das Nações. A questão da limitação das soberanias pairou também sobre o debate, discutindo-se muito se a nova organização deveria ser essencialmente económica ou política, tolerando-se melhor uma Comunidade Económica. Por fim, decidiu-se designar em 16 de Setembro, uma *Commission d'études pour l'union européenne*, presidida por Aristide Briand, que reuniu até à sua morte, dois anos depois[814].

---

812 Cfr. Voyenne, Bernard, *Petite Histoire de l'Idée Européenne*, Ob. Cit., pp. 166/167.

813 Cfr. Duroselle, Jean-Baptiste, *l'Europe, Histoire de ses peuples*, Ob. Cit., pp.532/533.

814 Cfr. Voyenne, Bernard, *Petite Histoire de l'Idée Européenne*, Ob. Cit., pp. 168/169.

Entretanto, no curto período que medeia entre Setembro de 1929 e Maio de 1930, assiste-se ao desencadear da grande crise da Bolsa de New York, em Wall Street, que teve o seu ponto culminante de pânico, em 29 de Outubro de 1929, provocando a *Grande Depressão* económica, que atingiu principalmente os Estados Unidos da América e a Europa Ocidental.

As ideias de solidariedade e de cooperação entre os Estados foram gravemente lesadas pela depressão económica, que os impeliu a tentar resolver os seus problemas, separadamente. O apelo à união nacional como forma de minorar os danos da crise e de recuperação da economia e do bem-estar social é realizado por diversos partidos políticos de feição totalitária, como o pequeno Partido Nacional-Socialista dos Trabalhadores Alemães (*Nationalsozialistsche Deutsche Arbeiterpartei – N. S. D. A. P.*) liderado por Adolf Hitler, que, enfatizando as características superiores da raça ariana, consegue, em 14 de Setembro de 1930, eleger 107 deputados para o *Reichtag* (Assembleia Nacional), tornando-se o segundo partido da Alemanha.

Adivinhava-se o surgimento de uma nova ordem, a nacional-socialista, que em breve envolve a Europa na mais cruenta guerra mundial, de 1939 a 1945, a qual provoca a sua destruição, como já referimos.

Curiosamente, a partir de 1931, o Governo francês pretende dar resposta à crise económica apelando à colaboração moderada dos Estados europeus, que, todavia se foram esquivando a participar numa acção conjunta: «Une note rédigée par MM. Daniel Serruys et André François-Poncet fut adressé aux gouvernements: Elle proposait l'étude d'un 'Plan économique européen'».[815]

A ameaça que os Estados totalitários representavam para os povos europeus, afastava a ideia de uma união europeia, mas, não obstante, constituíam-se ainda novos grupos a favor desse projecto, «soit pour répondre à cette menace – comme *l'Europa-Union*, fondé en 1933, à Bâle et de tendance nettement anti-hitlérienne – soit pour porter remède à la crise économique qui va en s'accentuant – comme *l'Union douanière européenne*, fondée en 1930 par M. Yves de Trocquer.»[816]

Envidam-se também esforços para formar grupos afectos à ideia da união europeia em cada parlamento nacional, que terminam por conseguir

---

815 Cfr. Voyenne, Bernard, *Petite Histoire de l'Idée Européenne*, Ob. Cit., pp. 169/170.

816 Cfr. Voyenne, Bernard, *Petite Histoire de l'Idée Européenne*, Ob. Cit., p. 170.

fundar a *Union parlamentaire européenne*. Na Grã-Bretanha, onde se verifica a maior resistência ao fascismo e ao nacional-socialismo, constitui-se em 1938, sob o impulso de M. Beveridge, o movimento *Federal Union*, que preconiza, sem reservas, a adesão do Reino Unido a uma federação europeia: «Cependant il était trop tard pour que cette propagande, efficace mais lente, pût avoir un commencement d'effet. Les pays totalitaires avaient gagné de vitesse – oh! combien – l'Europe libérale, paresseuse et divisée.»[817]

No final da Segunda Guerra Mundial, após a destruição da Europa, segue-se a sua humilhação, ao assistir impotente às deliberações dos representantes das duas grandes potências mundiais, os Estados Unidos da América e a U.R.S.S. quanto ao seu destino: «Une Europe est morte en 1945, écrasée sous les ruines des nations vaincues ou libérées par des vainqueurs et libérateurs devenus entre-temps les deux super-puissances mondiales. C'est alors que l'idée européenne sort des nuées où elle étaient exilée depuis le XVIe siècle et va trouver un début partiel, limité et circonspect d'incarnation. Il fallut la mort de l'Europe des Temps modernes pour qu'il y ait un premier vouloir-naître européen.»[818]

A ideia de Europa não tem todavia um significado preciso, uma vez que a sua delimitação geográfica, ou seja, o seu *território*, nunca foi definido politicamente ao longo da História. O seu significado é eminencialmente cultural, e remonta, na sua génese, ao período da fundação das Universidades medievais, onde se usou, na generalidade, a *língua* (*sermo quotidianus*) dos romanos. O latim, usado na Europa pelas classes cultas, eclesiásticas e laicas, até ao século XIX, constitui o que resta do Império Romano do Ocidente, ou seja, da Europa Unida, antes das Invasões Bárbaras. O latim, está na Igreja, no ensino universitário, nas grandes obras literárias, nos actos jurídicos, nos étimos dos vocábulos científicos, mesmo das línguas europeias não novi-latinas, exprimindo uma cultura judeo-cristã, que dá um significado inequívoco ao vocábulo mítico "Europa".

Sem essa unidade cultural, proveniente de uma "herança comum", não há Europa, uma vez que não há qualquer outra unidade, e os que sonham com a União Europeia dificilmente poderão encontrar outra via para garantir a paz, a solidariedade e a fraternidade dos povos dos diversos Estados europeus.

---

[817] Cfr. Voyenne, Bernard, *Petite Histoire de l'Idée Européenne*, Ob. Cit., Ibidem.
[818] Morin, Edgar, *Penser l'Europe*, Gallimard, Éd. Revue et complétée, 1990, p. 159.

Em 19 de Setembro de 1946, quando a Europa se encontrava destroçada e ocupada parcialmente pela U.R.S.S., o clarividente político britânico Winston Churchill (1874-1965) proferiu na Universidade de Zurique um discurso em que apelou à reconciliação e à união dos Estados europeus: *"Se a Europa se pudesse entender para desfrutar esta herança comum, não existiria limite à sua felicidade, à sua prosperidade à sua glória, de que beneficiariam os seus 300 ou 400 milhões de habitantes... Precisamos de edificar uma espécie de Estados Unidos da Europa... Porque não criar um grupo europeu que dê a povos afastados uns dos outros o sentimento de um patriotismo mais amplo e de uma espécie de nacionalismo comum?... E porque é que um grupo europeu não deveria ocupar o lugar que lhe compete no meio dos outros grandes grupos e contribuir para a orientação do barco da humanidade?"*[819]

Passou entretanto mais de meio século, após estas palavras que estão na origem de um longo processo de criação de uma Europa unida...

O Estado-Nação europeu, em crise, terá assim de sofrer uma nova metamorfose e transformar-se numa *Mega-confederação* ou numa *Mega--anfictionia europeia*, unida em torno de um "santuário", que é a sua milenar e valiosa cultura, que tende a tornar-se ecuménica. Assim o esperamos...

---

[819] Apud Fontaine, Pascal, *A União Europeia*, Lisboa, Ed. Estampa, 1995, p. 25.

ÍNDICE ONOMÁSTICO

ÍNDICE